아, 내 안에 하나님이 없다

IVP(InterVarsity Press)는
캠퍼스와 세상 속의 하나님 나라 운동을 지향하는
IVF(InterVarsity Christian Fellowship)의 출판부로
생각하는 그리스도인을 위한 문서 운동을 실천합니다.

Originally published in the U.S.A. under the title: *Reaching for the Invisible God*
Copyright ⓒ 2000 by Philip D. Yancey
Translation copyright ⓒ 2011 By Philip D. Yancey
Translated by Seong-Goo Cha
This Korean Edition was published by permission of Zondervan,
Grand Rapids, Michigan, U.S.A.
through arrangement of rMaeng2, Seoul, Republic of Korea.
All rights reserved.

Korean Edition ⓒ 2011 by Korea InterVarsity Press
156-10 Donggyo-Ro, Mapo-Gu, Seoul 04031 Korea

본 저작물의 한국어판 저작권은 알맹2 에이전시를 통하여
Zondervan과 독점 계약한 IVP에 있습니다.
신 저작권법에 의하여 한국 내에서 보호받는 저작물이므로
무단전재와 무단복제를 금합니다.

아, 내 안에 하나님이 없다

필립 얀시 | 차성구 옮김

차례

들어가는 말　7

1부　목마름: 하나님을 향한 열망
　1. 어설픈 거듭남　13
　2. 샘물가에 앉아 갈증을 느끼다　29

2부　믿음: 외출 중인 하나님, 무관심한 하나님, 적대적인 하나님
　3. 의심을 위한 공간　43
　4. 연단받는 믿음　63
　5. 양손잡이 믿음　81
　6. 믿음 안에 살다　97
　7. 일상에서의 믿음 연습　115

3부　하나님: 눈으로 볼 수 없는 하나님을 만나다
　8. 누군가를 안다는 것, 하나님을 안다는 것　135
　9. 하나님의 성격　155
　10. 아버지의 이름으로　169
　11. 로제타 스톤　187
　12. 중재자　205

4부 연합: 전혀 다른 나와 하나님이 하나가 되다
　13. 전면적인 변화　223
　14. 통제 불능　241
　15. 열정 그리고 사막　259
　16. 영적 기억상실증　277

5부 성장: 성장의 3단계
　17. 어린아이　297
　18. 어른　315
　19. 부모　333

6부 회복: 관계의 종착지
　20. 실낙원　353
　21. 하나님의 역설　367
　22. 중매 결혼　381
　23. 성 금요일의 열매　395

　주　411

들어가는 말

> 여호와께서 이와 같이 말씀하시되 지혜로운 자는 그의 지혜를 자랑하지 말라.
> 용사는 그의 용맹을 자랑하지 말라. 부자는 그의 부함을 자랑하지 말라.
> 자랑하는 자는 이것으로 자랑할지니 곧 명철하여 나를 아는 것과
> 나 여호와는 사랑과 정의와 공의를 땅에 행하는 자인 줄 깨닫는 것이라.
> 나는 이 일을 기뻐하노라. 여호와의 말씀이니라.
> _ 렘 9:23-24

어떻게 보면 이 책은 내가 하나님을 알고자 하는 열망을 느끼기 시작한 첫 날부터 써 왔다고 할 수 있다. 이 근본적인 인간의 열망을 채워 줄 수 있다고 말하는 수많은 해결책들을 따라 해 보았지만 좀처럼 만족할 수 없었다. '하나님과의 인격적인 관계'라는 밝은 약속만 믿고 사람들과 관계 맺는 방식대로만 하면 하나님도 알 수 있을 거라 생각하는 그리스도인들이 적지 않다. 하지만 언젠가는 보이는 것과 보이지 않는 것을 갈라놓는 커튼이 내려올 것이다. 하나님이 그 자리에 계신지조차 늘 확신할 수 없는데 우리가 어떻게 하나님과 인격적인 관계를 맺을 수 있을까? 아니, 하나님의 존재를 확신할 수 있는 방법이 있기는 할까?

이 책은 내가 '의심'에서 출발해 '믿음'으로 나아간 과정, 즉 하나님을 향한 순례의 길을 요약한 글이다. 먼저, 교회에서 겪은 안 좋은 경험으로 인해 상처를 받았거나 영성이라는 주제에 불편함을 느끼는 이들에게 한 가지 제안을 하고 싶다. 이 책을 끝까지 읽고 싶지 않더라도 최대한 읽을 수 있는 데까지 읽은

다음에 덮어 주기 바란다. 이 책 다음에 쓸 책에서는 '하나님과의 소통' 같은, 관계에 대한 좀더 실제적인 주제들을 다룰 계획이다. 언제나 나는 "우리에게 필요한 것은 새로운 가르침을 받는 것이 아니라 이미 밝혀진 것들을 되새기는 것"이라고 한 C. S. 루이스(Lewis)의 말을 생각한다. 이 책 역시 기독교 역사에서 가장 오래된 질문들을 다시 제기하고 있다. 내가 이 책에서 묻게 될 질문들은 21세기를 사는 우리는 물론이고, 1세기 그리스도인들도 곤란해했던 물음들이다.

민감한 사안인 만큼 이 책에서 하나님을 남성형 대명사로 부르는 때가 있다는 사실을 미리 밝혀 놓아야겠다. 물론 하나님은 눈에 보이지 않고 육체를 가진 분도 아니지만(이것이 내가 이 책을 쓰게 된 이유이기도 하다), 안타깝게도 영어에는 성별과 무관하게 그분을 부를 만한 적절한 인칭 대명사가 없다. 하나님을 추상적이고 덜 인격적인 존재로 부르는 호칭은 있었지만 그중에 마음에 와 닿는 것은 없었다. 이런 언어의 한계 때문에 나는 성경에 나온 남성형 대명사로 되돌아가는 방법을 택하지 않을 수 없었다.

편집자 존 슬론(John Sloan)과 나는 다른 여느 때보다 더 공을 들여 이 책을 만들었다. 그가 예리하게 문제점을 찾아낸 덕분에 나는 몇 주씩 시간을 들여 그 부분을 수정해야 했지만, 그는 언제나 작가에게 용기와 희망을 불어넣어 주면서 그 잘못들을 지적해 주었다. 그로 인해 나는 훌륭한 편집자란 치료사이자 사회사업가라는 사실을 알게 되었다. 밥 허드슨(Bob Hudson)을 비롯한 존더반 출판사의 여러 직원들이 많은 문명의 이기들을 활용해 원고를 잘 정리해 주었고, 나의 어시스턴트 멜리사 니콜슨(Melissa Nicholson) 역시 수고를 아끼지 않았다.

그리고 나는 이 책의 초고를 여러 계층의 독자들에게 보내 솔직한 평가를 해 달라고 요청했는데, 이후 그들이 의견을 담아 보내 온 원고들을 보면서 하나님과의 관계는 사람 사이의 관계와 마찬가지로 상당히 주관적이며 다양하다는 사실을 확인할 수 있었다. 마크 보드나르추크(Mark Bodnarczuk), 더그 프랭크(Doug Frank), 데이비드 그레이엄(David Graham), 케이시 헬머스(Kathy Helmers), 롭 무시아(Rob Muthiah), 캐서린 팬키(Catherine Pankey), 팀 스태포드(Tim Stafford), 데일 수더만(Dale Suderman), 짐 위버(Jim Weaver) 등 내게 소중한 의견을 보내 준 이들에게 감사를 전한다. 그들은 책의 내용뿐 아니라 전체적인 구조와 개념을 바로잡는 데도 큰 도움을 주었다. 초고를 쓸 당시만 하더라도 혼란스러운 마음이 없지 않았는데, 이들의 적극적인 충고 덕분에 방향을 제대로 잡을 수 있었다.

독자 가운데 한 명은 내게 이런 글을 보내 주었다. "그러니 친구여, 이 책도 다른 모든 책들과 마찬가지로 하나님을 가리키는, 불완전하고 오류가 있을 수도 있는 손짓임을 겸허하게 받아들이시고 용기를 내십시오. 손가락으로 가리킨다고 해서 하나님이 거기 계셔야만 하는 것은 아니지만, 하나님은 우리가 우리의 연약하고 실수도 많은 손가락으로 겸손하게 당신을 가리키는 것을 기꺼이 허락하실 것입니다." 이 독자의 말에 나는 전심을 다해 아멘으로 화답하겠다.

**1부
목마름: 하나님을 향한 열망**

1. 어설픈 거듭남
2. 샘물가에 앉아 갈증을 느끼다

1. 어설픈 거듭남

> 오 하나님, 나는 당신을 사랑하지 않고,
> 당신을 사랑하고 싶어 하지도 않습니다.
> 다만 나는 당신을 사랑하고 싶어 하게 되기를 원할 뿐입니다.
> _아빌라의 테레사

언젠가 아내 자넷과 함께 그녀가 어린 시절을 보낸 페루를 여행한 적이 있었다. 쿠스코에서 마추픽추로 여행하면서 우리는 문자나 수레바퀴의 도움 없이 건설된 잉카 문명의 거대한 유적들을 살펴보았다. 우리 일행은 수풀이 우거진 쿠스코 외곽의 고원 지역에 올라가 무게가 족히 수십 톤은 될 만한 바위들로 세운 성곽 옆에 자리를 잡고 섰다.

"여러분이 보고 계신 바위들은 회반죽을 전혀 쓰지 않고 사람이 직접 다듬어 쌓은 것입니다. 이 성벽은 너무나 정교해 바위 틈새로 종이 한 장 들어가지 않습니다." 자랑스럽다는 듯 페루 현지인 가이드가 말했다. "레이저를 사용해도 이렇게 정확하게 돌을 절단할 수는 없을 겁니다. 잉카인들이 어떻게 이런 일을 할 수 있었는지는 아무도 모릅니다. 아마 그렇기 때문에 에리히 폰 다니켄(Erich von Daniken)이 「신들의 전차」(Chariots of the Gods, 정음문화사)라는 책에서 다른 고급 문명들이 잉카를 거쳐 형성되었을 것이라고 주장한 것이겠지요."

그때 일행 중 한 명이, 수레바퀴도 사용하지 않고 어떻게 그렇게 육중한 바위들을 산꼭대기로 옮길 수 있었는지를 물었다. 잉카인들이 문자 기록을 전혀 남기지 않았기 때문에 그런 질문은 역사상 끊임없이 제기되고 있는 터였다. 가이드는 턱에 손을 대고 골똘히 생각하더니 뭔가 대단한 비밀이라도 폭로하듯 몸을 앞으로 내밀며 말했다. "음, 그건 말입니다…." 사람들은 모두 숨을 죽였고, 그는 아주 조심스럽게 말을 이어나갔다. "우리는 그들이 사용한 도구는 알지만, 어떤 기계를 사용했는지는 알 수 없습니다." 검게 그을린 그의 얼굴 위로 만족스러운 표정이 스쳐 지나갔다.

    우리는 모두 멍하니 서서 더 자세한 설명을 해주길 기다렸지만, 그는 바로 다음 코스로 이동했다. 가이드는 그런 모호한 말로 어려운 문제를 단번에 해결했다. 그 후로도 우리는 몇 번이고 같은 대답을 들어야 했다. 가이드는 매번 뭔가 중대한 의미가 있는 것처럼 그 말을 했지만 우리 중 그 말을 이해하는 사람은 한 명도 없었다. 쿠스코를 떠나서도 이 말은 우리 일행 사이에서 가장 인기 있는 농담이 되었다. 누군가 오후에 비가 오겠느냐고 물으면 누군가가 스페인 억양으로 대답했다. "글쎄요. 도구는 알지만 기계는 알 수 없군요."

    최근에 신학교 동기들을 만난 자리에서 수수께끼 같은 그 말이 다시 생각났다. 20년 만에 만난 자리였으나 대화의 화제는 별 영양가 없는 옛이야기에서 재빨리 하나님과의 친밀함이라는, 깊이 있는 주제로 옮겨갔다. 여전히 모두가 신앙과 관련하여 갈등과 고민을 하고 있었지만 신앙을 떠난 사람은 없었다. 그리고 이제 우리는 고통이 무엇인지 알고 있었다. 처음에는 자녀들에 대한 이야기와 현재 하고 있는 일, 새로 이사 간 지역, 대학원 학위 같은 가벼운 근황들을 두고 이야기를 나누었으나, 시간이 지날수록 치매에 걸린 부모, 이혼한 친구들, 만성적인 질병에 시달리거나 윤리적인 잘못을 범한 친구들, 교회 직원들에게 희롱당한 아이 등 점점 암울한 이야기가 오갔던 것이다.

    우리는 하나님이 우리가 신학생이었을 때보다 더 우리 삶의 중심에 자리잡고 계시다는 고백을 하며 각자의 집으로 돌아갔다. 학생 시절, 우리가 영적인 경험을 묘사하면서 했던 말들을 이제 와서 떠올려 보면 대부분 무슨 뜻인지 알 수 없는 말들이었던 것 같다. 25년 전 신학 수업 시간에 성령 충만한 삶과 죄, 육체의 본질, 성화, 풍성한 삶이 무엇인지를 다 배워 두었지만, 그 교리 가운데 우리가 예상했던 방식대로 효력을 발휘한 것은 하나도 없었다. 치매에 걸려 용변도 제대로 가리지 못하는 괴팍한 부모를 돌보는 사람에게 성령 충만한 삶을 설명하는 것은, 마치 잉카 유적을 두고 '도구는 알지만, 기계는 알 수 없다'라는 말로 설명하는 것과 똑같다. 이 언어들은 의미를 제대로 전달하지 못한다.

교회에서 사용하는 말들이 사람을 혼란스럽게 만드는 경우가 있다. 설교자가 '그리스도가 여러분 안에 살아 계십니다'라든지 '우리는 세상을 이기는 정복자입니다'라고 선언할 때, 그 순간에는 사람들 마음속에 무언가를 열망하는 동경의 마음이 싹트지만 결국 이 말을 일상적인 경험 속에 적용하는 사람은 거의 없다. 예를 들어, 위의 설교를 들은 섹스 중독자가 있다고 생각해 보자. 그 순간에는 그 역시 구원받기 위해 기도하겠지만, 당장 그날 밤이 되어 이메일함을 열어 보면 또다시 '캔디'나 '헤더' 같은 이름을 가진 여성이 메시지를 보내와 지상 최고의 짜릿한 환상을 느끼게 해주겠다고 제안하고, 그는 또다시 유혹에 빠지고 말 것이다. 예배 중에 그와 같은 줄에 앉았던 또 한 명의 여성은 위의 설교를 들으면서 마약 중독으로 재활 시설에 수감 중인 십대 아들을 떠올리며 속으로 질문하고 있었을지 모르겠다. '난 부모로서 할 수 있는 모든 일을 했는데 하나님은 왜 내 기도에 응답해 주지 않으시는 거지? 하나님은 내가 아들을 사랑하는 만큼 내 아들을 사랑하시지 않는 걸까?'

많은 사람들이 더 이상 교회에 출석하지 않는다. 심지어 복음주의 그리스도인이라 자처하는 미국인들 중 한 번도 교회에 가본 적이 없는 사람이 3백만 명에 이를 정도다. 그들도 대학 시절에는 IVF나 CCC 같은 선교 단체에서 잠시 신앙의 열정을 불살랐을지 모르나 시간이 지나면서 그 열정은 사라졌고, 사그라진 신앙의 불꽃은 다시 피어오르지 않는다. 존 업다이크(John Updike)의 작품에 등장하는 한 사람은 이런 말을 했다. "나는 종교가 없어. 아니, 종교는 있지만 그건 내 삶에 아무런 영향을 미치지 않아."[1]

나는 그렇게 말하는 사람을 여럿 만나 직접 이야기를 들어 보았고, 비슷한 사연이 적힌 편지 역시 무수히 받아 보았다. 그들은 공통적으로 영적인 삶이 지속적인 변화로 이어지지 않으며, 확신에 찬 설교 말씀과 실제 개인의 경험은 전혀 일치하지 않는다고 말했다. 놀라웠던 것은 이들 중 대다수가 교회나 다른 그리스도인들을 비난하는 대신, 자기 자신에게 그 비난의 화살을 돌렸다는 사실이다. 아이오와 주에 사는 한 사람이 보내온 다음 편지를 읽어 보자.

저는 하나님이 있다는 것을 알고 있고, 또 믿기도 합니다. **다만 그분에 대하여 무엇을 믿어야 할지를 모르겠습니다.** 하나님께 제가 무엇을 기대해야 할까요? 제 간구를 (종종 또는 가끔) 들어주시리라고 기대해야 할까요? 아니면 제가 그분의 아들이 나의 죄를 위해 죽었다는 것을 받아들이고 스스로를 행운아로 여기는 정도로만 관계를 맺어야 할까요?

제가 미성숙한 신자라는 것은 인정합니다. 하나님에 대한 저의 기대도 분명 비현실적일 겁니다. 계속해서 하나님께 실망하는 일이 없으려면 기도하고 또 기도해야 하는데 그렇게 하지 못해 이렇게 끊임없이 실망하고 있는 것 같습니다.

그런데 하나님과의 올바른 관계란 대체 어떤 것인가요? 하나님은 우리를 친구라고 부르시는데 우리는 하나님께 무엇을 기대해야 할까요?

이 편지를 쓴 사람은 계속해서 하나님과의 관계라는 어려운 문제에 관해 질문하고 있다. 대체 인간의 오감으로 도저히 감지할 수 없는 전혀 다른 존재와의 관계를 어떻게 유지해야 할까? 나는 이런 문제로 고민하는 사람들에게 수 없이 많은 편지를 받았다. 아마 그 때문에 나는 「하나님, 당신께 실망했습니다」(*Disappointment with God*), 「내가 고통당할 때 하나님 어디 계십니까」(*Where Is God When It Hurts?*, 생명의말씀사) 같은 책들을 썼던 것 같다.

이런 편지를 보내 온 사람도 있었다.

지난 2년여 동안 말로 설명할 수 없을 만큼 힘든 시간을 보냈습니다. 고통의 무게에 짓눌려 저 자신이 산산조각날 것만 같다는 느낌을 받은 적도 한두 번이 아니었습니다. 이 일들로 인해 저의 믿음은 흔들렸고, 아직도 저는 과거에 가졌던 흔들리지 않는 믿음의 부서진 조각들을 긁어모으기 위해 안간힘을 쓰고 있습니다. 하나님이나 예수님이 존재하신다는 것은 의심하지 않습니다. 다만 저의 믿음이나 하나님과의 '인격적인 관계'라 불렀던 것이 확실히 존재했던 것이었는지가 궁금합니다. 과거에 하나님과 관련하여 제가 했던 말과 행동을 돌아보면, '그것이 정말 내 진심이었을까?'라는 의문이 생기거든요. 하나님이 정말 내 곁에 계시는지를 끊임없이 의심하면서 어떻게 하나님에 대한 신앙을 가지고 있다고 말할 수 있겠습니까? 다른 사람들을 보면 하나님이 이런저런 방법으로 기도에 응답해 주시는 것 같은데, 제가 그런 '영적인' 말들을 늘어놓을 때면 마치 듣는 사람을 감동시키려고 마음에도 없는 소리를 하고 있는 듯한 느낌이 들어요. 생각만 해도 구역질나는 일입니다. 그래서 계속해서 스스로에게 묻습니다. '얼마나 시간이 지나야 알 수 있을까? 언제쯤 이 모든 일을 제대로 이해할 수 있을까?' 도대체 제가 뭘 잘못하고 있는 걸까요?

이 사람과 비슷한 영적 침체를 겪고 있는 또 한 명의 독자도 '하나님과의 관계'라는 말이 무슨 뜻인지를 편지로 물어 왔다. 그는 하루 종일 기도하고 성경과 경건 서적을 읽고 설교 테이프를 들으며 시간을 보내는 신앙심 깊은 자신의 할아버지에 대해 이야기했다. 그 할아버지는 걷거나 듣는 일을 거의 못하고, 고관절염의 통증 때문에 늘 진통제를 먹는다고 했다. 그리고 할머니가 돌아가신 후로는 난방비나 전기세에 지나치게 신경을 쓰는 등 편집증에 가까운 증세를 보인다고 했다. "할아버지에게는 하나님과 교제하는 기쁨에 찬 성도의 모습이 보이지 않습니다. 그는 그저 천국 갈 날만을 기다리는 지치고 외로운 노인일 뿐이에요." 그는 게리슨 케일러(Garrison Keillor)가 나이 든 메리 아줌마에 대해 썼던 글도 인용하고 있었다. "메리 아줌마는, 죽음이란 천국으로 들어가는 관문에 불과하다는 것을 잘 알고 있었다. 천국에 가면 예수님이 반갑게 맞아 주실 것이고, 더 이상 눈물이나 고통은 없을 터였다. 하지만 지금의 그녀는, 도자기 인형과 오래된 주말판 "트리뷴"(Tribunes)지로 가득 찬 어둡고 작은 집에서 성질 고약한 작은 강아지들과 함께 사는 외롭고 뚱뚱한 심장병 환자 노인일 뿐이다."

또 다른 독자는 좀더 간결한 말로 자신의 상태를 설명했다. "거듭남이라는 비유로 제 상태를 표현한다면, 저는 엉덩이부터 먼저 세상으로 나오고 있는 태아 같습니다."

※

10년 전 즈음에 속해 있던 한 토론 모임에서 연습 삼아 각자 하나님께 공개 편지를 써서 가져오기로 한 일이 있었다. 최근에 서류 정리를 하다가 그때 내가 썼던 편지를 발견했다.

사랑하는 하나님,
패티의 친구 중 하나가 그녀에게 "넌 하나님이 살아 계신 것처럼 행동하지 않고 있어"라고 말하며 패티를 비난했다고 합니다. 그런데 그 후부터 그 말이 저를 따라다니며 괴롭히고 있습니다. 저는 어떤가요? 당신이 살아 계신 것처럼 행동하고 있습니까?

가끔은 제가 당신을 현실의 각박함을 달래고 고통을 잊어버리기 위해 찾는 알코올이나 신경 안정제 같은 물질로 대하고 있는 것 같습니다. 물론 저도 이 세상에서 벗어난, 보이지 않는 저 세상을 인지할 때가 있고, 보이지 않는 저 세상 역시 공기와 풀밭과 시냇물이 있는 이 세상처럼 현실적으로 존재한다고 믿고 있습니다. 하지만 어떻게 해야 당신과 당신이 거하는 세상의 실체가 저의 생활로 들어와 이 지루하리만치 단조로운 제 일상과 자아가 변화될 수 있을까요?

조금씩 나아지고 있는 것 같기는 합니다. 이제 당신은 제게 두려움의 대상이 아니라 존경과 위엄의 대상이니까요. 또한 지금의 저는 당신의 거룩함이나 존엄보다는 자비와 은혜에 더 큰 감동을 받습니다. 예수님이 저를 위해 희생해 주신 덕분이라지요. 예수님 때문에 당신의 진노가 누그러졌고, 그로 인해 저는 더 이상 구석에 웅크리고 있지 않고 당당하게 당신과 한 울타리 안에 거할 수 있게 되었다고 들었습니다. 예수님으로 인해 당신은 매력적이고 사랑스러운 분이 되셨지요. 저 역시 그분 덕분에 당신이 보시기에 매력적이고 사랑스러운 존재가 되었고요. 저 혼자의 힘으로는 결코 이런 일이 일어날 수 없다고 하신 당신의 말씀에 저는 동의해야 마땅하겠지요. 그런데 하나님, 그 말씀을 믿을 수 없는 때가 많습니다.

어떻게 하는 것이 당신이 살아 계신 것처럼 행동하는 걸까요? 땀을 뻘뻘 흘리며 용변을 보는 내내 우울감에 시달리고 밤마다 불면증으로 침대에서 뒤척이는 이 육신이, 어떻게 우주에 충만하여 만민이 바라보지 않을 수 없는 그 엄청난 하나님의 광채 옆으로 다가갈 수 있을까요? 어떻게 하면 당신이 보이신 사랑으로 제가 다른 사람을 한 명만이라도 사랑할 수 있겠습니까?

저는 가끔씩만 당신의 세계를 생각하며 당신을 사랑하는데도 이 세상에서 별 문제 없이 살 수 있습니다. 어떻게 하면 이 두 세계의 삶을 하나로 묶을 수 있을까요? 변화의 가능성을 믿게 해 달라는 것, 이것이 바로 저의 기도 제목입니다. 다 제 안에서 일어나는 일인데도 저는 그 변화를 감지하기가 너무 어렵습니다. 설사 변화된 모습이 나타났다 해도, 마치 과학자들이 말하듯이 환경에 적응한 학습된 행동 같아 보일 뿐입니다. 어떻게 하면 당신으로 인해 제 본질과 본성이 변화되어 당신을 더 많이 닮아갈 수 있을까요? 그런 일이 가능하기는 할까요?

이상하게도 홍해를 건넌 사건이나 부활 사건처럼 절대 불가능해 보이는 일을 믿는 것보다, 자넷이나 데이브, 메리, 브루스, 케리, 재니스, 폴이나 저같이 평범한 사람들의 인생에 당신의 생명이 천천히 그러나 변함없이 드러날 수 있다는 것을 믿는 것이 더 힘이 듭니다. 하나님, 이 가능해 보이는 일이 실제로도 일어날 것이라 믿는 믿음을 주세요.

내가 모임에서 이 편지를 읽었을 때, 내 친구 폴은 무척 당황스러워했다. 그는 나와 하나님 간의 관계가 매우 비인격적이며 거리감이 느껴지고 머뭇거리고 있다고 말한 후, 나와 달리 자신은 하나님과 지극히 가까운 친밀감을 느끼고 있다고 덧붙였다. 그때 폴이 했던 말을 떠올리자 당시 내가 느꼈던 회의도 되살아나면서 내가 과연 하나님과의 인격적인 관계에 대한 책을 쓸 만한 자격이 있는지 잠시 되돌아보게 되었다. 언젠가 한 출판사가 내게 좀더 '목회' 서적다운 책을 써 달라고 한 적도 있었지만 나는 그 부탁을 들어줄 수 없었다. 나는 목사가 아니라 회의와 의심을 안고 살아가는 순례자이기 때문이었다. 나는 프레드릭 뷰크너(Frederick Buechner)가 정의한 '순례자'가 가진 관점만을 제시할 수 있을 뿐이다. 그는 "순례자란 꼭 먼 곳까지 이르지는 못했더라도 길 위를 걸으며, 희미하고 설익게나마 감사해야 할 대상을 인식하고 있는 사람"이라고 말한 바 있다.[2]

나는 인생의 대부분을 하나님과의 인격적인 관계를 강조하는 복음주의 개신교 전통 안에서 보냈다. 이런 내가 이 책을 쓰기로 결심한 것은, 하나님과의 관계가 실제로는 어떻게 작동하는지를 혼자 힘으로 밝혀내고 싶었기 때문이다. 그 작동 원리를 어림짐작하는 것만으로는 만족할 수 없었던 것이다. 제사장이나 성상 또는 다른 중재자 없이 누구나 홀로 하나님에게 나아갈 수 있다고 믿는 복음주의 전통의 입장은 글을 쓰는 작가의 기질과도 묘하게 잘 어울렸다. 물론 다른 자료들도 참고하고 다른 지혜로운 인물들을 만나 인터뷰도 하지만, 결국 자료들을 분류하며 정리한 생각을 빈 종이에 채우는 일은 혼자만의 고독 속에서 감당해야 하기 때문이다. 하지만 이것은 어느 정도 위험한 일이기도 하다. 그리스도인의 삶이란 하루 종일 홀로 앉아 그리스도인의 삶에 대해 생각하며 사는 것이 아니기 때문이다.

나는 큰 칼을 손에 쥐고 정글 숲을 헤치며 앞으로 나간다는 심정으로 이 책을 썼다. 다른 사람들을 위한 길을 닦는 것이 아니라 내가 지나갈 길을 만들기 위해서였다. 따라올 사람이 있을까? 길을 잃어버린 것은 아닐까? 책을 쓰는 동안에는 절대 답을 알 수 없다. 그저 칼을 휘두르며 나갈 뿐이다.

하지만 이 비유에도 허점이 있다. 나만의 길을 만들어 나간다고 말했으나, 결국 나는 앞서 그 길을 걸었던 '구름같이 둘러싼 허다한 증인들'이 만들어 놓은 지도를 따라가는 것일 뿐이기 때문이다. 내가 믿음의 싸움을 할 수 있는 것은 모두 그들 덕분이다. 그들도 이미 그 길고 고귀한 길을 걸어왔다. 성경에서도 회의와 혼란의 감정을 드러낸 표현들이 자주 등장한다. 프로이트는 답할 수 있는 질문만을 제기하고 가르친다며 교회를 비난했고, 실제로 그런 교회들도 있다. 하지만 그것은 하나님의 방식이 아니었다. 욥기, 전도서, 하박국 같은 성경에는 정답이 없는 곤란한 질문들이 수없이 들어 있다.

교회의 역사를 살펴보면 위대한 성인도, 내가 경험했고 나의 독자들이 편지에서 이야기한 것과 똑같은 장애물에 막혀 곁길로 돌아가거나 막다른 길에 이른 적이 있다는 것을 알 수 있다. 오늘날의 교회들은 실패는 전혀 언급하지 않고 영적인 성공만을 내세우는 경향이 있다. 이는 힘겨운 믿음의 싸움을 하고 있는 교인들을 더욱 힘들게 만든다. 많은 책과 비디오 테이프들도 승리에만 초점을 맞춘다. 그러나 교회 역사를 조금만 깊게 파고 들어가 보면 이것과는 전혀 다른, 물살을 가로지르며 상류로 올라가는 연어들처럼 끊임없이 애쓰며 살다간 믿음의 선배들의 이야기가 나온다.

아우구스티누스는 「참회록」에서 하나님에 대해 눈을 뜬 과정을 아주 정확하고 세밀하게 묘사했다. "나는 알 수 없는 여러 가지 일들이 7 더하기 3은 10인 것처럼 확실하게 드러나기를 바랐다."[3] 하지만 그는 결코 그러한 확신을 얻지 못했다. 4세기 북아프리카 출신의 이 학자 역시 오늘날의 그리스도인들을 괴롭히는 문제로 끊임없이 갈등했다. 그 문제란 바로 눈에 보이지 않는 존재를 믿는 것과 끈질기게 반복되는 교회에 대한 불신을 극복하는 일이었다.

한나 스미스(Hannah Smith)는 「삶의 비밀」(The Christian's Secret of a Happy Life, 두란노)이라는 책을 통해 빅토리아 시대의 수많은 독자들을 좀더 고귀한 삶으로 인도했으나, 정작 본인은 삶에서 많은 행복을 누리지 못한 인물이었다. 유명한 복음 전도자였던 남편은 영적인 갈망을 성적인 쾌감으로 채울 수 있다는 잘못된 이론을 주장하다가 나중에는 심각한 성적 타락에 빠져 신앙마저 부인하는 상태에 이르렀다. 한나는 그와 함께 지내면서 환멸과 분노의 감정만을 키워갔다. 자녀들도 하나같이 신앙을 지키지 못했다. 철학자 버트런드 러셀과 결혼한 그녀의 딸은 결국 남편을 따라 무신론자가 되었다. 러셀이 장모에 대해 기록해 놓은 글들에서 승리한 여성의 면모를 찾아보기란 어려운 일이다.

유진 피터슨(Eugene Peterson)은 청소년 시절에 매년 여름 호숫가에서 열리는 신앙 집회에 참석했다고 한다.[4] 참석자들은 성령 충만한 모습을 열정적으로 과시하며 '보다 깊이 있는 삶' 또는 '제2의 축복' 같은 문구를 말하고 다녔다. 하지만 나중에 피터슨은 참석자들이 집회 장소에서 보인 성령 충만한 모습이 집으로 돌아간 후의 일상 생활에서는 거의 드러나지 않는다는 사실을 발견했다. "성격이 고약했던 친구 엄마들은 집회에 다녀온 후에도 성격이 그대로였다. 나쁜 성격으로 치면 둘째가라면 서러웠을 역사 과목 담당 블링턴 선생님 역시 집회에 다녀 온 후에도 우리 고등학교 선생님 가운데 가장 비열하다는 오명을 벗지 못하셨다."

내가 이런 실패 사례들을 이야기하는 것은 신앙 생활을 잘하고 있는 사람들을 기죽이거나, 실제로 가능한 것보다 더 많은 것을 약속하는 영적인 선전에 현실주의를 접목시키기 위해서가 아니다. 신기하게도 이 같은 교회의 실패는 오히려 '은혜란 물처럼 가장 낮은 곳으로 흘러간다'라는 교회의 주요 교리를 입증해 내는 역할을 한다. 즉, 세상에 대하여 교회는 성공을 위한 공식이 아니라 겸손과 회개의 태도를 제시한다. 성공 지향적인 이 사회에서 오로지 교회만이 자신이 지금까지 실패했고, 실패하고 있으며, 앞으로도 실패할 것임을 인정한다. 주후 3천 년이 되어도 교회는 2천 년이나 1천 년의 교회가 그랬던 것처럼 문제투성이일 것이다. 우리가 그토록 필사적으로 하나님께 돌아가려는 노력을 기울여야 하는 것도 바로 이 때문이다.

C. S. 루이스도 말했다. "그리스도인들은 다른 사람들에 비해 큰 장점을 가지고 있는데, 그것은 그들이 덜 타락했다거나 이 타락한 세상에서 살지 않아도 되기 때문이 아니다. 오히려 자신이 타락한 세상을 사는 타락한 인간이라는 사실을 누구보다 잘 알고 있다는 것이 이들의 최대 장점이다."[5] 이 같은 인식이 하나님을 알기 위해 떠나는 이번 여행의 출발점이다.

이 책을 쓰기 시작하면서 나는 평소 그리스도인으로 존경해 온 친구들을 방문했다. 어떤 친구들은 교회에서 주도적인 역할을 담당하고 있었고 개중에는 전국적으로 유명한 친구들도 있었다. 그리고 직업 세계에서 소중하게 신앙을 지키며 살아가는 이들도 있었다. 나는 그들에게 이렇게 물어보았다. "누군가가 너를 찾아와 그리스도인으로서의 네 삶이, 그리스도인은 아니지만 도덕적인 사람과 어떻게 다르냐고 묻는다면 어떻게 대답하겠어?" 나는, 신앙이 있기에 그들이 실패하지도 않고, 꿈이 늘 실현되었으며, 변화의 희망으로 가득한 삶을 살고 있는지 궁금했다. 그렇지 않다면 굳이 자신을 괴롭히면서 신앙 생활을 이어 갈 이유가 어디 있겠는가?

자기에게 일어난 변화를 구체적으로 설명해 준 친구도 있었다. "결혼 생활을 하면서 여러 가지 어려운 문제들이 있었지만 하나님의 은혜로 포기하지 않고 지금까지 올 수 있었어. 돈을 사용하는 습관에도 변화가 생겼어. 이제 나는 내 욕심을 채우기 전에 가난한 이웃을 도울 방법을 찾고 있지."

유방암 수술을 받으면서 죽을 고비를 넘겼던 한 여성은 걱정되는 마음을 솔직하게 털어놓았다. "걱정되는 건 어쩔 수가 없어. 암이 재발하지 않을까 걱정되고, 아이들이 비뚤어지지 않을까 걱정돼. 쓸데없는 걱정이라는 걸 아는데도 어쩔 수가 없어. 하지만 아직도 나는 하나님을 신뢰하고 있어. 속고 있는 걸로 보일지도 모르겠지만, 어쨌든 난 하나님이 모든 일을 주관하신다는 것을 마음속 깊이 믿고 있어. 목발이 아니냐고 할 사람도 있겠지만, 난 이것이 신앙이라고 생각해. 절름발이에게 목발이 없는 것이야말로 최악일 테니까 말이야."

또 한 친구는 하나님의 임재를 느끼기 때문에 외롭지 않다고 말했다. "난 귀를 쫑긋 세우고 하나님의 말씀에 귀를 기울여. 가끔은 침묵을 통해 말씀하시기도 하지만 어쨌든 그분은 내게 말씀하고 계셔." 또 어떤 친구는 지나온 과거를 돌아보아야만 자신이 영적으로 성장해 왔음을 알 수 있다는 이야기를 했다. "만약 집에 불이 난다면, 나는 그동안 써 두었던 일기장을 꺼내기 위해 집안으로 뛰어들 거야. 하나님과 나의 관계를 낱낱이 기록해 놓은 최고의 보물이니 말이야. 극적인 순간에 대한 기록은 별로 없지만 하나님과의 친밀한 순간들이 그 안에 들어 있어. 지금도 그 일기를 읽으면서 과거를 되돌아보면 나의 삶 속에 함께하신 하나님의 손길이 느껴져."

말기 환자 병동에서 근무하는 간호사 친구는 환자들이 가진 신앙의 증거가 임종 자리에서 어느 때보다 분명하게 드러난다고 말했다. "신앙이 있는 가정은 뭔가 다른 모습을 보여. 물론 그들도 슬퍼하며 눈물을 흘리지만, 동시에 서로를 안고 기도하면서 찬송을 부르지. 두려워하는 모습은 거의 찾아볼 수 없어. 신앙이 없는 사람들에게 죽음은 그야말로 끝이야. 죽는 순간 모든 것이 끝장나는 거지. 이들은 그저 둘러서서 지나온 과거에 대해 이야기할 뿐이지만, 그리스도인들은 또 다른 미래가 있다는 사실을 서로 상기시켜 줘."

내 질문에 대해 가장 가슴 아픈 대답을 해준 사람은 기독교계에서 유명한 한 친구였다. 그는 라디오 프로그램을 진행하면서 일주일에 한 번씩 성경적인 신앙 상담도 해주고 있었다. 하지만 정작 그의 신앙은 중병을 앓은 후 최근 몇 년간 심하게 흔들리고 있었다. 오랫동안 라디오 프로그램을 진행해 왔던 그는 내 질문과 비슷한 질문을 받을 때마다 청취자들에게 하듯 온건한 대답만을 해주었지만, 이번만큼은 한참을 생각한 후에 솔직한 답을 들려주었다.

"하나님이 선하다는 사실은 아무 어려움 없이 믿을 수 있어. 하지만 내 의문은 거기서 한 발 더 나가. 그분이 선하다는 게 무슨 뜻일까? 얼마 전에 빌리 그레이엄의 딸이 심각한 가정 불화를 겪고 있어서 그레이엄과 그의 가족이 유럽까지 가서 그 부부를 만나 함께 기도했다는 이야기를 들었어. 그런데 결국 두 사람은 이혼하고 말았다더군. 빌리 그레이엄의 기도도 응답되지 않았는데, 나 같은 사람의 기도가 과연 무슨 소용이 있을까? 나도 건강 문제나 딸이 겪고 있는 어려움, 결혼 생활 같은 내 삶의 주제들을 보면서 하나님께 도와달라고 울부짖고 있는데, 그분이 어떤 식으로 응답하실지 전혀 감을 못 잡겠어. 도대체 우리는 하나님께 무엇을 기대해야 할까?"

그의 마지막 질문은 비수처럼 내 마음에 꽂혀 아직까지 생생하게 남아 있다. 이를 두고 자기 중심적인 신앙의 표현에 지나지 않는다고 코웃음을 치는 신학자들도 있을 것이다. 그러나 나는 하나님의 존재에 환멸을 느끼는 수많은 사람들의 마음속에 그와 똑같은 질문들이 자리잡고 있다고 생각한다. 우리는 부모, 자녀, 가게 점원, 주유소 직원, 목회자, 이웃 등 모든 인격적인 관계 속에서 무언가를 얻기를 기대한다. 그렇다면 하나님과의 관계에서는 어떨까? 하나님과의 인격적인 관계 속에서 우리는 무엇을 기대해야 할까?

신학교 재학 시절, 2년 동안 같은 방을 썼던 라이너라는 독일인 친구가 있었다. 졸업 후 독일로 돌아간 그는 장애인들을 위한 수련회에서 신학교 노트를 참고하며 '승리하는 그리스도인의 삶'이라는 주제로 감동적인 설교를 했다. 지체 장애인과 뇌성마비 환자, 정신 장애를 가진 청중들 앞에서 그는 "비록 휠체어에 의지하며 살고 있지만 여러분은 얼마든지 승리하는 온전한 삶을 살 수 있습니다. 하나님은 여러분 안에 살아 계십니다!"라고 말했다. 그러나 얼마 지나지 않아 라이너는 근육을 마음대로 쓰지 못하는 사람들에게 설교하는 것이 보통일이 아니라는 것을 알게 됐다. 그들의 머리는 불안정하게 흔들렸고 갑자기 의자에 털썩 주저앉는 사람도 있고 침을 흘리는 사람도 있었다.

사실 수련회에 참석한 장애인들 역시 라이너의 설교를 듣고 당황해하고 있었다. 그들 가운데 몇 명은 수련회 주최자인 게르타에게 가서 라이너의 말을 이해할 수 없다고 불평했다. 게르타는 "그렇다면 여러분이 직접 그에게 가서 말하세요!"라고 말했다.

한 용감한 여성이 용기를 내어 라이너에게 말했다. "당신은 지금 태양에 대해 말하고 있는 것 같은데, 우리는 모두 창문이 하나도 없는 어두운 방 안에 있어요. 우리는 당신의 말을 하나도 이해할 수 없어요. 당신은 지금 저 바깥에 피어 있는 꽃, 극복과 승리에 대해 말하고 있지만, 그런 것들은 우리 생활에 절대 적용될 수 없는 메시지예요."

내 친구 라이너는 깜짝 놀라 의기소침해졌다. 그는 자신이 아주 명료한 메시지를 전하고 있다고 생각했기 때문이다. 바울 서신을 그대로 인용하지 않았는가? 자존심에 상처를 입은 그는 더욱 강력한 영적 곤봉을 들고 사람들 앞에 서야겠다고 생각했다. '당신들은 뭔가 문제가 있어. 당신들은 주님 안에서 자라나야 해. 역경을 딛고 일어나 승리해야 한다고!'

하지만 기도로 밤을 지새운 라이너는 다음날 아침, 전날과는 전혀 다른 메시지를 가지고 강단에 섰다. "무슨 말을 해야 할지 모르겠습니다." 그는 청중들에게 이렇게 말했다. "정말 혼란스럽습니다. 하지만 승리의 메시지를 빼버리면 여러분에게 드릴 말씀이 없습니다." 그는 고개를 숙인 채 아무 말도 못하고 한참 동안 그렇게 서 있었다.

그러자 전날 그를 찾아왔던 그 용감한 여성이 장애인들로 가득한 강의실에서 큰 소리로 말했다. "이제야 당신을 이해하겠습니다. 이제 우리는 말씀을 들을 준비가 됐어요."

개념은 우상을 만들 뿐이다.
경이만이 우리에게 진정한 무언가를 가져다준다.[6]
_니사의 그레고리우스

2. 샘물가에 앉아 갈증을 느끼다

> 인간의 코미디는 나에게 충분히 매력적이지 않다.
> 나는 이 세상에만 속한 사람이 아니다.…나는 이곳이 아닌 다른 곳에서 왔다.
> 그러니 이 세상의 벽을 넘어 다른 곳에서 코미디를 찾아보는 것은
> 충분히 가치 있는 일일 것이다. 하지만 과연 그곳이 어디인가?
> _에우제네 이오네스코[1]

1991년에 러시아를 방문했을 때 나는 태어나서 처음으로 정교회 예배에 참석했다. 그들의 예배는 예배 행위의 신비와 위엄을 감각적으로 표현하는 데 중점을 두고 있었다. 숨겨둔 촛불들은 부드러우면서도 기괴한 빛을 성당 전체에 뿜어냈고, 회반죽 벽은 빛을 반사하는 게 아니라 스스로 빛을 내는 것처럼 보였다. 성당은 정교회 특유의 낮고 굵은 찬송가 화음으로 가득 차 있었는데, 약간 떨리는 듯한 그 소리는 마치 마룻바닥에서 올라오는 것 같았다. 예배는 서너 시간가량 이어졌고, 사람들은 자유롭게 예배당을 들락날락했다. '서로 평안을 기원해 주세요'라든가, '옆에 있는 분들과 웃으며 인사를 나누세요'라는 말은 전혀 없었다. 예배당 안에는 의자가 없어 회중들은 모두 서서 '전문' 사제들을 바라보았다. 천 년 동안 변함없이 예배 의식을 지켜온 그들은 말 그대로 전문가들이었다.

바로 그날 나는 정교회 수도사 한 명과 교도소 선교회 대표와 함께 근처의 교도소 지하에 있는 예배실을 방문했다. 한때 무신론 국가였던 러시아의 교도

소에 그런 공간이 있는 것은, 한 공산당 관리가 과감한 결단을 내려 예배실을 마련하게 했기 때문이라고 했다. 그냥 놔뒀더라면 음산한 일개 지하 감옥이었을 지하 맨 아래층의 이 예배실은 참으로 아름다운 오아시스로 변했다. 재소자들이 직접 70년 동안 그 방에 쌓여 있던 쓰레기더미를 모두 청소한 후 바닥을 대리석으로 장식하고 벽에는 놋쇠로 만든 멋진 촛대를 달았다고 했다. 그들은 자신들이 꾸민, 당시 러시아 유일의 이 옥중 예배실을 무척 자랑스러워했다. 매주 수도원 사제들이 이곳에 와서 예배를 집전했고, 이때만은 간수들도 재소자들이 자기 방에서 나와 마음대로 예배에 참석할 수 있도록 허락했다.

예배실로 들어가 그 안에 있는 수공예품들을 놀라운 눈으로 잠시 바라보고 있자니, 보니파토(Bonifato) 수도사가 밑에 "우리의 슬픔을 가져가시는 성모"라는 글귀가 적힌 성모상을 가리켰다. 교도소 선교회의 론 니켈(Ron Nikkel)이 이 벽 속에는 아마 무수한 슬픔이 담겨 있을 것이라고 말하면서, 보니파토 수도사에게 재소자들을 위해 기도해 달라고 했다. 보니파토 수도사가 당황한 표정을 짓자, 론이 재차 부탁했다. "재소자들을 위해 기도해 주지 않으시겠습니까?"

"기도요? 제가 기도하기를 원하세요?" 보니파토 수도사가 되물었고 우리는 모두 고개를 끄덕였다. 그러자 그는 예배실 맨 끝에 있는 제단 뒤로 들어가더니 또 하나의 '우리의 슬픔을 가져가시는 성모상'을 받침대에 올린 채 들고 나왔다. 그러고는 촛대 두 개와 향 접시를 꺼내 조심스럽게 내려놓고 불을 붙였다. 순식간에 달콤한 향기가 온 방 안을 채웠다. 그 다음 보니파토 수도사는 모자와 겉옷을 벗고 금으로 장식된 커프스도 내려놓았다. 목을 감고 있던 금 영대와 금 십자가 목걸이까지 벗은 그는 예식용 모자를 썼다. 한 가지 행동을 할 때마다 그는 먼저 십자가에 입을 맞추거나 한쪽 무릎을 구부렸다. 그리고 드디어 기도 준비가 끝났다.

그의 기도는 새로운 일련의 의식들로 이뤄져 있었다. 보니파토 수도사는 말로 기도하는 대신, 예식서를 따라 성모상을 들고 성가를 불렀다. 그렇게 론이 재소자들을 위해 기도해 줄 것을 요청한 지 20분 만에 보니파토 수도사는 드디어 "아멘"을 외쳤고, 마침내 우리 일행은 교도소 밖으로 나와 외부의 신선한 공기를 마음껏 들이마셨다.

러시아에서 나는 정교회를 비난하는 서구 그리스도인들도 만났다. 예배에서 위엄과 복종, 경외 같은 요소들을 탁월하게 드러내지만, 그들도 인정하듯이 정교회 교인들에게 하나님은 아주 먼 곳에 계신 분이며 여러 복잡한 준비를 거쳐 사제나 성상 같은 매개를 통해서만 다가갈 수 있는 존재다. 하지만 나는 정교회에도 우리가 배워야 할 점이 있다는 확신을 품고 러시아를 떠나왔다. 인간을 만물의 척도로 삼으며 신의 자리를 인정하지 않는 공산주의 정권 아래에서 러시아 정교회는 변함없이 하나님을 중심에 모시고서 역사상 가장 극심했던 무신론의 공격 속에서 살아남았던 것이다.

보니파토 수도사는 내세만을 바라보는 신비주의자가 아니었다. 지하 감옥이라고밖에 부를 수 없는 그곳에서 죄수들 앞에 서서 예배를 인도하는 그의 모습을 나는 보았다. 그는 '초월자이신 하나님께 나아갈 때는, 인간에게 하는 방식대로 다가가서는 안 된다'라고 가르친 그의 전통에 충실했다. 그 예배 의식은 그로 하여금 교도소 사역의 요구에 쫓기는 급하고 분주한 상태를 벗어나 영원의 리듬이 지배하는 고요한 장소에 이르도록 해주었다.

토머스 머튼(Thomas Merton)도 말했다. "만일 하나님을 너무 쉽게 발견했다면 아마도 당신이 찾은 것은 하나님이 아닐 것이다."

케임브리지 대학의 교수직을 포기하고 성공회 사제가 되었던 물리학자 존 폴킹혼(John Polkinghorne)은 과학 지식과 신학 지식 간의 중요한 차이점을 지적했다. 과학 지식은 프톨레마이오스에게서 시작해 갈릴레오, 코페르니쿠스, 뉴턴, 아인슈타인에 이르기까지 점진적으로 축적되어 온 것으로, 이 과학자들은 각기 후대 사람들을 위한 지식의 기초를 닦아 주었고 그로 인해 오늘날 가장 평범한 과학자들조차 뉴턴보다 더 정확하게 자연을 이해할 수 있다. 반면, 하나님을 아는 지식은 이런 방식으로 진행되지 않는다. 하나님과의 만남은 마치 두 사람의 만남처럼 항상 고유하고 개인적인 특성이 있다. 때문에 5세기의 신비주의자나 글도 모르는 이민자가 20세기의 신학자보다 더 깊이 하나님을 알 수도 있다.

칼 세이건(Carl Sagan)은 중세의 천문학자가 지녔을 법한 오만한 태도로 자신도 잘 모르는 말을 했다. "우주는 존재하는 모든 것이며, 앞으로도 영원히 그럴 것이다." 하지만 세이건 조차도 초월자와 만나고자 하는 열망으로부터 자유롭지 못했다. 그는 자신의 소설 「콘택트」(Contact)에서 외계에 메신저를 보내기 위해 5조 달러를 아낌없이 내놓는 정부의 이야기를 하는데, 영화에서 조디 포스터가 연기했던 그 메신저는 마침내 외계와 접촉한 후에 귀환한다. 과학자들은 그녀의 보고를 무시하나 군중들은 그녀를 환영한다. 세이건의 소설은 그가 의도했던 것 이상의 의미를 드러내고 있다.

모든 사람을 설득할 수 있을 정도로 자주는 아니지만, 그리스도인들 역시 우주의 창조주 하나님을 인격적으로 만나는 때가 있다고 주장한다. 이런 식으로 딱 한 번 하나님을 만나 본 토마스 아퀴나스는 그 만남에 대해 이런 말을 남겼다. "그것들을 보고 나니 지금까지 내가 쓴 모든 글들이 지푸라기처럼 느껴진다."[2]

영화 "콘택트"에서 조디 포스터는 엄청나게 큰 접시형 안테나를 이용해 밤낮으로 전파를 수신하던 중, 드디어 어느 날 헤드폰을 통해 딱딱거리는 특이한 소리가 들려오자 깜짝 놀라며 허리를 곧추세우고 앉는다. **뭔가가 있다!** 그리스도인 역시 하나님을 만나면 크게 놀랄 것이다. C. S. 루이스의 말을 들어 보자.

완전히 혼자 있다고 생각하는 곳에서 다른 생명체를 만나게 되면 깜짝 놀라며 이렇게 소리 지를 것이다. "이것 봐! **살아** 있어." 그리고 이 지점에서 많은 사람들은 더 이상 나아가지 않고 뒤돌아서고 만다. 나 역시 할 수만 있다면 그렇게 했을 것이다. '비인격적인 하나님'도 그리 나쁘지 않다. 우리 머리 속에서만 그려보는 진, 선, 미의 하나님이 더 낫다. 우리를 사로잡는 무형의 생명력이나, 언제나 끌어 쓸 수 있는 무한정의 능력이라면 가장 좋을 것이다. 그러나 '살아 계신' 하나님 자신이 무한대의 속도로 다가와 사냥꾼처럼, 왕처럼, 남편처럼 우리를 묶어 놓은 끈을 당겨댄다면 어떨까? 이건 전혀 다른 문제다. 밤중에 도둑 놀이를 하던 아이들이 갑자기 숨을 죽이고 귀를 쫑긋 세울 때가 온다. '거실에서 **진짜** 발자국 소리가 들린 것 아니야?' 종교의 물가에서 장난을 치던 사람들이 (종교는 신을 찾는 일이다!) 갑자기 흠칫하며 놀라는 순간이 온다. '설마 내가 진짜 하나님을 발견한 거야? **그런 것**까지 바란 건 아니었다고!' 그보다 더 나쁜 일인지도 모른다. '그분이 나를 발견한 건가?'[3]

나 역시 누군가가 나를 강하게 끌어당기고 있다는 느낌을 받을 때가 있다. 그 힘은 냉소와 반항에서 나를 이끌어 내고, 내 삶의 방향을 전혀 다른 쪽으로 돌려놓을 만큼 강력하다. 하지만 그보다 더 오랫동안, 그러니까 몸이 쑤실 정도로 오랫동안, 보다 강한 확신을 안겨 줄 또 다른 외계의 메시지를 간절히 갈구하며 헤드폰을 끼고 앉아 있는 내 귀에 들려오는 것은, 정적뿐이다.

자신을 알고 사랑하게 하려고 인간을 창조하실 정도로 우리의 근본이 되시는 하나님이 왜 그토록 자신의 존재를 미미하게 드러내 주시는 것일까? 교양 넘치는 아테네의 회의론자들에게 바울이 말한 것처럼 정말로 하나님이 사람으로 하여금 당신을 더듬어 찾아 발견하게 하려고 만물을 창조하신 것이라면, 그분은 왜 자신을 좀더 명백하게 드러내시지 않는 것일까?

성경 저자들은 가시떨기 나무에 불이 붙고, 바위가 진동하며 화산이 터지고, 별들이 하나님의 장엄함을 노래하는 '거룩한 땅'에서 살았다. 하지만 더 이상 그런 일은 일어나지 않는다. 초자연적인 세계는 영원히 사라지고, 우리만 가시적인 세계에 홀로 남겨져 있는 것 같다. 그런데도 하나님에 대한 열망, 즉 보이지 않는 존재와 **접촉**하려는 마음, 엉망진창이 된 이 세상 속에서 의미를 이끌어내줄 우주의 부모에게 사랑을 받고 싶다는 갈망은 변함없이 계속된다.

물질 세계에서 피부로 뒤덮인 육체를 가지고 사는 우리는 당연히 하나님이 우리가 사는 이 땅에 찾아와 우리를 만나 주시기를 바란다. 언젠가 멕시코시티 외곽에 있는 멋진 과들루프 성당에 가서 유물을 전시해 놓은 방에 들어서니, 1531년에 성모 마리아의 형상이 지금 성당이 위치한 자리에서 한 인디언에게 기적적으로 나타났으며, 그의 외투에 마리아의 형상이 남아 있다는 설명이 적힌 현수막이 눈에 들어왔다. 이제는 거의 누더기가 된 그 옷도 안에 걸려 있어 극적인 분위기를 연출했다. 그 성모상의 눈에 인디언의 모습이 남아 있다는 말도 전해지고 있었기에, 관광객들은 흐릿하게 확대시킨 마리아상의 홍채에서 그 인디언의 모습을 찾으려고 유심히 성모상을 들여다보고 있었다. 그 박물관은 아가서의 내용이 새겨져 있다는 마리아의 귓불도 확대해 전시하고 있었다. 그날 하루에만 수천 명의 순례객들이 나와 함께 무빙워크처럼 기계로 움직이는 보도 위에 서서 성모상 곁을 지나갔다. 그 기계는 매끄럽게 움직이며 우리를 태워 유리벽 맞은편 신부들이 미사를 집전하고 있는 성당에까지 데려다 주었다.

칼 세이건이 과들루프 성당에 가 보았는지는 알 수 없지만, 그가 그곳에 가면 어떤 반응을 보일지는 충분히 짐작할 수 있다. 그는 아마 이렇게 말할 것이다. '사람들은 자기가 원하는 바를 상상하고 있어. 주관이 투사된 것이거나 소원 성취의 한 형태라고 볼 수 있지.' 우리는 눈으로 보기를 원한다. 초자연적인 일들이 우리가 몸담고 있는 물질 세계의 차원으로 내려오기를 바라는 것이다. 1999년 플로리다의 한 사무실 건물의 유리벽 표면에 예수님의 형상이 나타났다. 일정한 각도에서 보면 그 형상은 보다 확연하게 드러났다. 다음날 그것을 보기 위해 사람들이 몰려와 자동차 행렬이 2킬로미터 밖까지 늘어서는 교통 대란이 일어났다. 살과 피를 지닌 피조물 인간은 자신이 기대한대로 반응하지 않는 대상을 참아 주지 않는다.

컴퓨터와 인공지능 분야의 개척자 중 한 명인 앨런 튜링(Alan Turing)은 '컴퓨터가 생각을 할 수 있을까?'라는 질문에 답하기 위해 다음과 같은 방법을 제시했다. 먼저 키보드와 모니터를 한쪽 벽에 놓고 다른 쪽 벽에 X(사람 또는 기계)를 둔다. 그리고 나서 X에게 몇 가지 질문을 연속적으로 던지고 난 후, 그 질문에 대한 답이 맞은편 모니터에 나타나기를 기다리는 것이다. 아래 주제에 관한 시를 지어보라[그리고는 한 가지 주제를 제시한다]. 34957에 70764를 더해 보라. 체스 게임을 할 수 있는가?[그리고는 체스 게임에 관한 문제를 몇 가지 낸다]. 튜링은 이때 나온 대답들을 근거로 질문자가, X가 사람인지 기계인지를 궁극적으로 구별해 내지 못한다면, 기계도 생각하는 존재라고 할 수 있다고 주장했다. 1950년에 이 논문을 발표할 때만 해도 그런 일이 일어날 가능성은 거의 없어 보였다. 그러나 지금은 컴퓨터가 세계 체스 챔피언을 물리치고 상담 소프트웨어가 '의뢰인'들을 대상으로 폭넓은 대화를 나눌 수 있을 정도로 인공지능의 수준이 향상되었다. 제대로 프로그래밍 된 기계는 가끔씩 질문자를 난처하게 만들고 있다.

하나님은 보이지 않는 분이기 때문에, 사람들은 자기 마음대로 하나님의 이미지를 만들어 내려 한다. 세 권으로 출간되어 수백만 명의 독자를 확보한 베스트셀러 「신과 나눈 이야기」(*Conversations with God*, 아름드리)에서 저자는 신이 직접 불러 준 이야기를 그대로 받아 적어 책으로 만들었다고 주장한다. 최근 나는 그 책에 심취한 한 사람을 만나, 그가 믿는 신이 어떤 분이지 설명해 달라고 했다. 그는 이렇게 말했다. "신은 우리와 멀리 떨어져 있는 존재가 아닙니다. 그는 이 세상에 존재하는 모든 선한 에너지의 혼합체예요. 우리가 신을 만들어요. 우리 모두가 말이지요." 이 신은 결코 튜링의 테스트를 통과하지 못할 것이다.

반대로 그리스도인들은 신이 인격으로서의 모든 특성을 갖고 있다고 믿는다. 신 역시 예측하기 힘들고, 서로 관계를 맺으며, 자유롭고, 지적이며, 감정적이고, 때로는 협조적이지만 때로는 반항적인 모습을 보인다는 것이다. 문제는, 어떻게 이 하나님을 반대편 벽에 세워 우리의 질문에 답하게 할 수 있을까 하는 것이다. 하나님은 답을 타이핑해서 보내 주지 않을 것이다. 그래서 과학자들은 신을 경험적으로 검증할 수 없다고 말한다. 우리 인간은 무언가를 믿어야 하는 존재들이다. 이는 목마름이나 배고픔처럼 강력한 본능이다. 하지만 우리는 무엇을 믿어야 할지 알 수 없다. 어떤 사람들은 전통 신학이 배고픈 사람 앞에서 조리법을 낭독하고 있다고 불평한다. 결코 해갈되지 않는 목마름을 남겨 두고서 말이다.

우디 앨런이 연출하고 주연한 영화 "슬리퍼"(Sleeper)를 보면, 그가 극저온 상태로 냉동되었다가 시간이 한참 흐른 후 해동되어 미래에 다시 깨어나는 장면이 나온다. 그는 옛날 사진들을 보면서 2백 년 후의 미래에 사는 사람들에게 자기가 예전에 살았던 시대를 설명해 준다. 그는 리처드 닉슨과 노만 메일러를 설명한 후, 한 유명한 설교자의 사진을 보며 이렇게 말한다. "빌리 그레이엄. 인간이 신을 인격적으로 알 수 있다고 주장했죠." 이 부분에서 영화를 보는 관객들은 모두가 웃음을 터뜨린다. 누가 그들을 비난할 수 있겠는가? 하지만 터무니없게 들리는 이 말보다 우리가 받은 약속을 잘 설명해 주는 표현은 찾기 어렵다.

하나님은 인격적인 분이다. 지극히 현학적인 헬라 철학 틈에서 수없이 공격을 받은 많은 신학자들은 하나님이 인격적이라는 말 대신, '모든 존재의 근거' 또는 '필연적인 추론' 같은 문구를 써서 핵심을 비껴간다.* 그러나 모든 성경 말씀은 하나님을 인간과 영향을 주고받는 분으로 묘사한다. 시편 기자는 "여호와께서는 자기 백성을 기뻐하시며"(시 149:4)라고 노래했고, 선지자들은 하나님이 때로는 자기 백성들에게 화를 내기도 하셨다고 증언했다. 사실 하나님의 인격성은 성경의 거의 모든 장에 나타난다. 사도 요한은 이렇게 말했다. "하나님은 사랑이심이라"(요일 4:8). "사랑 안에 거하는 자는 하나님 안에 거하고 하나님도 그의 안에 거하시느니라"(요일 4:16). '사랑'보다 더 인격적인 특성이 있을까?

그렇다면 이런 하나님과 인격적인 관계를 맺는 것이 왜 그렇게 어려운 것일까? 과거에 사람들은 다가가기 쉽고 두렵지도 않은 지역의 성인들에게 기도를 해 왔다. 하지만 종교 개혁가들과 가톨릭 신비주의자들은 매개자를 통해서가 아니라 하나님과 직접 관계를 맺으라고 촉구했다. 현대의 복음주의 설교가들 역시 직접 하나님을 알아가고, 하나님께 대화하듯 말하며, 절친한 친구를 대하듯 하나님을 사랑하라고 권면한다. 요즘 교회에서 울려 퍼지고 있는 찬양 노래들을 잘 들어보라. 사랑하는 대상의 자리에 하나님이나 예수님을 올려놓은 것만 빼고는, 대중 음악 라디오에서 흘러나오는 사랑 노래와 다를 바 없다.

복음주의적 전통이 하나님과의 친밀함을 강조하다 보니, 그런 관계에 대한 표현이 남용되는 일도 생겼다. "무슨 말을 해야 하는지 가르쳐 달라고 하나님께 간구했더니, 교만에 대해 말하지 말고 헌금에 대해 말하라고 말씀해 주셨습니다." "주님께서 이 도시에 새 병원을 세우고 싶다고 말씀해 주셨습니다." "바

---

* 철학자 윌리엄 제임스는 이 사실을 두고 이렇게 신랄하게 비판했다. "순교자들이 그렇게 불 속에서 노래를 부른 것이, 단지 진실일 확률이 얼마나 될지도 모를 추론 때문이었단 말인가?"

로 지금 하나님이 이 자리에 결혼 문제로 고민하는 사람이 있다고 속삭이시는 군요." 하지만 이런 말들은 대부분 적당히 얼버무린 것이거나 순진한 사람들을 교묘하게 속이려는 사람의 술수일 때가 많다. 이런 식의 말은 오히려 하나님과의 인격적인 대화가 전혀 없었다는 사실을 암시하고 있으며, 이렇게 과장된 말은 다른 이들의 참된 경험을 격하시키고 자신의 영적인 위상을 높이려는 꿍꿍이에서 비롯된 것일 가능성이 크다.

루터교 목사이자 유명한 저술가인 마틴 마티(Martin Marty)는 이렇게 고백했다. "인생을 살면서 하나님과 '직접' 대면한 경우는 다섯 손가락으로 꼽을 수 있는 정도인데 나와 절친한 사람들에게만 말할 수 있을 정도의 경험이었다. 하지만 대중 앞에서 공개적으로 말할 수 있는 경험은 단 한 번도 없었다."4 그러면서 그는 오히려 아내의 장기 투병 중에 자신이 하나님에게 버림받고 멀어진 느낌을 받았던 일을 회고했다.

내가 재능과 신앙적인 열정 모두를 높이 평가하는 뛰어난 저술가 프레드릭 뷰크너는 신학을 공부하여 장로교 목사가 되기 위해 전도유망한 소설가로서의 길을 버리고 떠났으나 결국 글쓰기를 자신의 기본적인 '소명'으로 삼은 인물이다. 그는 자서전에서 햇볕 아래 누워 간절한 마음으로 기적과 분명한 징조를 하나님께 간구했던 한 장면을 이렇게 묘사하였다.

따사로운 햇볕이 쏟아지던 어느 날, 나는 강렬한 기대를 품고 풀밭에 누웠다. 나에게 있어 하나님을 믿는다는 것은, 적어도 부분적으로는, 기적의 가능성을 믿는 것을 의미했다. 게다가 그때까지 겪은 여러 가지 일로 보아 기적의 시간이 다가왔다는 느낌이 강하게 들었다. 이제 나의 삶도 기적을 위해 무르익은 것 같았고, 그런 강력한 느낌 자체가 곧 일어날 기적의 전조로 느껴졌다. 뭔가가 일어나려 하고 있었다. 잘하면 나도 보고 들을 수 있을 엄청난 일이었다. 당시 내가 그것을 얼마나 확신했던지, 지금 생각해 보면 오히려 그만한 자기 암시의 힘으로 기적을 일으키지 못했다는 것이 놀라울 정도다. 하지만 태양은 너무 눈부셨고, 공기는 너무 상쾌했으며, 내 속에 남은 약간의 회의는 너무나 또렷해서, 사과나무 사이에서 유령을 보거나 말벌들이 말을 걸어 오는 장면을 상상하지 못하게 만들었다. 결국 내가 기대했던 일들은 전혀 일어나지 않았다.[5]

그가 느낀 것은 살랑거리는 바람이었고, 그가 들은 것은 사과나무 가지가 서로 부딪치는 소리였다. 하나님이 말씀하신 것일까, 말씀하지 않으신 것일까? 왜 하나님은 의심이나 오해를 불러일으키지 않도록 확실한 표현 방식을 사용하지 않으시는 것일까? 어쨌든 적어도 뷰크너에게는 하나님이 그런 방식으로 다가오지 않으셨다.

뷰크너는 50대에 휘튼 대학에서 한 학기 동안 강의하면서 처음으로 복음주의적인 표현을 스스럼없이 사용하는 사람들을 만났다. "학생들이 날씨와 영화 같은 사소한 주제에 대해 대화를 나누다가 자연스럽게 하나님이 자신들의 삶 속에 행하신 일을 이야기하는 것을 듣고 나는 깜짝 놀랐다. 내가 살던 세계에서는 누군가가 그런 이야기를 했다면, 천장이 무너지고 집에 불이 나고 눈알이 이마로 굴러 올라가는 정도의 일이 일어났을 것이다." 마지막에는 그도 결국 학생들의 열정을 존중하게 되었지만, 처음에는 학생들이 생각하는 하나님은 그저 우주를 돌보는 좋은 친구(Good Buddy)일 뿐일 거라고 생각했다.

펩시콜라 광고의 카피처럼, 우리는 도저히 해갈할 수 없는 갈증을 오히려 즐기고 있는 게 아닐까? 지난 주일 우리 교회에서는 이런 찬양을 불렀다. "주 알기 원해/ 주 만지기 원해/ 주 얼굴 보기 원하네."[6] 하지만 성경 어디에도 우리가 하나님을 손으로 만지거나 그분의 얼굴을 보게 될 것이라고 약속한 구절은 없다.

최근 미국의 종교계에서는 하나님을 '친근하게' 부르는 표현들이 많이 생겨났다. 하지만 C. S. 루이스는 「네 가지 사랑」(*The Four Loves*, 홍성사)에서 '우정'은 창조주와 피조물의 대면을 정확히 표현하기에는 가장 어울리지 않는 사랑의 형태라고 지적했다. 그렇다면 우리는 어떻게 하나님이 계신 것조차도 확신하지 못하는 상태에서 그 보이지 않는 하나님과 '인격적인 관계'를 맺을 수 있을까?

나는 목마름으로 죽어가고 있다. 바로 여기 샘물가에서…7
_리처드 윌버

2부
믿음: 외출 중인 하나님, 무관심한 하나님, 적대적인 하나님

3. 의심을 위한 공간
4. 연단받는 믿음
5. 양손잡이 믿음
6. 믿음 안에 살다
7. 일상에서의 믿음 연습

3. 의심을 위한 공간

> 우리는 한 시간에도 수백 번씩 신앙과 불신앙 사이를 오간다.
> 그리고 이로써 믿음은 예리하게 날이 세워진다.[1]
> _에밀리 디킨슨

나는 하나님이 존재하신다는 것을 믿는다. 이는 모든 관계에서의 필수 조건이기도 하다. 하지만 믿음이 어떻게 작용하는지를 탐구하고 싶을 때는 슬그머니 의심이라는 뒷문을 열고 밖으로 나간다. 왜냐하면 신앙이 없을 때 오히려 신앙의 필요성에 대해 잘 배울 수 있기 때문이다. 하나님이 눈에 보이지 않는다는 사실이 바뀌지 않는 한, 나는 앞으로도 여러 차례 의심의 순간들을 맞게 될 것이다.

모든 사람이 시계추처럼 신앙에서 불신앙으로, 불신앙에서 신앙으로 계속 왔다 갔다 한다. 그러다가 결국 마지막에 머물 곳은 어느 쪽일까? 한 번도 신앙을 발견하지 못한 사람들도 있다. 당시 세상에서 가장 유명한 무신론자였던 버트런드 러셀에게 한 여성이 물었다고 한다. "만약 당신의 생각이 틀린 것으로 판명되어 천국 문 안으로 들어가지 못하게 된다면, 그때 당신은 뭐라고 말할 건가요?" 러셀은 눈을 반짝이며 특유의 높고 가는 목소리로 대답했다고 한다. "저는 '신이시여, 왜 우리들에게 충분한 증거를 주시지 않았습니까?'라고 되물을 겁니다."

신앙을 지녔다가 잃어버리는 사람들도 있다. 엄격한 칼뱅주의를 따르는 가정에서 태어나 칼빈 칼리지를 다녔던 피터 드 브리스(Peter De Vries)는 신앙의 상실을 소재로 하여 신앙에 대한 맹렬한 공격의 내용을 담은 희극 소설을 여러 편 썼다. 그의 소설에 등장하는 한 인물은 "모습을 드러내지 않는 신을 용서할 수 없었다"[2]라고 말하는데, 이는 강박적으로 신에 매달려 쓴 그의 작품들을 어느 정도 설명해 주는 말이다. 그의 또 다른 소설 「어린양의 보혈」(*The Blood of the Lamb*)은 백혈병을 앓는 열한 살짜리 소녀의 아버지인 원더호프라는 인물을 다룬 이야기다. 치료를 받고 골수가 생성되기 시작하여 조금씩 회복해 가던 딸은 결국 병실의 병원균에 감염되어 목숨을 잃고 만다. 딸의 이름을 새긴 케이크를 사들고 왔던 원더호프는 곧장 병원 밖으로 나와 딸의 회복을 위해 항상 기도해 왔던 교회로 발걸음을 옮긴다. 교회에 도착한 그는 교회 앞에 걸려 있는 십자가를 향해 케이크를 던지고, 그 케이크는 가시 면류관 바로 아래를 맞추고 떨어진다. 그리고 화사한 색깔의 크림이 기운 없는 예수의 얼굴 위로 흘러내린다.

러셀처럼 하나님을 믿는 것은 도저히 불가능하다고 생각하는 사람들과 드 브리스처럼 신의 배신으로 느껴지는 가혹한 일을 겪은 후 믿음을 유지할 수 없었던 사람들을 볼 때 나는 동료의식을 느낀다. 나 역시 그런 일을 여러 번 겪었고, 그렇기 때문에 기대하지도 않은 믿음의 선물을 하나님이 나에게 주셨다는 사실이 오히려 놀랍게 느껴질 정도다. 내가 믿음을 저버렸던 시기를 곰곰이 되돌아보면 온갖 모양의 불신앙이 그 안에 들어 있었다. 어떤 때는 하나님이 계시다는 증거가 부족하다는 이유로 신앙을 버렸고, 어떤 때는 상처를 받거나 환멸감에 빠져 도망치기도 했으며, 의도적으로 불순종하며 곁길로 빠진 적도 있었다. 그런데도 무언가가 나를 하나님 앞으로 다시 이끌어 왔다. 그것이 무엇이었을까? 자문해 보지 않을 수 없었다.

"이 말씀은 어렵도다. 누가 들을 수 있느냐?"(요 6:60). 회의적인 사람의 입에서나 나올 법한 이 말들은 예수님의 제자들이 한 말이었다. 예수님의 말씀을 듣던 사람들은 그 말씀에 끌리면서도 동시에 거부했다. 마치 자석과 가까워질수록 나침반의 바늘이 더 세게 흔들리는 것처럼 말이다. 여기서 멈추지 않고 예수님이 더 깊이 있는 말씀을 해 나가자 군중들과 구경꾼들, 따르던 자들은 한 명씩 한 명씩 어깨를 늘어뜨리며 빠져나가고 열두 제자만이 그 자리에 남았다. "너희도 가려느냐"(요 6:67). 예수님이 한편으로는 애처로운 듯, 또 한편으로는 체념한 듯한 말투로 제자들에게 물으셨다. 여느 때와 마찬가지로 베드로가 대답했다. "주여, 영생의 말씀이 주께 있사오니 우리가 누구에게로 가오리이까"(요 6:68).

내가 지금까지 신앙을 놓지 않고 있는 이유도 바로 이것이다. 부끄럽지만 내가 기독교 신앙 안에 남아 있는 가장 큰 이유는 특별한 대안이 없었기 때문이라는 것을 인정해야겠다. 여러 다른 방법도 시도해 보았지만 모두 허사였던 것이다. **주여, 내가 누구에게로 가오리이까?** 보이지 않는 하나님과 관계를 맺는 것보다 더 어려운 일 한 가지는, 아예 그런 관계를 맺지 않는 것이다.

우리 인간은 이리저리 계산하고 스스로를 통제하면서 행동을 결정하는 경우가 많은 반면, 하나님은 터무니없어 보이는 믿음을 버리지 않고 담대하게 살아가는 몽상가들인 '거룩한 바보들'을 통해 자주 역사하신다. 이 이상한 '역전의 법칙'은 믿음의 문제에서도 그대로 적용된다. 현대 사회는 지성과 그럴듯한 외모, 자신감 있고 세련된 태도를 높게 평가하지만 하나님은 그렇지 않다. 하나님은 종종 계획하신 일을 이루려 하실 때, 하나님을 믿는 것밖에는 달리 할 수 있는 것이 없는 단순하고 무식한 사람들을 사용하신다. 그리고 실제로 그들을 통해 놀라운 일들이 일어난다. 아무런 재주가 없는 사람들도 기도의 대가가 될 수 있다. 왜냐하면 기도는 하나님과 함께 시간을 보내려는 강렬한 열망만 있으면 할 수 있는 것이기 때문이다.

여러 인종과 다양한 계층의 사람들이 출석하는 시카고의 우리 교회는 언젠가 한 번 중대한 위기 상황을 맞아 밤을 새워 기도하는 특별 철야 기도회를 계획한 적이 있었다. 하지만 우려의 목소리를 높이는 사람들이 많았다. 이런 도시 속에서 한밤중에 모이는 것이 과연 안전한 일일까? 주차장 경비와 주차 관리를 위해 사람을 고용해야 하지 않을까? 아무도 참석하지 않으면 어떻게 하지? 우리는 기도회 날짜를 최종적으로 확정하기에 앞서 이런 실제적인 문제들을 놓고 장시간 논의를 거듭했다.

그런데 결과적으로 그 철야 기도회에 가장 열성적으로 참석한 교인들은 공영 주택에 사는 극빈층 사람들과 노인들이었다. 자연스레 나는 그들의 오랜 기도가 왜 그렇게 응답되지 않은 것인지 궁금해졌다. 그들은 여전히 공영 주택에서 벗어나지 못하고 범죄와 가난과 고통 속에서 살아가고 있으면서도 어린아이 같은 마음으로 기도의 능력을 믿고 있었다. "얼마나 기도하실 생각이세요? 한 시간이나 두 시간이면 될까요?" 차량 운행 계획을 세울 생각으로 묻자, 그들은 이렇게 답했다. "우리는 밤새도록 기도할 겁니다."

아흔 살이 넘어 지팡이를 짚고 다니는 데다 거의 앞을 보지 못하는 흑인 할머니 한 분이 자신이 왜 그렇게 위험한 밤 시간에 딱딱한 교회 의자에 앉아 밤새 기도하고 싶어 하는지를 설명해 주셨다. "보다시피 우리 같은 노인네들은 교회에서 할 수 있는 일이 별로 없어요. 우린 교육도 제대로 못 받았고, 젊은이들이 가진 힘도 없으니까요. 다만 우리는 기도할 수 있어요. 우리에게는 시간이 있고, 믿음이 있어요. 어차피 우리는 잠도 많이 안 자요. 필요하다면 우리는 얼마든지 밤새워 기도할 수 있어요."

그리고 그들은 정말로 밤을 새우며 기도했다. 1940년대 말에서 1950년대 초에 태어난 엘리트 계층인 도심 교회의 여피족들은 여기에서 중요한 교훈 한 가지를 깨달았다. 즉, 믿음이란 아무도 예상 못한 곳에서 자라는 반면, 당연히 왕성할 것이라고 여겨지는 곳에서는 움츠러든다는 사실 말이다.

선천적으로 회의론자의 성향을 갖고 태어난 나도 이 노인들이 자연스럽게 드러낸 믿음, 즉 불가능한 일들을 이루어 달라고 하나님께 간구하는 어린아이 같은 믿음을 얻게 되기를 갈망한다. 내가 그 믿음을 이렇게 갈망하는 것은, 복음서의 이적 기사들이 명시하듯 예수님이 이 믿음을 칭찬하셨기 때문이다. 예수님은 이적을 베푸신 후 그 공을 스스로에게 돌리지 않고, 고침 받은 사람에게 "네 믿음이 너를 구원하였다"(마 9:22)라고 말씀하셨다. 기적의 능력은 예수님 편에서만 일방적으로 흘러나오는 것이 아니라, 고침 받는 사람의 믿음에 의해서도 좌우되었다.

나는 기적과 관련된 본문들을 한꺼번에 찾아 읽으면서 믿음에도 다양한 단계가 있음을 알게 되었다. 몇몇 사람들은 담대하고 흔들리지 않는 믿음을 보여 주었다. 예를 들어, 예수님께 자기 집까지 찾아오는 수고를 하실 필요가 없다고 말한 백부장은 거리가 아무리 멀리 떨어져 있어도 예수님이 말씀만 하시면 자기 하인이 나을 거라는 믿음을 가지고 있었다. 이에 예수님은 깜짝 놀라며 "내가 너희에게 이르노니 이스라엘 중에서도 이만한 믿음은 만나보지 못하였노라"(눅 7:9)라고 말씀하셨다. 또 예수님을 따라오며 도와달라고 소리를 질렀던 이방 여인이 있었다. 예수님은 처음엔 아무 말씀도 하지 않으시다가 한참 후에야 당신이 이스라엘 집의 잃어버린 양을 찾으러 왔지, '개들'을 찾으러 온 게 아니라는 가혹한 말을 하셨다. 그러나 어떤 말을 해도 이 고집 센 가나안 여인은 포기하지 않았다. 결국 그녀의 굳은 의지가 이겼고, 예수님은 그녀에게 "여자여, 네 믿음이 크도다. 네 소원대로 되리라"(마 15:28)라고 말씀하셨다. 누구보다도 강한 믿음을 보여 준 이 이방인들을 보고 예수님은 큰 감동을 받으셨다.

유대인도 아닌 백부장과 가나안 여성이 어떻게 그런 확신을 가지고 메시야를 신뢰할 수 있었던 것일까? 오히려 예수님의 동족들은 그를 쉽게 받아들이지 못했는데 말이다.

그리고 이 이방인들과 대조적으로, 마땅히 더 굳건한 믿음을 가져야 했을 이스라엘 사람들이 신앙의 측면에서 그들보다 뒤처지는 장면들이 나온다. 예수님의 이웃들은 예수님을 의심했고, 예수님의 사촌이며 그분의 앞길을 예비하는 사자였던 세례 요한 역시 훗날 예수님의 정체에 의문을 품었다. 열두 제자 가운데 도마는 의심했고, 베드로는 예수님을 저주했으며, 가룟 유다는 배신했다. 모두 3년간 예수님과 동행한 자들이었다.

우리 교회에서 발견했던 역전의 법칙이 복음서에도 적용되는 것 같다. 믿음이란 아무도 예상 못한 곳에서 자라나고, 당연히 왕성할 것이라고 여겨지는 곳에서는 움츠러든다. 그럼에도 희망이 있는 것은, 예수님이 인간의 티끌만한 믿음을 통해서도 역사하셨다는 사실 때문이다. 어찌됐든 예수님은 담대한 백부장이나 의심 많은 도마, 나아가 "내가 믿나이다. 나의 믿음 없는 것을 도와주소서"(막 9:24)라고 외친 그 간절했던 아버지에 이르기까지, 도움을 요청하는 모든 사람들의 믿음을 존중해 주셨다.

성경이 다양한 믿음의 범위를 묘사하고 있다는 사실을 생각해 볼 때, 사람들을 성격 유형별로 나누는 것처럼 '믿음의 유형'도 사람에 따라 각기 다르게 구분할 수 있지 않을까 궁금해진다. 내성적인 사람이 아주 조심스럽게 다른 사람들에게 다가가는 것처럼, 나는 하나님께 조심스럽게 다가간다. 또한 평소 내가 어떤 결정을 내릴 때 발생 가능한 모든 요소를 살피듯이, 성경에 제시된 놀라운 약속들을 읽을 때에도 항상 그 '반대편'에 있을 저주를 생각한다. 한때는 내 신앙이 부족해 보여 계속 죄책감을 느끼면서 좀더 깊은 신앙을 갈구했지만, 시간이 지나면서 점차 내 신앙의 수준이 그 정도라는 것을 체념하며 받아들이게 되었다. 모든 사람들이 다 부끄러움이 많거나 우울질이고 내성적인 것은 아니다. 그런데 우리가 모든 사람들에게 똑같은 수준의 신앙을 기대할 이유가 어디 있겠는가?

⁂

의심은 믿음이라는 벽장의 뼈대와 같다. 그리고 내가 아는 한 이 뼈대를 다루는 가장 좋은 방법은, 그것을 열린 공간으로 끄집어내어 그 정체를 확실하게 밝히는 것이다. 의심은 감추거나 두려워해야 할 무언가가 아니라, 살아 있는 조직체를 키우는 단단한 구조물이다. 만약 내가 비극적인 사건을 겪었거나 과학이나 다른 종교를 접한 후 확신이 약해졌다든지, 혹은 교회나 특정 그리스도인들에 대해 환멸감을 느껴 믿음이 흔들리고 있는 사람이 쓴 책을 읽을 필요가 없다고 말하려 했다면 이 책은 여기서 끝이 났을 것이다. 그렇다면 왜 교회는 '의심'을 적으로 간주하는가? 언젠가 "크리스채너티 투데이"(Christianity Today)지의 신앙 고백문에 "의심이나 주저함 없이" 서명해 달라는 요청을 받았는데, 그때 나는 그들에게 의심이나 주저함 없이 서명하는 것은 나로서는 불가능하다고 말했다.

"20세기를 살아가는 그리스도인에게 불신의 경험에 뿌리내리지 않은 신앙이 과연 신앙다운 신앙이 될 수 있을까?" 소설가 플래너리 오코너(Flannery O'Connor)가 친구에게 보낸 편지의 일부다. "베드로도 이렇게 말했어. '내가 믿나이다. 나의 믿음 없는 것을 도와주소서.' 이 고백은 복음서에 나오는 기도 중 가장 자연스럽고 가장 인간적이며 가장 고뇌에 찬 기도야. 나는 이런 고백이 믿음의 기초가 되어야 한다고 생각해."[3] 마가복음 9장에 나온 귀신 들린 아이의 아버지를 베드로라고 착각하긴 했지만, 위 편지에서 그녀가 한 말은 전적으로 옳다. 믿음에는 늘 의심이 뒤따른다. 확실성이 담보된 상황이라면 누가 믿음을 필요로 하겠는가?

어린 시절에 이런 스코틀랜드 성가를 들어 본 적이 있다. "일어나라, 하나님의 성도들이여/ 아무것도 걱정하지 말고/ 아무것도 두려워하지 말며/ 아무것도 의심하지 말라." 나는 이 가사에 깃든 뜨거운 열정을 좋아했다. 특히 성가대원들이 스코틀랜드 사투리로 'r'을 발음하는 것이 그렇게 좋을 수가 없었다. 하지만 지금에 와서 이 성가의 가사를 다시 보니, 작사자가 내가 읽는 것과 똑같은 성경을 읽은 것인지 궁금해졌다. 성경은 끊임없이 다가오는 위기 속에서 비틀거리며 걸어가는 영웅들의 이야기로 가득 차 있지 않은가!

욥이 의심하는 것을 본 욥의 친구들은 충격과 경악에 빠져들었다. 욥의 친구들이 했던 말을 요약하자면 이렇다. '그런 생각은 당장 집어치워! 그렇게 괘씸한 생각을 하다니, 부끄럽지도 않아?' 그러나 하나님은 사실 욥의 의견에 완전히 동의하지 않으셨지만 욥의 친구들이 아닌 욥의 편을 들어 그를 영웅으로 세워 주셨다. 인간의 의심을 상세하게 묘사한 욥기와 전도서, 시편과 예레미야애가 같은 성경을 볼 때, 우리는 하나님이, 인간이 품는 의심의 가치를 이해하심을 분명히 알 수 있다. 인간은 자신의 감정을 완전히 제거할 수 없으므로 그 감정을 공개적으로 표현하는 것이 최선이라는 것이 현대 심리학의 가르침인데, 성경도 그 가르침에 동의하는 것 같다. 그리고 솔직하게 자신의 의심을 드러낼 때 사람들은 종종 의심을 초월하는 믿음이 자기 속에서 자라고 있다는 사실을 발견하기도 한다.

의심의 태도를 널리 퍼뜨렸던 그리스도인들, 혹은 그 불가피성을 드러냈던 몇몇 그리스도인들의 이야기를 해야겠다. 마르틴 루터는 끊임없이 의심과 우울감에 맞서 싸웠다. 언젠가 그는 이런 글을 썼다. "일주일이 넘도록 그리스도를 완전히 떠나 있는 상태다. 절망과 하나님에 대한 불경한 생각에 휘둘리고 있다."[4] 청교도인 리처드 백스터(Richard Baxter)는 "의심할 수 없는 완전한 확실성이 아니라 확률" 위에 자신의 신앙을 세우고 있다고 말했으며, 또 다른 청교도인 인크리스 매더(Increase Mather) 역시 "무신론의 유혹이 가장 강하게 다가오는 순간들" 같은 목록을 일기장에 적어 놓기도 했다.[5] 복음 전도자 무디의 믿음이 너무 불확실해 보인다는 이유로 그의 집회를 허락하지 않은 보스턴의 한 교회도 있었다. 간디의 친구였던 선교사 C. F. 앤드류(Andrew)는 스스로도 의심하고 있는 아타나시우스 신경을 인도의 회중들에게 강요할 수 없었다. 영국의 신비주의자 이블린 언더힐(Evelyn Underhill)은 "모든 영적인 생각들이 의심스러워지는" 때가 있음을 솔직하게 시인했다.[6]

위대한 믿음의 사람들에 대한 전기를 읽을 때마다 나는 그중 한 명이라도 의심이라는 뼈대에서 믿음을 키워나가지 **않은** 사람이 있는지 열심히 찾아보지만, 그런 경우는 없었다. 그들은 모두 의심이라는 뼈대에서 시작해 신앙을 키워 나갔고, 그러다가 어느 순간이 되면 그 뼈대는 사라지고 더 이상 모습을 드러내지 않았다. 마틴 가드너(Martin Gardner)는 그의 소설 「피터 프롬의 비행」(*The Flight of Peter Fromm*)에 등장하는 한 교수의 입을 빌어 현대의 솔직한 기독 지성인은 정직한 반역자가 될 것인지, 아니면 충성스러운 거짓말쟁이가 될 것인지 둘 중 하나를 택해야 한다고 말했다. 그러나 아담, 사라, 야곱, 욥, 예레미야, 요나, 도마, 마르다, 베드로 그리고 그 밖에 성경에 나온 많은 인물들은 제3의 범주에 속했다. 그들은 충성스러운 반역자였다. 그들은 의문을 품고 머뭇거리며 반항하긴 했지만 여전히 충성스러웠다. 하나님은 인간의 의심을 교회가 느끼는 것만큼 심각한 위협으로 여기지 않으시는 것 같다.

교회는 충성스러운 반역자들에게 엄청난 빚을 지고 있다. 역사적으로 교회의 지도자들은 지구의 역사가 6천 년에 불과하다고 주장했고, 하나님의 뜻에 반하는 방해물이라며 의료 기술을 거부했으며, 노예 제도를 지지하고, 일부 인종(또는 여자)을 열등한 존재로 분류하는 식의 잘못을 저질러왔다. 이에 충성스러운 반역자들은 그 교리들에 대하여 의문을 표명했으며, 그로 인해 직접적인 비난과 핍박을 받기도 했다.

소설가 존 어빙(John Irving)은 「오웬 미니를 위한 기도」(*A Prayer for Owen Meany*)라는 책에서, 의심의 가치를 인정함으로써 매력적인 신앙을 유지하고 있던 한 선생님을 소개하는데, 아마도 어빙이 다닌 기숙 학교의 선생님이었던 프레드릭 뷰크너가 모델이었을 것이다. 어빙은 책 서문에서 뷰크너에게 감사의 마음을 표한다. 뷰크너는 보이지 않는 하나님과 보이는 인간 사이에는 의심이라는 요소가 뒤따르는 것이 당연하다고 생각했다. "하나님이라 할지라도 의심의 여지가 없는 계시를 보여주실 수 없다. 그렇게 하시려면 나를 파괴하셔야만 할 것이다. 의심을 위한 공간이 없다면, 나를 위한 공간도 없을 것이다."[7]

지금까지는 의심의 긍정적인 측면을 이야기해 왔지만, 의심이 우리를 깊은 믿음으로 인도해 주는 대신 믿음에서 멀어지게 할 수도 있다는 것을 인정하고 넘어가야겠다. 나의 경우, 의심을 했기 때문에 마땅히 의문을 품어야 하는 많은 문제들에 대해 주저하지 않고 의문을 제기할 수 있었고, 다양한 신앙 형태들도 연구할 수 있었으며, 그중 어느 것도 하나님을 믿는 것만 못하다는 것을 알게 되었다. 나는 의심 덕분에 지금까지 그리스도인으로 남아 있는 것이다. 그러나 다른 많은 사람들에게 의심은 느리고 고통스러운 영적 무기력증을 유발하는 정신병처럼 작용하여 나와는 정반대의 결과를 낳기도 한다. 나는 의심 때문에 고생하는 사람들의 편지를 매주 한 통 이상씩 받는다. 그들이 느끼는 고통은 내가 아는 다른 질병이 주는 고통만큼이나 아프고 또 사람을 지치게 만든다.

물론 우리는 불청객처럼 슬금슬금 다가오는 의심을 마음대로 통제할 수는 없지만, 그것이 우리에게 치명적인 손상을 주지 않고 오히려 믿음의 양분을 제공하도록 진로를 바꾸는 방법은 배울 수 있다. 이를 위해 나는 무엇보다 먼저 피조물로서의 내 위치를 겸손히 인정하고 의심이라는 영역에 접근하려 노력한다.

나는 성경이 어떤 질문들에 대해 왜 분명한 답을 주지 않고 그냥 넘어가는 것인지 궁금했다. 하나님은 욥기 마지막 부분에서 '고통의 문제'에 대해 충분히 설명할 수 있는 완벽한 기회를 잡아, 성경에서 가장 길게 단독으로 말씀하신다. 하지만 이때도 하나님은 결국 고통이라는 주제를 완전히 피해 가셨다. 성경은 다른 중요한 문제들에 대해서도 약간의 단서나 힌트만을 줄 뿐, 직접적인 답은 주지 않고 있다. 나는 이에 대해 나름대로 가설을 세워 보았는데, 이는 어디까지나 나의 개인적인 견해일 뿐이다.

내 책상 위에는 『무지의 백과사전』(*The Encyclopedia of Ignorance*)이라는 책이 놓여 있다. 그 책의 저자는 대부분의 백과사전이 인간이 알고 있는 정보들을 수집해 놓은 것인데 반해, 자신의 책에는 우주론과 관련된 질문과 휘어진 우주 공간, 중력의 수수께끼, 태양의 내부, 인간의 의식 같은 우리가 아직 확실하게 설명해 내지 못한 과학 지식을 담았다고 설명한다. 이와 비슷하게 나는 하나님이 몇 가지 선한 이유들 때문에 '신학적 무지의 백과사전'이 필요한 지식의 영역을 남겨 놓으신 것이 아닐까 하는 생각을 했다. 그 질문들에 대한 답은 하나님의 영역 안에 들어 있는데, 하나님은 그 답을 인간들에게 꼭 알려야 한다고 생각하지 않으시는 것이다.

어린아이들의 구원 문제를 생각해 보자. 대부분의 신학자들은 하나님이 '책임을 질 수 있는 나이'에 이르지 못한 아이들을 모두 받아 주신다는 사실을 지지하는 성경적 단서를 여러 군데에서 발견했다. 성경적인 '증거'는 빈약했지만 '단서'는 충분했다. "나 여호와가 말하노라. 열 살 이하의 아이들은 모두 다 천국으로 받아 주겠노라." 하나님이 이런 식으로 분명하게 선언해 주셨다면 얼마나 좋았을까? 그랬다면 11세기의 십자군들은 영원한 구원을 보장해 주겠노라며 아홉 살 이하의 모든 어린아이들을 대량 학살했을 것이다. 그러면 또 당연히 그로부터 천 년쯤 지나 우리가 태어나서 그런 의문에 대해 생각해 보는 일도 일어나지 않았을 테고 말이다. 이와 마찬가지로 성경이, 하나님이 예수의 이름을 들어보지 못한 자들이 사는 '무지의 시대'를 너그럽게 간과해 주신다는 기록을 명시하고 있었다면, 열정적인 남미 정복자들은 이를 정당한 명분으로 삼아 그곳의 원주민들을 더욱 철저하게 멸절시켰을 것이다.

나 자신의 인생은 물론, 교회의 역사를 돌아보면 한없이 검손해진다. 교회의 일치와 그리스도인의 표지인 사랑, 인종적 정의와 경제적 정의, 청렴의 중요성, 재물의 위험 등 우리 인간이 절대적인 명령으로 규정한 이 가치들로 인해 야기된 혼란들을 생각해 보면, 성경의 모호한 교리들이 좀더 명확했더라면 우리가 어떤 짓을 저질렀을지 생각만 해도 아찔해진다.

해결하기 어려운 문제를 대할 때 우리는 유한한 피조물이라는 자신의 지위를 항상 염두에 두어야 한다. 성경에서 가르치는 하나님의 주권 교리는 언제나 인간의 자유 의지라는 요소와 풀리지 않는 긴장 관계를 형성한다. 인간의 역사를 차례대로 보는 게 아니라 그 모든 것을 한눈에 살피시는 전능한 하나님의 관점은 신학자들을 당황하게 만들었으며 앞으로도 계속 그럴 것이다. 이유는 간단하다. 우리 인간은 그런 하나님의 관점에 결코 도달할 수 없는 것은 물론, 그것을 상상조차 할 수 없기 때문이다. 세계 최고의 물리학자들도 시간의 다방향성을 설명하려 분투하고 있다. 겸손한 태도로 나아갈 때만 이런 차이를 받아들이고, 우리의 한계를 뛰어넘으시는 하나님을 예배할 수 있다.

극단적인 칼뱅주의자들을 보면 인간이 감당할 수 없는 특권을 고집할 때 어떤 일이 일어나는지 알 수 있다. 맬서스주의자들은 천연두 예방 접종을 거부하면서 그것이 하나님의 주권이 이루어지는 것을 방해한다고 주장했다. 그리고 칼뱅주의 교회는 윌리엄 캐리(William Carey)에게 "젊은이, 하나님이 이교도들을 개종시키고 싶어 하신다면 그분은 자네나 나의 도움 없이도 얼마든지 그 일을 행하실 걸세"라고 말하며 초창기 선교사들의 사기를 꺾어 놓았다.[8] 그들은 주님이 복음을 세계 만방에 전할 주체로 **우리**를 택하셨다는 사실을 무시했던 것이다. 칼뱅이 선택받은 자와 선택받지 못한 자 사이에 선명한 선을 그어 놓은 후로 그의 추종자들은 그 구분선에 따라 각 사람이 어디 편에 서 있는지를 인간이 식별할 수 있다고 생각했다. 하지만 생명책은 우리가 결코 알 수 없는 '신학적 무지'의 범주 안에 속한 것으로, 이 부분에 있어 우리는 그저 감사하며 하나님을 전적으로 신뢰해야 할 것이다.

물론 교리의 경계가 되는 몇 가지 곤란한 문제들을 심도 깊게 연구해 볼 필요는 있다. 예를 들어, 「천국과 지옥의 이혼」(*The Great Divorce*, 홍성사)에서 지옥은 각 사람이 선택해서 가는 곳이며, 결국 그곳에 도달한 후에도 여전히 선택을 하고 있다고 한 C. S. 루이스의 설명은 내게 큰 위로가 되었다. 밀턴의 작품에 등장하는 사탄은 "천국에서 섬기는 것보다는 지옥에 있으면서 군림하는 것이 낫다"라고 말한다.[9] 하지만 누가 천국에 가고 누가 지옥에 가는지, 사후에도 선택의 기회가 있는지, 심판과 상급은 어떤 형태로 주어지는지, 죽음 직후 어떤 일이 벌어지는지와 같은 천국과 지옥에 관련된 중요한 의문들은 여전히 불투명하게 남는다. 그러나 시간이 지날수록 이 문제들을 완전히 이해할 수 없다는 사실에 대해 감사하는 마음이 생겨났다. 예수님을 통해 자신을 드러낸 하나님이 그 답을 결정하는 분이라는 사실도 감사하게 여겨진 것은 물론이다.

시간이 흐르면서 나는 확실함보다는 신비 속에서 평안함을 느끼게 되었다. 하나님은 팔을 비틀고 구석으로 몰아붙이며 자신을 믿으라고 강요하는 분이 아니다. 우리는 결코 자신과 타인에게 '결정적인 증거'를 제시할 수 없을 것이다.

우리는 파스칼처럼 언제까지나 '부정하기에는 너무 많은, 그러나 확신하기에는 너무 부족한' 증거들만을 보고 있을 것이다.[10]

우리는 사람의 눈 앞에 나타난 예수님을 보면서, 하나님이 팔 비틀기를 거부하는 분이라는 증거를 발견할 수 있다. 예수님은 종종 사람들이 믿는 것을 쉽게 만들기보다 오히려 더 어렵게 만드셨다. 예수님은 언제나 개인의 자유를 침해하지 않고 사람들이 자유롭게 결정하도록 놓아두셨다. 물론 그중에는 예수님을 배척하기로 결정한 사람들도 있었다. 예수님이, 감옥에 있는 세례 요한이 자기를 의심하고 있다는 소식에 온화하게 대처하시고, 자신을 철저하게 배반했던 베드로를 세심하게 회복시켜 주신 사실은 내게 너무나 놀랍게 느껴진다. 돌아온 탕자 이야기 역시 '미리 용서'하시는 하나님의 모습을 보여 주는데, 그처럼 위험을 무릅쓴 관대한 용서를 베푼 결과, 죽었던 아들이 다시 생명을 얻었다.

예수님은 "진리를 알지니, 진리가 너희를 자유케 하리라"라고 말씀하셨다(요 8:32). 나는 권위 있게 선언되는 이 말씀을 사랑하는데, 이 문장을 뒤집어 놓아도 참이라고 생각했기 때문이다. 즉, 자유케 하지 못하는 '진리'는 진리가 아니다. 이 말을 들은 이스라엘 사람들은 돌을 들어 예수님을 죽이려 했다. 그들은 그런 종류의 자유를 받아들일 준비가 되어 있지 않았다. 그리고 역사적으로 볼 때 교회 역시 그런 준비가 되지 않은 경우가 자주 있었다. 올더스 헉슬리(Aldous Huxley)의 「루당의 악마」(*The Devils of Loudon*)나 잔 다르크 전기, 살렘 마녀 재판에 관한 기록을 읽어 보라. 이 책들은, 자유를 위협으로 느낀 교회가 드러낸 극단적인 모습을 잘 묘사하고 있다.

내가 자란 교회 안에는 의심을 위한 공간이 없었다. 어른들은 말했다. '그냥 믿어!' 규정된 진리에서 벗어나려면 반항아로 찍히는 위험을 감수해야 했다. 1960년대에 신학교를 다닌 나의 형은 연설 수업에서 록 음악이 원래부터 나쁜 것은 아니라고 당당하게 주장하여 F학점을 맞았다. 고전 음악을 전공한 형은 사실 록 음악을 아주 좋아하는 사람이 아니었다. 다만 록 음악에 대한 그 신학교의 부정적인 입장에 성경적 근거가 없다는 것을 발견했을 뿐이었다. 나는 형이 연설 연습하는 것을 여러 번 보았고(사실 그는 탁월한 연설가였다) 형이 쓴 연설문도 읽어 보았는데, 형이 F를 맞은 것은 단 한 가지 이유 때문이었던 것 같다. 담당 교수가 형의 주장에 동의하지 않았던 것이다. 뿐만 아니라 그 교수는 하나님도 형의 결론에 동의하지 않으실 거라고 말했다. 대학에서 낙제 점수를 받은 것을, 살렘이나 루당에서 있었던 마녀 재판에 비할 수는 없을 것이다. 적어도 형은 목숨을 잃지는 않았으니 말이다. 단, 그는 학교를 떠났고 나아가 신앙을 버렸으며 그리고 다시 돌아오지 않았다. 넓게 보면 형이 신앙을 버린 것은, 인간을 자유케 하는 진리를 발견하지 못하고 탕자를 위한 자리를 만들어 주는 교회를 찾지 못했기 때문이었다고 말할 수 있을 것이다.

나는 형과는 조금 다른 경험을 했다. 나는 진리를 향한 순례의 여정 중에 은혜가 충만한 교회와 내 의심을 털어놓을 안전한 공간이 있는 그리스도인 공동체를 발견했다. 복음서를 보면, 도마는 예수님의 부활(모든 교리 중 가장 중요한 **필수 요소**)에 대한 동료 제자들의 증언을 믿지 않았으면서도 여전히 그들과 함께 머물러 있었다. 그리고 이후 예수님은 그 공동체 가운데 나타나 도마의 믿음을 굳세게 해주셨다. 나의 경우 믿음이 흔들릴 때 언제라도 들어가 편히 쉴 수 있는 안식처를 제공해 준 것은, "캠퍼스 라이프"(*Campus Life*)지와 "크리스채너티 투데이"지의 동료들, 그리고 시카고 라살 스트리트 교회의 친구들이었다. 교회에서 성경 공부를 진행하기 전에 나는 이런 말도 솔직하게 할 수 있었다. "저도 이 사실을 믿어야 한다는 것을 잘 알지만 사실 저는 지금 혼란을 느끼고 있습니다." 혼자서 회의하고 있을 사람들을 생각하면 슬픈 마음이 든다. 우리 모두에게는 믿고 의지할 수 있는 동료 회의자들이 필요하다.

교회는, 비록 지금은 아니지만 앞으로 언젠가는 믿음으로 들어찰 안전하고 든든한 장소를 준비해 두어야 한다. 그 문 앞으로 나갈 때는 처음부터 완전한 형태의 믿음을 가져가지 않아도 좋다. 완전한 믿음이 그 공간에 들어가기 위한 입장권이 되어서는 안 된다. 공개적으로 '의심'에 대한 글을 쓰고 복음주의 교리에 관한 의문을 제기하기 시작했을 때 나는 청소년기에 접했던 반대나 처벌을 받을 것으로 예상했다. 하지만 내 주장을 듣고 화내고 비난하는 편지보다는, 나의 의문에 공감하고 나에게 의심할 권리가 있다고 지지해 주는 편지들이 월등히 많이 도착했다. 그리고 시간이 지날수록 의심이 내 생활에서 차지하는 자리는 점차 좁아지고, 하나 둘 해결되는 의문들도 있었다. 이것은 두려움이 사라졌기 때문에 나타난 결과였다. 이때 나는 믿음의 반대는 의심이 아니라, 두려움이라는 사실을 알게 되었다.

존 던(John Donne)이 지은 성시에는 "교회는 아주 흐린 불빛만 있는, 기도하기에 가장 적합한 장소"라는 수수께끼 같은 구절이 들어 있다.[11] 이 구절은 여러 가지 의미로 해석해 볼 수 있다. 문자적으로만 보면, 촛불만 밝혀 둔 성당 내부를 묘사하는 것이라 이해할 수 있다. 하지만 던이 교회로 인해 숱한 고초를 겪었다는 사실을 아는 독자라면, 이 구절이 그 이상의 의미를 담고 있음을 예상할 수 있을 것이다. 신비의 공간을 남겨둔 교회, 하나님이 말씀하시지 않은 것을 아는 척 말하지 않는 교회, 이런 교회가 가장 힘 있는 예배를 위한 환경을 만들어 낸다. 결국 우리는 풍요로울 때보다는 부족하고 궁핍한 순간에 하나님을 더 많이 의지한다.

그런데도 왜 그렇게 많은 교회들이 교회를 더 밝고 더 환하게 만들려고 애쓰는 것일까?

14세기의 한 프랑스 수도사는 당나귀 우화를 통해 그 유명한 딜레마를 설명했다. 한 당나귀가 멀찍이 떨어뜨려 둔 두 개의 건초더미의 정중앙에 서 있다. 건초더미는 둘 다 똑같이 먹음직스러워 보인다. 당나귀는 양쪽의 건초더미들을 번갈아 쳐다보며 머뭇거리기를 반복하다가 결국 굶어 죽는다. 어느 쪽으로 움직여야 할지 결정해 줄 적절한 논리가 그 당나귀에게 없었기 때문이었다.

위험이라는 요소를 감수하지 않고서는 믿음을 가질 수 없다. 너대니얼 호손(Nathaniel Hawthorne)은 허먼 멜빌(Herman Melville)에 대해 이렇게 기록했다. "그는 믿을 수도 없었고, 자신의 불신앙에 만족할 수도 없었다."[12] 두 건초더미 사이에 서 있었던 당나귀처럼 이렇게 어중간하게 서 있는 것은 큰 위험을 초래할 수 있다. 왜냐하면 그 자리에서는 하나님과의 관계에 대한 열정이 사라져 버리기 때문이다. 이 때 믿음은 지적 퍼즐이 되어 버리는데, 이는 결코 성경에서 말하는 믿음이 아니다.

믿음은 목적지가 뚜렷이 보이지 않고 심지어 한 발 앞이 보이지 않더라도 앞으로 나아가는 것을 뜻한다. 믿음은 눈에 보이지 않는 인도자의 손을 붙잡고 그를 신뢰하며 따라가는 것이다. 한 신학교의 학장이었던 토머스 그레이엄(Thomas Graham)의 말처럼, 믿음이란 이성의 반대말이 아니라, 용기 있는 이성이다. 그러나 동시에 믿음이란 이성 이상의 것이며 이성만으로는 충족될 수 없는 그 무엇이다. 빛이 비치는 곳 너머에도 길은 계속 이어져 있다.

어느 해 6월 말, 함께 등산을 하려고 친구가 나를 찾아왔다. 늦게까지 내린 눈 때문에 오를 수 있는 산이 많지 않아 결국 우리는 비교적 오르기 쉬운 세르만 산을 타기로 했다. 일반 등산객들은 정상까지 일직선으로 연결된 평이한 코스를 택하기 때문에 우리도 그 코스로 산을 오르기 시작했다. 하지만 얼마 안가 여름철 눈보라 때문에 모든 것이 완전히 뒤바뀌었다는 것을 알게 되었다. 간간이 구름 사이로 틈이 생겨 산 정상으로 추측되는 봉우리가 눈에 들어오긴 했지만, 금세 구름이 주위를 뒤덮어 또다시 방향 감각을 잃곤 했다.

대부분의 산에는 가짜 정상들이 있는데, 이로 인해 등산객들은 시련을 맛보기 마련이다. 세 시간 동안 산을 타도 정상을 보는 것은 단 몇 초에 지나지 않는다. 눈은 중력에 이끌리듯 아래쪽을 향하지만, 저 꼭대기에서 손짓하고 있는 거대한 봉우리의 유혹을 뿌리치기란 쉬운 일이 아니다. 그리하여 안간힘을 써 그 봉우리에 도착해 보면, 그제서야 그것이 진짜 정상이 아니었음을 깨닫게 된다. 아래쪽에서 올려본 것만 믿었다가 시원하게 속고 만 것이다. 이제 1킬로미터만 더 가면 진짜 정상이 있는 것 같다. 아니면 저것도 혹시 가짜?

우리의 세르만 산 등반은 눈과 구름으로 시작해 눈과 구름으로 끝났다. 그 밖의 다른 것을 본 기억은 거의 없다. 정말 심각한 눈보라가 몰아치면 우리는 완전히 방향 감각을 잃고, 자신이 위로 올라가고 있는지, 아니면 아래로 내려가고 있는지, 혹은 거꾸로 걷고 있는지조차 구분할 수가 없게 된다. 로키 산처럼 험한 산을 오르다가 앞을 보지 못하는 상태에 이르렀다면 치명상을 피할 수 없었을 것이다.

친구와 나는 하산을 고민하다가, 결국 계속 올라가기로 했다. 일단 우리는 그 자리에 앉아 구름이 조금 걷히기를 기다렸다가 앉았던 곳에 표시를 한 후, 나침반의 방위각을 살피고 다시 걷기 시작했다. 구름이 가까이 다가올 때면, 우리는 그 축축한 눈 위에 앉아 상황이 나아지기를 기다렸다.

눈사태의 위험을 직감한 우리는 좀 돌아가더라도 보다 완만한 코스를 타기로 결정했다. 사방이 구름으로 뒤덮인 산속을 걷고 있자니, 한 가까운 봉우리에서 산사태가 일어나고 있는 듯 우지직 하는 소리가 불길하게 들려왔다. 공기가 무거워 아무리 작은 소리도 바로 우리 머리 위에서 일어나는 소리 같았다. 머리로는 그것이 우리 위에서 일어나는 일이 아님을 알고 있었지만 말이다(아무튼 우리는 그게 우리 주변에서 일어나는 일이 아니라고 생각하고 싶었다). 구름 안개 속에서 눈 위에 앉아 사방에서 폭탄이 터지는 듯한 소리를 듣고 있자니, 지도와 나침반, 감각 기관과 이성이 다 무슨 소용이 있을까 싶은 생각이 들었다.

눈사태를 우려했던 우리의 판단은 정확했지만, 다행히 우리와 가까운 곳에서는 눈사태가 일어나지 않았다. 그리고 드디어 구름이 활짝 걷히고 정상으로 향하는 능선이 한눈에 들어와 우리는 조심스럽게 산을 타서 정상에 도착했다. 도착해 보니 정상을 표시하는 원통 표지가 눈에 파묻혀 있었다. 최근 몇 개월 만에 처음 그곳 세르만 산 정상에 오른 사람이 바로 우리라는 이야기였다. 그 다음부터는 좋은 일만 있었다. 구름은 완전히 걷혔고 우리는 마음대로 하산 코스를 정해서 등을 경사면에 대고 마치 눈썰매를 타는 것처럼 새로 내린 눈을 타고 매끄럽게 경사진 길을 내려왔다. 그러다 보니 올라갈 때 4시간이나 걸렸던 길을 1시간도 채 안 되어 내려올 수 있었다.

나중에 생각하니 그 등산은 내가 믿음의 순례에 대해 깨달은 내용을 압축시킨 과정 같았다. 즉, 거기에는 계산 착오와 오싹함, 곤경, 그저 무거운 발걸음으로 터벅터벅 걷는 오랜 기다림의 시간이 있었다. 아무리 꼼꼼하게 준비하고 경계하며 위험 요소를 없애기 위해 노력했어도 나는 성공할 수 없었다. 바로 옆에서 눈사태가 일어나고 있는데 아무것도 볼 수 없는, 완전히 방향 감각을 잃는 상황은 시시때때로 벌어진다.

하지만 정상에 도달했을 때 느끼는 성취감과 기쁨은 세상 그 무엇과도 비교할 수 없을 정도로 크다. 콜로라도 주 세르만 산은 높이가 겨우 4,278미터밖에 안 되는데도 말이다. 내가 올라야 할 산은 앞으로도 52개나 더 있다.

우리의 영혼의 집이 모두 정돈되는 그 순간은 우리가 죽음을 맞는 순간이다.
일은 이런 식으로 진행된다. 길을 개척할 만큼의 확실성만 가지고 한 걸음씩 나아간다.
그러나 개척하는 일조차도 어둠 속에서 이루어진다.
믿음이 모든 것을 분명하게 드러내 줄 것이라 기대하지 말라.
믿음은 확실성이 아니라 신뢰다.13
_플래너리 오코너

4. 연단받는 믿음

> 나는 어린아이처럼 예수 그리스도를
> 믿고 고백한 것이 아니다.
> 나의 믿음은 의심의 용광로에서 태어났다.
> _도스토옙스키

"나는 믿음을 좋아하지만, 믿음은 별로 없다"라고 한 시인 앤 섹스턴(Anne Sexton)의 말에 공감한다. 내가 가진 회의적인 성향은 주로 교회를 통해 얻은 것들이다. 교회에서 들었던 수많은 '간증'들은 나중에 알고 보니 거짓말들이었고, 영적인 지도자들의 위선도 많이 보았으며, 기적적으로 병이 나아 하나님께 감사의 찬양을 드렸는데 일주일 만에 죽음을 맞은 사람의 이야기도 들었다. 게다가 나는 '기도에 대한 응답'을 받은 모든 경우를 다른 식으로도 설명할 수 있다는 것을 알게 되었고, 그 다른 설명들을 찾는 데 혈안이 된 적도 있었다. 그러다가 이제는 다른 사람의 신앙에 구멍을 내고 싶어 안달하는 단계에서는 벗어났으나, 회의주의의 습관과 믿음의 남용에 대한 강한 혐오감은 여전히 없어지지 않은 채 남아 있다.

고통과 괴로움에 대한 글을 쓴 적이 있어, 선천적 결손아로 태어난 자녀를 위해 기도하고, 수술이 불가능한 뇌종양을 없애 달라고, 중풍을 낫게 해달라고 열심히 기도했던 그리스도인들이 보내온 편지들이 서랍에 가득 하다. 그들은 기름부음 받기를 갈구하며 성경에 나온 모든 훈계를 충실히 따르는 사람들이었지만, 고통은 조금도 사라지지 않았고 믿음에 대한 상급도 주어지지 않았다고 말했다. 나는 또한 많은 그리스도인 의사들을 만나, 부정할 수 없을 정도로 명백한 의료 기적을 목격한 적이 있는지 물어보았으나 대부분이 잠시 생각한 후 한두 번의 기적일 수도 있는 사건을 기억해 낼 뿐이었다.

이상하게도 기독교 신앙에 관한 글을 아무리 많이 써도, 믿는 일이 조금도 수월해지지 않았다. 한 친구가 일반적인 그리스도인들을 두고 "어떤 것을 충분히 지속적으로 반복하면 그것을 믿게 된다"라는 말을 한 적이 있는데, 지금의 내가 그 과정 중에 있는 것일까? 나는 반복해서 말씀을 읽으며 그 의미를 제대로 이해하고자 노력했다. 하지만 그 말씀을 내가 진실로 믿고 있는 건지, 아니면 통신 판매원이 물건을 팔려고 전화기에 대고 똑같은 말을 계속하는 것처럼 혼자 아무 의미 없는 말을 반복하는 것인지를 구분할 수 없었다. 보이지 않는 하나님과 관련된 문제를 다룰 때마다 어김없이 의심이 찾아왔다.

이런 여러 이유들 때문에 나는 믿음에 관한 글을 쓸 때마다 머뭇거리게 되고, 내 글로 인해 누군가가 신앙을 잃게 되지나 않을까 두려워진다. 하지만 순진한 믿음을 가진 사람들을 낙담시키고 싶지 않은 만큼, 믿음을 가질 때 일어나는 일에 대해 비현실적인 기대감을 불러일으키고 싶지도 않다. 현명한 주교였던 레슬리 뉴비긴(Lesslie Newbigin)은 "하나님이 주신 것보다 더 많은 확신을 품으려고 애쓰는 것은 하나님을 시험하는 행동이다"라고 말했다.[1] 우리는 그리스도인들도 다른 사람들과 비슷한 비율로 가난하고, 질병에 걸리며, 머리카락과 치아가 빠지고, 안경을 쓴다는 사실을 직면해야 한다. 죽을 확률도 다른 사람과 똑같다. 즉, 100퍼센트다.

우리는 고통으로 가득한 타락한 세상에서 살고 있고, 하나님의 아들도 예외가 아니셨다. 예수님과 사도 바울은 이런 세상에 대항할 좀더 쉬운 길을 달라고 하나님께 간구했지만, 둘 다 원하는 바를 얻지 못했다.* 사회학자 브로니슬라브 말리노프스키(Bronishlav Malinowski)는 마술과 종교를 구분하며, 마술에서는 사람이 신을 자기 뜻대로 조종하려 하지만, 종교에서는 인간이 신의 의지를 따르려 노력한다고 말했다. 기독교 신앙이란, 하나님의 뜻이라면 무엇이든지 따르는 것을 일컫는다. "내 아버지여, 만일 할 만하시거든 이 잔을 내게서 지나가게 하옵소서." 예수님은 겟세마네에서 이렇게 기도하셨지만, 그 기도는 응답될 수 없는 것이었다. 때문에 예수님은 유순하게 "그러나 나의 원대로 마시옵고 아버지의 원대로 하옵소서"(마 26:39)라는 말을 덧붙이셨다.

조지 에버렛 로스(George Everett Ross)는 말리노프스키의 말을 다음과 같이 조금 다르게 표현했다.

> 나는 30년, 아니 거의 31년간 목회자로 사역했다. 그 결과 나는 두 종류의 믿음이 있다는 것을 알게 되었다. 하나는 '…라면(if)이라고 말하는 믿음이고, 다른 하나는 '비록…할지라도'(though)라고 말하는 믿음이다. '…라면'의 신앙을 가진 사람들은 이렇게 말한다. "모든 일이 잘 풀린다면, 내 인생이 번창한다면, 내가 행복해진다면, 내가 사랑하는 사람들이 아무도 죽지 않는다면, 내가 성공한다면, 그때서야 나는 하나님을 믿고 기도를 하고 교회에 가고 여분의 물질을 바치겠다." 반면, 후자에 속한 사람들은 이렇게 말한다. "비록 악한 자들이 번성하더라도, 비록 겟세마네에서 피와 땀을 흘리며 기도하더라도, 비록 갈보리에서 나의 잔을 마시더라도, 그래도 나는 나를 창조하신 하나님을 신뢰할 것이다." 그래서 욥도 울부짖었다. "비록 하나님이 나를 죽이실지라도 나는 그를 신뢰할 것이다"(욥 13:15, 현대인의 성경).[2]

---

* 바울은 고전 4:11-13에서 자신을 둘러싼 비참한 상황을 이렇게 묘사한다. "바로 이 시각까지 우리가 주리고 목마르며 헐벗고 매맞으며 정처가 없고…지금까지 세상의 더러운 것과 만물의 찌꺼기 같이 되었도다." 또한 고후 12:7에서는 "육체에 가시"를 없애 달라고 기도했지만 응답받지 못했다.

친구 중에 숲에 갈 때마다 귀신을 보고, 텅 빈 주차장에서 천사를 보는 이들이 있다. 그들은 놀랍게도 그 같은 단순한 믿음을 가지고 가끔씩 큰일들을 이뤄 낸다. 하지만 더 이상 기적이 나타나지 않거나 당장 눈앞의 이적보다는 지속적인 신실함이 필요할 때, 그들은 보다 신중하고 참을성 있는 믿음을 드러냈다.

성경은 단순한 믿음과 온갖 어려움을 무릅쓰고 신실함을 지키는 믿음을 모두 제시한다. 욥, 아브라함, 하박국을 비롯한 선지자들 그리고 히브리서 11장에 나오는 많은 믿음의 영웅들은 기적이 일어나지 않고 긴급한 기도가 응답되지 않고 땅에 떨어져 버리는 것 같은 시간과 하나님이 눈에 보이지 않을 뿐 아니라 아예 계시지 않는 것처럼 느껴지는 기간을 오랫동안 견뎌 냈다. 오늘날 이 믿음의 선배들을 따라가는 우리도 때로는 하나님이 모든 필요를 채워 주시는 진기한 경험을 하겠지만, 하나님이 침묵하시고 성경의 무수한 약속들이 새빨간 거짓말처럼 보이는 시간도 겪어야 할 것이다.

해외 여행을 다니면서 나는 사람들의 기도가 나라마다 다르다는 것을 발견했다. 부유한 나라에 사는 그리스도인들은 주로 '주님, 이 고난을 내게서 물리쳐 주옵소서'라고 기도하는 반면, 옥에 갇히고 핍박받는 그리스도인들과 가난한 나라에 사는 그리스도인들은 '주여, 이 고난을 견뎌 낼 힘을 주소서!'라고 기도한다.

역설적이게도, 힘든 시기에 우리의 믿음은 더 자라고 결속도 강해진다. 인간관계에서도 위기의 순간에 우리는 더 강해진다. 나의 어머니와 장모님은 모두 백 살이 넘으셨는데(21세기가 시작된 2천 년대는 그들이 맞은 세 번째 세기였다!), 그분들이나 그분들의 친구들과 대화를 나누다가 나는 노인들이 기억하는 내용들에는 하나의 일관된 특징이 있다는 것을 발견했다. 그들은 공통적으로 어려웠던 격동의 시절을 떠올리며 향수에 젖어들었다. 노인들은 제2차 세계대전과 대공황을 겪으면서 있었던 일을 서로 주고받는다. 그리고 강한 눈보라가 몰아쳤던 해, 어린 시절 집 밖에 있던 화장실, 대학 시절 3주 내내 캔에 든 스프와 말라빠진 빵을 먹었던 일을 그리운 듯 회상했다.

건강하고 안정된 가정을 이룬 이들에게 어디서 그런 강인함을 얻었는지 물어본다면, 그들 역시 병원 대기실에 정신없이 모여 있던 장면과 가출한 아들의 소식을 걱정스러운 마음으로 기다렸던 때, 토네이도가 쓸고 간 폐허 속에서 쓸 만한 물건이 있는지 뒤적이고 파혼한 딸을 위로해야 했던 순간 등 숱한 위기의 순간들에 대해 이야기할 것이다. 관계란, 완전히 깨질 것처럼 망가졌으나 결국 깨지지 않고 남아 있을 때 더욱 굳건해진다.

이런 인간 관계의 원리를 이해하고 나니, 하나님과의 관계에 깃든 신비를 보다 잘 이해할 수 있었다. 믿음은 주어진 관계 속에서 내가 상대를 얼마나 신뢰하느냐에 달린 문제였다. 나는 어떤 상황에서든 내가 사랑하는 사람들과 하나님을 신뢰하고 있는가? 신뢰라는 든든한 반석 위에 서 있다면, 아무리 힘든 상황이 와도 그 관계는 쉽게 깨지지 않을 것이다.

아브라함은 아들 이삭과 함께 모리아 산에 올랐고, 욥은 뜨거운 태양 아래서 종기를 긁었다. 다윗은 동굴 속에 숨어야 했고, 엘리야는 몹시 침울한 상태에서 사막으로 들어갔으며, 모세는 다음에 무엇을 어떻게 해야 할지 몰라 하나님께 간청하며 물어야 했다. 이 모든 믿음의 영웅들은 하나같이 위기의 순간을 경험했다. 물론 그들도 하나님은 사랑이 없고 무능하며, 심지어 적대적인 분이라고 말하고 싶은 유혹을 강하게 느꼈을 것이다. 혼란과 암흑 가운데 그들은 선택의 기로에 서서, 화를 내면서 뒤돌아설 것인지, 혹은 믿음으로 앞으로 나아갈 것인지를 결정해야 했다. 그리고 그들은 믿음의 길을 택했고, 바로 이 이유 때문에 우리는 그들을 신앙의 거인들로 기억하게 되었다.

하지만 안타깝게도 성경에 나오는 모든 인물이 다 믿음의 시험을 이겨 낸 것은 아니었다. 성경에는 가인이나 삼손, 솔로몬처럼 실패한 사람들의 이야기도 있다. 그들의 삶은 슬픔과 회한의 향내가 난다. 아, 그렇게 하지 않았더라면 얼마나 좋았을까!

기독교 사상가 키르케고르는 하나님의 신뢰성에 의문을 던지게 하는 믿음의 시험에 관한 연구로 평생을 보냈다. 까다로운 성격에 특이한 인물이었던 키르케고르는 끊임없이 내적 고뇌 속에 살았다. 그는 계속해서 엄청나게 혹독한 믿음의 시험을 이기고 살아남은 욥과 아브라함 같은 성경 인물들을 연구했다. 욥과 아브라함이 시험을 받는 동안 보이신 하나님의 모습은 굉장히 모순된 것처럼 보였다. **결코 그런 식으로 행동하지 않을 하나님이, 분명히 그렇게 행하셨다.** 그리고 마침내 키르케고르는 가장 순수한 믿음은 그런 호된 시련을 통해서만 생긴다는 결론을 내렸다. 나 역시 비록 이해할 수 없더라도, 하나님을 신뢰할 것이다.

나는 키르케고르와 그의 불균형적인 신앙관을 통해 많은 것을 배웠다. 그의 신앙관이 불균형적이었다고 말한 것은, 그가 믿음의 큰 시험에 대해서만 골몰하고, 하나님과의 관계를 일상적으로 유지하는 것에 대해서는 거의 언급하지 않았기 때문이다. 그는 비범한 직무를 수행하기 위해 하나님이 선택한 소수의 사람들을 "신앙의 기사"(knights of faith)라고 표현하며, 그들이 오늘날 우리가 제트기를 시험하는 것 같은 시험을 겪는다고 설명했다. 그 시험은 파괴시키기 위한 시험이 아니라 유용성의 한계를 측정받기 위한 시험이다. 언젠가 키르케고르는 아브라함을 두고 이런 질문을 했다. "결국 하나님의 선택을 받지 않는 것이 그에게는 더 나은 일이 아니었을까?"[3] 아브라함도 한창 시험을 당하는 중에는 이런 생각을 했겠지만, 인생의 마지막까지 그런 의문을 품지는 않았을 것 같다.

신자의 믿음은 지적인 회의보다는 하나님과의 인격적인 관계에서의 위기를 중심으로 돌고 돈다. 그런데 보이는 것이 어떻든지 하나님은 신뢰할 만한 분일까?

※

내가 사랑하고 존경하는 한 기독교 작가는 이런 글을 썼다. "하나님이 우리에게 좌절감을 주려고 일부러 여러 가지 일들을 준비하신 것처럼 보이는 때가 있다. 병원에 가는데 타이어에 구멍이 나고, 친구가 우리 집에 와서 잠을 자기로 했는데 도착하기 한 시간 전에 싱크대 물이 역류하기 시작한다. 그리고 그 어느 때보다 더 지지와 격려가 필요한 순간에 친구가 마음을 상하게 하고, 고객과 중요한 약속이 있는 날 갑자기 후두염에 걸린다." 파키스탄이나 수단 같은 곳에 사는 그리스도인들에게 이 정도 시련은 배부른 소리겠지만, 그래도 이렇게 성가신 일이 반복되면 하나님과의 관계에 의심의 씨앗이 심겨지고 기본적인 신뢰가 손상될 수 있다.

하지만 '일부러 준비했다'는 표현이 마음에 걸린다. 내가 병원을 향해 달리는 도로 위에 못을 뿌려 놓은 게 정말 하나님일까? 싱크대 구멍에 머리카락을 감아 놓아 친구가 도착하기 직전에 물이 역류하게 한 이가 하나님일까? 나도 마찬가지로 나쁜 일이 생길 때마다 본능적으로 하나님을 비난하고, 우리의 관계에 문제가 있는 것은 아닌지 의심한다. 하지만 펑크 난 타이어와 고장 난 컴퓨터, 병원균 감염 같은 문제들이 정말 아브라함이나 욥이 견뎌야 했던 믿음의 시험처럼 내 믿음을 시험하기 위해 하나님이 직접 배열해 두신 장치들일까? 솔직히 의심스럽다.

욥기, 그중에서도 마지막에 나오는 하나님의 말씀에서 한 가지 교훈을 찾는다면, 그것은 세상에서 일어나는 일들의 그 모든 복잡한 과정을 이해하는 것은 인간의 몫이 아니라는 가르침이다. 우리에겐 그럴 능력도 없다. 하나님은 욥에게 네가 더 잘 할 수 있겠냐고 따지셨다.

> 네가 하나님처럼 능력이 있느냐.
> 하나님처럼 천둥 소리를 내겠느냐.
> 너는 위엄과 존귀로 단장하며
> 영광과 영화를 입을지니라.
> 너의 넘치는 노를 쏟아내고
> 교만한 자를 발견하여 모두 낮추되
> 모든 교만한 자를 발견하여 낮아지게 하며
> 악인을 그들의 처소에서 짓밟을지니라. (욥 40:9-12)

하나님은 이 땅에서 일어나는 사건들에 간섭하는 것을 자제하시면서, 모든 교만한 자를 낮추며 악인을 그들의 처소에서 짓밟는 일을 하지 않으신다. 때문에 그 교만한 자와 악인의 희생자들은 혼란스러울 수밖에 없다. 우리는 욥처럼 하나님이 어찌됐든 이 모든 일들이 일어나도록 만드셨다고 가정하고는, '하나님은 나를 사랑하시지 않아. 하나님은 공평하신 분이 아니야'라는 잘못된 결론을 도출하게 된다. 하지만 이런 순간에도 믿음이 있다면 우리는 인간으로서의 한계를 인정하면서 하나님을 계속 신뢰할 수 있다. 인간으로서의 한계를 인정한다는 말은 곧 우리 인간이 '왜?'라는 질문에 대답할 수 없다는 사실을 받아들인다는 의미이기도 하다.

다이애나 왕세자비가 자동차 사고로 목숨을 잃었을 때, 한 텔레비전 프로그램 제작자가 내게 전화를 걸어와 "저희 프로그램에 출연해 주시겠습니까?"라고 물으면서, 이렇게 말했다. "하나님이 어떻게 그런 끔찍한 사고를 허락하셨는지 설명해 주셨으면 합니다." 나는 별 생각 없이 대답했다. "그 사고는 술 취한 운전자가 시속 150킬로미터로 차를 몰면서 좁은 터널 속으로 들어갔다는 사실과 관계가 있지 않을까요? 그 사건에 하나님이 정확히 어떻게 연루되어 있다는 말인가요?"

결국 나는 그 프로그램에 출연하지 않았다. 하지만 그 제작자의 질문을 듣자, 신을 향한 비난이 쏟아졌던 사건들의 기록을 모아 둔 서류철을 자세히 들여다보고 싶다는 생각이 들었다. 서류철을 열자 먼저 강력한 오른손 공격으로 상대편이었던 한국 선수를 죽음에 이르게 한 권투 선수 레이 "붐붐" 맨시니(Ray "Boom Boom" Mancini)의 인터뷰 내용이 눈에 들어왔다. 한국 선수가 죽은 후 진행된 기자 회견에서 그는 이렇게 말하고 있었다. "저는 가끔 하나님이 왜 그런 일을 행하시는지 의아합니다." 또 한 젊은 여성은 제임스 답슨(James Dobson) 박사에게 다음과 같이 번민에 찬 질문을 적은 편지를 보냈다고 한다. "4년 전 저는 한 남자와 사귀다가 임신을 했습니다. 완전히 망연자실해진 저는 하나님께 물었습니다. '왜 당신은 저에게 이런 일이 일어나도록 허락하셨나요?'" 남캘리포니아의 수잔 스미스는 두 아들을 호수에 빠뜨려 익사하게 만들고는 가상으로 만든 자동차 강도가 그 짓을 저질렀다고 발뺌하면서 공식 자술서에는 이렇게 기록했다. "두 아들만을 태운 차가 물속으로 질주해 들어갈 때 저의 마음은 한없이 무너져 내렸습니다. 저는 곧바로 내달리며 이렇게 소리 질렀습니다. '오 하나님! 오 하나님, 안 돼요! 제가 무얼 했다고 이러는 건가요? 왜 이런 일이 일어나게 내버려두셨나요?'"

권투 선수가 상대 선수에게 연타를 날리고, 십대 청소년들이 은밀한 곳에서 자제심을 잃고 있을 때 그리고 한 엄마가 자녀들을 물에 빠뜨리고 있을 때 정말 하나님은 어떤 역할을 하셨을까? 궁금하다. 믿음을 시험하려고 이런 사건들을 준비해 놓으셨을까? 아니다. 나는 반대로 이 일들이 타락한 세상 속에서 인간이 스스로의 자유를 극단적으로 행사할 때 벌어지는 모습이라고 생각한다. 우리는 자신이 지극히 약하고 죽을 수밖에 없는 존재로 드러나는 순간, 약하지도 않고 죽지도 않는 누군가에게 폭언을 퍼붓는다. 그분이 바로 하나님이다.

인간의 고통을 다룬 성경의 모든 기록을 살펴보고 나서 확신하게 된 한 가지 사실은, 믿음의 시험에 직면한 많은 그리스도인들이, 하나님이 묻지도 않은 전혀 다른 질문들에 대답하려 한다는 것이었다. 어려움이 닥칠 때 우리는 본능적으로 자신의 지나온 시간을 돌아보는 질문들로 달아난다. 무엇 때문에 이런 비극이 일어났지? 하나님이 개입하신 걸까? 하나님이 내게 뭘 말씀하시려고 이러시는 거지? 그러고는 여기서 나온 불충분한 증거를 바탕으로 하나님과의 관계를 판단해 버린다.

하지만 성경에는 욥의 고통처럼 하나님의 징벌과는 전혀 상관이 없는 고통의 이야기가 많이 나온다. 예수님은 병 고치는 기적을 행하시면서 그 당시 만연했던 고통에 대한 일반적인 생각을 뒤집어 엎으셨다. 당시 사람들은 소경과 절름발이와 문둥병자가 고통을 겪는 것은, 그들이 그럴 만한 잘못을 저질렀기 때문이라고 생각했다. 하지만 예수님은 이 땅에서 일어나는 일들을 바라보며 몹시 가슴 아파하셨다. 이는 하나님 역시 고통받는 우리를 보시며 우리보다 더 슬퍼하고 계신다는 사실을 말해 주는 확실한 증거다. 예수님은 그 누구에게도 고통을 하나님의 뜻으로 받아들이라고 말한 적이 없으시다. 그저 그분은 그들에게 다가가 그들의 병과 장애를 고쳐 주셨다.

성경은 '왜?'라는 질문에 체계적인 답을 주지 않을 뿐 아니라, 가끔은 그런 질문들을 완전히 피해 간다. 펑크 난 타이어, 물이 역류하는 싱크대, 갑자기 걸린 후두염 등 아무리 사소하더라도 이런 시험들 때문에 하나님과의 관계에 있어 신뢰의 위기가 올 수가 있다. 그럼에도 우리는 하나님이 출입을 금지시킨 그분만의 영역 안으로 감히 들어갈 수 없다. 하나님의 섭리는 오로지 하나님만

이 이해할 수 있는 신비이며, 내가 앞에서 말한 '신학적 무지의 백과사전' 속에 포함되는 내용이다. 그 이유는 간단하다. 반역한 이 땅 위에 살면서 시간의 속박을 받아 보이지 않는 세계의 실체를 볼 수 없는 인간은, 설사 그 답이 주어진다 해도 이를 이해할 만한 능력이 없기 때문이다. 이것이 바로 하나님이 욥에게 주신 답이었다.

그리스도인들은 성경을 읽을 때 하나님의 약속을 지나치게 강조하는 경향이 있다. 하지만 이런 식의 성경 읽기 때문에 나중에 환멸을 느끼게 되기도 한다. 언젠가 예수님은 이렇게 말씀하셨다. "공중의 새를 보라. 심지도 않고 거두지도 않고 창고에 모아들이지도 아니하되 너희 하늘 아버지께서 기르시나니… 들의 백합화가 어떻게 자라는가 생각하여 보라. 수고도 아니하고 길쌈도 아니하느니라"(마 6:26-28). 이 구절을 읽는 사람들은 하나님이 자신들에게 필요한 모든 것을 항상 공급해 주실 것이라고 단정한다. 그러다가 가뭄과 기근이 찾아오는 순간 심각한 믿음의 위기를 맞는다.

그런데 하늘 아버지가 어떻게 새들을 먹이며 백합화를 자라게 하시는지 먼저 한 번 생각해 보자. 그분은 광야에 만나를 내리신 것처럼 신비한 방법을 이용해 잘 익은 해바라기 씨를 땅 위에 뿌리는 대신, 이 땅에 숲과 야생화와 곤충이 머물게 하심으로 새들을 먹이신다. 그리고 우리 인간은 인간의 택지 개발과 쇼핑몰 건설이 새의 개체 수에 참담한 악영향을 끼칠 수 있다는 것을 잘 알고 있다. 들의 백합화 역시 아무런 수고도 없이 자랄 수 있지만, 그것들이 자라고 마르는 것은 날씨의 변화를 결정하는 일반 자연 체계에 따라 정해진다. 심각한 가뭄이 이어지는 동안에도 백합화는 수고하지도 않고 길쌈을 하지도 않지만, 동시에 생존하지도 않는다.

예수님은 이런 말씀도 하셨다. "참새 두 마리가 한 앗사리온에 팔리는 것이 아니냐. 그러나 너희 아버지께서 허락지 아니하시면 그 하나라도 땅에 떨어지지 아니하리라. 너희에게는 머리털까지 다 세신 바 되었나니 두려워하지 말라. 너희는 많은 참새보다 귀하니라"(마 10:29-31). 어떤 이들은 이 구절에서 위로를 얻는다. 노래도 있다. "참새 한 마리까지 지켜보시는 하나님. 나는 아네. 그 눈 나를 향하고 있네"(영화 "시스터액트 2"의 삽입곡 가사—역주). 하지만 역설적이게도 이것은 자기를 따르는 자들이 채찍질 당하고 잡혀가며 죽음에까지 이르게 될 것이라고 경고하는 긴박한 분위기 속에서 예수님이 하신 말씀이었다. 물론 이 말씀은 당시 상황에서는 전혀 위로가 되지 않는 말이었다.* 자크 엘륄은 이 본문에 오역이 있다고 지적했다. "너희 아버지께서 허락하지 아니하시면"(apart from the will of your Father)이라는 부분이 헬라어 원문에는 "너희 아버지와는 별개로"(apart from your Father)라고만 되어 있다는 것이다. 원래는 하나님의 '허락'(will)에 관한 언급이 없었다는 말이다.

'허락하지 아니하시면'(the will of)이라는 말이 덧붙여졌다고 보면 모든 것이 분명해진다. 하지만 그 한 마디 때문에 전체 의미가 완전히 달라진다. 전자는 하나님이 참새의 죽음을 허락하신다는 뜻이고, 후자는 하나님의 임재 없이 생명이 죽는 일은 일어나지 않는다는 뜻이다. 다시 말해 생명은 자연 법칙에 따라 죽어가지만, 하나님은 피조물이 죽는 곳에 항상 임재해 계시면서 그 피조물에게 평안과 힘과 소망과 지지를 보내 주신다는 것이다. 여기서 중요한 것은 하나님의 허락 여부가 아니라, 하나님의 임재 여부다.[5]

---

* 도리스 베츠의 작품에 나오는 한 등장 인물은 좀더 현실적인 관점으로 이 구절을 해석했다. "신이 참새가 떨어지는 것을 알고 있어도, 참새는 계속해서 떨어진다. 피조물이란 차례로 죽어가는 참새 같은 존재가 아닐까?"[4]

우리는 하나님이 이 땅의 문제에 관여하신다는 말을, '하늘로부터' 무언가가 내려오는 것으로 이해하는 경향이 있다. 하늘에서 빛이 환하게 비치고, 우박이 쏟아지며, 제우스의 번개가 땅으로 내리치는 이미지를 상상하는 것이다. 이렇게 하나님이 열 가지 재앙 같은 것을 가지고 하늘에서 내려와 이 땅의 일에 개입해 주셔야 한다는 것이다. 하지만 하나님은 샘이나 수원지의 수면을 뚫고 솟아오르는 지하수나 강물처럼 이 땅에 임하신다고 상상하는 편이 더 적절한 비유일지 모르겠다. 로버트 파라 카폰(Robert Farrar Capon) 신부는 「심판에 대한 비유」(The Parables of Judgment)라는 책에서 '위로부터 아래로' 향하는 관점을 전복시키면서, 하나님의 역사하심을 이렇게 표현했다. "그것은 돌출과도 같다. 인간의 모든 역사 아래 면면이 이어져 온 엄청난 크기의 빙산 끝부분이 명백하게 돌출되어 올라오는 것처럼 하나님은 역사하신다. 지금까지 있었던 일련의 위대한 사건들을 자세히 보면, 외계의 존재가 위로부터 **역사 속으로 침투**해 들어온 것이 아니라, 영속적으로 존재하고 있던 존재가 아래로부터 **역사 안으로 돌출**되어 나온 것임을 알 수 있다."⁶

이는 곧 하나님이 자신의 권세를 지나치게 남용하지도, 방치하지도 않으신다는 말이다. 그의 임재가 매순간 모든 피조물들을 지탱한다. 사도 바울도 "만물이 그 안에 함께 섰느니라"(골 1:17)라고 말했다. 하나님의 임재는 그의 뜻을 따르는 모든 사람들에게로 흘러들어간다. 보이지 않는 우리의 동반자인 성령님도 우리 안에서 역사하며 선으로 악을 이기기 위해 애쓰고 계신다.

결국에는 모든 일이 잘 풀릴 거라는 이야기를 하고 싶을 때, 많은 그리스도인들은 "우리가 알거니와 하나님을 사랑하는 자, 곧 그의 뜻대로 부르심을 입은 자들에게는 모든 것이 합력하여 선을 이루느니라"라는 로마서 8:28을 인용한다. 하지만 헬라어 원본을 보면 이 구절의 의미를 보다 명확하게 이해할 수 있다. '일어나는 모든 일들 속에서 하나님은 자기를 사랑하는 자들과 함께 선을 이루어 가신다.' 지금까지 개인적으로 경험한 고난과 고통을 통해 나는 이 약속이 진실임을 알게 되었다. 지금도 수많은 일들이 일어나고 있다. 그 가운데 어떤 것은 선하고, 어떤 것은 악하다. 어떤 경우든 내가 통제할 수 있는 일은 많지 않다. 그러나 이 모든 일들 속에서 나는 하나님이 끊임없이 나를 통해 그리고 나와 함께 일하시며 선한 결과를 만들어 내려 하신다는 것을 느낀다. 확신하건대 그런 과정 속에 있는 믿음에는 보상이 따른다. '왜?'라는 질문에 대한 답은 받지 못하더라도 말이다.

요한복음 9장에 나온 한 이야기는 확연한 접근법의 차이를 드러낸다. 이 이야기는 병에 걸린 많은 사람이 묻곤 하는 '병의 원인'에 대한 질문으로 시작된다. 날 때부터 소경 된 사람을 보고서 제자들은 그의 과거를 돌아보며 그 원인을 찾으려 했다. '누구의 죄 때문에 이런 형벌을 받았나요? 이 사람 본인입니까, 아니면 그 부모입니까?'(이 말이 함축하는 의미를 생각해 보라. 그 사람이 어머니의 **자궁 안에서** 죄를 지었을 수도 있다는 말인가?) 하지만 예수님은 분명한 어조로 이렇게 대답하셨다. "이 사람이나 그 부모의 죄로 인한 것이 아니라 그에게서 하나님이 하시는 일을 나타내고자 하심이라"(요 9:3). 예수님은 우리의 관심을 과거가 아닌 미래로 옮겨 놓으시면서 '이것은 어떤 목적을 위한 것인가?'라고 물으신 것이다. 우리의 질문과는 전혀 다른 질문이다.

나는 예수님의 이 대답이 고통의 문제에 대한 성경의 관점을 간결하게 요약하고 있다고 생각한다. 손튼 와일더(Thornton Wilder)는 「운명의 다리」(*The Bridge of San Luis Rey*, 동아출판사)에서 왜 하필 그 다섯 사람이 다리 붕괴 사고로 목숨을 잃었는지 파고들었다. 예수님도 '왜 그 열여덟 사람이 망대가 무너지는 사고로 죽었는가?'라는 질문을 받았지만 답하지 않으셨다. 대신 질문을 던진 사람들에게 되물으셨다. '만약 망대가 너를 덮친다면, 너는 죽을 준비가 되어 있느냐?' 예수님은 가장 비참한 사건마저도 사람들을 하나님께 나아가도록 이끄는 역할을 할 수 있다고 보셨다. 그분은 뒤를 돌아보면서 일이 그렇게 된 원인을 찾으려 하기보다는, 늘 앞을 내다보며 구속의 결과를 기대하셨다.

성경은 뒤를 돌아보면서 원인에 대해 묻는 '왜?'라는 질문에는 명확한 답을 제시해 주지 않는다. 다만 성경은 미래에 대한 소망을 굳게 붙잡으면서, 고통조차도 선한 결과를 낳을 수 있다고 말한다. 날 때부터 소경된 사람을 고치신 것처럼, 때로는 하나님도 극적인 기적을 통해 당신의 역사하심을 드러내신다. 하지만 치유받기를 위해 기도했던 조니 에릭슨(Joni Eareckson)을 비롯한 많은 다른 사람들의 경우처럼 기적이 나타나지 않는 경우도 허다하다. 그러나 어떤 경우든 고통은 언제나 우리가 하나님의 역사를 드러낼 수 있는 기회가 된다. 전신 마비로 고통받던 십대 소녀 조니 에릭슨이 그 교회의 다른 장애자들에게 예언자적 역할을 했다는 그녀만의 '기적'은 이 사실을 충분히 증명해 보여 준다. 에릭슨이 십대였을 때부터 그녀를 알고 지낸 나는, 앞으로 어느 날 갑자기 그녀가 장애를 극복하고 걸을 수 있게 되더라도 그것은 지금까지 그녀의 내면에서 일어났던 변화만큼 감동적이지는 않을 거라고 굳게 믿는다. 시인 조지 허버트(George Herbert)도 말했다. "폭풍은 신이 만든 작품들의 결정판이다."7

이 글을 쓰기 직전, 우리 집에서 그리 멀지 않은 콜로라도 리틀턴의 컬럼바인 고등학교에서 비극적인 총기 난사 사건이 발생했다. 신문과 텔레비전은 연일 그 사건을 심층 분석하는 데 열을 올리고, 죽음을 맞이한 학생 열두 명과 한 교사의 장례식은 전국에 생방송되었다. 목회자들과 부모들 그리고 학교 당국자들을 비롯해 그 사건을 접한 모든 사람들이 '왜' 그런 비극이 일어났는지 묻고 있으나, 이에 답하는 이는 아무도 없다. 분노로 가득 찬 인종 차별주의자 학생들이 기관총으로 친구들을 난사한 이 비극적인 사건에는 악의 요소가 너무나 확연하게 드러나 있어, 공개적으로 하나님을 이 사건과 연관시키는 사람은 없다. 왜 하나님이 그 순간에 개입하지 않으셨는지 묻는 사람은 있지만, 적어도 하나님이 그 폭동을 일으켰다고 주장하는 사람은 없다.

'이런 참사를 통해서도 선한 결과가 만들어질 수 있을까?' '그 모든 일이 제자리를 찾을 수 있을까?' 이번 사건이 남긴 또 다른 질문들인 이 물음에 대한 답을 제대로 이해하려면 콜로라도 현지에서 살았어야 할 것 같다. 나는 사건이 발생한 지 일주일 후에 클레멘트 공원을 찾았다. 거기에는 열다섯 개의 십자가가 서 있었고, 그 앞에는 수많은 꽃다발 사이로 운동복과 인형 같은 유품과 세계 각지에서 손으로 직접 써서 보내 온 사랑과 응원의 편지들이 놓여 있었다. 에릭 해리스와 딜런 클리볼드, 이 두 명의 살인자들에게 보내 온 편지도 눈에 띄어 읽어 보니 소외받고 사회에 적응하지 못하는 또 다른 이들이, 고통을 털어놓고 위로해 줄 친구를 찾지 못한 그 두 사람을 애도하면서 쓴 내용이 담겨 있었다. 당시 내가 가 본 교회들에는 사건 후 수백 명의 사람들이 매일 혹은 매주 자발적으로 예배에 참석해 예배당을 가득 메우고 있었다. "투데이쇼"를 보니 희생당한 학생의 형인 크레이그 스코트가 나와 또 다른 흑인 희생자 아버지의 어깨 위에 손을 얹고 위로하고 있었고, 진행자 케이티 쿠릭은 방송 중에 울음을 터뜨리기까지 했다. 총을 머리에 겨누고 '하나님을 믿느냐?'라는 질문에 용감하게 대답한 친구의 담대함을 증언하는 학생들도 있었다. 그 외에도 여러 가지 놀라운 소식들이 많이 들려왔다. 그 도시의 교회 청년회 모임이 활성화되었고, 선생들은 스스로 그리스도인임을 밝히지 않은 것에 대해 학생들에게 사과하면서 슬픔에 빠진 학생들에게 방과 후에 상담을 받으러 오라고 권했으며, 한 피해 학생의 아버지는 전도자가 되었고, 또 다른 아버지는 총기 규제 운동가로 변신했다. 악을 통해서도, 심지어 컬럼바인 고등학교 총기 난사 사건같이 끔찍한 일을 통해서도 선한 결과가 나올 수 있다.

대부분의 사람들이 비극과 질병과 죽음으로 인한 충격을 겪고 나면 믿음의 실존적인 위기를 맞는다. 그 순간, 우리는 명쾌한 답을 원하고 하나님은 우리의 신뢰를 원하신다. 지난 세기 스코틀랜드의 한 목사가 갑작스레 아내를 잃었다. 그 다음 예배 시간에 그는 예외적으로 개인적인 내용의 설교를 해 나가며, 이 땅에서의 삶을 도무지 이해하지 못하겠다고 인정했다. 그러나 그보다 더 이해할 수 없는 것은, 소중한 사람을 잃은 사람들이 믿음까지 버리는 경우라고 덧붙였다. "무엇 때문에 믿음을 버리는 겁니까! 밝은 태양 아래 있는 사람들은 믿어도 그만, 안 믿어도 그만이지만 저처럼 그늘 속에 사는 사람은 **반드시** 믿어야 합니다. 믿음마저 없다면 우리에게 남는 것은 정말 아무것도 없을 테니까요."

당신이 인생의 문제에 대한 답을 꼭 알아내야 겠다는 생각이 들지라도
그 여정을 결코 시작하지 말라. 당신은 성공하지 못할 것이다.
왜냐하면 그것은 알 수 없는 것들을 향한 여정이기 때문이다.
대답 없는 질문들, 수수께끼들, 도무지 이해할 수 없는 일들,
그리고 무엇보다도 불공평함들. 이런 것들은 누구도 알 수 없다.[8]
_마담 잔느 기용

5. 양손잡이 믿음

> 일어난 모든 일에 대해 감사하고,
> 일어날 모든 일은 겸허히 받아들이라.1
> _다그 함마르셸드

남북전쟁이 끝나고 몇 년 후, 누군가가 남부 동맹군에서 '피켓 돌격대'를 이끌었던 조지 피켓(George Pickett) 장군에게 패전의 이유를 물었다. 그는 구레나룻을 잡아당기며 잠시 생각하더니 이렇게 답했다. "글쎄, 북부군 양키 녀석들이 우리의 패전과 약간 관련되어 있을 것 같군."

실체를 제대로 파악하기 위해서는 조금 더 넓은 관점으로 그 현실을 바라보아야 한다. 우리 눈으로 볼 수 없는 것은 하나님만이 아니다. 성경은 우리가 눈에 보이지 않는 다양한 '권세들'(powers) 가운데 살고 있다고 주장한다. 선을 위해 일하는 권세도 있고, 악을 위해 일하는 권세도 있다. 언젠가 우리가 욥처럼 하나님을 직접 만나 이 땅의 삶에서 우리를 곤란하게 했던 문제들에 대해 질문하게 된다면, 하나님이 이렇게 대답하실지도 모르겠다. "사탄이 그 문제와 약간 관련되어 있을 것 같구나."

예수운동(Jesus movement: 1960년대 미국에서 시작된 청년 주도의 영적 부흥 운동—역주)이 한창이던 1970년대에 수습 기자로 일하던 나는 한 기독교 음악 축제에 참가해 한 록밴드를 인터뷰했다. 그들이 들려준 세계관은 내게 전혀 생소한 것이었다.

> 정말입니다. 우린 정말 사탄의 공격을 받았었어요. 인디애나폴리스에서는 주님이 우리와 함께하셨고 그분의 성령이 충만해 계셨는데, 우리가 다음 장소를 향해 차를 타고 달리자 사탄이 우리를 공격해 들어와 우리 버스에 매달려 있던 짐칸을 떼어 내려 했습니다. 그 안에는 모든 앰프와 악기가 실려 있었고, 그게 없어지면 우리의 순회공연은 끝장나는 거였지요. 하지만 그때 하나님이 간섭하셨고 결국 아무 사고도 일어나지 않게 우리를 지켜 주셨어요. 우리가 탄 버스는 가까스로 길가에 멈췄고 덕분에 우리는 하던 일을 계속할 수 있었습니다. 하나님의 일 말입니다!

그 록밴드는 예수운동가들 특유의 표현을 쓰면서 이 세상에 일어나는 모든 사건이 다 하나님과 사탄 간의 전투라는 세계관을 드러냈다.

그들과 인터뷰를 한 뒤부터 나는 그리스도인들이 말할 때 사용하는 표현들을 주의 깊게 듣기 시작했다. 긴장 상태로 치닫고 있는 중동 지역으로 여행을 떠나는 한 가족은 이렇게 말했다. "우리의 생사는 주님 손에 달려 있지요." 이혼 소송 중에 있는 어떤 남자는 "하나님께서 당신만을 바라보는 법을 가르쳐 주고 계십니다"라고 말했다.

신학생들 사이에 퍼진 우스갯소리 가운데 이런 것이 있었다. 한 남자가 인도에서 내려오다 가까스로 몸을 피해 달려오는 자동차에 받히지 않고 살 수 있었다. 그 광경을 지켜본 사람이 말했다. '하나님이 그를 지켜 주셨군요.' 다음 날에도 그 사람은 같은 장소를 지나고 있었다. 그런데 이번에는 차에 치여 중상을 입었다. 하지만 여러 달 치료를 받은 후 완쾌되었고 지켜보던 사람은 이렇게 말했다. '하나님이 이렇게 그의 목숨을 살려 주시다니 정말 놀랍지 않아요?' 그리고 이후 그 사람은 똑같은 장소를 지나다가 결국 차에 치여 죽고 말았고, 사람들은 말했다. '하나님이 그를 본향으로 데려가실 때가 되었나 보군요.'

우리 역시 그렇게 생각할 때가 많다. 대문호 톨스토이는 나폴레옹의 침공과 하나님의 뜻 사이의 연관성을 알고 싶어 했다. 그래서 그는 「전쟁과 평화」에서 적군 프랑스가 러시아로 진군해 들어올 때 구사한 모든 위장 작전과 공격을 자세히 기록하며 그것과 하나님의 뜻이 어떤 관계가 있는지 찾으려 했다. 나폴레옹이 성스러운 러시아를 정복하려고 군대를 일으킨 것은 결코 하나님의 뜻이라고 할 수 없다! 하나님이 주무시고 계시는가? 악의 세력이 선의 세력을 이길 수 있는가? 프랑스 군대가 모스크바를 향해 진군해 들어올 때, 톨스토이는 그같은 재앙을 허락하신 하나님의 섭리를 이해하려고 무척 애썼지만, 결국 '거부할 수 없는 운명의 물결' 외에는 아무것도 발견하지 못했다.

하나님을 믿는 사람들은 하나님이 인간들과의 관계 속에서 나타내시는 행동 양식에 대해 나름대로의 생각을 가지고 있다. 프랑스의 소설가 플로베르는, 위대한 작가는 하나님이 모든 창조 세계 속에서 목격되고 그 음성이 들려지는 것처럼 자신의 소설 안에도 들어가 있어야 한다고 말했다. 하나님은 어디에든 계신다. 눈에 보이지 않고 고요하여, 부재하거나 우리에게 무관심한 존재처럼 느껴지는 것뿐이다. 몇몇 지식인들은 그렇게 부재하는 신을 섬기고 싶어 할지 모르겠지만, 대부분의 그리스도인들은 예수님이 보이신 사랑 많은 아버지 같은 하나님을 더 좋아한다. 우리는 우주라는 시계의 태엽만 감아 놓고 그후에는 알아서 돌아가도록 방치해 두는 시계공 이상의 하나님을 원한다. 우리는 인격적인 하나님만이 베풀어 주실 수 있는 사랑과 자비와 용서와 은혜가 필요한 존재들이다.

하지만 하나님에 대한 인격적인 개념을 알게 되면 알게 될수록 불안한 생각이 많아진다. 사랑의 하나님이 좀더 자주 나타나 우리 편을 들어 주셔야 하는 것 아닌가? 도움이 필요한 순간에 다가와 주시지 않는 하나님을 우리가 어떻게 신뢰할 수 있겠는가?

※

언젠가 심각한 편집증에 걸린 사람을 만난 적이 있는데, 그 젊은 여성은 세상이 모두 자기를 싫어한다고 확신하고 있었다. 무슨 일이 일어나든지 그녀는 그것을 적대적인 세상이 꾸며낸 음모라고 생각했다. 내가 그녀를 위로하려고 '내 생각에는 당신이 그 말을 오해한 것 같아요. 마르다는 단지 도우려 한 것뿐이에요. 당신을 미워하지 않아요'라고 말하면서 화해를 유도했다고 치자. 하지만 그 말은 그녀의 편집증에 불을 붙는 결과만 가져올 뿐이었다. '아하, 이 사람도 그들과 한패로군. 마르다가 그렇게 말하라고 시켰을 거야. 저 사람은 지금 내 마음을 약하게 만들어 저항하지 못하게 하려는 속셈인 거야.' 그 어떤 말이나 행동도 그녀의 편집증이라는 강력한 갑옷을 꿰뚫지 못했다.

편집증에 사로잡힌 사람은 모든 것을 두려움의 대상으로 생각한다. 내 아내 자넷의 직장 상사는 자넷이 자기 자리를 노리고 있다는 잘못된 확신에 사로잡혔었다. 그는 자넷이 제안하는 모든 내용이 자신을 음해하려는 시도라고 생각했다. 칭찬을 해주어도 그것이 결국엔 자신을 누르고 승진하려는 간계에서 비롯된 것이라고 여겼다. 자넷이 어떤 말을 해도 그는 그 말을 곧이곧대로 들을 수 없었고, 결국 자넷은 본인의 정신 건강을 위해 직장을 그만두었다.

단순한 믿음과 충실함을 겸비한 성숙한 신앙은, 편집증과 정반대로 작용한다. 이런 신앙을 가진 사람은, 살면서 일어나는 모든 일을 사랑 많으신 하나님에 대한 신뢰에 기초해서 해석한다. 좋은 일이 생기면 하나님의 은혜로 받아들이고 감사의 조건으로 삼는다. 반면, 나쁜 일이 생기면 그 일이 하나님이 야기하신 일이 아닐 수 있다고 생각하고(이와 반대되는 증거들이 성경에 있긴 하지만),

그런 사건이 일어났으니 하나님을 떠나야겠다고 판단하지도 않는다. 오히려 하나님이 그 나쁜 일들까지 나의 유익을 위해 사용하실 수 있다는 믿음을 놓지 않을 것이다. 이런 상태가 바로 내가 지금 노력하여 닿고자 하는 목표점이다.

믿음의 사람은 두려움이 아니라 신뢰의 관점에서 인생을 바라본다. 든든한 믿음의 기반이 있으면, 비록 지금 당장 혼란스러운 감정이 생겼다 하더라도 여전히 하나님이 통치하신다는 확신을 버리지 않을 수 있다. 또한 스스로가 무가치한 존재라는 느낌이 드는 순간에도 하나님은 사랑이 많으신 분이라는 사실을 붙잡을 수 있으며, 이 고통이 영원히 지속되지는 않을 것이라는 것과 악의 세력이 최후의 승자가 될 수 없다는 것도 믿을 수 있다. 믿음의 눈을 가진 사람은 역사상 가장 암울했던 사건인 하나님의 아들의 죽음도 가장 밝은 영광의 전주곡으로 바라본다.

무신론자들은 내가 미리 한 가지 전제를 정해 놓고, 모든 증거를 그 전제를 뒷받침하는 용도로 쓰는 고전적인 합리화의 방법을 쓰고 있다고 말할 것이다. 옳은 지적이다. 나는 선하고 사랑 많으신 하나님이 우주의 제일 원리라는 전제에서 이 이야기를 시작했다. 이 전제와 상충하는 증거에 대해서는 또 다른 설명법을 찾아보아야 할 것이다. 윌리엄 새파이어(William Safire)는 정치에 대해 설명하면서 이렇게 말했다. "비가 오는 것을 자신의 공적으로 삼은 후보는, 가뭄에 대해서도 책임을 져야 한다."[2] 그렇다면 매일 사람들에게 일어나는 끔찍한 일들에 대해 '하나님께 책임이 돌아가지' 않게 하려면 어떤 설명을 내놓아야 할까?

첫째, 앞에서도 말한 것처럼 그 모든 일이 하나님의 허락하에 일어나는 것이라고 가정해서는 안 된다. 따돌림을 받던 청소년 두 명이 학교로 걸어 들어가면서 폭탄을 터뜨리고 9백 발의 실탄을 친구들을 향해 발사한 것이 하나님의 계획이었을까? 한 친구가 알려준 바에 따르면 그 와중에 컬럼바인 고등학교 안에서는 많은 '기적'들이 일어났다고 한다. 그 두 명의 살인자가 미리 학교 곳곳에 장치해 둔 아흔다섯 개의 폭탄 중 터진 것은 거의 없었고, 어떤 학생은 두 발의 총탄을 얼굴에 정면으로 맞았는데 '기적적으로' 총탄은 비교적 두꺼운 양쪽 턱뼈에 하나씩 박혔고, 덕분에 죽지 않고 살 수 있었다. 또 다른 학생은 그날따라 몸이 좋지 않아 조퇴를 했고, 나중에 그의 부모는 하나님이 그 아이를 지켜주셨다며 하나님께 찬사를 보냈다. 그 이야기들을 들으니 나 역시 다행스럽다는 생각이 들었지만, 동시에 이 사건으로 인해 목숨을 잃은 아이들의 부모는 이런 이야기들을 어떤 마음으로 들었을까 궁금해졌다.

이 세상에는 명백히 하나님의 뜻과 반대되는 일들도 많이 일어난다. 하나님이 세우신 대변인이었던 선지자들의 글을 읽어 보라. 그들은 우상 숭배와 불의, 폭력 등 인간의 죄와 반역의 결과로 나타난 여러 증상들에 대해 비난의 목소리를 높였다. 복음서도 마찬가지다. 복음서에서 예수님은 당시 성직자들이 '하나님의 뜻'이라고 여겼던 온갖 장벽들로부터 사람들을 자유롭게 해주심으로써 주류 종교 집단을 당황하게 만드셨다. 하나님의 섭리는 워낙 신비로운 주제라, 하나님의 뜻과 분명히 반대되는 일이 일어나도 이를 두고 당당하게 하나님을 비난할 수는 없을 것 같다.

그러나 무신론자들이 제기한 질문은 여전히 남아 있다. 악한 일에 대해 하나님을 비난하지는 않으면서, 어떻게 선한 일에 대해서만 하나님을 찬양할 수 있겠는가? 이를 위해서는 (편집증적 태도와 정반대되는) 하나님과의 관계 속에서 배운 것에 바탕을 둔 신뢰의 태도를 갖는 수밖에 없다.

인간 관계도 이와 비슷하다. 약속 장소에서 친구 래리를 기다리고 있는데, 한 시간이 지나도록 그가 나타나지 않는다고 생각해 보자. 하지만 이런 상황 속에서도 나는 그가 무책임하고 자기 멋대로인 인간이라고 욕하지 않을 것이다. 왜냐하면 수년간의 우정을 통해 래리가 약속을 잘 지키는 믿을 만한 친구라는 것을 익히 알고 있기 때문이다. 아마 나는 타이어에 구멍이 나거나 사고가 발생하는 등 그의 힘으로 어찌할 수 없는 일이 생겨 일정에 차질이 생겼을 거라고 생각할 것이다.* 이런 일이 있을 때 우리는 사랑하는 사람들을 비난하는 대신, 그들을 믿으면서 다른 예기치 못한 문제가 생겼을 거라고 생각한다. 이렇게 우리 모두는 신뢰와 분별 있는 사랑의 방식을 점차 발전시켜 왔다.

수년간 나는 개인적인 경험과 성경 공부를 통해 하나님의 성향을 몇 가지 알게 되었는데, 하나님이 행하시는 방식은 종종 나를 당황하게 만들었다. 그분은 느리게 움직이시고, 반역하는 자와 방탕한 자들을 더 좋아하시며, 당신의 능력을 의도적으로 제한하고, 속삭임과 침묵으로 말씀하신다. 하지만 이 모든 모습 뒤로 그분의 인내와 자비, 그리고 뭔가를 억지로 시키기보다는 인간을 달래려 하시는 흔적이 보였다. 나는 의심이 생길 때마다 하나님의 성품이 있는 그대로 투영된 예수님을 집중해서 바라본다. 이렇게 나는 지금까지 하나님을 신뢰하는 법을 배워 왔다. 그러나 여전히 내가 알고 사랑하게 된 하나님과 어울리지 않아 보이는 비극이나 악한 사건이 생길 때면, 다시금 다른 설명들을 찾아본다.

적지 후방에서 임무를 수행하던 스파이가 갑자기 본국의 본부와의 교신이 모두 두절되는 곤경에 처했다고 생각해 보자. 본국이 그를 버렸기 때문에 연락을

---

* 다니엘서 10장의 신비스러운 구절 속에 이와 비슷한 장면이 묘사되어 있다. 자기 기도가 왜 응답되지 않는지 이해할 수 없는 다니엘 앞에 천사가 나타나 눈에 보이지 않는 세계에서 무슨 일이 있었는지를 설명해 준다. 즉, 다니엘의 기도에 응답해 주기 위해 오던 그 천사를 "바사 왕국의 군주"가 20일 동안 막아 머물러 있다가 미가엘이라는 천상의 능력의 도움으로 빠져나올 수 있었다는 것이었다. 이 사건이 일어난 다음부터 다니엘은 결코 함부로 기도할 수 없었을 것이다.

끊은 것일까? 하지만 그가 고국의 정부를 철저히 신뢰한다면, 그는 정부가 자기를 보호해 주기 위해 모든 연락을 끊었다고 생각할 것이다. 베이루트나 테헤란에 체포되어 인질로 억류된 스파이는 본국이 자신의 동향을 살펴 주고 있는지를 확인할 방도가 없다. 하지만 그가 충성스러운 스파이라면 정부가 가능한 모든 외교 채널을 동원하고 제보자에게 상금을 주어 은밀한 구출 작전을 수행하고 있을 거라고 믿을 것이다. 겉으로 드러나는 모든 불리한 증거에도 불구하고, 정부가 자신과 자신의 안전을 소중하게 여겨줄 거라 믿는 것이다.

C. S. 루이스는 좋지 않은 결과가 나올 것만 같은 상황 속에서도 믿음을 가지면, 결국 그 믿음이 빛을 발하는 순간이 온다는 것을 다음과 같이 다양한 예시를 들어 설명했다.

덫에 걸린 개를 풀어 줄 때, 아이의 손가락에 박힌 가시를 빼 줄 때, 소년에게 수영하는 법을 가르쳐 주거나 수영할 줄 모르는 사람을 구해 줄 때, 겁에 질린 초보자와 함께 험난한 등산길에 오를 때, 우리에게 가장 큰 장애물은 바로 상대방의 불신이다. 우리는 그들에게 자신의 느낌이나 생각이나 지식과 일치하지 않는 순간이 오더라도 우리를 믿어 달라고 부탁한다. 우리는 약간 아픈 것은 그보다 큰 아픔을 없애 줄 것이고, 위험해 보이는 것은 실상 그들의 안전을 위한 것이라고 말하며, 겉으로 볼 때 불가능해 보일지라도 받아들여 달라고 요청한다. 덫 안으로 앞발을 더 깊숙이 집어 넣어야 그 덫에서 완전히 벗어날 수 있고, 가시를 빼낼 때 손가락을 훨씬 더 아프게 해야 더 이상 손가락이 아프지 않게 되며, 언뜻 보기에는 몸이 물 속으로 그대로 빠져 버릴 것 같지만 물은 우리의 몸이 뜰 수 있도록 받쳐 준다. 그리고 손에 잡히는 것을 무작정 잡는 것은 물 밖으로 벗어나는 데 큰 도움이 되지 않으며, 더 높고 노출된 암벽 위로 올라가야 산에서 굴러 떨어지지 않을 수 있다. 이 모든 믿기 힘든 말을 믿게 만드는 유일한 방법은, 상대방으로 하여금 나를 믿도록 만드는 것이다. 분명 그런 믿음은 논증이 아닌, 감정을 통해 형성된다. 혹 우리가 그들에게 낯선 사람이라면, 그들은 우리의 외모를 보거나 목소리를 듣고(개의 경우 '냄새'를 맡고), 우리를 믿을지 말지를 결정할 것이다. 때로는 상대방의 불신 때문에 그 선한 일을 못하게 되는 경우도 있다. 하지만 혹 우리가 성공한다면, 그것은 그들이 눈에 보이는 상반된 증거들에도 불구하고 끝까지 우리를 믿어 주었기 때문일 것이다. 그런 상황 속에서 상대방에게 이 같은 믿음을 요구한다고 해서 우리를 비난할 사람은 아무도 없다. 이 요구에 응해 우리를 믿어 준 사람들을 비난할 사람도 없다. 시간이 지나 나중이 되더라도 '그런 사람들을 믿다니, 어리석기 짝이 없는 개(혹은 어린아이와 소년)였군'이라고 욕할 사람도 없다.

이제 생각해 보자. 기독교의 전제를 받아들인다는 말은, 사실상 우리와 하나님과의 관계가 위 이야기들에 나온 개/어린아이/소년/물에 빠진 사람/초보 등산객과 우리 사이의 관계와 다를 바가 없다고 믿는 것이다. 물론 그보다 훨씬 더 큰 믿음이 요구되긴 하지만 말이다.[3]

C. S. 루이스는 언젠가 예외적으로 자신의 속마음을 드러내는 편지를 친구 존 칼라브리아(John Calabria) 신부에게 보낸 적이 있는데, 그 편지에서 루이스는 위에서 말한 원리를 자신에게 적용시킨다. 50대에 접어든 그는 자신의 글쓰기 역량이 떨어지고 있다고 느꼈다. 당시 그는 노쇠한 어머니와 친구의 어머니를 보살피는 데 많은 시간을 보내고 있었고, 집안에서는 다툼이 끊이지 않아 어수선했다. 그는 이렇게 쓰고 있다. "주여, 언제까지입니까?" 그는 칼라브리아 신부에게 자신의 심란한 마음을 표하며 기도를 부탁하고 혼란스러운 분위기 때문에 글쓰는 작업을 많이 할 수 없다고 고백했다. 그러고는 이렇게 덧붙였다. "내가 더 많은 책을 쓰는 것을 하나님이 기뻐하신다면, 그건 하나님을 찬양할 일이네. 그러나 내가 책 쓰는 것을 그분이 기뻐하지 않으신다 해도, 그것 역시

하나님을 찬양할 일일세. 내가 명성과 재주를 모두 잃어버리더라도 '허영'이라는 사악한 죄악에 빠져들지만 않는다면, 그것이야말로 나의 영혼을 위해 가장 유익한 일일 것이니 말이네."[4]

루이스의 이 편지는 화살처럼 내 마음에 날아와 깊이 박혔다. 나 역시 책을 써서 생활하고, 게다가 이 책을 쓰고 있는 지금 내 나이는 50대에 접어들었기 때문이다. 무엇보다 루이스가 어떤 의미로 신뢰와 순종의 문제를 생각하게 되었는지를 알 것 같았기 때문이다. 엄청난 희생과 손실처럼 보이는 것을 그는 잠재적인 축복으로 이해했다. 이유는 단 하나, 그가 하나님을 신뢰하고 있었기 때문이었다. 루이스는 자기 삶 속에 어떤 일이 일어나든, 설사 그것이 자신의 바람과 정반대되는 일이라 하더라도, 하나님이 그것을 자신에게 유리하고 유익한 일로 바꿔 주실 거라 믿었다.

니사의 그레고리우스는 성 바질(St. Basil)의 믿음을 '양손잡이'라고 표현한 적이 있다. 그 이유는 바질이 오른손으로는 기쁨을 받아들이고, 왼손으로는 고통을 받아들이면서, 이 두 손 모두가 자신을 향한 하나님의 계획을 이루기 위해 봉사하고 있다고 확신했기 때문이다. 18세기의 영적 지도자 장 피에르 드 코사드(Jean-Pierre de Caussade)도 바질과 같은 생각을 갖고 있었다. "살아 있는 믿음이란, 하나님을 가장하고 왜곡하고 망가뜨리고 결국 폐기하려고 하는 모든 것들을 뚫고 꿋꿋하게 하나님을 계속 찾는 것이다."[5] 드 코사드는 어떤 일이 생기든지 모든 역사는 궁극적으로 이 땅을 향한 하나님의 목적을 이루는 데 일조하고 있다고 믿으며, 매순간을 하나님의 계시로 받아들이려 했다. 그는 이렇게 충고했다. "하나님의 우주적 선하심을 전적으로 신뢰하며 지금 이 순간을 최고의 순간으로 받아들이고 사랑하십시오.…모든 것은 하나도 예외 없이 우리의 성화를 위한 도구이며 수단입니다.…우리에게 최선의 것을 가져다주는 것이 언제나 우리를 향한 하나님의 목적입니다."[6]

실천적 의미에서 늘 들어맞지는 않을 수 있겠으나, 내가 생각하는 '양손잡이' 믿음의 이론적 의미는 이와 같다. 나는 '예외 없이 모든 일'을 하나님이 행하시는 것으로 받아들이고 어떤 상황에서든 내가 무엇을 배울 수 있는지를 묻고, 나를 성숙시키심으로써 그 문제를 해결해 달라고 기도한다. 하지만 그 과정에서 보이신 하나님의 행동으로 하나님의 속성을 판단하려 하지는 않는다. 나는 눈에 보이지 않고 하나님만 아시는 현재와 미래의 일들을 결코 이해할 수 없는 유한한 시각을 지닌, 보잘것없는 피조물에 불과하다는 사실을 이미 배웠기 때문이다. 무신론자들은 이런 태도는 신의 책임을 면제해 주기만 할 뿐이라고 비판할지 모르겠지만, 그래도 겉으로 드러나는 증거가 아무리 부정적일지라도 하나님의 선하심을 끝까지 신뢰하는 것, 그것이 바로 믿음이다. 병사가 지휘관의 명령을 신뢰하는 것처럼, 혹은 아이가 자신을 사랑해 주는 부모를 신뢰하는 것처럼 말이다.

우울증으로 고생하는 한 친구가 내게 이런 편지를 보내 왔다. "어느 누구에게도 이 우울한 마음을 설명할 수가 없어. 아무 이유도 없이 이 감정은 평온했던 내 생활을 비집고 들어와. 그것은 세상을 바라보는 내 눈에 어두운 색을 칠해 버리고, 나는 그런 마음을 혼자서만 비밀스럽게 간직하고 그 누구와도 나눌 수 없게 돼. 우울감에 빠져들면 그 우울하다는 감정 외에는 세상 모든 것이 다 가짜같이 느껴져. 어둠이 내 삶을 뒤덮는 거지." 그녀는 유대인인 자신이 가족들 몰래 기독교로 개종하고부터는 우울증 증세가 눈에 띄게 줄었다고 했다. "사실 난 우울증의 반대편에 믿음이 있다고 생각해. 믿음도 모든 것에 색을 칠해 버리잖아. 이런 생각을 늘 다른 사람들에게 설명해 줄 수는 없지만, 믿음으로 인해 어두웠던 내 생활이 조금씩 밝아지고 있다는 사실만은 변함이 없어."

거꾸로 된 편집증, 우울증의 거울 이미지. 지금까지 나는 믿음의 이미지들을 돌아보았는데 이것은 '분석'보다는 예를 들어 설명하는 것이 적절하다. 폭군에 대항했던 다니엘의 세 친구들이 생각난다. 그들은 이렇게 말했다. "왕이여, 우리가 섬기는 하나님이 계시다면 우리를 맹렬히 타는 풀무불 가운데에서 능히 건져내시겠고 왕의 손에서도 건져내시리이다. **그렇게 하지 아니하실지라도** 왕이여, 우리가 왕의 신들을 섬기지도 아니하고 왕의 세우신 금 신상에게 절하지도 아니할 줄을 아옵소서"(단 3:17-18). 십자가에 달리신 예수님도 생각난다. 그분은 "나의 하나님, 나의 하나님, 어찌하여 나를 버리셨나이까"(마 27:46)라고 울부짖는 한편, "아버지, 내 영혼을 아버지 손에 부탁하나이다"(눅 23:46)라고 말씀하셨다. 다니엘의 친구들은 기적적인 구원을 경험했지만, 예수님은 그렇지 못하셨다. 그러나 이들은 모두 하나님을 끝까지 신뢰했다.

빌립보서에서 숭고한 태도를 보인 사도 바울도 생각난다. 그의 가치관은 보통 사람들과 180도 다른 것 같다. 그는 감옥에 갇히는 것도 좋게 여겼다. '고난'이 좋은 결과들을 가져다준다는 이유였다. 바울은 부요함과 가난함, 평안과 고통, 인정받음과 거부당함, 심지어 죽음과 삶 같은 문제까지도 심각하게 생각하지 않았다. "나는 비천에 처할 줄도 알고 풍부에 처할 줄도 알아 모든 일, 곧 배부름과 배고픔과 풍부와 궁핍에도 처할 줄 아는 일체의 비결을 배웠노라"(빌 4:12).

17세기의 시인이자 런던 세인트폴 대성당의 주임 사제였던 존 던도 있다. 사실 하나님과 고통에 대해 내가 믿는 것은 대부분 그로부터 배웠다. 내게 있어서 그는 '양손잡이' 신앙인의 표본이라 할 수 있다.

존 던은 슬픔에 익숙한 사람이었다. 런던에서 가장 큰 교회를 섬기는 동안 흑사병이 세 차례나 도시를 휩쓸고 지나갔고, 그중 세 번째로 병이 유행할 동안에만 약 4만 명이 목숨을 잃었다. 런던 사람들은 던에게 몰려와 그런 비극이 일어난 이유를 들으려 했다. 적어도 위로의 말이라도 듣기를 원했다. 하지만 존 던 역시 병에 걸려 자리에 눕게 되었다. 의사는 그가 다른 사람들처럼 전염병에 걸린 것이라고 진단했다(하지만 나중에는 발진 티푸스처럼 반점을 동반한 열병이었던 것으로 판명되었다). 6주 동안 죽음의 문턱에 누워 두려워 떨던 그는, 누군가 죽었다는 것을 알리는 교회의 종소리를 들을 때마다 자신이 다음 차례가 될 것 같다는 생각을 했다. ("누구를 위하여 종은 울리나 묻지 말지니/ 그것은 그대를 위해 울리는 소리다."[7]) 독서도, 공부도 할 수 없던 이 암울한 시간 동안 그는 글을 썼다. 그 결과, 고통에 대한 묵상이 담긴 「명상」(Devotions)이라는 책이 나왔다. 그의 표현에 따르면, 죽음의 문턱에서 자신의 악기를 조율하고 있었던 셈이다.

  존 던은 「명상」에서 하나님에게 책임을 묻는다. 그도 때로는 하나님을 조롱했고, 또 때로는 머리를 조아려 용서를 구했으며, 맹렬하게 대들기도 했다. 그러나 그러는 중에도 단 한 번도 하나님을 떠나지는 않았다. 그의 모든 생각과 문장 속에는 하나님이라는 존재가 그림자처럼 드리워져 있다.

  던은 끊임없이 '왜 하필 나입니까?'라는 질문을 던졌다. 칼뱅주의가 등장한 지 얼마 안 된 시기였기 때문에, 맨 처음 던은 전염병과 전쟁을 '하나님의 천사들'로 이해하려 했다. 하지만 얼마 지나지 않아 그 생각을 버렸다. "그건 하나님이 아니었습니다. 그런 비극을 일으킨 건 당신의 손이 아니었습니다. 맹렬한 칼날과 모든 것을 사르는 불길, 사막에서 몰아치는 광풍, 육체의 질병 그리고 욥을 괴롭혔던 그 모든 것은 사탄의 손에서 비롯된 일이었습니다. 당신이 아니었습니다."[8] 하지만 여전히 그는 확신할 수는 없었고, 그 '모른다'라는 사실이 그의 마음을 괴롭혔다. 던의 책은 '왜 하필 나입니까?'라는 질문에 답해 주는 책이 아니다. 우리 중 누구도 그 질문에 답할 수 없는 것처럼 말이다. 그 답은 인간의 이해력 너머에 있다.

「명상」은 지적인 회의의 문제는 해결해 주지 못했지만, 던이 경험한 감정적 해답은 기록해 두고 있다. 침대 위에 누워 응답 없는 기도만 반복하고, 죽음을 생각하면서 잘못한 일들만 곱씹을 때는 그도 위안을 찾을 수가 없었다. 괴로운 마음으로 그는 '두려움'이라는 말이 나오는 성경 구절을 모두 찾아보았다. 그러는 동안 그는 인생에는 언제나 두려움을 일으키는 상황들이 일어난다는 것을 알게 되었다. 질병이 없는 사람은 재정적인 어려움을 겪고, 가난의 문제가 없는 사람은 외로움을 느끼며, 외로움을 크게 느끼지 않는 사람은 실패를 경험한다. 이런 세상 속에서 던은 한 가지 분명한 결정을 내려야 한다는 것을 깨달았다. 하나님을 두려워할 것인가, 아니면 다른 모든 것들을 두려워할 것인가? 하나님을 신뢰할 것인가, 아니면 아무것도 신뢰하지 않을 것인가?

이렇게 하나님과 씨름하는 과정에서 질문의 내용이 바뀌어 갔다. 애초에 물었던 '누가 이 질병을 야기했는가? 그 이유는 무엇인가?'라는 질문에 대해서는 아무런 답을 찾을 수 없었다. 이후 그의 묵상은 서서히 '어떻게 반응할 것인가?'의 문제로 옮겨 갔다. 혹독한 시련을 거치는 모든 사람이 직면하는 결정적인 문제가 바로 이 질문이다. 이런 고통과 약함과 두려움을 안고서 하나님을 신뢰할 것인가? 아니면 분노하고 빈정대며 그분에게서 아예 얼굴을 돌려 버리고 말 것인가? 던은 자신의 질병이 하나님의 징벌인가, 아니면 자연적으로 발생한 것인가 하는 문제는 전혀 중요하지 않다는 결론을 내렸다. 그리고 어떤 경우든 하나님을 신뢰하기로 했다. 결국에는 신뢰가 하나님에 대한 두려움의 자리를 차지하게 될 것이기 때문이었다.

던은 이것을 의사에 대한 태도가 변해 가는 과정과 비교하며 설명했다. 처음에 던은 환자인 자신에게서 새로운 증상을 발견한 의사들이 병실 밖에서 나가 각자의 의견을 나누는 것을 들었을 때 큰 두려움을 느꼈다. 그러나 시간이 지나면서 의사들의 따뜻한 관심을 경험하자 그들을 신뢰해도 되겠다는 확신을 갖게 되었다. 치료하는 중에 의사들이 자신을 잠깐 아프게 하는 순간이 있을지라도 그는 그들을 신뢰했다. 하나님에 대해서도 마찬가지다. 비록 하나님의 방법이나 그 이면의 이유를 이해하지 못하는 순간이 많을지라도, 우리가 그에 앞서 근본적으로 확인해야 할 사항은 '그 하나님이 정말 신뢰할 만한 의사인가, 아닌가?'라는 질문이다. 던은 '그렇다'라고 답하기로 결정했다.

"내가 확신하노니 사망이나 생명이나 천사들이나 권세자들이나 현재 일이나 장래 일이나 능력이나 높음이나 깊음이나 다른 어떤 피조물이라도 우리를 우리 주 그리스도 예수 안에 있는 하나님의 사랑에서 끊을 수 없으리라"라는 바울의 고백이 담긴 로마서 8장을 보면서, 던은 자신이 두려워할 만한 대상들을 하나씩 점검해 나갔다. 적군들? 어떤 적이라도 물리치실 수 있는 하나님이 계시니 그들은 더 이상 위협이 되지 않았다. 기근? 하나님이 공급해 주실 것이었다. 죽음? 인간이 가장 두려워하는 죽음조차 하나님을 두려워하는 자를 영원히 방해할 수는 없었다. 던은 하나님을 더욱 두려워하는 것이 최선의 길이라는 결론을 내렸다. 하나님을 두려워하면 다른 어떤 것도 두려워할 필요가 없었기 때문이었다. 그는 이렇게 기도했다. "당신은 다시 돌이킬 필요가 없는 회개를 하게 하셨습니다. 그러하오니 주님, 이제 다시 두려워하지 않도록 당신을 두려워하는 마음을 주옵소서."[9]

믿음이 무엇이든, 그 믿음이 어떤 답을 주든지, 그 답이 누구에게 주어지든지, 그 답은 유한한 인간에게 주어지는 무한한 의미다. 그리고 믿음의 그 무한한 의미는 고통이나 빈곤이나 죽음 따위로는 결코 파괴되지 않을 것이다.[10]
_톨스토이

6. 믿음 안에 살다

> 과거와 미래를 사는 것은 어렵지 않다.
> 하지만 현재를 사는 것은 바늘에 실을 꿰는 것처럼 어렵다.[1]
> _워커 퍼시

    우리 교회의 빌 레슬리 목사는 가끔 자신이 야영장에서나 찾아볼 수 있는 오래된 수동식 물 펌프 같이 느껴진다는 말을 했다. 도움을 구하러 사람들이 찾아올 때마다 그는 몇 차례 온 힘을 다해 펌프질을 해야 했고, 레슬리 목사는 그때마다 자신이 조금씩 고갈되어 간다는 느낌을 받았다. 결국 그는 영적인 고갈 상태에 이르러, 더 이상 줄 것이 없는 상태에 이르렀다. 완전히 말라 건조된 것만 같았다.

 그러던 중 레슬리 목사는 일주일간 영성 수련회에 참석했고, 담당 영성 지도자인 수녀에게 자신의 영적 상황을 낱낱이 털어놓았다. 그는 수녀가 자신의 희생적이며 이타적인 모습을 칭찬하며 위로의 말을 건네고 휴식을 취하라고 권면할 것이라 기대했다. 하지만 예상은 완전히 빗나갔다. 그녀는 이렇게 말했던 것이다. "빌, 당신의 저수지가 말라 버렸다면 할 수 있는 건 한 가지 밖에 없군요. 더 깊이 파세요." 결국 레슬리 목사는 외적인 삶의 여정이나 사역에 의존한 신앙보다는, 영적인 깊이를 깊게 하기 위한 내면의 여정에 더 집중해야겠다는 확신을 가지고 집으로 돌아왔다.

로키 산맥 자락에 살고 있을 때의 일이었다. 지하수 개발업자들이 와서 우리 집에서 사용할 수 있는 지하수를 찾기 위해 땅을 2백 미터 정도 파 내려갔다. 그런데 처음에는 물이 조금씩만 흘러나오더니, '수압 파쇄법'이라는 기술을 활용해 엄청난 수압으로 물을 아래로 밀어넣어 화강암 층을 부수고 이를 자갈 층으로 보내자, 금방 새로운 물길이 생겼다. 내 눈에는 높은 수압 때문에 우물이 완전히 부서질 것만 같았지만, 사실은 그렇게 해야지만 새로운 수원이 생길 수 있었던 것이다. 나를 파괴할 것만 같은 극심한 압력이 있어야 새로운 힘의 근원을 찾아 나설 수 있다는 이 비유를 빌 레슬리 목사는 이해할 것이다. 사실 애초에 그가 영성 지도를 받으러 간 것도 이 때문이었다.

예레미야 선지자도 이와 유사하게, 메마른 사막에 뿌리내린 떨기나무의 비유를 들었다. 만물이 번성하는 우기에는 떨기나무가 잘 자라지만, 건기가 찾아오면 뿌리가 오그라들어 말라죽고 만다. 예레미야는 이것과 대조적으로 믿음으로 사는 사람을 다음과 같이 설명하고 있다.

그러나 무릇 여호와를 의지하며
여호와를 의뢰하는 그 사람은 복을 받을 것이라.
그는 물가에 심어진 나무가 그 뿌리를 강변에 뻗치고
더위가 올지라도 두려워하지 아니하며 그 잎이 청청하며
가무는 해에도 걱정이 없고
결실이 그치지 아니함 같으리라. (렘 17:7-8)

성경은 화창한 봄날 같은 삶만 있을 것이라는 장밋빛 약속을 하지 않았다. 오히려 성경은 불모의 계절을 대비시키는 믿음을 지속적으로 강조한다. 타는 듯한 여름이 지나면 혹독한 겨울이 뒤따라온다. 하지만 믿음의 뿌리가 땅 속 깊이 내려 생명수의 근원에 닿아만 있다면, 가뭄을 이겨내고 풍요의 시간이 올 때 다시 화려하게 꽃피울 수 있을 것이다.

※

스탠리 하우어워스(Stanley Hauerwas)는, 믿음의 삶은 인내와 소망으로 이루어져 있다고 말한다. 하나님과의 관계를 시험하는 일이 생길 때 우리가 의지하는 덕목 역시 이 두 가지다. 오랜 경험에 의해 형성된 인내와, 우리의 신실함은 고난을 감수할 만큼 가치 있는 것이라는 사실이 입증되리라는 소망이다. 하우어워스는 선하고 신실하신 하나님이 온 우주를 통치하신다는 믿음 때문에 유대인들과 그리스도인들이 언제나 이 두 가지 덕목을 강조해 왔다고 이야기한다. 그리고 인내와 소망이 있으면 의심이 찾아오는 순간에도 신앙을 지킬 수 있다고 말한다.

나는 하우어워스의 이 말을 '신앙 생활은 과거의 삶과 미래의 삶으로 구성된다'라는 말로 바꿔 보고 싶다. 나는 하나님이 이미 행하신 일들에 뿌리내려 그분이 앞으로도 또다시 그렇게 행하실 것이라는 확신을 얻기 위해 과거 속에서 살아간다. 보이지 않는 하나님과 관계를 맺을 때는 한 가지 불리한 조건을 감수하게 된다. 즉, 지금 현재 감각적으로 느낄 수 있는 증거가 없기 때문에 우리와 관계를 맺고 계신 하나님을 떠올리기 위해서는 끊임없이 과거를 되돌아보아야 한다는 것이다. 하나님이 자신을 '아브라함의 하나님, 이삭의 하나님, 야곱의 하나님'이라고 소개하신 것 역시, 택하신 백성들에게 자신과 함께한 과거의 역사를 상기시키고, 그 위대한 조상들 역시 '시험'과 '의심'의 시간을 견뎌야 했다는 사실을 일깨워 주기 위해서였다.

나 역시 아브라함과 이삭과 야곱의 삶에서 하나님이 상당히 헷갈리는 방식으로 역사하셨던 것을 보면서 믿음에 대한 교훈을 얻는다. 하나님은 아브라함에게 하늘의 별과 같이 많은 자손을 주겠다고 약속하셨지만, 그 후 그의 집안을 보면 마치 불임 가정 연구 사례를 접하는 것만 같다. 아브라함과 사라는 90살이 넘어서야 첫 아들을 보았고, 그의 아들('웃음'이라는 뜻이 담긴 이삭. 상황과 잘 어울리는 이름이다)도 불임 여성과 결혼했으며, 아브라함의 손자 야곱은 14년을 기다려 마침내 꿈에 그리던 여인과 결혼했으나 그녀 역시 불임이었다. 이처럼 하늘의 별과 같이 많은 민족이 되기까지 그들이 이토록 길고 험난한 과정을 겪어야 했다는 사실은 하나님이, 참을성 없는 인간들이 기대하는 것과는 전혀 다른 시간표 속에서 활동하신다는 것을 잘 보여 준다. 나는 아브라함과 이삭과 야곱 그리고 요셉과 모세, 다윗 같은 인물들을 보면서, 하나님은 내가 예상하거나 기대하지 못한 다른 길로 움직이신다는 것을 깨달았다. 하지만 앞에서 말한 구약 성경의 여러 인물들은 믿음 안에서 살다가 믿음 안에서 죽었으며, 그리고 끝까지 하나님이 약속을 신실하게 이행하셨다고 증언했다.

시편에도 다윗을 포함한 시편 기자들이, 처음에는 무기력하게 나타나시나 결국에는 승리하시는 하나님을 목격한 이야기가 반복해서 나온다. 처음에는 무모하게만 보였던 하나님에 대한 믿음도 결국에는 무엇보다 현명한 선택이었음이 드러난다. 이렇게 하나님의 구원의 역사를 미리 써둔 시편들을 보면 시편 기자들은 반복되는 상황 앞에서 하나님이 또다시 놀라운 방식으로 자신들의 인생에 간섭해 주실 것을 믿고 불안한 마음을 날려버렸음을 알 수 있다. 여러 시편들이 반증하듯 강렬하게 남아 있는 기억은 불안해하는 우리의 마음을 진정시켜 주는 역할을 한다.

신약 성경의 서신들도 똑같은 충고를 한다. '성경을 부지런히 연구하라. 성경은 믿음의 시험을 헤쳐 나가는 데 필수적인 지도다.' 성경 외에도 모든 교회의 역사는 하나님의 신실하심을 증언하고 있다. 아우구스티누스와 존 던, 도스토옙스키, 위르겐 몰트만, 토머스 머튼, C. S. 루이스 같은 인물들이 없었다면 내 신앙은 어떤 상황에 처해 있었을까? 지친 여행자가 길가 비석에 몸을 기대 쉬듯, 나는 이들이 남긴 말들에 자주 의지한다.

남극 탐험대 대장이었던 리처드 버드(Richard Byrd)는 남극에서 6개월간 체류하던 중 그곳의 철제 오두막에 앉아 이런 글을 남겼다. "나는 목마른 사람이 물을 구하듯 빛을 찾아 헤매고 있다." 남극의 겨울에는 4개월 동안 태양을 전혀 볼 수 없었다. "황혼이 질 무렵이 되면 장례식장 같은 음울한 빛이 하늘을 감싸는데, 마치 삶에서 죽음으로 넘어가는 시간 같았다. 죽음 직전에 있는 사람이 보는 세상이 바로 이런 느낌일 것이다." 태양이 다시 모습을 드러내기 3주 전, 버드는 다시 태양이 비칠 모습을 상상하며 이렇게 일기에 적었다. "태양이 어떤 모습으로 나타날지 상상해 보려 했으나, 내가 파악하기에는 너무 광대한 개념이었다."[2] 나중에 버드가 남극을 떠나 매일 태양 빛이 내리쬐는 지역에 살게 된 후 출판을 위해 이 일기를 다시 꺼내 읽었을 때, 그에게 이 글은 무척이나 생소하게 느껴졌을 것이다.

정기적으로 일기를 쓰지는 않지만, 나 역시 과거에 기록한 글들을 읽을 때마다 이와 비슷한 감정을 느낀다. 언젠가 25년 전에 썼던 글 하나를 꺼내 읽어 봤는데, 그 이후로는 거의 생각도 하지 않았던 문제에 대해 당시에는 굉장한 열정을 가졌었다는 사실을 알고 깜짝 놀라고 말았다. 그 속에는 엄청난 분노와 의심 그리고 전혀 제어되지 않은 냉소주의가 담겨 있었다! 오래 전에 사용했던 성경을 보니, 거기에도 본문 옆에다 한탄하는 듯한 외침을 써놓았다. 그 같은 힘난한 골짜기를 거쳐 지금까지 오게 해주신 하나님께 감사한 마음이 들었다. 모든 일이 순탄하게 풀릴 때 나는 과거, 절망의 구렁텅이에 빠져 있을 때 쓴 글을 보면서 마음을 다잡고, 마음이 우울해질 때면 과거에 썼던 생기 넘치는 믿음의 기록들을 읽으며 힘을 얻는다. 과거를 돌아보면서 지금 현재 내가 느끼고 믿는 바가 영원히 지속되지는 않을 것임을 상기하는 것이다. 이런 식으로 나는 엘니뇨나 다른 이상 기후에 전혀 영향을 받지 않을 정도로 땅속 깊이 믿음의 뿌리를 박아가고 있다.

하나님과 나의 관계를 기억하기 위해서는 의도적인 노력이 필요하다. 나는 하나님과 내가 보내 온 시간들과 성장 과정을 비디오에 담아서 볼 수 없다. 믿음 안에서 살아온 과정을 담은 사진첩도 없다. 그러니 반복되는 아픔과 치유의 과정을 의식적으로 되돌아보는 수밖에 없다.

사도 바울도 자신의 삶을 되돌아보며 이렇게 말했다. "미쁘다, 모든 사람이 받을 만한 이 말이여. 그리스도 예수께서 죄인을 구원하시려고 세상에 임하셨다 하였도다. 죄인 중에 내가 괴수니라. 그러나 내가 긍휼을 입은 까닭은 예수 그리스도께서 내게 먼저 일체 오래 참으심을 보이사 후에 주를 믿어 영생 얻는 자들에게 본이 되게 하려 하심이니라"(딤전 1:15-16). 바울이 '죄인 중에 괴수'라니, 이 표현에 동의하기 힘든 사람들이 많을 것이다. 하지만 바울은 계속해서 예수님을 만나기 전의 자기 모습을 충분히 묘사함으로써 주장을 한층 공고하게 만든 다음, 앞으로 다가올 미래로 눈을 돌리며 말한다. "영원하신 왕, 곧 썩지 아니하고 보이지 아니하고 홀로 하나이신 하나님께 존귀와 영광이 영원무궁하도록 있어지이다. 아멘"(딤전 1:17).

우리 집 근처에 있는 개울은 겨울만 되면 꽁꽁 얼어붙는다. 하지만 몸을 굽혀 얼음에 귀를 대보면, 그 밑으로 흐르는 물소리가 들려온다. 감춰져 있지만 분명 물소리다. 개울은 결코 멈추는 법이 없다. 차디찬 겨울의 얼음 밑에 곧 다시 다가올 여름의 증거가 놓여 있다.

신앙 생활은 인내와 소망 그리고 과거와 미래로 이루어져 있다. 마틴 마티는 시편의 절반 정도가 '겨울'같이 추운 느낌을 담고 있지만, 마지막 149편과 150편은 결국 '희망'을 이야기한다고 설명했다.

금세기 최고의 신학자인 위르겐 몰트만은 「하나님 체험」(Experiences of God, 대한기독교서회)이라는 책에서 자신이 어떤 여정을 거쳐 희망을 향해 나아갈 수 있었는지 설명한다. 십대 때 제2차 세계대전에 징집된 그는 독일 전선에 투입되었다가 영국군의 포로가 되었다. 포로가 된 그는 3년 동안 벨기에, 스코틀랜드, 영국 등지의 포로 수용소를 옮겨 다녔다. 그 후 히틀러 제국은 제3제국(1933-1945년 사이, 히틀러 치하의 독일—역주) 핵심부의 도덕적 부패상을 적나라하게 드러내며 붕괴했고, 이때 몰트만은 주위를 둘러보며 독일인들이 어떻게 "내적으로 붕괴되었는지 그리고 어떻게 모든 희망을 내버렸는지"를 관찰했다. 그들은 "희망이 없다고 생각하고 절망했다. 심지어 목숨을 끊는 사람도 있었다. 나 역시 그들과 다르지 않았다. 하지만 나를 그런 상태에서 건져 준 것은, 새로운 생명으로의 재탄생이었다.…"[3]

크리스마스 같은 절기를 기념한 것 외에 몰트만은 기독교적인 배경이 전혀 없는 사람이었다. 그는 전쟁터에 나갈 때 단 두 권의 책만 가지고 갔다. 괴테의 시집과 니체의 책이었다. 그것도 히틀러가 병사들에게 나눠 준 것이었다. 아무리 좋게 말한다 해도, 이 두 권의 책을 희망을 심어 주는 책이라 볼 수는 없었다. 하지만 한 군목이 그에게 시편과 함께 묶인 신약 성경을 주었다.

"스올에 내 자리를 펼지라도 거기 계시니이다"(시 139:8). 포로의 신분이었던 몰트만은 성경을 읽어 나갔다. '신이 그렇게 어두운 밤에 나와 함께 거하실 수 있다고?' "내가 잠잠하여 선한 말도 하지 아니하니 나의 근심이 더 심하도다.…나는 주와 함께 있는 나그네이며 나의 모든 조상들처럼 떠도나이다"(시 39:2-12). 이렇게 그는 성경을 읽어 나가며 자신의 황폐한 마음을 완전히 사로잡는 구절들을 발견했다. 그는 하나님이 "아무리 철조망 뒤라 해도, 아니 다른 어떤 곳도 아닌 바로 철조망 뒤에 존재하신다"라는 것을 확신하게 되었다.

계속해서 성경을 읽어 나가던 몰트만은 시편 속에서 한 가지 새로운 것을 발견했다. 그것은 바로 희망이었다. 그는 밤마다 철조망 경계를 따라 걷는 운동을 하면서 예배당으로 사용하던 막사가 위치한 수용소 한복판의 작은 언덕 주위를 맴돌곤 했다. 그 막사는 몰트만에게 있어 하나님이 고통의 한가운데서 빛을 밝히시며 임재하신다는 상징이었고, 그 상징에서부터 희망이 자라났다.

석방된 후 몰트만은 양자물리학을 공부하려 했던 애초의 계획을 포기하고 신학으로 방향을 틀어 '희망의 신학'이라는 운동을 전개해 나갔다. 그는 이 땅의 인간들이 십자가와 부활 간의 모순이 혼재하는 상태에서 살아가고 있다고 결론 내렸다. 즉, 지금은 비록 부패한 세상에서 살고 있으나, 우리는 여전히 완전함과 우주의 회복을 희망한다는 것이다. 그 희망이 성취될 것임을 암시하는 역사적 증거는 단 하나, 곧 죽음을 이기신 그리스도가 보이신 '예광'(foreglow) 밖에 없다. 하지만 우리가 그 영광스러운 미래를 믿는 믿음을 지켜 나간다면, 그 믿음은 우리의 현재까지도 변화시킬 수 있다. 수용소에서 풀려날 것을 믿었던 몰트만이 그 희망으로 인해 그 안에서도 변화된 일상을 경험할 수 있었던 것처럼 말이다.

미래에 대한 믿음이 현재의 우리 삶까지 변화시킬 수 있는 것은, 적어도 우리가 신에 대한 판단을 유보할 수 있기 때문이다. 미래에 대한 믿음이 없는 사람은 신이 이 땅 위의 고통과 혼란을 야기했다는 식의 논리적 가정을 세운다. 그렇게 해서 하나님이 전적으로 선하고 전능하다는 것을 부인한다. 반면, 미래에 대한 믿음이 있는 사람은 하나님이 죄악으로 가득찬 현재 세상의 모습에 만족하지 않으시며, 언젠가 이 땅을 원래의 상태로 회복시킬 계획을 세우고 계시다고 믿는다. 몰트만이 언젠가 수용소를 벗어나 자유롭게 살게 될 거라고 믿은 것처럼, 나 역시 앞으로 언젠가는 하나님이 완전한 정의로 세상을 통치하실 것을 믿는다.

"불신에서 벗어나라. 우리 하나님이 약속하셨으니 그분은 정의로우시다."[4] 조지 허버트의 말이다. 나는 매일 이 문장을 떠올려야 한다. 미래에 대한 믿음으로, 나는 신음하는 이 땅 위의 명백한 모순들에도 불구하고 '아직 검증되지 않은' 그 정의를 신뢰할 수 있다.

넬슨 만델라는 그의 자서전 「자유를 향한 머나먼 길」(*A Long Walk to Freedom*, 두레)에서 처음으로 손녀를 보았을 때의 상황을 회상한다. 당시 만델라는 로벤이라는 섬에서 도저히 견디기 힘든 중노동에 시달리고 있었다. 눈을 멀게 할 것 같은 강렬한 태양빛을 받으며 채석장에서 석회석을 절단하는 것이 그에게 맡겨진 임무였다. "절망하지 않도록 유일하게 죄수들을 지켜 준 것은, 일을 하는 동안 함께 노래를 부르는 것"이었다고 그는 기록했다. 그들은 그 노래들을 부를 때마다 자칫하면 잊어버리고 말 가족과 고향과 부족과 바깥 세계를 떠올렸다.

만델라는 수감 생활을 시작한 지 14년이 지나서야 딸과 면회를 할 수 있었다. (만델라의 경우 당국은 딸만이 아니라 대부분의 사람들과의 면회를 금하고 있었다.) 면회실로 들어온 딸은 아버지에게 곧바로 달려가 그를 껴안았다. 어렸을 때 헤어진 이후 이제는 완전히 성숙한 여인이 되어버린 딸과 나누는 포옹은 만델라에게 가슴 저미는 일인 동시에 아찔한 일이었다. 그런데 뒤이어 딸은 태어난 지 얼마 안 된 아기, 즉 만델라의 손녀를 투박하고 거친 그의 손에 안겨 주었다. "오랜 세월 동안 삽과 곡괭이밖에 만져 보지 못한 거친 손으로 그렇게 부드럽고 연한 피부를 가진 갓난아기를 안았을 때 나는 이루 말할 수 없는 기쁨을 느꼈다. 아마 이 세상 어느 누구도 그 순간의 나만큼 행복한 마음으로 아기를 안아 보지는 못했을 것이다."[5]

만델라가 속한 부족에는 새로 태어나는 아이의 이름을 할아버지가 지어 주는 관습이 있었다. 그는 그 작고 무력한 아이를 안고 여러 가지 이름을 생각해 본 후, '희망'을 뜻하는 '자지웨'(Zaziwe)로 이름을 정했다. "그건 내게 특별한 의미가 있는 이름이었다. 왜냐하면 수감 생활을 하는 동안, 나는 단 한 번도 희망을 버린 적이 없기 때문이다. 지금까지도 마찬가지다. 나는 그 아이가 인종 차별 정책을 옛날 옛적의 아득한 기억 속으로 던져버린 상태의 남아프리카 공화국의 일원이 될 것이라 확신했다. 그것이 나의 꿈이었다."

하지만 결국 만델라는 자유를 얻기까지 그 후로도 13년의 세월을 더 기다려야 했다. 그러나 희망, 즉 자지웨가 언제나 그를 지탱해 주었다. 자유의 몸이 될 것 같은 징후가 거의 없는 상황 속에서도 그는 남아프리카 공화국의 인종 차별 정책이 언젠가는 없어질 거라는 믿음을 잃지 않았다. 자신의 생전이든, 손녀 세대에든 언젠가는 전혀 새로운 정의가 실현되는 시대가 도래할 것이라는 믿음을 잃지 않았던 것이다. 미래에 대한 믿음이 그의 현재를 결정했다.

희망이 이루어지는 것을 살아서 목격한 만델라와는 달리, 이 땅에서 희망이 실현되는 것을 보지 못할 사람이라 할지라도 미래에 대한 믿음만 있으면 그는 부활에 대한 희망을 붙잡을 수 있다. 달라스 윌라드(Dallas Willard)는 혹시라도 사후 세계가 존재하지 않는 것으로 판명되어 아이들이 실망하게 될까 봐 아예 내세의 삶에 대해 이야기하지 않는 한 여성의 이야기를 하면서, 사후 세계가 없다면 실망이라는 감정을 느낄 의식조차 없을 거라고 지적했다. 하지만 만약 사후 세계가 있다면 어떻게 하겠는가? 준비해 두는 것이 좋지 않을까?

시카고에 살 때 교회 성도 중에 사브리나라는 여성이 있었는데, 우리는 그녀의 건강이 점점 악화되는 것을 보아야 했다. 원래 젊고 날씬하고 아름답고 맵시 있던 사브리나는 모든 남성들의 시선을 사로잡았고, 여성들에게는 선망의 대상이었다. 하지만 수술조차 불가능한 뇌종양에 걸린 후로는 상황이 완전히 달라졌다. 교회에서 매달 한 번씩 아픈 사람들을 위해 기도해 줄 때마다 사브리나는 남편과 함께 앞으로 나왔다. 그러다가 얼마 후에는 항암 치료 때문에 머리카락이 빠진 것을 감추기 위해 화려한 스카프를 둘렀고, 또 얼마 후에는 다리를 절기 시작해 계단을 내려갈 때도 다른 사람의 부축을 받아야 했다. 그 다음에는 완전히 팔다리를 쓸 수 없게 되어 휠체어를 타고 예배에 참석했으며, 나중에는 시력까지 잃어 침대에만 누워 있었다. 결국 말까지 할 수 없게 된 그녀는 남편의 질문에 눈을 깜박거려 대답하는 상황에 이르렀다.

사브리나를 잘 알던 우리는 그녀를 위해 하나님께 울부짖었다. 목회자들은 그녀의 머리에 성유를 발라 주었다. 우리는 기적이 일어나기를 바랐고 또 간절히 기도했다. 그러나 기도가 응답되지 않자 우리는 무력감과 분노를 느꼈고, 끝내는 그 질병의 종착지인 죽음을 지켜볼 수밖에 없었다.

우리 교회에서 치러진 사브리나의 장례식에 참석한 사람들 가운데 절반은 교인들이었고 절반은 직장 동료들이었다. 그녀의 직장 동료들은 장례식이 진행되는 동안 마치 외국어로 된 글을 보는 것처럼 찬송가와 안내지에 적힌 예식 순서를 뚫어지게 쳐다보았다. 하지만 장례식에 참석한 사람들은 어떤 종교적 배경을 가졌든지 모두가 사브리나에게 일어난 일에 대해 슬픔과 격분의 감정을 느꼈다. 그러나 그녀의 남편과 목회자들 그리고 교구 식구들은 다른 참석자들이 이해하지 못할 한 가지 감정을 더 공유하고 있었다. 그것은 사브리나의 생명이 완전히 끝난 것이 아니며, 언젠가는 그녀를 다시 만나게 될 거라는 희망이었다.

"주여,…우리가 누구에게로 가오리이까"(요 6:68). 시몬 베드로는 혼란스러운 상황 속에서 이렇게 대답했다. 나는 장례식에 참석할 때마다 이 말을 떠올리며 깊이 공감한다. 우리가 알고 있는 이 세상 너머에 다른 미래가 있다는 부활 신앙이 없다면, 죽음은 큰 소리로 자신의 거짓 승리를 선언할 것이다. 부활의 '예광'은 현재 이 세상의 모든 그림자를 몰아내 주지는 않으나, 이 그림자를 새로운 희망의 빛으로 뒤덮는다.

꽃

자신의 소설에 도덕적인 교훈을 거리낌 없이 덧붙였던 톨스토이는 「세 가지 질문」(Three Questions, 달리)이라는 단편을 다음과 같은 문장으로 끝맺는다. "그러니 기억하라. 그 어느 때보다 중요한 순간이 있으니, 바로 지금이 그때다! 우리에게 조금의 힘이라도 있는 때는 지금 이 순간밖에 없다."[6]

과거에 하나님이 보이신 신실하심을 기록해 두고 이를 더 나은 미래의 희망과 연결시켜야 하는 것은 단 하나의 목적, 즉 제대로 된 '현재'의 삶을 준비하기 위함이다. 톨스토이의 말대로 우리가 통제할 수 있는 것은 지금 이 순간밖에 없다. 과거는 바꿀 수 없고, 미래는 예측할 수 없다. 내 앞을 살다간 사람들의 뒤를 따라 살아갈 따름이다. 신실한 그리스도인들은 "뜻이 하늘에서 이룬 것같이 땅에서도 이루어지이다"라고 기도한 후, 바로 지금 이 땅에서 사랑, 정의, 화평, 자비, 용서라는 하나님의 뜻을 이루기 위해 노력한다.

나는 또 글을 쓰는 과정에도 '현재'가 만만치 않게 중요하다는 것을 알게 되었다. 이전에 썼던 책이나 글에 얽매여 실패에 집착하거나 성공에 도취해 있다면, 혹은 미래에만 집중해 원고 마감일을 걱정하고 마음속에 들어 있는 내용을 단번에 책으로 옮기려 한다면, 현재의 나는 아무것도 못한 채 마비된 상태에 머무르게 될 것이다. 내가 해야 할 일이란 그저 바로 지금 내 앞에 놓인 단어와 문장에 집중하는 것이다.

회복 치료 모임에 다니는 내 친구들은 '한 번에 하루씩'(One day at a time)이라는 생활 신조를 갖고 살아간다. AA(Alcoholics Anonymous: 미국 알코올 중독 방지회—역주)의 역사를 기록한 한 역사가는 자신의 책 제목을 「하나님이 아니다」

(Not-God)로 정했다. 자신들이 하나님이 아니라는 사실을 영혼 깊숙이 새기는 일이 알코올 중독에 빠진 사람들이 해결해야 할 가장 중대한 숙제였기 때문이었다. 자신이 무력한 존재라는 것을 인정하고 전능자의 손 안으로 돌아가지 않는 이상, 알코올 중독의 뿌리가 되는 문제는 아무리 탁월한 조작법이나 통제 방법을 사용한다 해도 완전히 해결되지 않는다. AA의 설립자는 "무엇보다 먼저 우리는 스스로 하나님 노릇하기를 그만둬야 한다"라고 말했다.[7] 그 다음에 우리가 할 일은 믿음으로 하나님이 우리 삶 속에서 '하나님 노릇'을 하실 수 있도록 해 드리는 것이다. 하나님께 자리를 내 드리는 그 일은 매일, 매순간 이뤄져야 한다.

지나온 영적 순례 과정을 되돌아볼 때마다 결국에는 하나님이 정말 가까이 계신 것같이 느껴졌던 그 순간들을 그리워하게 된다. 나는 믿음이란 내가 터득하고 적응해야 할 기술이 아니라는 것을 알게 되었다. 믿음은 하나님의 선물로 우리에게 주어지는 것이다. 때문에 우리는 매일의 양식을 위해 기도하는 것처럼 매일매일 믿음을 달라고 기도해야 한다. 교통 사고로 몸이 마비된 한 친구는 이 원리를 신앙의 전환점으로 삼았다. 그녀는 평생을 전신 마비 상태로 살게 된다는 사실을 마주할 자신이 없었다. 그래서 한 번에 하루씩 하나님의 도우심에 기대어 그 사실에 직면했다. 마치 우리가 필연적으로 두려움을 일으키게 될 어려움을 하루에 한 번씩 만나게 될 것이라고 말하는 듯, 성경은 "두려워 말라"는 명령을 365번이나 되풀이해 말한다. 이는 성경에서 가장 많이 반복되는 명령이기도 하다.

사도 요한은 이렇게 말한다. "사랑 안에 두려움이 없고 온전한 사랑이 두려움을 내쫓나니"(요일 4:18). 그는 계속해서 완전한 사랑의 원천이 무엇인지 알려 준다. "우리가 사랑함은 그가 먼저 우리를 사랑하셨음이라"(요일 4:19). 우리는 이 말을, 두려움에 대한 해결책은 상황을 변화시키는 것이 아니라, 하나님의 사랑 안에 깊이 뿌리를 내리는 것이라는 말로 바꿔볼 수 있을 것이다. 나는 하나님께 당신의 사랑을 직접, 혹은 사람들과의 관계를 통해 보여 달라고 기도한다. 하나님은 그런 기도를 기쁘게 받으실 것이다. 그리고 나는 현재의 실패로 낙담할 때마다 '언젠가 완전한 모습으로 변화될 것이며 이미 용서받은' 나의 진정한 신분을 상기시켜 달라고 간구한다. "더 깊이 파세요." 탈진한 레슬리 목사에게 수녀가 말했다. 지하수면과 맞닿아 있는 우물은 결코 마르지 않는다.

토머스 머튼은 현대 도시 생활의 모든 요소들이 우리의 모든 것을 하나님께 내어 드리는 일을 방해하고 있다는 사실을 인정했다. 우리는 돈에 대해 걱정하고, 소유해야 할 것과 알아야 할 것에 대해 걱정하며, 경쟁 상대에 대해 걱정하고, 그 밖의 우리의 통제 범위를 벗어난 일들에 대해 걱정한다. 머튼은 이러한 동요 상태를 '노이로제'라고 표현했고, 결국 이를 피해 수도원으로 들어가 마침내 침묵과 명상이 가능한 공간을 찾았다. 그의 자서전을 보면 그가 군대에 입대하는 대신 수도원에 들어가기로 결정한 날의 이야기가 자세히 기록되어 있다. 그는 둘 중 어떤 길이라도 그것이 하나님이 원하시는 길이라면 행복을 찾게 될 것이라고 믿었다. "우리의 유일한 행복은 하나님을 기쁘시게 해 드리는 것이다. 그리고 우리의 유일한 슬픔은 하나님을 기쁘시게 해 드리지 못하는 것이다."[8]

머튼은 진정한 자유에 이르는 비밀을 발견했다. 오직 하나님만을 기쁘시게 해 드리기 위해 살아간다면, 우리를 압박해 오는 근심과 걱정에서 벗어나 자유로워질 수 있다는 것이 바로 그 비밀이었다. 우리에게 일어나는 근심의 원인을 추적해 보면 대부분 다른 사람들에 대한 걱정에서 비롯되었음을 알게 된다. 우리는 늘 내가 그들의 기대를 만족시킬 수 있을까, 혹은 그들이 내게 호감을 가져 줄 것인가를 걱정하고 있다. 이런 우리가 하나님만을 위해 살아가려면 급진적인 방향 선회가 필요하다. 하나님을 기쁘시게 해야 한다는 최우선의 목표로부터 한눈팔게 만드는 유혹들을 과감히 물리치고 돌아서야 하는 것이다. 신앙 생활이란, 하나님이 나를 기쁘게 해주시는 삶이 아니라 내가 하나님을 기쁘시게 해 드리는 삶이다.

내가 아는 의사 중에 사고로 절단된 손가락을 다시 붙이는 수술을 전문으로 하는 친구가 있다. 수술실에 들어갈 때마다 그는 여섯 시간에서 여덟 시간 동안 계속해서 현미경을 응시하면서 사람 머리카락보다 가느다란 신경망과 힘줄과 혈관을 나누고 연결하는 일을 해야 했다. 조금이라도 실수하면 환자의 손가락은 영원히 움직이지 못하거나 감각을 잃게 되었다. 그러니 수술하는 동안에는 잠깐 커피를 마시거나 화장실에 가는 일도 할 수 없었다. 그러던 어느 날 그는 새벽 3시에 응급 수술이 필요하다는 전화를 받았다. 하지만 그렇게 고된 수술을 시작할 엄두가 나지 않았던 그는 스스로에게 동기를 부여하고 수술에 집중하기 위해, 그 수술을 얼마 전에 돌아가신 아버지에게 바치기로 했다. 수술이 진행되는 몇 시간 동안 그는 아버지가 바로 옆에 서서 자신의 어깨 위에 손을 올리고 격려해 주고 있다고 상상하며 일했다.

이 방법은 아주 효과적이었고, 이후 그는 수술을 집도할 때마다 그 수술을 자신이 아는 누군가에게 바쳤다. 그는 그 당사자들에게 전화를 해서(가끔은 자고 있는 사람을 깨우기도 했다) 이렇게 말했다. "지금 아주 어려운 수술을 하려고 해. 이 수술을 너에게 바치고 싶어. 수술을 하는 동안 네 생각을 한다면 많은 도움이 될 거야." 그러던 중 문득 이런 생각이 떠올랐다. '수술을 이렇게 하는 것처럼 나의 삶도 하나님께 바쳐야 하는 것이 아닐까?' 이 깨달음 후에도 그는 전화를 받고, 직원을 고용하고, 의학 잡지를 읽고, 환자들을 만나며, 수술 일정을 잡는 등 큰 변화 없이 매일의 사소한 일들을 처리했지만, 하나님을 위해 살아야겠다는 인식은 아주 서서히 일상적인 일들에까지 영향을 미치기 시작했다. 조금씩 그는 간호사들을 더 배려하고 존중하게 되었으며, 환자들과 더 많은 시간을 보내는 한편, 재정 문제에 대한 걱정은 덜 하게 되었다.

※

빈곤과 죽음 그리고 그 밖의 고질적인 문제들이 쌓여 있는 도시인 인도의 캘커타를 방문한 적이 있다. 그곳에서는 테레사 수녀에게 훈련받은 수녀들이 캘커타 거리에서 죽기 직전에 실려 온, 세상에서 가장 가난하고 가장 비참한 사람들을 돌보고 있었다. 세상 사람들 모두가 이 수녀들의 헌신과 봉사가 일구어 낸 결과들을 바라보며 경외심을 표하지만, 내게 더 인상적이었던 것은 그들이 보인 평온함이었다. 내가 만일 그런 힘든 구제 사업을 했다면, 허둥지둥하면서 후원자들에게 보도 자료를 팩스로 보내고, 좀더 도와달라고 애걸하며, 안정제를 들이키고, 점점 커져가는 절박함에서 벗어날 방도를 찾으려고 안간힘을 썼을 것이다. 하지만 그곳의 수녀들은 그렇지 않았다.

그들의 평온함을 이해하려면 하루 일과가 시작되기 전 시간까지 거슬러 올라가야 할 것이다. 동이 트기도 한참 전인 새벽 4시, 수녀들은 종소리와 함께 '주님을 찬양합시다'라는 외침을 들으며 일어난다. 이에 수녀들은 '하나님께 감사를'이라는 말로 응답한다. 새하얀 사리(인도 여성의 민족 의상—역주)를 입고 예배당에 모인 그들은 인도식으로 바닥에 앉아 함께 기도하고 찬양한다. 소박한 예배당 벽에는 '내가 목마르다'라고 적힌 십자가가 걸려 있다. 그날의 첫 '고객'을 맞이할 때까지 그들은 이렇게 예배와 하나님에 대한 사랑 속에 깊이 침잠한다.

나는 '죽어가는 사람들과 극빈자들의 집'(Home for the Dying and Destitute)을 운영하는 캘커타 수녀들이 당황하는 것을 한 번도 보지 못했다. 그들은 오로지 상대에 대한 관심과 연민만을 보일 뿐, 미처 다 하지 못한 일에 대해 집착하는 법이 없었다. 사실 이 사역을 시작할 무렵, 테레사 수녀는 그곳에서 일하는 수녀들이 매주 목요일에는 기도와 휴식을 위해 쉬어야 한다는 규칙을 정하면서 이렇게 설명했다고 한다. "해야 할 일은 언제까지나 이곳에 남아 있겠지만, 만약 우리가 쉬지 않고 기도하지 않으면 그 일을 할 우리는 영영 사라지고 말 것입니다."[9] 그곳의 수녀들은 여타 복지 단체들처럼 담당 건수 일지의 빈 칸을 채워 넣으려고 일하는 것이 아니었다. 그들은 하나님을 위해 일하고 있었다. 그들은 하나님과 함께 하루를 시작하고, 예배당에 모여 밤 기도를 함으로써 하루를 마감했다. 그리고 그 사이에 존재하는 모든 것을 하나님께 제물로 바쳤다. 그들에게 있어 자신들의 가치를 결정하고 인생의 성공 여부를 측정할 수 있는 분은 하나님밖에 없었다.

로욜라의 성 이그나티우스(St. Ignatius)는 자신의 모든 힘과 재능을 쏟아 부어 만들었던 '예수회'를 교황 바울 4세가 해체시키려 한다면 어떻게 하겠느냐는 질문을 받고 이렇게 답했다. "나는 15분 동안 기도할 겁니다. 그 다음에는 더 이상 그 일에 대해 생각하지 않을 것입니다."[10]

나는 도저히 이그나티우스와 캘커타 수녀들의 위엄 있는 태도를 따라할 수 없다. 나는 그들을 존경한다. 아니, 경외한다. 그리고 언젠가 나도 그들이 보인 거룩한 단순함에 이르기를 기도한다. 하지만 지금 당장 내가 할 수 있는 최대한의 일은 매일(그것도 들쭉날쭉하겠지만) 나의 삶을 하나님께 '집중'시켜 나가는 것밖에 없다. 나는 나의 모든 것을 아시고 내게 선한 것을 채워 주기를 원하시는 하나님의 진정한 실체와 내 생활이 하나로 통합되기를 소원한다. 또한 내 생활 가운데서 영원의 관점에서 벗어난 모든 것들을 정확히 파악하고, 내 자아의 횡포를 이기고 나를 그 너머로 이끌어 올리실 수 있는 하나님께 나 자신을 내맡기기를 원한다. 나는 앞으로도 죄악이나 혼란에서 결코 벗어나지 못할 것이나, 그럼에도 불구하고 그 죄악과 혼란에 휩쓸려 들어오는 불안과 근심에서 벗어나 자유롭게 되기를 기도한다.

아침에 내게 은혜를 베풀어 오직 하나님만을 위해 살아갈 수 있게 해 달라고 기도했다가도 내 자존심을 자극하는 전화가 걸려온다거나 화가 난 독자가 보낸 편지를 뜯어볼 때, 나는 또다시 다른 사람들이나 주변 환경이 내 가치와 평온함을 좌우하는 자의식 속으로 미끄러져 들어간다. 그래도 나는 변화에 대한 필요를 감지하고 계속해서 앞으로 나아간다. 그런 느낌이야말로 내게도 변화의 가능성이 있다는 것을 증명해 주는 가장 든든한 근거이기 때문이다.

파스칼이 급히 써 내려간, 정체가 불분명한 메모 중에 이런 구절이 있다. "은혜의 움직임, 마음의 완악함, 외적인 환경."[11] 이 세 가지 요소가 우리의 삶을 에워싸고 있다. 가족 간의 다툼, 직장에서의 스트레스, 재정적 염려, 지구 문제에 대한 걱정 같은 외적인 환경이 우리를 죄어 온다. 이런 환경 속에서 하나님의 선물인 은혜의 움직임은 우리로 하여금 보다 깊은 실체에 근거를 둘 수 있도록 도와준다. 그렇다면 마음의 완악함이란 무엇일까? 이것은 세 가지 요소 가운데 유일하게 우리가 통제할 수 있는 것이다. 이때 내가 할 수 있는 일은 존 던의 표현대로 하나님이 '나의 마음을 두드려 주시고,'[12] 나아가 그 마음을 하나님의 사랑으로 녹여 달라고 매일 기도하는 것뿐이다.

결국 변화란 우리의 '의지'가 아니라 '은혜'를 통해서만 일어난다. 우리는 다만 하나님께 그 은혜를 간구하고, 또 간구하는 수밖에 없다.

매일의 삶 속에서 사탄이 못 보고 지나치는 순간이 한 번씩은 있다.[13]
_윌리엄 블레이크

7. 일상에서의 믿음 연습

> 미지의 세계에 도달하려면
> 미지의 길을 통과해야 한다.1
> _T. S. 엘리어트

진리를 널리 알리기 위해서라도, 믿음을 단순히 이론적으로 이해하는 차원을 넘어 그것이 실생활에서 어떻게 효력을 발휘하는지 살펴봐야 한다는 의무감이 든다. 나의 신앙 생활 중에도 아무도 내게 미리 대비하라고 알려 주지 않은 놀라운 사건들이 무수히 일어났다. 삶의 여정 속에 함정과 어두운 터널, 예기치 못한 우회로 같은 것이 없다면, 우리는 믿음을 필요로 하지 않을 것이다.

수도사들 중에는 내면에서 영적인 능력이 흘러나와 외부의 모든 활동에까지 직접적으로 영향을 미치는 통합적인 삶을 사는 이들이 있다. 하지만 말했다시피 그들은 대부분 정해진 기도 시간과 예배 시간을 준수하는 영적 공동체를 이루어 살고 있다. 그 안에는 경건 생활에 방해가 되는 휴대 전화나 텔레비전도 없다. 하지만 하고 또 해도 여전히 해야 할 일이 산더미 같고, 애당초 침묵과 휴식이란 것을 저 멀리 떠내려 보낸 문화 속에서 살고 있는 우리는 어떻게 해야 할까?

의도적으로 하나님께 마음을 집중하면서 아침을 시작할 때 나는 그 고요한 순간의 평온과 평화가 남은 하루의 삶에까지 확장되어 영향을 끼치기를 소망해 본다. 안 그랬으면 정신없이 흘러갔을 하루 중 **단** 30분이라도 고요한 묵상의 시간으로 보내면, 그것이 충분히 가치 있는 노력이었음을 알게 된다. 나도 한때는 하나님과 가정, 직장, 친구들과의 관계 등 삶에서 중요한 모든 것이 질서정연하게 정돈되어 있어야 한다고 생각했었다. 마치 컴퓨터의 구동 프로그램이 제대로 작동하지 않는 것처럼, 다양한 삶의 영역 가운데 한 가지 영역이라도 제대로 기능하지 못하면 삶의 모든 체계가 무너지고 말 것이라 생각했던 것이다. 하지만 그 후 나는 삶의 영역이 완전한 실패로 치닫는 순간에도, 아니 그런 순간이라면 더더욱 내가 하나님을 추구하고 그분의 은혜에 더욱 의지하게 된다는 사실을 알게 되었다.

공개적으로 나의 신앙에 대한 글을 쓰고 강연을 하면서 나는 나 자신이 하찮게 느껴지거나 위선적으로 느껴지는 순간에도 하나님이 사용하시는 '질그릇'이 될 수 있다는 사실을 받아들이는 연습을 할 수 있었다. 나는 내가 신뢰할 수 있고 생생하다고 느끼면서 작성했던 내용의 강연이나 설교만을 한다. 전달하는 동안 마음속에서 앞서 말한 회의가 반복되거나 친구로부터 받은 상처를 다독이는 때도 있지만 말이다. 또한 나는 스스로 진실이라고 믿는 것만을 글로 쓴다. 다른 사람들에게 권면한 그 내용을 나 자신도 온전히 행하지 못하고 있다는 사실을 고통스럽게 통감하면서 말이다.

현재적인 믿음을 실천한다는 말은, 눈에 보이는 내 삶의 이면이 어수선하기 짝이 없어도, 그럼에도 불구하고 하나님이 내 앞에 놓인 문제들을 처리해 주실 것을 신뢰한다는 뜻이다. 우리가 회복 운동(recovery movement)에서 배워 알고 있는 것처럼, 처절한 무기력은 우리를 하나님께로 이끈다.* 중독에 빠진 사람들의 나약함은 위장된 선물일 수 있다. 우리 같은 사람들은 그저 자신의 욕망을 부정하고자 하는 헛된 노력을 기울일 뿐이지만, 그들은 그 나약함으로 인해 매일 은혜를 구하지 않을 수 없을 테니 말이다. 자신이 알코올 중독 환자임을 공개적으로 밝히며 글을 썼던 앤 라모트(Anne Lamott)는 자신이 가장 잘하는 두 가지 기도가 있다고 말했다. "감사합니다, 감사합니다, 감사합니다." "도와주세요, 도와주세요, 도와주세요."[3]

영국 올니(Olney)의 한 작은 마을에 위치한 윌리엄 쿠퍼(William Cowper)의 생가를 방문한 일이 있다. 쿠퍼는 교회에서 가장 인기 있는 찬송가 "오 하나님께 더 가까이"(O for a Closer Walk with God)나 "주 하나님 크신 능력"(God Moves in a Mysterious Way His Wonders to Perform), "샘물과 같은 보혈은"(There Is a Fountain Fill'd with Blood) 등의 가사를 썼고, 개종한 노예 상인이자 "나 같은 죄인 살리신"(Amazing Grace)의 가사를 쓴 존 뉴턴(John Newton)과 한때 같은 집에서 살기도 했던 인물이다. 하지만 쿠퍼가 살았던 곳에 가서 살펴보니 실제로는 그가 그리 놀라운 은혜를 누리면서 살지는 못했겠다는 생각이 들었다. 스스로 용서받지 못할 죄악을 범했다는 두려움으로 괴로워하고, 부정한 행동을 저질렀다는 소문에 끊임없이 시달렸던 그는 신경 쇠약으로 고생하면서 여러 차례 자살을 시도했으며, 자해를 하지 않도록 정신 병원에 입원해 구속복을 입고 지냈다. 그리고 말년에는 완전히 교회를 멀리 했다.

처음 주님을 찾았을 때 느꼈던 그 행복.

지금은 어디 있나?

---

* AA의 설립자 중 한 명인 빌 윌슨의 감사 편지를 받은 정신의학자 칼 융은 답장을 써 보내며, 우리가 알코올 중독을 '영적인' 문제로 여기는 것은 우연의 결과가 아니라고 말했다.[2] 융은, 알코올 중독자들은 다른 사람들보다 더 영적인 문제에 갈증을 느끼는 사람들이며, 다만 그 열망이 완전히 잘못된 방향으로 나간 것일 뿐이라고 주장했다.

내 영혼 씻으시는 이슬 같던 예수님과 그 말씀.
지금은 어디 있나?
그 얼마나 평화로운 시간이었던가!
이 얼마나 감미로운 기억인가!
하지만 지금은 가슴 아린 공허감만이….
세상은 결코 메우지 못하리.
돌아오소서, 거룩한 성령이여!
돌아오소서, 평화의 사자여!
나는 싫네. 주님 슬프게 한 그 죄.
나는 싫네. 당신 내 가슴에서 몰아낸 그 죄.

이상주의자였던 젊은 시절, 나는 쿠퍼가 실천에 옮기지도 못할 말들을 무책임하게 써내려간 전형적인 기독교 위선자라고 생각하여 그를 비난했었다. 하지만 이제 와서 이 시인이 남긴 위대한 글들을 다시 읽어보니, 그의 찬송은 슬픔과 고통으로 얼룩진 삶 속에서만 피어나는 영롱한 표지였다는 것을 알 것 같다. "구원의 사랑만이 나의 주제/ 나 죽는 그 날까지." 쿠퍼의 글이다. 다른 사람들이 부를 노랫말들을 쓸 때 그는 진심으로 이 생각을 마음에 품고 있었을 것이다. 자신은 그 사랑을 많이 느끼지 못했다 할지라도, 그는 자신의 찬송가 가사 속에 영원토록 기억될 구원의 사랑이라는 증거를 남겨 놓았다.

쿠퍼 같은 예술가들이 무언가를 창작하는 것은 미래의 영광을 얻기 위해서가 아니다. 그보다는 고통과 찬사의 마음을 놓치지 않고 그것에 몰두하여 자신이 느낀 감정을 제대로 표현하기 위해서다. 이런 예술가들을 따르는 우리는 마땅히 그들에게 영광을 돌려야 한다. 그들의 번민을 통해 우리의 영혼을 울리는, 변치 않는 진리가 흘러나오기 때문이다. 하나님의 은혜는 우리 속에서도 그와 똑같은 변화를 만들어 낼 수 있다. 내 현재의 실패를, 당신의 형상으로 빚어가는 도구로 활용하심으로써 말이다. 쿠퍼는 이것을 어떻게 표현했는지 살펴보자.

> 때로 성도가 노래할 때
> 갑작스런 섬광 비쳐오네.
> 치료하는 날개를 펴고
> 일어나는 여호와로다.
> 이 땅의 위로가 사라지는 순간
> 다시금 내 영혼 소생시키시는 주님.
> 비 온 뒤 비치는
> 햇빛 더욱 눈부시다.

예수님이 말씀하셨다. "내 교훈은 내 것이 아니요, 나를 보내신 이의 것이니라. 사람이 하나님의 뜻을 행하려 하면 이 교훈이 하나님께로부터 왔는지 내가 스스로 말함인지 알리라"(요 7:16-17). 순서를 잘 살펴보기 바란다. 먼저 하나님의 뜻을 행하겠다고 결심해야 한다. 그 후에 확신이 뒤따른다. 예수님은 각 사람이 떠나는 믿음의 순례가 불확실성과 미약한 신뢰에서 시작된다고 말씀하신 것이다.

행동 치료 학교를 운영하는 몇몇 심리학자들은 참가자들에게 어떤 특정한 상황이 '마치 진짜인 것처럼 행동'하라고 유도하는데, 참가자들은 아무리 말이 안 되는 상황이라도 그것이 진짜인 것처럼 행동해야 한다. 이 학자들은 행동의 변화를 이끌어 내기 위해서는 과거를 깊이 파고들어가거나 동기와 행동을 연결시키는 방법보다는, 그가 원하는 변화가 반드시 '일어날 것처럼 행동'하는 것이 좋다고 말한다.* 행동을 감정으로 연결시키는 것이, 감정을 행동으로 연결시키는 것보다 훨씬 더 쉽다.

결혼 생활을 잘 유지하고 싶지만 내가 정말 부인을 사랑하는지 확신할 수 없다면, 부인을 사랑하는 것처럼 행동해 보라. 그녀를 놀라게 하고, 애정을 표현하고, 선물을 주고, 배려하는 모습을 보이라. 그런 행동을 하는 순간, 사랑의 감정이 구체화되어 나타나는 것이 느껴질 것이다. 아버지를 용서하고 싶지만 그렇게 못하겠다면, 마치 그를 용서한 것처럼 행동하라. '당신을 용서합니다.' '사랑해요.' 완전히 납득하지 못하겠더라도 일단 소리 내어 말해 보라. 한 사람의 행동이 변화함으로써 상대방까지 놀랍도록 변하는 일이 적지 않게 일어난다.

하나님과의 관계도 마찬가지다. 하나님을 기쁘게 해 드리려는 본능적인 열망에 사로잡혀 그분에게 완전히 순종하고 싶다. 그런데 그렇게 할 수 없다. 신앙 생활이란, 때로는 마치 그 모든 것이 **사실인 것처럼 행하는** 행동으로 이루어진다고 나는 생각한다. 하나님이 나를 무한히 사랑하시며, 선이 악을 정복할 것이고, 결국에는 그 모든 역경을 극복하게 될 거라고 가정하는 것이다. 비록 완전히 확신할 수 없고, 신령한 기운이 내려와 나를 자극하는 일이 없을지라도 말이다. 하나님이 사랑 많은 아버지인 것처럼 여기고, 그들이 정말 하나님의 형상을 지니고 있는 것처럼 이웃들을 대한다. 그리고 하나님이 먼저 나를 용서하신 것처럼 내게 잘못을 저지른 사람을 용서한다.

하나님과 관계를 맺는 것은 사람과 관계를 맺는 것과 근본적인 차이가 있기 때문에 나는 이런 방법에 의존하지 않을 수 없다. 먼저 식료품점에 갔다가 몇 달 동안 못 만났던 이웃을 우연히 만나게 된 경우를 생각해 보자. '주디는 얼마

---

* 시인 마크 밴 도렌은 학생들에게 「돈키호테」를 가르치며 이런 말을 했다. "이 책에서 얻을 수 있는 한 가지 교훈은, '기사가 되려면 기사처럼 행동하라'는 것이다."4 나중에 그는 토머스 머튼에게도 이렇게 말했다. "성인이 되려면 성인처럼 행동해야 합니다."

전에 이혼을 했지.' 나는 속으로 생각하며, 최근에 그녀의 소식을 들은 일이 없다는 사실을 떠올린다. 그녀의 모습을 보니 이것저것 묻게 된다. 그녀의 근황을 묻고, 아이들의 상태를 확인한다. 교회에 가자고 권하기도 한다. 나중에 집에 돌아가서는 식료품점에서의 일을 기억해 내며 아내에게 이렇게 말한다. '우리가 주디와 아이들을 만나봐야겠어…'

하지만 하나님과의 관계에서는 순서가 정반대다. 우리는 하나님을 결코 '우연히' 만날 수 없다. **내가 나서서 찾지 않는 이상**, 하나님을 생각나게 하는 가시적인 단서를 우연히 발견하는 경우는 거의 없다. 하나님을 찾아나서는 행동, 그 같은 추구가 있어야만 우리는 하나님을 만날 수 있다. 그렇기 때문에 기독교는 언제나 신뢰와 순종이 먼저이며, 그 뒤에 지식이 따른다고 주장해 왔다.*

이런 차이점 때문에 나는 내 감정이 어떻든 영성 훈련을 인내하며 계속하고 있다. 목표는 하나다. 모든 영성 훈련의 목표이기도 한 이 목표는, '하나님을 아는 것'이다. 그리고 이 하나님과의 관계를 추구하는 과정에서 우리는 인간의 언어가 아닌 하나님의 언어를 사용해야 한다. 유명한 영적 지도자 페넬론(Fénelon)은 고난의 시기에 관해 학생들에게 이렇게 조언했다. "기도하기는 점점 더 어려워지고, 하나님의 임재의 증거는 점점 더 흐려지고 평안한 마음도 줄어들 것이다. 또한 외형상의 의무들은 점점 더 이행하기가 힘들어지고 받아들이기도 어려워질 것이다. 그러나 그 훈련들을 지속하는 데 따르는 신실함은 점점 더 커질 것이다. 하나님에게는 그것만으로도 충분하다." 순종이 먼저다. 그 다음에 예수님이 가르치신 가르침의 근거를 찾아야 한다.

---

* 쉘던 베너컨은 「잔인한 자비」(복있는사람)에서 그 과정을 다음과 같이 묘사했다. "믿기로 선택하는 것이 믿음이다. 내가 할 수 있는 일은 '선택하는 것', 이것밖에 없다. 나는 내가 의심하지 않는다고 단언하지 않는다. 다만 내가 믿기로 선택하였으니, 이 의심을 극복할 수 있도록 도와달라고 간구할 뿐이다. 그리고 이렇게 말할 뿐이다. '주여, 내가 믿나이다. 나의 믿음 없는 것을 도와주소서.'"5

구약 시대의 선지자들은 하나님을 알기 위한 전제 조건을 직설적으로 표현했다. "사람아, 주께서 선한 것이 무엇임을 네게 보이셨나니 여호와께서 네게 구하시는 것은 오직 정의를 행하며, 인자를 사랑하며, 겸손하게 네 하나님과 함께 행하는 것이 아니냐"(미 6:8). 마찬가지로 신약 성경의 서신서들도 하나님을 사랑한다는 것은 하나님이 보시기에 사랑스럽게 행동하는 것을 의미한다고 말하며, 이를 통해서만 하나님과의 관계가 자라나며 영혼이 성숙해진다는 것을 반복적으로 지적하고 있다. 하나님을 모르겠다면, 그분의 뜻을 행하라. 하나님의 뜻을 **행함으로써** 그분을 알게 된다. 자연스럽게 느껴지든 그렇지 않든, 하나님과 함께 시간을 보내고, 그분이 관심을 갖는 사람들을 보살피며, 그분의 명령을 따르라. 그럴 때 우리는 하나님과 적극적인 관계를 맺게 된다.

"하나님이 쓰시는 도구가 되지 않고서, 우리가 어떻게 스스로 있는 하나님을 알아갈 수 있겠습니까?"[6] 토머스 머튼의 말이다. 하나님은 거룩하신 분, 우리와 전혀 다른 존재다. 하나님과 공통된 바탕 위에 서 있지 않으면 그분을 결코 알 수 없다. 헝가리 말을 전혀 못하는 상태로 헝가리인과 친구가 되는 편이 더 쉬울 것이다. 머튼은 이렇게 덧붙인다.

얼마만큼 겸손한 순종과 사랑으로 하나님께 완전하게 자신을 드리는가에 비례해서 우리는 하나님에 대한 깨달음을 얻게 된다. 보고 나서 행하는 것이 아니라, 행하고 난 후에 보게 된다.…믿기 전에 하나님을 또렷이 보려고 기다리는 자들이 믿음의 여정을 결코 시작할 수 없는 이유가 바로 여기에 있다.

그런데 의심으로 괴로워하면서 어떻게 확신 없는 순종을 할 수 있을까? 나는, 믿음은 완전한 지식 없이 행하는 순종을 요구한다고 결론 내렸다. 욥과 아브라함처럼 나는 수많은 것들이 나의 유한한 인식의 한계 너머에 있음을 인정하고, 그 모든 가치와 생사를 전적으로 하나님의 자비하심에 의존하고 있는 피조물로서의 나의 위치를 겸손하게 받아들이며 하나님을 신뢰하기로 선택했다.

※

욥과 아브라함이 견뎌낸 것에 비하면 우리가 당하는 시련은 하찮은 것이라 말할 수 있겠지만, 어쨌든 이것도 시련이다. 하나님의 존재가 희미하게 느껴지거나, 평범하기 그지없는 일상을 보면서 하나님에 대한 우리의 반응이 정말 중요한 것인지 의심하게 되는 순간에도 우리의 믿음은 시험대에 오른다. '일개 인간인 내가 무엇을 할 수 있단 말인가? 나의 이 작은 노력으로 대체 뭐가 달라진다는 말이지?'

제2차 세계대전 생존자들을 인터뷰한 공영 방송 시리즈를 본 적이 있는데, 화면 속의 노병들은 각자가 전쟁 중에 하루를 어떻게 보냈는지 회상하고 있었다. 한 사람은 하루 종일 참호 속에 앉아서 한두 차례 지나갔던 독일군 탱크를 향해 총을 쏘았다고 했다. 하지만 그 밖의 다른 사람들은 카드놀이로 시간을 허비했다고 했다. 맹렬한 포격전에 가담한 군인은 소수였고, 다른 대부분의 전선 보병들은 여느 날과 다를 것 없이 그 하루를 보냈던 것이다. 나중에 알고 보니, 그날은 제2차 세계대전의 향방을 결정한 결전인 발지 전투(제2차 세계대전 시 독일군의 마지막 대반격—역주)가 벌어진 날이었다. 당시에는 그들 중 누구도 그 싸움이 그토록 중대한 의미가 있는 전투가 될 거라고 **느끼지** 못했다. 다른 곳에서 무슨 일이 일어나고 있는지를 알고서 보다 큰 그림을 그릴 수 있는 사람이 없었기 때문이다.

위대한 승리는 평범한 사람들이 각자가 맡은 직무를 충실히 수행할 때 성취된다. 그리고 신실한 사람은 자신의 기분이, 상관의 명령에 복종하거나 지루한 작업에 참여하기에 적당한 상태인지를 날마다 계산해 보지 않는다. 우리는 바로 지금 내 앞에 놓인 것에 반응하는 것으로 믿음을 연습해 나가야 한다. 우리가 통제할 수 있는 것은 지금 이 순간의 행동밖에 없기 때문이다. 나는 가끔 복음서 기자들이 예수님의 공생애 이전의 삶을 좀더 자세히 기록해 두었으면 좋지 않았을까 하는 생각을 해 본다. 예수님은 성인기 대부분을 한 마을의 평범한 목수로 지내셨기 때문이다. 예수님도 그처럼 반복적이기만 한 일로 시간을 보내는 것이 아깝다는 생각을 하셨을까?

예수회 설립자 이그나티우스는 자신을 따르는 사람들 거의 모두가 공허한 시기를 지나고 있다는 것을 눈치 챘다. 그들의 신앙은 흔들리고 있었고, 스스로의 가치에 대해 회의하면서 자신들이 아무 쓸모없는 존재라고 생각했다. 이그나티우스는 몇 가지 시험을 통해 영적 절망의 원인을 찾아내 그들을 돕고자 했다. 그리고 그 원인이 무엇이든지 간에 똑같은 하나의 처방을 내려주었다. "황량함이 느껴지는 시기에는 우리는 결코 어떠한 변화도 시도하지 말아야 합니다. 그저 굳건히 서서 우리가 슬픔을 당하기 전에, 또는 평안했던 시절에 했던 다짐과 결단을 굳게 붙잡으십시오."7 그러면서 그 같은 비탄의 시기에 벌어지는 영적 전쟁에서 가장 강력한 힘을 발할 수 있는 무기인 기도와 묵상, 자기 성찰, 회개로써 싸움에 임할 것을 권했다. 순종, 오로지 순종만이 출구를 보여 준다.

기독교 가정에서 태어나 믿음직한 부모에게서 기독교 신앙을 비롯한 다양한 올바른 가치를 배우며 성장한 사람도 언젠가는 시험을 받게 될 것이다. 그때가 되면 아무리 종교적 경험이 많고 하나님이 가까이 계신다는 느낌을 받은 적이 있는 사람이라도, 아무 예고도 없이 그 감각들을 한꺼번에 잃고 만다. 지금까지 경험한 모든 것이 의심스럽기만 하고, 믿음을 뒷받침해 줄 감정은 온데간데없이 사라져 버리고, 지금까지 착각 속에서 살아온 것이 아닌가 하는 생각마저 든다. 그런 상황에서는 믿음을 굳게 잡는 것이 어리석은 일로만 느껴질 것이다. 하지만 이그나티우스가 충고한 것처럼, 그 순간이야말로 "굳건히 서야' 할 때다. 어둠 한가운데서도 우리가 믿음에 매달려 있다면 바로 그 믿음이 우리를 그 어둠 속에서 빠져나올 수 있게 해줄 것이다.

나는 내가 수용하고 싶은 정도보다 더 자주 의심으로 인해 괴로워한다. 나는 성경 속의 그 명백한 모순들에 대해 더 알고 싶다. 그 속에 나오는 고통과 불의에 대해서도 알고 싶고, 그리스도인의 삶이라는 이상과 현실 사이의 엄청난 간극에 대해서도 알고 싶다. 하지만 그런 의문이 들 때에도 나는 묵묵히 터벅터벅 길을 걸으며 그동안 몸에 익은 믿음의 습관을 의지하여 확신을 달라고 기도하고, 그것이 진리'인 것처럼 행동'한다. 아무리 그래도 의심은 다시 찾아오겠지만 말이다.

피아니스트이기도 한 나는 내 연주 능력이 어디에서 비롯되는지 안다. 그것은 바로 끊임없는 연습이다. 스케일과 아르페지오 연습은 재미가 없기 때문에, 그 연습은 건너뛰고 곧바로 멜로디 부분으로 넘어가는 경우가 많다. 하지만 그렇게 하면 전체 작품의 연주가 즐거움이 아니라 노동이 되어버린다. 그러니 내가 스케일을 연습하는 것은 스케일 자체를 위해서가 아니라 매일의 일상에서 기울인 노력 위에 세워지는 전체 작품을 연주하기 위해서다.

※

앤드류 그릴리(Andrew Greeley)의 말처럼, "자기 삶에서 불확실성과 긴장, 혼란, 무질서를 없애고 싶어 하는 사람이라면, 그는 여호와 하나님이나 나사렛 예수와 어울려 지내봐야 아무 소용이 없다."[8] 나도 어렸을 때는 하나님과 관계를 맺으면 질서와 확실성, 차분한 합리성을 얻게 될 것이라 기대했으나, 알고 보니 신앙을 갖고 산다는 것은 굉장히 역동적인 긴장 속에서 살아야 함을 의미했다.

교회사에 존재했던 기독교 지도자들은 모든 것을 정확히 이해하고자 하여 모든 행동과 교리를 OX 퀴즈 같은 절대적인 기준 안에 짜맞춰 놓았다. 하지만 놀랍게도 성경 안에서는 그런 경향을 전혀 찾아볼 수 없다. 오히려 성경은 모든 관계, 특히 완전하신 하나님과 오류에 빠지기 쉬운 인간 간의 관계를 '신비'와 '불확실'이라는 말로 설명하고 있다.

G. K. 체스터턴(Chesterton) 신학의 실질적인 기초가 잘 드러난 중요한 글에서 그는 이렇게 말하고 있다. "기독교는 두 적대 세력을 공존하게 함으로써, 즉 이들이 서로를 향하여 맹렬하게 분노하게 만듦으로써 맹렬하게 대립하는 그 두 적대 세력을 결합시키는 어려운 과제를 해결했다."⁹ 대부분의 이단들은 한쪽 편을 완전히 희생시키고 다른 한편을 절대적으로 신봉할 때 생겨난다.

역설을 불편하게 생각하는 교회는 어느 한쪽으로 편향되는 경향을 보이며, 그 경향은 보통 비참한 결과로 이어졌다. 신앙의 중심이며 완전한 하나님이자 완전한 인간이셨던 예수님의 정체를 밝히려 애썼던 초기 기독교 신학자들의 글을 읽어 보라. 하나님의 주권에 담긴 광대한 의미를 발견한 후, 자신들을 따르는 자들이 무기력한 운명론에 빠지지 않도록 노력한 종교 개혁가들의 글도 읽어 보라. 현대 신학자들의 글도 마찬가지다. 그들은, 지적 수준이나 성격이나 문체가 전혀 다른 무수한 저자들이 썼으나 일관되게 하나님의 말씀을 드러내는 '성경'이라는 기록 계시의 복잡한 의미를 논의한다.

먼저 된 자가 나중 되고, 목숨을 잃음으로써 생명을 얻게 되며, 사랑이 없으면 아무것도 아니다. 우리 안에서 일하시는 이는 하나님이시니 우리는 다만 두려움과 떨림으로 구원을 이루어야 하며, 하나님 나라는 이미 임했으나 아직 완전히 임하지는 않았고, 어린아이 같아야 천국에 들어갈 수 있다. 섬기는 자가 가장 큰 자이며, 다른 사람이 나를 어떻게 생각하는지가 아니라 내가 그들을 어떻게 생각하는지에 따라 자존감의 크기를 재야 하고, 가장 낮아지는 자가 가장 높아진다. 죄가 더한 곳에 은혜가 더욱 넘치고, 오직 믿음으로만 구원받으나 동시에 행함이 없는 믿음은 죽은 믿음이다. 신약 성경에 나온 이 모든 심오한 인생 원리들 중 손쉽게 일관된 논리로 정리할 수 있는 내용은 없다. "진리는 가운데 있지도 않고, 어느 한쪽의 극단에도 있지 않다. 진리는 양극단 위에 있다." 영국의 찰스 시므온(Charles Simeon) 목사의 말이다. 조금 망설이긴 했으나, 나는 결국 그의 말에 공감하지 않을 수 없었다.

인간의 기본적인 조건을 생각해 보라. 우리는 이 땅의 모든 인간들이 하나님의 형상을 닮았다고 믿는다. 그러나 동시에 각 사람의 내면에는 짐승이 도사리고 있다. 양극단(체스터턴의 표현에 따르면 '맹렬한 두 적대 세력')을 이야기하지 않는 종교나 정치 체계는 크게 실패하고 말 것이다. 한 유대 랍비는 이렇게 말했다. "인간은 누구나 주머니에 돌 두 개를 넣고 다녀야 한다. 한 돌 위에는 '나는 티끌과 재에 불과하다'라고 새기고, 다른 하나에는 '나를 위해 세상이 창조되었다'라고 새겨놓으라. 그리고 필요할 때마다 하나씩 꺼내 사용하라."[10]

각 사람의 내면에 내재된 역동적인 긴장은 우리의 일상적인 생활을 통해 드러나고, 이는 각자의 마음 깊은 곳에 무엇이 들어 있는지를 보여 준다. 나는 "뉴욕타임스" 베스트셀러 목록에 역사상 최장 기간 동안 올라가 있던 스콧 펙(Scott Peck)의 저서, 『아직도 가야할 길』(The Road Less Traveled, 율리시즈)이 그 같은 성공을 거둘 수 있었던 것은, 첫 문장 "삶은 고해다"[11] 때문이었다고 생각한다. 스콧 펙은 이 책을 통해 베스트셀러 목록에 이름을 올리던 기타 일반 실용서와 문제 해결 도서, 특히 기독교 베스트셀러들의 논조에 신중한 항의를 표했다.

그 어떤 책도 중증 지체아를 낳은 여성의 고통을 제거해 줄 수 없다. 아무리 좋은 프로그램이라 해도 빈곤과 불평등의 문제를 없애 주지 못한다. 부유한 교외에 사는 아이들이 학교에서 친구들을 향해 총을 쏜다. 결혼 생활의 문제 또한 도저히 해결될 기미가 보이지 않는다. 그리고 무엇보다 죽음이라는 덫이 우리를 기다린다. 이처럼 복잡한 문제들에 대해 설명해 주지 못하는 종교는 오래 지속될 수 없다. 한마디로 말해, 인간이 된다는 것은 건강에 좋지 않다. 천사들과 달리 인간은 암에 걸리고, 직업을 잃고, 배고픔도 느낀다. 우리에게 필요한 신앙은 환희의 순간에 이 같은 인생의 현실을 알려 주고, 고통 한가운데에서도 기쁨을 되찾을 수 있는 가능성을 제시해 주는 신앙이다.

나도 한때는 기독교가 모든 문제를 해결해 주고 인생을 더 편하게 만들어 줄 거라 믿었다. 그러나 시간이 흐르고 보니 이 믿음 때문에 내 삶이 더 복잡해지고 있었다. 그리고 이렇게 복잡해지는 것은 당연하고도 자연스러운 일이었다. 나는 그리스도인으로서 환경에 대해, 집 없는 이들과 빈곤에 대해, 인종 차별과 종교적 박해에 대해, 불평등과 폭력에 대해 관심을 갖지 **않을** 수 없다. 이 문제들에 관심을 갖는 것은 그리스도인인 우리가 선택할 수 있는 사안이 아니라, 필수적으로 해야 할 일이다.

퀘이커 철학자 엘튼 트루블러드(Elton Trueblood)도 이에 동의하며 말한다. "복음은 번번이 사람들의 짐을 덜어 주기보다는 오히려 더 많은 짐을 얹어 준다." 그는, 성공한 퀘이커 상인으로 안락한 생활을 하다가 노예를 거느리는 자신을 하나님이 정죄하신다는 것을 깨달았던 존 울만(John Woolman)의 이야기를 예로 들었다. 이러한 깨달음을 얻은 이후 존 울만은 번창하던 사업을 접고, 개인 재산으로 노예들을 자유롭게 풀어 주었다. 뿐만 아니라 노예들의 노동력으로 생산된 염료를 쓰지 않으려고 염색하지 않은 옷을 입었고, 운송 수단을 이용할 수 없었던 당시의 노예들과 함께 걸어다녔으며, 설탕, 럼주, 당밀 등 노예들의 노동을 착취해 만든 모든 상품을 이용하지 않았다. 이 '조용한 혁명가'의 영향으로, 1787년에 이르러서는 미국의 퀘이커 교도들 중 노예를 소유한 사람은 단 한 명도 없게 되었다. 트루블러드가 쓴 글을 보자.

우리는 종종 기독교가 문제를 해결해 줄 것이라고 말한다. 어떤 면에서 이 말은 진실이다. 하지만 그렇게 되기까지, 문제는 점점 더 심각해지기만 한다. 강력한 종교 신앙을 받아들이면 지적인 의문은 오히려 더 많아진다.…역설에서 비롯되는 불안을 피하려는 사람에게 줄 수 있는 최고의 조언은, 기독교 신앙을 떠나라는 말이다.¹²

복음서의 핵심에는 '멍에'의 역설이 자리 잡고 있다. 예수님은 우리에게 평안을 주신다. "수고하고 무거운 짐진 자들아, 다 내게로 오라. 내가 너희를 쉬게 하리라"(마 11:28). 하지만 그 평안은 새로운 멍에, 즉 예수님의 멍에를 멜 때에만 얻을 수 있다. "나는 마음이 온유하고 겸손하니 나의 멍에를 메고 내게 배우라. 그리하면 너희 마음이 쉼을 얻으리니 이는 내 멍에는 쉽고 내 짐은 가벼움이라"(마 11:29-30).

즉, 예수님이 주신 평안은 새로운 혼란을 내포한 평안이며, 새로운 직무가 포함된 휴식이다. 신약 성경이 우리에게 약속한 "모든 지각에 뛰어난 하나님의 평강"(빌 4:7)은 전쟁 중에 느끼는 평안함이고, 두려움 가운데 임하는 침착함이며, 의심 중에 품는 확신이다. 낯선 땅을 나그네로 살아가는 비밀 왕국의 시민인 우리가 어찌 다른 종류의 평안을 기대하겠는가? 그리스도인이 이 세상에서 불안해하고 만족을 누리지 못하고 있다는 것은 영적으로 건강하다는 증거다. 성경은 이 같은 긴장을 자세히 살펴보는 것을 '마음에 지키어 생각한다'(ponder)라는 말로 표현했다. 이성적으로는 도저히 해결할 수 없는 일을 만난 예수님의 어머니 마리아는 그 문제를 없애려고 노력하는 대신, 자기 영혼 속에 그 문제를 담은 후 '마음에 지키어 생각'하면서 그 긴장감을 그대로 짊어졌다.

강력한 칼뱅주의의 뿌리 위에 서서 평생 성경을 가르쳐 온 나의 장인은 말년에 신앙의 갈등을 겪어야 했다. 그는 퇴행성 신경 질환 때문에 침대에 꼼짝없이 누워, 평소에 했던 모든 즐거운 활동을 그만둬야 했고, 서른아홉 살인 딸은 심한 당뇨병과 싸우고 있었다. 재정적인 압박도 점점 커져갔다. 이처럼 심각한 위기 속에서 장인은 크리스마스 편지를 써 친지들에게 보냈다. 그는 예전에 확신에 넘쳐 가르쳤던 많은 내용들에 대해 불안을 느끼고 있었다. 확실히 믿을 수 있는 것이 과연 무엇일까? 마침내 그는 세 가지 결론을 내렸다. "삶은 고해다. 하나님은 자비로우시다. 천국은 분명히 있다." 그는 적어도 이 세 가지는 확신할 수 있었다. 바로 그 다음 주, 딸이 당뇨 합병증으로 세상을 떠났을 때 그는 그 어느 때보다 더 격렬하게 이 진리들을 붙잡았다.

※

바울은 사랑에 관한 위대한 본문인 고린도전서 13장의 끝부분에서 믿음, 소망, 사랑이라는 그리스도인의 세 가지 덕목을 언급한다. 하지만 이 세 가지 요소에는 모두 역설이 내포되어 있다.

사랑이란 대부분의 사람들이 돌보기를 꺼려하는 이들을 보살피는 것을 뜻한다. 바울의 표현에 따르면, 사랑은 오래 참고, 시기하지 않으며, 자기의 유익을 구하지 아니하며, 성내지 아니하며, 악한 것을 생각하지 않는다. 그리고 모든 것을 참으며, 모든 것을 믿으며, 모든 것을 바라며, 모든 것을 견딘다. 전혀 다른 질서 속에서 움직이는 다른 행성에서나 통용될 것 같은 내용들이다. 불의와 비열함과 복수가 난무하는 우리 행성에는 어울리지 않아 보인다. 인간은 천성적으로 계속해서 잘못을 저지르고 이를 바로잡으면서 끊임없이 권리를 주장하지만, 사랑은 그렇지 않다.

소망은 아무리 절망적인 상황에서도 그 너머를 바라보게 함으로써 힘을 주는 덕목이다. 누군가가 곤경에 처한 자신을 돌보아 준다는 합리적인 증거 없이 인질로 잡혀 있다 해도, 소망만 있다면 그는 살아남을 수 있다. 또한 소망을 가진 농부는 3년 동안 가뭄을 겪은 후에도 봄이 오면 다시 씨를 뿌릴 수 있다. 바울은 로마의 성도들에게 "보이는 소망이 소망이 아니니"(롬 8:24)라고 말했다. 그는 곤경을 통해 얻을 수 있는 선한 결과도 몇 가지 언급했다. "환난은 인내를, 인내는 연단을, 연단은 소망을 이루는 줄 앎이로다"(롬 5:3-4). 나는 사람이 앞으로 나갈 수 있도록 연료의 역할을 해주는 소망이 다른 덕목들보다 앞에 나올 것이라고 생각했으나, 바울은 소망을 맨 마지막에 두고 있다. 내 생각이 틀렸던 것이다. 소망은 연단**으로부터** 나온다. 소망은 신실함에 따르는 부산물이다.

마지막으로 믿음이란, 증명할 수 없는 것들을 믿고, 결코 확신할 수 없는 것들에 헌신하는 것을 뜻한다. 믿음 안에 사는 사람은 우리의 이성에 반대되는 것들을 신뢰한 채, 불충분한 증거만을 가지고 앞으로 나간다. 데니스 코빙턴(Dennis Covington)이 쓴 대로, "'신비'란 **의미의 부재**가 아니라, 우리의 이해를 뛰어넘는 **의미의 존재**"[13]다.

수세기에 걸쳐 성경 다음으로 가장 많이 팔린 「천로역정」을 얼마 전에 다시 읽으면서, 나는 존 번연(John Bunyan)이 생각한 그리스도인의 삶이 오늘날의 기독교 서적들이 말하는 그리스도인의 삶과 너무나 다르다는 사실에 충격을 받았다. 주인공 순례자는 책을 몇 장 넘길 때마다 한 번씩 어리석은 실수를 범하고 목숨을 잃을 정도의 위기를 맞는다. 그는 길을 잘못 들고 우회한다. 유일한 길동무였던 친구는 절망의 수렁에 빠져 버리고, 순례자는 세상의 유혹에 굴복한다. 또한 그는 자살을 생각하기도 하고 탐구의 여정을 포기할 결심도 여러 차례 반복한다. 그러다가 소망이 나타나 그를 안심시키며 말한다. "형제여, 기운을 내세요. 당신의 기초는 아주 견고합니다."[14]

이에 순례자는 신앙과 용기를 잃지 않고 여행을 계속하여 마침내 목적지인 하늘 도시에 이른다. 이 「천로역정」은 오랜 시간 동안 그리스도인들의 믿음직한 길잡이가 되어 주었다. 요즘에 나온 책들은 쾌활한 문체로 문제를 해결해 주겠다고 말하면서 존 번연의 책보다 훨씬 더 매혹적인 지도를 제시한다. 하지만 그 지도를 따라 걷다보면 우리가 잃게 되는 것이 있지 않을까?

가치 있는 일 중에 현재 우리의 인생에서 성취할 수 있는 것은 하나도 없다.
따라서 우리는 소망으로 구원받아야 한다. 그 어떤 진실이나 아름다움이나 선함도
현재의 역사적 맥락 속에서는 완전한 의미를 드러내지 않는다.
따라서 우리는 믿음으로 구원받아야 한다. 내가 아무리 고결하다 하여도
혼자 힘으로 완성할 수 있는 일은 하나도 없다.
따라서 우리는 사랑으로 구원받아야 한다.[15]
_라인홀드 니버

3부
하나님: 눈으로 볼 수 없는 하나님을 만나다

8. 누군가를 안다는 것, 하나님을 안다는 것
9. 하나님의 성격
10. 아버지의 이름으로
11. 로제타 스톤
12. 중재자

8. 누군가를 안다는 것, 하나님을 안다는 것

> 신이 존재한다는 사실은 불가해하고,
> 신이 없다는 사실 또한 불가해하다.
> 영혼이 육체와 함께 있다는 사실도,
> 우리에게 영혼이 없다는 사실도 불가해하며,
> 세상이 창조된 것이라는 사실도,
> 창조된 것이 아니라는 사실도 불가해하다.[1]
> _파스칼

언젠가, 하나님과 관계를 맺는 일의 어려움을 두고 두 친구가 새벽 두 시까지 이야기를 나누는 것을 들은 적이 있다. 스탠리는 평생 자신이 의미 있는 존재이며 하나님이 자기에게 관심을 갖고 계신다는 사실을 믿기 위해 몸부림쳐 온 이야기를 했다. 그때 주디가 도저히 못 참겠다는 듯 스탠리의 말을 끊으며 말했다. "난 하나님을 만나기 위해 얼마나 많이 노력했는지 몰라! 하지만 그런 노력 끝에 얻은 건 차갑고 못마땅해하는 침묵뿐이었어."

그 친구들을 잘 알고 있던 나는, 그들이 자신들의 역기능적인 가정 환경을 하나님께 투영하고 있음을 눈치챘다. 어린 나이에 어머니를 잃은 주디의 경우, 그의 아버지는 세 딸을 안정적인 가정에서 키우기 위해 열심히 일하셨지만, 아이들에게 따뜻한 모습을 한 번도 보여 주지 못했다. 무엇을 성취했느냐에 따라 딸들을 평가한 후 그보다 더 높은 기준을 제시했던 아버지는, 주디에게 학교 선생님이나 운동 코치와 다름없었다. 하나님을 생각할 때도 주디는 어머니의 장례식 때 자신이 한 말을 떠올렸다. '우리보다 하나님이 엄마를 더 필요로 하셨기 때문에 엄마를 데려가 버리신 거야.' 이는 그녀가 하나님과 관계를 맺는 데 걸림돌이 되었고 그녀는 아직 그 걸림돌을 넘어서지 못한 상태였다.

스탠리는 자녀가 일곱이나 있는 따뜻한 분위기의 가정 환경에서 성장했다. 하지만 일곱 자녀 중 넷째이자 쌍둥이로 태어난 그는 늘 무시당한다는 느낌을 받았다. 학교 선생님들은 언제나 그를 형이나 누나들과 비교했고, 아버지는 자신과 쌍둥이 형제를 한꺼번에 묶어 생각하셨다. 자신과 쌍둥이 형제는 외모나 성격 면에서 전혀 다른 사람이었는데도 말이다. "갑자기 내가 집을 나갔다 해도, 적어도 한두 주는 지나야 내가 사라졌단 걸 눈치 채는 사람이 생겼을 거야." 쓴웃음을 지으며 그가 말했다.

그날 밤은 모든 사람들이 왜곡된 하나님의 이미지를 갖고 있다는 사실을 다시 한 번 확인한 시간이었다. 하나님은 인간의 상상력을 초월해 계신 분이기 때문에, 그런 왜곡이 일어나는 것은 너무나 당연한 결과다. 가정과 교회에서의 경험이 너대니얼 호손의 「주홍 글씨」와 조나단 에드워즈(Jonathan Edwards)의 「진노하시는 하나님의 손 안에 있는 죄인」(*Sinners in the Hand of an Angry God*, 부흥과개혁사) 같은 문학 작품이나 영화들에 나타난, 하나님에 대한 빗나간 암시들과 맞물려 하나님의 이미지를 만들어 낸다. 그렇다면 어떻게 해야 우리가 하나님의 진정한 모습을 알 수 있을까?

만약 주디와 스탠리가 어떤 한 친구를 오해하고 있었다면, 그 친구를 그들에게 소개시켜 주어 이전과는 다른, 보다 진실에 가까운 이미지를 형성할 수 있게 도와줄 수 있겠지만, 하나님에 대한 이미지는 어떻게 바꿀 수 있을까? 어쨌든 그날 밤 나는 시도해 보았다. "너희들이 오늘 나에게 묘사한 그런 하나님은 없어." 우리는 늦은 시간까지 활기찬 토론을 벌였다. 그러나 결국 그들은 어릴 때부터 가슴에 새겨왔던 하나님에 대한 이미지를 그대로 가지고 각자의 집으로 돌아갔다.

우리는 보이지 않는 하나님을 아는 것과 살아 숨쉬는 사람을 아는 것 사이에 공통점이 거의 없을 거라고 생각한다. 정말 그럴까? 실제로 사람의 마음이 작동하는 방식을 더 깊이 이해할수록, 우리는 하나님과 인간, 그 밖의 모든 것에 대한 지식에는 불확실성이 내포되어 있으며 믿음의 행동을 요구한다는 사실을 보다 명확히 알게 된다.

인지 과정은 신체와 가장 고립된 부분인 뇌에서 진행된다. 뇌는 아무것도 볼 수 없다. 의사가 뇌를 빛에 노출시켜도 뇌 조직은 아무것도 보지 못한다. 뇌는 듣지도 못한다. 충격을 받지 않도록 잘 싸여 있는 뇌 세포는 제트기 정도의 엄청난 소리만을 겨우 감지하여 가볍게 떨린다. 뇌에는 감각 세포와 고통을 느끼는 세포도 없어, 뇌 수술을 진행하는 신경외과 의사들은 피부나 두개골을 자를 때는 마취를 하지만 일단 그 안에 들어가기만 하면 의식이 남아 있는 환자에게 아무런 고통을 주지 않고 뇌 조직을 옮기거나 자를 수 있다. 온도 변화도 적어, 뇌 자체는 더위나 추위를 느끼지 못한다.

이처럼 뇌는 고립된 성질을 갖고 있기 때문에, 외부 세계의 모든 것은 점이나 대시 기호, 모스 부호처럼 연속적인 전기 신호로 축소되어 수백만 개의 신경 지각 세포로 전달되는 과정을 거쳐 나의 지식이 된다. 전화기를 통해 목소리가 들리게 되는 원리를 생각해 보자. 저쪽에서 사람이 말을 하면, 전기 장치가 그 음파를 전기 신호로 전환시키고 그 전기 신호는 중계국들을 거쳐 내 쪽의 수화기에 다시 모여 사람이 들을 수 있는 진동으로 변한다. 휴대 전화를 이용한 경우, 그 소리는 디지털 코드의 패킷(한 번에 전송하는 정보 조작 단위—역주)으로 변환되어 라디오 전파처럼 공기를 통해 수화기로 전달된다. 그런데도 수화기를 통해 들려오는 어머니의 목소리는 마치 바로 옆에서 말하는 것처럼 들린다. 이와 아주 유사한 방법으로, 고립된 뇌는 감각 기관에서 보내 오는 디지털 코드에 담긴 메시지들에 의존한다.

초인종이 울려 위층으로 올라가 보니, 운송 회사의 직원 톰이 내 앞으로 배달된 소포를 가지고 왔다. 나는 그에게 인사하고 서명을 하고 소포를 받은 후, 책상으로 돌아와 다시 일을 시작한다. 이렇게 단순한 행동 하나에 포함된 경이로운 요소들을 제대로 인식하려면 컴퓨터 프로그래머 정도의 능력을 갖추고 있어야 할 것이다. 먼저 내 귀 속에 있는 소리 수용기가 피아노의 '중앙 도'보다 한 옥타브 정도 높은 초인종의 주파수를 탐지하고, 그런 다음 초인종 소리보다 변동이 심한 톰의 바리톤 음성을 해석한다. 최신 소프트웨어는 각 사람의 목소리를 구분하고, 정확하게 발음한다면 단어도 알아맞힐 수 있다지만, 사람의 얼굴을 인식하는 수준의 어려운 작업을 수행할 수 있는 컴퓨터는 아직 없을 것이다.

하지만 인간의 눈에 있는 1억 3천만 개의 수용기 세포는 톰의 외모와 옷, 입술과 눈, 눈썹, 코, 머리카락의 색깔을 인지해 즉각적으로 뇌에 알려 준다. 의식적으로 그 정보들을 조합해 볼 필요는 없다. 전혀 힘 들이지 않고도 뇌는 순식간에 눈 세포로부터 전달받은 내용을 내가 알고 있는 사람들의 얼굴들을 담아 놓은 기억 저장소로 보내 그가 톰이라는 것을 인지해 내기 때문이다.

하지만 색맹인 사람은 톰의 눈이 파랗다는 것을 모르고, 귀머거리인 사람은 그의 목소리의 높낮이를 구분하지 못할 것이다. 사실 우리 모두가 감각의 장애나 착각에 이끌려 잘못된 정보를 고립된 뇌에 전달할 수 있다. 때문에 이 땅에 사는 모든 사람이 세계에 대하여 제각기 다른 인식을 갖고 산다. 하지만 뛰어난 능력을 가진 뇌는, 그럼에도 불구하고 실재와 인식 사이의 간극을 메우고서 어떻게 해서든 실재에 대한 감각을 창출해 낸다. 베토벤처럼 위대한 작곡가는 완전히 귀가 멀었을 때에도, 한 편의 교향곡을 머리로 '들을' 수 있었다.

내가 이렇게 해부학적인 이야기를 한 것은, 운송 회사 직원 톰 같은 타인에 대한 나의 지식이 예외 없이 '믿음의 행동'에 근거하고 있다는 것을 설명하기 위해서였다. 은밀히 감춰진 나의 뇌가 친구들이나 지인들의 모습을 저장해 두고 있다 해도, 실제로 그 이미지들은 엄청난 믿음과 관련되어 있다. 나는 톰이 마스크를 쓰거나 가짜 콧수염을 붙이지 않았다는 것을 믿으며, 또한 그가 우리 집을 털러 온 도둑이 아니라 분명히 운송 회사 직원이라고 믿는다. 이처럼 그를 잘 알고 있다고 생각하는데, 솔직히 그걸 어떻게 확신할 수 있을까? 혹시 톰이 같은 직업을 가진 그의 일란성 쌍둥이는 아닐까?

그렇지 않아도 사람들은 수도 없이 나를 놀라게 하고 오해하게 만들었다. 나는 시간이 한참 지나서야 아주 친한 친구가 섹스 중독에 걸렸다는 것을 안 적도 있고, 알고 보니 15년 동안 아버지에게 학대를 받았던 친구도 있었다. 나는 그 친구들을 잘 안다고 생각했었는데, 실상은 그들에 대한 중요한 정보를 놓치고 있었던 것이다. 모든 인간 관계는 언제나 타자성이라는 신비한 특성을 보유한 불확실성의 기반 위에 서 있다. 상대를 아는 것에 우리는 늘 부족할 수밖에 없다.

그럼에도 불구하고 가장 근본적인 차원에서는 이 친구들이 나처럼 고유한 한 개인으로 존재한다는 사실을 나는 믿는다. 어떻게 그걸 확신할 수 있을까? '타자의 정신'이라는 문제는 오랜 세월 동안 철학자들을 괴롭혀온 주제다.* 나는 내가 존재한다는 사실을 안다. 그리고 내 마음을 스스로 안다고 생각한다. 하지만 당신의 마음은 내가 어떻게 알겠는가? 예를 들어 당신이 자동차 문을 닫다가 손가락이 문틈에 끼었다면 나는 당신이, 내 손가락이 자동차 문에 끼었

---

* 18세기 철학자 조지 버클리는 이 문제에 대해 이렇게 말했다. "다른 영혼(사람)의 활동 또는 그들이 우리 속에 불러일으킨 생각이 없다면, 우리는 결코 그들의 실존을 알 수 없다. 이는 자명한 사실이다. 우리는 어떤 행동과 변화와 생각의 조합을 감지하여 외부에도 나처럼 특정한 어떤 행위자가 있다는 것을 알게 된다. 그리고 나는 그들과 함께하며 그들의 생산에 협력한다."[2]

을 때 경험한 것과 아주 흡사한 감정을 느꼈을 것이라 생각하게 될 것이다. 하지만 내가 당신의 손가락 통증을 직접 느낄 수는 없기 때문에 그것을 확신할 방법은 없다. 나는 그저 당신이 나에게 얼마나 아픈지를 이야기할 때 그 말을 믿을 수밖에 없다.

내가 실재하는 인물이라는 것을 당신은 어떻게 아는가? 당신이 이 페이지의 내 글을 읽고 있기 때문일 것이다. 맞는 말이다. 하지만 '필립 얀시'라는 이름이 필명일지도 모를 일 아닌가? 또는 대중 신학 서적을 짧은 시간 안에 써 내는 소프트웨어를 개발한 풀러 신학교의 프로그래머나 대필 작가가 이 책을 썼을지도 모른다. 인터넷으로 나를 만나본 적이 있다 해도, 그때 응답한 '내'가 정말 나였는지, 혹은 온라인상에서 허위로 만들어 낸 존재인지 확인할 방법은 없다. (내 친구 중에 한 명은 2년 동안이나 한 젊은 여성과 인터넷 채팅으로 연락을 해 왔으나, 나중에 알고 보니 한 젊은 남자가 노련하게 여자인 척을 하고 장난을 친 것이었다.) 나 자신에게 나는 '나'지만, 타자들이 볼 때 나는 '너'다. 바로 이 차이가 불확실성이라는 강력한 긴장을 불러온다.

물론 대부분의 사람들은 다른 정신이나 사람이 존재하는지에 대해 궁금해하지 않는다. 우리는 그저 그것을 당연한 것으로 여기고 깊이 생각하지 않는다. 하지만 각 개인의 정신은 언제나 동일한 한 사람에 대해 각기 다른 모자이크를 짜 맞추고 있을 것이다. 사복음서의 저자인 마태와 마가, 누가, 요한을 생각해 보라. 이들은 모두 한 예수님의 인격과 삶을 보았으나 각기 다른 부분들에 감동을 받았다. 그리하여 예수님에 대해 아는 바를 되돌아보았을 때, 네 명은 각기 다른 말씀들과 장면을 머리에 떠올렸던 것이다. 열두 제자들도 마찬가지였다. 3년 동안 예수님과 함께했던 가룟 유다와 사도 요한의 삶이 마지막에 가서는 얼마나 극명하게 달랐는지 생각해 보라! 이후 스스로 예수님의 정체를 안다고 생각했던 다소의 사울이라는 바리새인은 예수님과 인격적으로 만난 후

극적으로 생각을 바꾸고 인생의 방향을 수정했다. 타자를 '안다는 것'은 수많은 추측과 신비로 이루어진 까다로운 문제다.

※

다른 사람을 아는 과정을 알면 신을 아는 방법에 대한 힌트를 얻을 수 있다. 먼저 나는 사람과 신을 불문하고 '타자의 정신'을 알기 위해서는 무엇보다 믿음이 필요하다는 것을 깨달았다. 현대 철학자 앨빈 플랜팅가(Alvin Plantinga)는 이 사실을 '신의 존재'라는 문제에 대입시켰다. 그도 우리가 신의 존재를 확신할 수 없다는 것을 인정한다. 이성적으로는 그분의 존재를 **증명**할 수 없다. 뿐만 아니라 우리는 다른 사람들의 존재도 확신할 수 없다. 그들은 나의 상상력의 산물일 수 있기 때문이다. 내가 우주 안에 홀로 있는 존재가 아니라는 것은 믿지만, 나는 타자의 정신 상태 속으로 들어갈 수 없으므로 유추를 통해 그 신념을 받아들일 수밖에 없다. 유추 말고도 '믿음'이라는 과정을 거칠 수도 있다. 플랜팅가는 수많은 철학적 주장을 다룬 다음, 우리가 신을 믿어야 할 증거는 다른 사람의 존재를 믿어야 함을 뒷받침하는 증거만큼이나 많다는 말로 논의를 정리한다.

이에 덧붙여 우리의 감각은 결코 다른 사람을 완벽하게 묘사해 낼 수 없다는 사실도 짚고 넘어가야 하겠다. 만약 내가 당신을 보고 듣고 만져 본다면 나는 당신에 대해 많은 것을 알게 될 것이다. 하지만 내가 아무리 자세히 보고 듣고 만져 본다 해도 당신에게는 여전히 내가 접근할 수 없는 부분이 남아 있을 것이다. 바로 당신의 육체 이면에 있는, 진정한 '당신' 말이다. 이 부분은 정신과 육체 간의 긴밀하고 직접적인 결합을 이룰 수 없는 장애인들을 살펴볼 때 가장 분명하게 이해할 수 있다.

나에게는 뇌성마비를 앓고 있는 캐롤린이라는 멋진 친구가 있는데, 맨 처음 그녀가 뇌성마비가 아닌 정신 지체라고 생각한 주변 사람들은 그녀를 오랫동안 집안에 가둬 두었다. 그녀의 팔은 뒤틀린 채 제멋대로 움직였고, 그녀는 걷지도 못했고, 말을 하려고 하면 끙끙거리는 소리만 났다. 애석하게도 그녀의 가족을 포함해서 그녀를 만났던 대부분의 사람들이 그녀를 정신 지체자로 생각했다. 하지만 시간이 지나 캐롤린의 마비된 육체 안에 선명한 정신이 갇혀 있다는 것을 전문가들이 알아냈고, 이후 그녀는 자신에게 좀더 어울리는 집으로 이사했다. 또한 그녀는 고등학교에 들어갔으며 나중에는 대학도 들어갔다. 그리고 마침내 그녀는 작가가 되었다. 그녀가 대학에 다닐 때의 일이다. 예배 시간에 캐롤린이 작성한 설교문을 한 친구가 대신 읽었고 학생들은 완전히 숨을 죽인 채 앉아, 그녀의 감동적인 설교를 들었다. 캐롤린은 휠체어 안에 폭삭 주저앉은 채 강단에서 설교문을 읽는 친구의 바로 옆에 자리 잡고 있었다. (당시 캐롤린은 고후 4:7의 "우리가 이 보배를 질그릇에 가졌으니"라는 본문을 택해 설교문을 작성했다.) 그 자리에 있던 모든 사람들이 휠체어를 타고 다니는 그녀의 모습을 캠퍼스에서 보았었고, 그중에는 그녀를 놀리며 잔인한 농담을 한 학생들도 있었다. 그러나 캐롤린의 비틀린 육체 속에서 왕성하게 활동하던 비범한 정신을 제대로 알고자 노력한 사람은 거의 없었다.

    돈이라는 친구는 현재 퇴행성 신경 질환인 루게릭병으로 고생하고 있다. 그는 원래 목장용 말을 타고, 카누를 타고, 급류를 여행하는 등 험한 야외 스포츠를 즐기는 사내였는데, 최근에 찾아가 보니 휠체어 위에 앉아 있었다. 아직 말은 할 수 있었지만, 목소리와 언어를 통제하는 신경이 그가 생각하는 속도를 따라잡지 못했다. 그는 계속 말을 더듬었고 아주 간단한 문장도 제대로 이어나가지 못했다. 그는 노트북에 자기 생각을 입력해서 말하는 것을 더 좋아했다. 그러면 그가 입력한 문장이 스타워즈에 나오는 다스베이더 같은 이상한 목소리로 재생되어 흘러나왔다. 그의 방에 들어간 사람의 눈에는, 아무 말도 하지 않고 고요하게 앉아 가끔 잔잔한 미소만을 지을 뿐인 한 남자의 모습만이 보였지만, 그의 육체와 별개로 컴퓨터를 통해 들려오는 그의 말과 그가 보내 온 명쾌한 내용의 이메일을 볼 때, 나는 그 차분한 외양 안에 활발하고 재치 넘치는 정신이 변함없이 남아 있음을 확인할 수 있었다.

나는 돈과 캐롤린처럼 언어 기능을 상실한 사람들이 마음을 표현할 수 있도록 도와주는 현대 기술이 있어 고마운 마음이 든다. 세계 최고의 과학자 중 한 명인 스티븐 호킹(Stephen Hawking) 역시 신체 중에서 손가락 하나만을 움직일 수 있지만, 그 또한 돈이 사용했던 것과 같은 소프트웨어를 이용해 과학자들의 모임에서 연설을 하기도 한다. (영국 사람인 그는 소프트웨어가 자기 말을 미국식으로 발음해 억울하게 생각한다고 한다.) 나는 신체 중에 왼쪽 눈꺼풀만 깜박일 수 있는 한 프랑스인이 '쓴' 책도 읽어 보았다. 간호사가 벽에 붙은 판 위의 알파벳을 하나씩 손가락으로 가리키며 지나갈 때 자기가 원하는 글자가 나오면 눈을 깜박이고, 다시 처음으로 돌아가 그 다음 글자를 찾는 식의 과정을 거쳐 쓴 책이었다. 나는 전신 마비나 뇌졸증으로 인한 실어증 때문에 의사 소통 능력을 **완전히** 상실한 이들도 내면 어딘가에는 정신이 살아 숨쉬고 있다고 생각한다. 하지만 우리는 부득이하게 다른 사람들의 신체에 의존하여 그들의 마음을 알게 된다.

장애를 가진 친구들과 의사소통하기 위해 적응하는 노력을 하다 보니, 흥미로운 신학적 질문이 생겼다. 신에게는 육체가 없는데, 어떻게 우리가 그를 인식할 수 있을까? 신과 의사 소통은 또 어떻게 할 수 있을까? 인간이 몸이나 감각에 의존하지 않고도 신에 대한 직접적인 지식을 얻을 수 있을까? 만약 그게 사실이라면 신에 대한 지식은 사람에 대한 지식과는 전혀 다르게 작동할 것이다. 완전히 영적인 존재인 신은 왠지 전혀 다른 법칙이 적용되는 과정을 거쳐 직접적인 직관 같은 것을 사용해 인간들과 소통할 것 같다. 우리 인간의 마음에 다가오실 때 우리의 몸 같은 건 필요하지 않으실 테니 말이다. 테니슨(Tennyson)

이 쓴 시의 한 구절처럼 "그는 우리의 호흡보다 더 밀접하게 계시고, 우리의 손과 발보다 더 가까이 계신다."[3]

예수님은 자신의 죽음 이후에 전혀 새로운 인식의 길이 열리게 될 것임을 분명하게 암시하셨다. 그 길은 고립된 뇌가 실재의 영상을 구성하는 일반적인 과정이 아닌, 내적이고 직접적인 인식의 길이다. "내가 아버지께로부터 너희에게 보낼 보혜사, 곧 아버지께로부터 나오시는 진리의 성령이 오실 때에 그가 나를 증언하실 것이요"(요 15:26). 이런 말씀도 하셨다. "그러하나 진리의 성령이 오시면 그가 너희를 모든 진리 가운데로 인도하시리니"(요 16:13).

지구상의 모든 피조물은 주변에 대한 정보를 익히고 반응하는 나름의 기제를 가지고 주변 환경에 적응하여 살아간다. 나는 이 기제를 '대응'(correspondence)이라 부르려 한다. 어떤 동물들의 대응 능력은 인간보다 훨씬 뛰어나다. 박쥐는 음파 탐지기로 곤충을 찾아내고, 뱀장어는 전기로 먹잇감을 기절시킨다. 비둘기는 자기장으로 방향을 읽으며, 블러드하운드라는 사냥개는 사람이 도저히 맡을 수 없는 미세한 냄새를 맡는다.*

인간 역시 눈에 보이지 않는 세계를 인식하려면 일종의 영적인 각성을 통해 활성화되는 내적 대응 체계가 필요할 것이다. 하나님은 물질 세계 '저편'에 계시는 분이 아니기에, 새로운 대응 능력만 획득한다면 우리도 그분을 인지할 수 있다. 바울은 "육에 속한 사람은 하나님의 성령의 일을 받지 아니하나니 이는 그것들이 그에게는 어리석게 보임이요, 또 그는 그것들을 알 수도 없나니 그러한 일은 영적으로 분별되기 때문이니라"(고전 2:14)라고 말했다. 예수님도 **"영생**

---

*볼테르가 쓴 「마이크로메가」(*Micromégas*)라는 이야기에는 수명이 1만 5천 년이고, 72개의 감각으로 세계를 인지하는 외계인들이 지구를 찾아오는 이야기가 나온다. 하지만 그들보다 훨씬 '핸디캡'이 많은 인간들은 라디오나 텔레비전, 휴대 전화 메시지의 전파처럼 사람이 눈치 채지 못하는 사이에 우리를 통과해 가는 적외선과 자외선인, 은으로 만든 작은 전자기 스펙트럼을 탐지해 낸다.

은 곧 유일하신 참 하나님과 그가 보내신 자 예수 그리스도를 아는 것이니이다"(요 17:3)라고 말씀하셨다. 모든 기독교 이야기의 핵심에는, 보이지 않는 세계와의 직접적인 대응에 대한 약속이 자리 잡고 있다. 이는 새로운 탄생에 비견될 만한 심오한 유대 관계이며, 인간의 육체적인 죽음을 넘어 생명으로 가는 열쇠다.

성경은 '믿음'이 보이지 않는 세계로 통하는 길이라고 말한다. 히브리서 기자는 "믿음은 바라는 것들의 실상이요 보이지 않는 것들의 증거"(히 11:1)라고 하면서, 이어서 모세가 "보이지 아니하는 자를 보는 것같이"(히 11:27) 행했다고 말한다. 모세와 하나님 사이에 비범한 대응이 이뤄졌다는 말이다. 성경은 첫 장부터 마지막 장까지 이 지구상에는 물질적 현실만이 작용하고 있는 것이 아니라, 이와 동시에 (주로 숨겨져 있긴 하나) 또 다른 형식의 현실이 분명하게 작용하고 있다는 사실을 이야기한다.

비가시적 세계는 인간과 소통하기 위해 가끔 가시적 세계의 것을 '빌려' 오기도 한다. 모세가 육신의 눈으로 불타는 떨기나무를 본 것처럼 말이다. 하지만 이런 특별한 경우를 제외하면, 우리 인간들은 교회나 영성 훈련 또는 성찬 같은 '은혜의 수단'들에 의존해 비가시적 세계에 대응할 수밖에 없다. 예를 들어, 우리의 영적 생명력을 지켜 주는 기도는 호흡의 기능을 한다고 말할 수 있다. 이블린 언더힐의 주장대로, "육체의 감각과 영혼을 둘 다 가진 피조물인 우리는 두 세계 모두에 속한 삶을 살아야 한다."[4]

성경은 사람들을 가장 크게 구분 짓는 요소가 인종이나 지능, 수입과 재능이 아니라, 비가시적 세계와의 대응 여부라고 말한다. '빛의 자녀들'은 보이지 않는 세계와 대응하는 반면, '어둠의 자녀들'은 그렇지 않다. 언젠가는 우리도 그 세계를 부분적으로 아는 데 머물지 않고 완전하게 알게 될 것이다. 사도 요한도 이렇게 말했다. "사랑하는 자들아, 우리가 지금은 하나님의 자녀라. 장래에 어떻게 될지는 아직 나타나지 아니하였으나 그가 나타나시면 우리가 그와 같을 줄을 아는 것은 그의 참모습 그대로 볼 것이기 때문이니"(요일 3:2).

※

'타자의 정신'에 대한 이야기는 아직 끝나지 않았다. 철학자들은 이런 문제에 강박적으로 몰두하는 반면, 대부분의 사람들은 별 관심을 기울이지 않는다. 왜 그런 걸까? 철학자들은 책으로 들어찬 서재에 앉아 추상적인 생각을 하면서 시간을 보내지만, 보통 사람들은 세탁소에서 옷을 찾아오고, 아이들의 등교를 준비시키며, 학부모회나 시의회에 가서 논쟁을 벌이고, 나이 든 친지들을 돌봐야 하기 때문이다. 우리는 다른 사람들과 하루 종일 부딪히고 있기에 타자의 정신을 믿는다. 우리는 그들과 **관계**를 맺고 있다.

사실 우리가 우리 자신이 될 수 있는 것은, 상당 부분 이런 관계들 때문이다. 우리는 분리된 정신들로 머물다가, 대기 중인 육체들 속에 마술같이 뛰어드는 식으로 세계에 편입지 않는다. 우리의 경험과 특히 우리가 맺는 관계들이 우리를 인격체로 만든다. 드물긴 하지만 간혹 야생 동물의 양육을 받은 야생 아동들이 보고되곤 하는데, 이 아이들은 한 번도 타인과 관계 맺는 능력을 계발해 보지 못했으므로, 어떤 의미에서는 인격체로 분류하기 어려운 점이 있다. 이와 유사하게 끔찍한 아동 학대를 받아 몇 년 동안 벽장에 갇혀 산 아이들도 결코 언어 능력이 계발되지 않으며 영구적인 발육 장애를 보인다.

인간은 다른 동물들에 비해 성장 기간이 길다. 영양은 어미의 자궁에서 나온 지 몇 시간 내에 제 발로 서고 달리기와 음식 섭취에 필요한 기초 지식을 습득한다. 하지만 인간 아기들은 수개월 동안 무기력한 상태로 다른 사람에게 의존한다. 아기는 인간 관계를 벗어나서는 결코 인격체가 될 수 없다.

영적인 삶 또한 애초부터 인간 안에 잠재된 능력이긴 하지만, 이 능력은 오로지 하나님과의 관계 속에서만 계발된다. 아우구스티누스는 이렇게 말했다. "당신을 내 영혼 속에 모십니다. 당신이 내 영혼에 불어넣어 주시는 갈망으로 이 영혼은 당신을 받아들일 준비를 할 수 있습니다."[5] 물론 우리 모두에게 영적인 삶을 살 수 있는 잠재력이 있긴 하나, 그 영적 갈망은 하나님과 관계를 맺고 영적인 '대응' 능력을 발전시켜 나가지 않는 이상 결코 충족되지 않는다. 이렇게 생각하면 예수님이 강조하셨던 '거듭남'이라는 표현의 의미를 완전하게 이해할 수 있다. 영적 현실과 연결되는 과정인 회심을 통해, 이전에는 알지 못했던 전혀 새로운 삶의 잠재력이 비로소 발현되는 것이다. 그리고 하나님과 하나님의 백성들과의 관계를 통해 하나님의 자녀라는 지금 우리의 정체성을 얻게 된다.

나의 신앙 생활에 누구보다 많은 영향을 끼친 사람은 의료 선교사 폴 브랜드(Paul Brand)이다. 15년에 걸쳐 나는 브랜드 박사와 함께 세 권의 책을 저술했다. 우리는 함께 인도와 영국을 여행하면서 그의 삶에 일어났던 중요한 사건들의 발자취를 되짚어 보았다. 나는 그와 수많은 시간을 함께 보내며 그에게 의료 경험과 그의 인생 그리고 하나님에 대해 생각나는 대로 질문을 던졌다. 또 나는 그에게 진료를 받았던 환자들과 동료, 가족들, 수술실 간호사들도 인터뷰했다(이때 나는 한 외과 의사의 진짜 성격을 알아보려면 그와 함께 일한 간호사들을 만나보는 것이 가장 좋은 방법이라는 것을 알게 되었다!) 이 멋지고 훌륭한 브랜드 박사와 함께 보낸 시간을 나는 영원히 잊지 않고 감사할 것이다. 아직 영적 성장 단계를 지나고 있던 당시의 나는 나 자신의 신앙에 대해서는 글을 쓸 자신이 없었지만, 그의 신앙에 대해서는 얼마든지 확신을 가지고 글을 쓸 수 있었다.

영적 성장의 통로가 되어 준 그로 인해 나는 변화될 수 있었다. 하나님과의 관계를 통해 모든 면에서 상당한 수준에 도달한 살아 있는 모범이 있었기에 나의 믿음은 강해졌다. 지금까지도 나는 정의와 생활 양식과 돈이라는 문제를 다룰 때, 브랜드 박사라면 그 문제를 어떻게 바라볼지를 생각하고 판단한다. 그의 영향으로 나는 자연 환경도 새롭게 보게 되었고, 인간의 몸, 특히 인간의 고통을 완전히 다른 시각으로 보게 되었다. 브랜드 박사와의 관계는 나의 내면 깊숙한 곳까지 영향을 미쳤다. 하지만 돌이켜보면 그가 강제로 자기 생각을 주입하거나 교묘하게 조종해서 나를 바꾸려고 한 경우는 단 한 번도 없었다. 나의 자아와 세계가 그의 자아와 세계를 만나는 순간, 나는 기꺼이 자진해서 변화했다.

하나님과의 관계도 그와 유사한 방식으로 작용한다. 나는 하나님과 관계를 맺음으로 그리스도인인 지금의 내가 되었다. 오랜 시간을 두고 신비롭게 그리고 설명하기는 어려우나 결코 강제나 조종이 아닌 방법들을 통해 변화를 경험했다. 하나님과 관계를 맺고 있었기 때문이었다.

예레미야와 야곱, 욥, 야고보, 유다 같은 성경 인물들을 만나 '하나님과의 관계에 대해 말씀해 주십시오. 여러분은 하나님과 어떤 관계인가요?'라고 물어본다면, 아마 그들은 제각기 다른 대답을 들려줄 것이다. 다윗과 시편 기자들의 경우, 어쩌면 한 사람이 전혀 다른 여러 가지의 대답을 들려줄지도 모르겠다! 시편 기자들이 기록한 하나님과의 관계에 대한 묘사는 장마다 너무나 다르고, 심지어 하나의 시 안에서도 여러 복합적인 감정들이 나타나기 때문이다. 예를 들어, 시편 143편은 하나님이 가깝고 친밀하게 느껴졌던 "옛날을 기억"(시 143:5)하다가, 갑자기 "주의 얼굴을 내게서 숨기지 마소서"(시 143:7)라며 울부짖는다. 특히 다윗은 역사상 존재했던 그 누구보다도 인간과 하나님 사이의 역동적이고 생생한 관계를 잘 이해하는 인물일 것이다.

사실 하나님을 아는 것과 사람을 아는 것 사이에는 비슷한 점이 많다. 먼저 우리는 상대의 이름을 알고, 그의 특정한 성격에 호감을 느낀다. 그리고 그 새 친구와 함께 시간을 보내면서 서로의 공통점을 알아간다. 그리고 그 친구에게 선물을 하기도 하고 상대를 위해 조금씩 희생도 한다. 다른 때 같으면 절대 하지 않았을 일도 친구를 기쁘게 해주려고 기꺼이 하고, 행복한 시간과 슬픈 시간을 함께 나누면서 같이 웃고 같이 운다. 나의 가장 깊은 비밀을 털어놓고, 관계를 유지하기 위해 위험도 무릅쓰며 상대에게 헌신한다. 다투기도 하고 논쟁도 하지만 결국 화해한다. 이 모든 단계가 하나님과의 관계에서도 그대로 적용된다.

동의하지 않는 사람도 있을 것이다. '아, 그래요? 아주 그럴듯하게 두 관계를 비교해 놓았군요. 하지만 저는 사람들과는 성공적인 관계를 맺고 있어요. 전 그 사람들을 볼 수도 있고, 만질 수도 있고, 목소리를 들을 수도 있으니까요. 하지만 보이지 않는 하나님과 관계를 맺으려고 애쓸 때에는 아무 일도 일어나지 않아요. 하나님이 내 곁에 계시다는 생각을 한 번도 못해 봤다고요.' 이런 항의를 근거 없는 것으로 치부할 수는 없다. 나 역시 지금까지 무수히 그런 의문을 품으며 살아왔기 때문이다. 지금도 나와 하나님과의 관계는 믿음 때문에, 믿음에 의지하여 유지되고 있다. (하지만 앞에서 말한 것처럼 인간과의 모든 관계들도 믿음에 의지하고 있기는 마찬가지다.)

영화 속에서 종교적인 경험을 묘사한 장면들이 나오면 이상해 보인다. 한마디로 말해, 따분하다. 한 사람이 무릎을 꿇고 기도하기 시작하면 화면은 완전히 정지한다. 무슨 일이 일어나고 있는 것 같긴 한데, 카메라는 잡아내지 못한다. 그 과정은 눈에 보이지 않는다. 그래서 대부분의 사람들은 섹스처럼 육체와 직접 관련된 장면들에 훨씬 더 큰 흥미를 보인다.

하나님과의 관계와 사람과의 관계가 정확히 일치하지는 않으며, 어떤 면에서 근본적으로 다르다는 것은 나도 잘 알고 있다. 하나님은 무한하고, 손으로 만질 수 없으며, 눈에 보이지도 않는다. 하지만 내가 하나님을 이렇게 묘사하고 이야기를 끝낸다면, 사람들은 '우리와 관계를 맺고 싶어 하는' 한 존재자와 직면하는 문제에 대해 별다른 공감을 못 느끼고 지나가 버릴 것이다. 바론 폰 휘

겔(Baron von Hügel)은 이 문제를 인간과 개의 관계에 비유했다.* 하지만 이것은 우리 인간에게 과분한 비유다. 무한한 하나님이 인간과 관계를 맺는 것은, 사람이 개와 관계를 맺을 때보다 훨씬 많은 노력을 요하니 말이다. 인간이 숲진드기와 소통하는 경우와 비유한다면 좀더 그럴듯해지겠다.

서로 다른 종류의 피조물 간의 의사소통은 필연적으로 양쪽 모두에게 혼란과 실망을 가져온다. 우리 인간이 하나님과의 관계 속에서 얻으려 하는 것은 하나님이 원하시는 것과 상당히 어긋날 것이다. 우리는 하나님이 우리처럼 만져지고, 형체를 가지고 있으며, 감지할 수 있는 존재이기를 바란다(우상숭배가 그렇게 오랜 역사를 갖게 된 것도 이 때문이다). 또 우리는 하나님이, 인간이 들을 수 있는 목소리로 말씀하셔서 우리가 그의 말씀을 분명하게 이해하게 되기를 기대한다(예일 대학의 에즈라 스타일스 교수는 하나님과 대화하기 위해 하나님의 모국어인 히브리어를 배웠다고 한다[7]).

하지만 하나님은 성육신과 아주 드물게 일어나는 강림 사건을 제외하고는 인간의 수준에 맞춰 대응하는 데에 큰 관심을 보이지 않으신다. '이미 가 봤고, 이미 다 해 봤다'(been there, done that)라는 상투적인 문구에 더할 나위 없이 어울리는 하나님은, 필요 이상으로 시간과 공간에 스스로를 한정시킬 이유가 전혀 없으시다. 오히려 하나님은 영적인 영역으로 우리를 끌어가 그곳에서 우리와 대응하려 하신다. 그리고 정의, 자비, 화평, 은혜, 사랑과 같이 물질 세

---

* "우리 집 개들은 나를 알아보고 정말로 좋아한다. 하지만 그 개들은 나를 '생생'하게는 알아도 '분명'하게는 알지 못한다. 조금 있다가 내가 그 개들을 괴롭히면 하인들이나 아이들에게로 도망치려 할 것이다. 아니, 아예 인간들에게서 완전히 벗어나고 싶어 할 것이다.…하지만 이 얼마나 멋진 일인가! 이렇게 개들은 얕고 분명한 동료 개들을 찾지만, 동시에 깊고 어렴풋이 인식되는 우리 인간을 필요로 한다. 그들은 진정 스스로 확실히 이해할 수 있는 것을 원한다.…만약 신앙이 진리이고 그 대상이 실재한다 해도, 나는 결코 그 신앙의 근원과 목표를 분명하게 인지할 수는 없을 것이다. 내 개가 나를 분명하게 인지할 수 없는 것처럼 말이다."[6]

계에서도 얼마든지 효력을 발휘할 수 있는 영적 자질을 우리가 얼마나 키워 나갔는지에 더 많은 관심을 보이신다. 간단히 말해, 하나님은 우리가 자신을 닮기를 원하신다.

고대 동방 정교회의 한 작가가 이런 글을 남겼다. "인간의 마음으로는 하나님을 이해할 수 없다. 만약 그럴 수 있다면, 그는 이미 하나님이 아닐 것이다."[8] 하나님과 나는 서로 완전히 다르다. 때문에 성경은 하나님과 우리의 관계를 묘사하는 모형이 '우정'이라고 이야기하지 않는다. 이 관계에서 적절한 관계의 모형은 '예배'다.

나치 포로 수용소에 갇혀 있다가 살아 나온 빅터 프랭클(Viktor Frankl)은 이후 유명한 심리 치료사가 되었다. 그는 다른 죄수 한 명과 함께 언제 죽을지 모른다는 두려움에 휩싸인 채 나치 호송병에 이끌려 미지의 목적지를 향해 행진하던 때의 일을 다음과 같이 회상했다.

몇 번이고 빙판 위에 넘어지고, 서로를 떠받쳐 주고, 넘어진 상대를 일으켜 세우며 그렇게 비틀비틀 몇 마일을 걷는 동안, 우리는 아무 소리도 내지 않았다. 하지만 둘 다 알고 있었다. 두 사람이 모두 자기 아내를 생각하고 있다는 것을 말이다. 이따금 눈을 들어 하늘을 바라보니 별빛이 희미해지고 아침을 알리는 붉은 기운이 어두운 구름층 뒤에서 퍼지고 있었다. 하지만 나의 마음은 여전히 아내의 형상으로 가득 차 있었다. 신기할 정도로 명료하게 아내의 모습이 떠올랐다. 내 말에 답하는 아내의 목소리가 들렸고, 솔직하게 위로하는 표정과 미소도 보였다. 진짜였든 아니든, 이때 아내의 모습은 이제 막 떠오르기 시작한 태양보다 더 환하게 빛났다.

그러다가 한 가지 생각에 사로잡혔다. 무수한 시인들이 노래했고, 수많은 사상가들이 궁극의 지혜라 주장한 진리를 오늘 내가 생애 처음으로 목격했다는 깨달음이었다. 그 진리란 '인간이 성취할 수 있는 가장 궁극적이고 고상한 목표는 사랑'이라는 것이었다. 인간의 시와 사상과 믿음이 드러내야할 가장 위대한 비밀의 의미, **즉 인간의 구원은 사랑을 통해서 그리고 사랑 안에서 이루어진다**는 것을 깨달은 것이다.

생애 처음으로 나는 "천사들은 무한한 영광을 묵상할 기회를 영구적으로 상실했다"라는 말의 의미를 이해할 수 있었다.[9]

프랭클의 회고록을 읽는 동안 나는 두려움과 고통과 임박한 죽음의 순간에 처하게 된다면 누구를 생각하게 될지 자문해 보았다. 나 역시 프랭클처럼 내게 남은 모든 힘을 다해, 삶을 함께 나누고 내게 사랑의 의미를 가르쳐 준 아내의 얼굴을 떠올리게 될 것 같았다. 그녀를 통해 사랑하는 법을 배우지 않았다면, 내가 과연 하나님을 사랑하는 법을 알 수 있었을까? 관계를 통해 비로소 인간이 된다고 가정했을 때, 지금의 나라는 인간은 그녀에게 큰 빚을 지고 있다. 처음 만났을 때 지나칠 정도로 부끄럼이 많고, 사회성이 없고, 감정적으로 많은 상처를 가지고 있던 나를, 그녀는 그런 못난 모습들에 개의치 않고 사랑과 관심으로 안아 주었다.

이 책을 쓰고 있는 지금, 아내는 3,200킬로미터나 떨어진 친정에 다니러 갔지만 여전히 내 안에 '살아' 있다. 우리가 함께 지낸 시간들이 나의 마음을 가득 채우고 있으며 나의 성격을 이루고 있다. 아내는 내 곁에 없었지만 오늘도 나는 종일 그녀가 나와 함께 있다고 느끼며 지냈다. 지금도 나는 아내가 무엇을 하고 있을까를 생각하며 그녀를 위해 기도한다. 그리고 그녀가 보고 싶다.

나는 자넷이 내게 영향을 끼친 과정을 생각해 보면서 성경이 왜 그토록 자주 사랑과 결혼이라는 요소를 사용해 하나님과 인간 간의 관계를 설명했는지를 이해하게 되었다. 빅터 프랭클은 아내를 생각하면서 그때까지 늘 이해할 수 없었던 '예배'의 의미를 처음으로 깨달았다. 우리는 묵상할 기회를 영원히 상실한 천사들은 아니지만, 그럼에도 하나님과 인간 배우자를 사랑하겠다는 약속을 자주 깨뜨리고 마는 결점투성이 인간이다.* 우리 부부가 지난 30년 동안 결혼 생활을 할 수 있었던 것은 그 근저에 우리가 날마다 사랑을 새롭게 재조정하겠다는 약속이 깔려 있었기 때문이었다. 낭만이 아닌 신의가 우리를 지켜 주었다.

결혼 초기에 연륜 있는 어른들은 우리에게 이런 충고를 들려주시곤 했다. "낭만적인 사랑에 의지하지 말게. 그런 사랑은 오래가지 못해. 사랑은 감정이 아니라 결단일세." 당시 결혼의 단꿈에 푹 빠져 있던 나는 감정마저 모두 잃어버린 늙은 세대가 으레 하는 말이려니 하며 그들의 충고를 무시했다. 하지만 많은 세월이 흐른 지금, 나는 그들의 충고에 동감한다. 물론 결혼은 사랑 위에 존재한다. 그러나 그 사랑은 부모나 그리스도의 제자가 베풀어야 하는 것과 같은 사랑이다. 즉, 그 사랑은 상대보다 한 걸음 먼저 나가 한 발 한 발 앞으로 나가겠다는 단호한 결단이다.

생각해 보면 그리스도를 따르기로 결심한 이후에도 많은 것이 변하지 않은 채 그대로 있다. 어떤 것은 그리스도를 따르기 전보다 더 힘들어지고 복잡해지기도 했다. 하지만 하나님과 함께하는 삶은 결혼 생활에서처럼 훨씬 더 만족스러워졌다. 그리스도를 따르기로 결심한 것은 앞으로 걸어갈 길을 택하는 출발점이었을 뿐, 나는 여전히 그 길을 느리게 걷고 있다. 결혼 생활보다 더 긴 시간 동안 그 길을 걸어온 셈이다. 하나님 역시 여전히 내 안에 살아 계신다. 보이지

---

* 평생 영성을 연구하며 기도와 관련된 책을 7권이나 집필한 토머스 그린 목사는 성공적인 기도 생활과 성공적인 결혼 생활이 서로 관련이 있다는 흥미로운 주장을 했다. 그는 '만져서 알 수 있는 것'(tangibility)은 그리 중요하지 않다고 주장했는데, 왜냐하면 그는 이런 실재성이 인간 관계에서의 성공조차 보장해 주지 못한다고 생각했기 때문이다.[10]

않아도 항상 나와 함께 계시면서 나를 변화시키고 인도해 주시며, 나의 참된 정체성을 일깨워 주고 계신다.

결혼 서약과 하나님과의 언약이 결코 똑같을 수는 없을 것이다. 두 약속 모두 신의를 필요로 하지만, 하나님과의 약속은 '보이지 않는 것을 확신'해야 한다는 의미의 믿음까지 필요로 한다. 반면, 부부의 경우 어느 한 사람이 여행을 떠나지 않고서는 매일 아침 손을 뻗어 아내를 만져 분명한 증거를 얻을 수 있으니 아내의 존재 여부를 의심할 일이 없다.

본래 하나님은 자기 계시자(self-revealer)이다. 그분 자신이 스스로를 드러내 주셔야 한다. 하지만 동시에 하나님은 자기 은폐자(self-concealer)이다. "감추어진 일은 우리 하나님 여호와께 속하였거니와"(신 29:29). 모세가 이스라엘 백성에게 한 말이다. 우리는 (아마도 우리를 보호하기 위해 숨겨 놓으신) 비밀스러운 것과 드러난 것들 사이에 매달려 산다. 하나님은 우리의 갈망을 충족시켜 주시는 분인 동시에, 그 누구도 직접 보고서 살아남을 수 없는 위대한 미지의 존재다. 어쩌면 하나님의 부재와 존재는 우리가 우리로 존재하고, 나아가 생명을 보존하기 위해 필요한 두 가지 필수 요소일지도 모르겠다.

성경이 하나님을 아버지와 어머니로 혹은 주인이나 심판자로, 사랑 많은 분으로,
분노하고 질투하는 분으로, 십자가에 달린 분으로 각기 다양한 이미지로 묘사한 것에 대해
거부감을 느끼는 사람들은 보통 이렇게 말한다. '이건 내가 도저히 다룰 수 없는 문제야.'
그런데 아무리 자신들이 느끼는 고뇌를 적나라하게 표현했다고 하더라도
이 문장에서 그들이 '다루다'라는 단어를 택했다는 점은 한 가지 흥미로운 사실을 드러낸다.
우리가 '다룰 수 있는' 하나님을 찾는다면 그 하나님은 우리가 완전히 이해할 수 있는
하나님일 것이다. 곧 우리가 다른 인간을 대하듯이, 우리 마음대로 그 자비의 넓이도 조종하여
축소시킬 수 있는 그런 하나님 말이다.11
_캐슬린 노리스

9. 하나님의 성격

> 하나님은 우리가 당신을 추구할 수 있는 정도의 암시만 주실 뿐
> 자신을 완전히 발견할 수 있을 정도의 충분한 것을 알려 주시지는 않는다.
> 거기서 더 나아가면 우리는 자유를 잃게 될 것이나
> 하나님은 우리의 자유를 귀하게 여기신다.[1]
> _론 한센

몇 가지 하나님의 '성격적 특징'들로 인해 그분과 관계를 맺는 것이 더 어려워지는 경우도 있다. 신학 서적들은 하나님의 성격을 설명할 때 전지하고 무감각하며 쉽게 동요하시지 않는다는 등의 정적인 단어들을 쓰는 경향이 있는데, 실제로 성경에 나타난 하나님은 결코 정적인 분이 아니다. 하나님은 직접 역사 속에 들어오셔서 약자 편에 서시고 사람들과 논쟁하는 분이다(하나님이 논쟁에서 지는 일도 있다). 또한 그분은 때로는 자신의 능력을 행사하고, 때로는 그 힘을 의식적으로 억제한다. 성경에 나오는 하나님과 동행한 사람들의 이야기는 신학 서적보다는 추리 소설이나 연애 소설과 닮았다. 정작 성경을 읽어 보면 나를 비롯한 대부분의 사람들이 예상한 것과는 전혀 다른 하나님을 알게 된다. 이제부터 하나님의 성격을 몇 가지 정리하게 될 텐데 이것을 읽고 하나님과 인격적인 관계를 맺고자 하는 사람들 중에 놀라고 당황하는 이가 있을지도 모르겠다.

하나님은 주저하신다. 그렇다고 하나님이 파티에 온 중학생처럼 소심하게 부

끄러워하신다는 말은 아니다. 하나님은 천둥 같은 소리로 말씀하는 분이며, 그분이 직접 모습을 드러내실 때 인간은 두려움에 떨며 땅에 엎드리지 않을 수 없다. 다만 하나님은 참견하기를 주저하는 분이다. 이 땅에서 벌어지는, 하나님을 불쾌하게 만드는 많은 일들을 생각한다면, 하나님이 얼마나 엄청난 자제력을 발휘하고 계시는지 이해할 수 있을 것이다. 때로는 참느라 골치가 아프실 것이다.

성경은 창조의 목적이 안식일이라는 휴식의 시간에 있음을 보여 준다. 이 날에는 하나님과 모든 피조물이 평화와 조화를 누린다. 하지만 인간의 역사는 온갖 크고 거슬리는 소리를 내어 끊임없이 그 안식을 방해했다. 특히 구약 성경을 보면 하나님은 악이나 고통이 정말로 위험한 수준에 이를 때까지 참으셨다가 그 주저하는 성격을 이겨내고 겨우 개입하셨다. 그리고 아주 가끔씩은 직접 혹은 자연 현상을 통해 이 땅에 당신의 모습을 드러내기도 하셨지만, 대부분의 경우 자신을 대신해 말씀을 전달할 한 개인을 택하는 방법을 취하셨다.

그러나 성경은 다른 종교 경전에 비해 가시적 세계와 비가시적 세계가 연결되는 장면을 많이 보여 주지 않는다. 우리는 모세가 불타는 떨기나무를 봤다거나 선지자들이 꿈이나 환상을 통해 하나님의 모습을 목격한 극적인 장면과 기적이 일어나는 장면들에 주목하는 경향이 있다. 하지만 그 이후 그처럼 비가시적 세계가 겉으로 드러난 기록은 거의 찾아보기 힘들다. 주로 하나님은 수많은 울부짖음과 기도 후에야, 그것도 수십 년이나 수백 년이 지나서야 그 일에 개입해 주셨다. 하나님은 성급한 분이 아니라, 오히려 행동하기를 주저하는 분이다.

하나님은 왜 이런 성격을 갖고 계신 것일까? 물론 내가 하나님을 대변할 수는 없지만 그 질문에 대한 답은, 눈에 보이지 않는 존재가 물질 세계의 인간과 관계를 맺을 때 발생하는 '문제'와 부분적으로 관련이 있을 것 같다. 성경의 주장대로 눈에 보이지 않는 세계가 이 물질 세계와 나란히 존재한다 하더라도 우리에겐 그 세계를 감지할 만한 능력이 없다. 나는 지금까지 엘리사처럼 불병거를 볼 수 있는 능력을 가진 그리스도인을 본 적이 없다. 비가시적인 세계와 대응하는 능력을 기르려 할 때도, 그것은 히브리서 기자가 정의한 '보지 못하는 것들의 증거'인 믿음을 통해서만 가능하다.

하나님은 우리의 시각과 정반대되는 상황을 보고 계신다. 그분은 우리와 달리 이 세상에 일어나는, 눈에 보이는 일들뿐 아니라 감춰진 다른 모든 영역을 볼 수 있으시다. 게다가 그분은 모든 역사를 한 눈으로 보신다. 우리의 경험을 짧은 옷감 조각들을 연이어 놓은 것에 비유한다면, 하나님의 경험은 한 뭉텅이의 털실 꾸러미 같을 것이다. 몸의 구속을 받지 않는 하나님은 모든 장소에 동시에 존재하신다. (우리는 하나님이 영으로 존재하시는 것을 다행으로 여겨야 할 것이다. 무한한 **물질**로 된 존재가 모든 공간을 차지한다면, 우리가 머물 공간은 전혀 없을 것이기 때문이다.)

하나님께 다가가려 할 때 우리를 가로막는 장벽은, 하나님이 우리에게 다가오실 때도 장벽이 된다. 하지만 그 장벽이 작용하는 방식은 정반대다. 즉, 자신을 이 세상에 드러내려 하실 때마다 하나님은 스스로를 제한하셔야 한다. 그분은 말 그대로 '자신을 낮추어' 우리 인간의 관점을 취하신다.

모세는 불타는 가시떨기 나무를 보고 큰 감동을 받아 인생의 방향을 바꾸었고, 이는 곧 온 인류의 역사가 바뀌는 계기가 되었다. 그는 불꽃 가운데에서 말씀하시는 하나님의 음성을 들었다. 하지만 하나님 편에서는 그 불타는 가시떨기 나무가 한없는 자기 제한과 인간을 위한 조절을 뜻했다. 모세 앞의 그 떨기 나무는 중국이나 남미가 아닌 시내 산에 나타났다. 비판적인 사람들은 이를 두고 '특수성의 스캔들'이라는 이름을 붙이며 문제를 제기했다. 왜 하나님은 다른 모든 민족을 내버려 두고 하필 이스라엘을 택하셨는가? 왜 하나님은 예수라는 사람을 통해 성육신하여 팔레스타인의 낙후된 지방에 자리를 잡으셨는가? 터놓고 말해 인간이 이해할 수 있는 방법으로 하나님이 인간과 소통하기를 바라셨다면, 아마 하나님 입장에서 선택할 수 있는 방법은 거의 없었을 것이다. 인간 세상에 들어오기 위해 하나님은 시간과 공간의 법칙에 제한을 받으셔야 했다. 가시적인 세계와 비가시적인 세계, 하나님과 인간 존재 사이의 모든 대응은 두 세계의 방법으로 작용하며 양쪽 모두에게 영향을 미친다.

미래의 어느 날, 인간이 고래의 언어를 완전히 터득했다고 생각해 보자. 우리는 수중 송신기를 바다 속으로 내려보내 고래가 알아듣는 끽 하는 소리와 딸깍거리는 소리로 고래와 대화를 나눈다. 이때 인간은 자신이 스스로를 제한하고 수준을 낮추어 고래가 이해할 수 있는 방법을 택해 행동했다고 생각하겠지만, 그래도 고래는 인간이라는 존재의 온전한 본질을 결코 이해할 수 없다. 그리고 이때 우리는 노트북 컴퓨터와 초고층 빌딩들, 메이저리그에 관한 이야기가 아니라 물고기와 플랑크톤과 바다에 대한 대화만 나눌 수 있을 것이다. 이 비유는 전지전능한 하나님이 인류와 소통한다는 것이 어떤 의미인지를 희미하게나마 이해할 수 있게 해준다.

간단히 말해, 하나님이 의사 소통의 속도를 정하셔야 한다. 우리는 그저 하나님이 알리고자 하시는 그분의 성격만을 알 수 있을 뿐이다. 보이지 않는 하나님과 물질적인 인간 간의 관계는 결코 동등할 수 없는 것이기에, 그 관계는 많은 부분이 신비 속에 감춰진 채로 남아 있을 것이다. 하나님은 우리의 모든 것을 아시지만, 우리는 절대로 하나님의 모든 것을 알 수 없다. 하나님이 예레미야에게 하신 질문은 이런 면에서 의미심장하다. "나는 가까운 데에 있는 하나님이요, 먼 데에 있는 하나님은 아니냐?"(렘 23:23).

또 성경은 하나님이 인간 세계에 좀더 자주, 좀더 직접적으로 간섭하지 않고 참으시는 이유를 분명하게 암시하는데, 그것은 바로 우리 인간의 유익을 위해서다. 즉, 그분의 주저하심은 자비의 결과인 것이다. 사도 베드로는 하나님이 역사를 주관하신다는 사실을 의심하고 비웃는 자들에게 이렇게 대답했다. "주께서는 하루가 천 년 같고 천 년이 하루 같다는 이 한 가지를 잊지 말라. 주의 약속은 어떤 이들이 더디다고 생각하는 것같이 더딘 것이 아니라 오직 주께서는 너희를 대하여 오래 참으사 아무도 멸망하지 아니하고 다 회개하기에 이르기를 원하시느니라"(벧후 3:8-9).

노아의 홍수, 바벨탑, 애굽의 열 가지 재앙, 앗수르와 바벨론의 침입 등 구약성경에서 하나님이 특별하게 개입하신 사건들을 보면, 하나님의 그 거룩한 '주저하심'에 깊이 감사하게 된다. 존 업다이크도 이렇게 말했다. "하나님이 침묵하신다고 느껴지는 것이 오히려 더 나을 수 있다. 큰 목소리로 자신을 분명하게 드러내는 하나님은 위태로운 독재자 같은 골목 대장처럼 보일지도 모르니 말이다. 하나님이 침묵하신다는 것은, 겁에 질려 비틀거릴 우리를 그분이 한없이 격려하고 계시다는 뜻이다."[2]

하나님은 자신을 숨기고 계신다. 유대인 철학자, 마르틴 부버(Martin Buber)는 이렇게 말한다. "성경에는 하나님이 얼굴을 숨기시는 때의 이야기도 나온다. 하늘과 땅이 서로 완전히 분리된 듯 느껴지는 때 말이다. 이때 하나님은 이 땅에서 완전히 물러나 더 이상 이곳의 문제에 관여하시지 않는 것처럼 보인다. 이 역사의 공간은 소음으로만 가득 차, 하나님의 숨결은 어디에서도 찾아볼 수 없는 것만 같다."[3] 나 역시 가끔씩 질문한다. 오늘을 사는 우리 역시 소음으로만 가득 차, 하나님의 존재를 전혀 느낄 수 없는 시간을 살고 있는 것이 아닐까? 왜 하나님은 너무 빨라 도무지 잡을 수 없는 반딧불이처럼 한순간 밝게 자신의 존재를 드러냈다가 곧바로 모습을 감추시는 것일까?

이사야는 직설적으로 "구원자 이스라엘의 하나님이여, 진실로 주는 스스로 숨어 계시는 하나님이시니이다"(사 45:15)라고 말했다. 벨덴 레인(Belden Lane)은 이 구절을 묵상하던 중, 자녀들과 숨바꼭질하다가 조바심이 났던 때를 기억해 냈다. 그의 아들은 숨기 좋은 곳을 찾고 나면 꼭 "이제 됐어요!"라고 외쳤다. 그 소리 때문에 아들의 위치가 곧바로 탄로 날 텐데 말이다. 때문에 레인은 계속해서 숨바꼭질의 핵심을 아들에게 알려 주었다. "숨고 나서 네가 어디에 있는지 알려 줘선 안 돼!" 그러다가 어느 날 문득 그는 이 놀이의 핵심을 놓치고 있는 것은 아들이 아니라 바로 **자신**이었다는 것을 깨달았다. 그 놀이의 즐거움은 어디까지나 발견되는 데 있었던 것이다. 누구도 찾지 못할 곳에 홀로 남고 싶은 사람이 어디 있겠는가?[4]

"하나님은 먼 곳에 숨어 헛기침을 하면서 자신의 위치를 드러내는 사람과 같다."[5] 마이스터 에크하르트(Meister Eckhart)의 말이다. 하나님 역시 숨어 있는 자신을 누군가가 발견해 주는 것을 기뻐하시는 게 아닐까?

레인의 딸은 좀더 영리한 기술을 썼다. 딸은 다른 곳으로 달려가 숨는 척을 하다가 곧바로 돌아와 눈을 감고 숫자를 세고 있는 아버지 곁으로 살금살금 다가왔다. 신이 난 아이의 숨소리가 바로 옆에서 들려왔지만, 레인은 딸아이를 잡지 않았다. 오히려 너무나 즐겁다는 듯 능청스럽게 눈을 뜨고 외쳤다. "다 숨었지? 이제 찾으러 간다!" 그러면 딸은 아빠가 다음 술래를 찾아 나서기도 전에 결승점에 손을 갖다 댔다. 레인은 그때를 회상하며 말했다.

물론 그 아이가 나를 속인 것이다. 하지만 왜 그랬는지는 몰라도 나는 항상 딸아이를 그냥 그렇게 내버려 두었다. 몇 분만이라도 아무 소리도 못 들은 척 딸과 그렇게 가까이 서 있고 싶어서가 아니었을까? 그런 놀이를 통해 일순간이나마 부모 자식 간의 거리감을 무너뜨리고 자유롭게 서로를 만지고 찾고 발견되기를 원했던 것 아닐까? 딸아이가 바로 곁에 와 있다는 것을 모른 척한 것은, 아주 사소하고 단순한 은혜의 행동이었다. 하지만 그 단순한 행동 속에서 나는 내가 딸아이를 위해 할 수 있는 최선의 것으로 하나님의 모습을 반영했다고 생각한다. 지금까지도 하나님은 내게, 잔디밭을 살짝 돌아서 다시 돌아와 간신히 숨을 참고는 또 한 번 나를 놀라게 하려고 최대한 가까이 와서 서 있는 일곱 살짜리 딸처럼 느껴진다. "하나님이여, 진실로 주는 스스로 숨어 계시는 하나님이시니이다"(사 45:15). 선지자도 이렇게 선포했다. 이 거대하고 복잡한 진리에는 어두운 신비뿐 아니라 장난스러운 명랑함도 깃들어 있다.[6]

정말 하나님은 발견되기 위한 이 숨바꼭질 놀이를 열심히 하고 계시는 걸까? 다시 말하지만 내가 하나님을 대변할 수는 없다. 성경에는 하늘의 사냥개처럼 먼저 우리를 찾아와 주시는 하나님의 모습이 묘사된 부분도 있다. 하지만 우리는 하나님을 만났다고 생각한 순간, 갑자기 종적을 감추는, '숨어 계신 하나님'(*Deus Absconditus*)을 찾아 헤맨 이사야의 감정을 느끼기도 한다. 방금 하나님을 본 것 같은데 지금은 안 보인다.

하나님은 사람들과 관계를 맺으실 때 '믿음'을 높이 평가하신다. 하나님이 숨어 있는 것처럼 느껴지는 등 의심하지 않고는 배길 수 없는 환경 속에서만 진가를 발휘하는 그 믿음 말이다. 사람들이 하나님의 주저하심과 침묵에 관해 질문했을 때 예수님은 이렇게 대답하셨다. "하물며 하나님께서 그 밤낮 부르짖는 택하신 자들의 원한을 풀어 주지 아니하시겠느냐.…내가 너희에게 이르노니 속히 그 원한을 풀어 주시리라." 그리고는 엄숙한 경고의 말씀을 덧붙이셨다. "그러나 인자가 올 때에 세상에서 믿음을 보겠느냐"(눅 18:7-8). 이후 사도 요한은 이렇게 말했다. "세상을 이기는 승리는 이것이니 우리의 믿음이니라"(요일 5:4).

하나님이 세상 모든 사람들에게 자신의 존재를 알리기를 원하셨다면 굳이 자신을 숨기지 않으셨을 것이다. 하지만 하나님이 그렇게 직접적으로 자신을 드러내신다면, 필연적으로 우리는 자유를 잃을 수밖에 없다. '믿음'의 자리를 '직접적인 목격'이 차지하게 되기 때문이다. 하나님은 직접적인 목격을 통한 앎이 아닌, 전혀 다른 종류의 앎을 원하신다. 그것은 바로 당신을 알고자 추구하는 이들의 헌신이 내포된 인격적인 앎이다.

나의 경우 숨바꼭질이 아닌, 자연사 박물관을 처음으로 방문했을 때 자신을 숨기시는 하나님의 성격을 좀더 생생하게 이해할 수 있었다. 그때 나는 박제된 거대한 회색곰과 털로 뒤덮인 매머드, 누렇게 빛이 바랜 고래와 천장에 매달린 공룡 뼈들을 넋 놓고 바라보았지만, 그보다 더 나의 눈길을 사로잡은 것은 위장술을 쓰는 동물들을 전시해 놓은 방이었다. 처음에 그곳을 지나갈 때는 겨울철과 여름철의 나뭇잎들을 나란히 전시해 놓은 방인 줄로만 알았다. 하지만 되돌아올 때 자세히 보니 입체 모형들 사이에 동물들이 모습을 숨기고 있었다. 흰족제비 한 마리는 겨울 풍경을 뒤로 하여 눈덧신토끼를 뒤쫓고 있었고, 여름을 배경으로 한 장면에는 버마재비와 여러 새들, 나방들이 숨어 있었다. 안내문에 숨어 있는 동물이 몇 마리인지 적혀 있었는데, 나는 그 동물들을 다 찾아보느라 반나절 동안 그 자리를 떠나지 못할 정도였다.

나는 결정적으로 무엇 때문에 하나님의 편에 서게 되었는지를 여러 자리에서 말해 왔는데, 그것은 성경도, 기독교 서적도, 누군가의 설교도 아니었다. 내가 하나님께로 돌아선 것은 자연과 클래식 음악, 낭만적인 사랑을 통해 이 세계 속에 누군가의 선함과 은혜가 움직이고 있다는 것을 발견했기 때문이었다. 그 선물들을 누리면서 나는 그 선물을 주신 분이 누구인지 찾기 시작했다. 너무 감사하게 느껴지는 선물들이었으므로 그 감사를 돌려드릴 분을 찾아야 했다. 마치 입체 모형관에 있던 동물들처럼 하나님은 언제나 발견되기를 기다리면서 그 자리에 계신다. 여전히 확실한 증거는 없고 몇 가지 단서들만 있을 뿐이지만, 그것만으로도 나는 믿음을 가질 수 있었다.

어느 해 12월 31일 밤의 일이었다. 우리는 파티에 참석했다가 교통 체증을 피하려고 자정이 채 되기 전에 그 장소를 빠져나왔다. 콜로라도 스프링스에서 열린 그 파티 장소에서 집으로 돌아가려면 장장 두 시간을 운전해야 했고, 술에 취한 사람들이 차를 몰고 거리로 나오기 전에 몇 킬로미터라도 시내를 벗어나고 싶었기 때문이었다. 하지만 그때까지만 해도 나는 강인한 산악인들이 매해 마지막 밤에 한 가지 전통적인 행사를 하고 있다는 것을 몰랐다. 이들은 매해 마지막 날 밤 불꽃놀이 용품을 가득 담은 배낭을 메고 눈 덮인 어두운 파이크 산을 정상까지 오르고 있었던 것이다. 그렇게 우리는 뭣도 모르고 차를 운전하고 있었다. 그런데 정확히 자정이 되자 갑자기 산꼭대기에서 붉고 푸르고 노란 불꽃들이 피어올랐다. 거리가 멀어 소리는 들리지 않았지만 그 크고 화려한 불꽃은 고요하게 그리고 천천히 하늘 위로 피어오르며 그 뒤의 눈으로 뒤덮여 있던 거대한 파이크 산의 모습을 비춰 주었다. 그러자 그 산이 우리 시야를 가득 채웠다. 파이크 산 이외의 모든 것들이 장난감처럼 보였다. 그때까지도 그 산은 계속 거기에 있었던 것인데, 다만 그 산을 볼 눈이 우리에게 없었던 것이다.

"여호와께서 과연 여기 계시거늘 내가 알지 못하였도다"(창 28:16). 야곱도 분명히 말했었다. 우리가 이 세상에서 아직 하나님을 발견하지 못했다면, 그건 우리가 잘못된 곳에서 그분을 찾고 있었거나, 혹은 이미 눈앞에 펼쳐져 있는 은혜를 미처 못 보고 있기 때문이 아닐까?

하나님은 너그러우시다. 이 진리는 대조의 방법으로 가장 잘 설명할 수 있을 것 같다. 마가복음 9장을 보면 귀신에 사로잡힌 아이에 대한 생생한 묘사가 나온다. 여기서 아이의 아버지는 거의 제정신이 아닌 상태로 예수님께 아들이 당하는 괴로움을 설명한다.

귀신이 어디서든지 그를 잡으면 거꾸러져 거품을 흘리며 이를 갈며 그리고 파리해지는지라. 내가 선생님의 제자들에게 내쫓아 달라 하였으나 그들이 능히 하지 못하더이다.…귀신이 그를 죽이려고 불과 물에 자주 던졌나이다. 그러나 무엇을 하실 수 있거든 우리를 불쌍히 여기사 도와주옵소서. (막 9:18-22)

예수님을 알아본 귀신은 즉시 아이가 심한 경련을 일으키게 만들었다. 나는 간질병으로 인한 발작 증세로 몹시 괴로워하는 사람을 본 적이 있기 때문에 이 장면을 쉽게 떠올릴 수 있다. 뇌 세포는 마음대로 조절되지 않고, 근육은 조기 사후경직이라도 일어난 것 같으며, 턱을 격렬하게 악물게 된다.

반면, 성령에 사로잡힌 사람은 이와 정반대되는 모습을 보인다. "성령을 소멸하지 말며"(살전 5:19)라고 경고한 바울은, 다른 본문에 가서는 "하나님의 성령을 근심하게 하지 말라"(엡 4:30)라고 말한다. 하나님은 자신을 너무나 겸손하게 낮추셔서 우리 인간에게 속수무책으로 당하기까지 하시는 것이다. 귀신이 인간을 불과 물에 던지고 형상을 흉측하게 망가뜨리는 반면, 주권자 하나님은 그저 그 사람 안에 거하시면서 '내게 상처를 주지 말아다오'라고 말씀하실 뿐이다. 우리는 오직 감정을 갖고, 우리를 깊이 배려해 주는 이들에 대해서만 걱정을 끼치고 상처를 줄 수 있다.

하나님의 아들 예수님의 삶에서도, 뭔가를 억지로 시키지 않으시고 인간을 너그럽게 대해 주시는 모습을 발견한다. 사람들을 만날 때 그분은 그들의 선택이 어떤 결과를 가져올 것인지 말씀해 주신 후에 그 선택권을 상대에게 넘기셨다. 인간의 자유를 한없이 존중해 주신 것이다. 심지어 사람들이 자기를 죽일 때에도 이렇게 기도하셨다. "아버지여, 저들을 사하여 주옵소서. 자기들이 하는 것을 알지 못함이니이다"(눅 23:34).

부모들은 자녀들을 올바로 인도하는 것과 조종하는 것 사이에서 균형을 맞추기가 너무나 힘들다는 것을 알고 있다. "아빠가 제일 잘 알아"(Father Knows Best: 1950년대에 방영된 미국의 인기 시트콤 제목—역주)도 맞는 말이고, 엄마는 그보다 더 많은 것을 알고 있겠지만, 결국 부모의 목표는 자신들의 삶을 그대로 빼닮은 복제 인간을 만들어 내는 것이 아니라 스스로 판단하고 선택할 수 있는 성숙한 인간을 양육해 내는 것이다. 인간의 선택에 모든 것을 맡기고, 외부에서 피조물을 다스리기보다는 피조물의 내부에서 활동하려 하심으로써, 하늘에 계신 우리 아버지는 '지나치다 싶을 정도로' 인간의 자유를 옹호하시는 것처럼 보인다.

여기서 우리는 앞서 말한 하나님의 성격들을 이해할 수 있다. 왜 하나님은 주저하실까? 왜 하나님은 숨어 계실까? 왜 하나님은 그토록 너그러우실까? 왜냐하면 하나님은 하나님 자신이 아닌 바로 **우리**를 이 인생 여정의 주체로 여기시기 때문이다. 우리의 여정은 안내문을 따라 열심히 찾으면 결국 원하는 것을 얻게 되는 보물찾기가 아니다. 여정 그 자체가 목표다. 하나님을 탐색하고자 하는 그 단호한 추구를 이어나가는 것 자체가 우리를 변화시키는 가장 중요한 요소다. 그 과정 중에 만나는 침묵과 어둠, 유혹, 심지어 고통까지도 우리를 좀더 당신의 아들을 닮은 모습으로 변화시키겠다는 하나님의 의도와 목적을 성취하는 데 기여한다.

강제적인 방법으로는 결코 사람을 변화시킬 수 없다. 교조적 마르크스주의자들과 나치들이 지금까지 살아남을 수 없었던 것도 이 때문이었다. 공상적 이상주의자들도 인간은 내면에서부터 변화하는 것이 최선임을 인정하지 않을 수 없었다. 존 테일러(John Taylor)도 그런 맥락에서 이렇게 말했다.

하나님은 모든 피조물들에게 끊임없이 이렇게 말씀하신다. '선택하라! 네 앞에 생명과 죽음, 복과 저주를 놓아두었다. 그러니 생명을 택하라. 그 상태로 머물러 있으면 흔적 없이 사라질 것이다. 아무리 고통스럽더라도 변화하라. 생명을 향해 나아가라.' 나는 창조의 과정을 조금씩 이해하게 될 때마다 매번 놀란다. 창조주가 마치 도박을 하듯 지금까지 모아 둔 모든 것을 믿기 어려울 정도로 과감하게 새로운 계획에 다 쏟아 붓는다는 생각이 들기 때문이다. 그리고 그분은 자기의 피조물 역시 그같이 엄청난 모험과 위험을 두려워하지 말고 헤쳐 나갈 것을 종용하신다.[7]

하나님은 다양한 모습으로 나타나신다. 하나님이 오랜 시간 침묵하실 때 욥은 "우리가 그에게서 들은 것도 속삭이는 소리일 뿐이니"(욥 26:14)라고 말했다. 하지만 책의 마지막 부분에 이르러서 그는 아마 이 문장을 '하나님이 외치시는 소리가 너무 크나이다!'로 수정하고 싶어졌을 것이다. 책 한 권 안에서 한 사람이 하나님의 임재와 부재를 동시에, 그것도 너무나 생생하게 경험한 것이다.

앞에서 나는 하나님의 임재를 증명하는 명백한 증거를 찾기 힘들다고 한 마틴 마티나 프레드릭 뷰크너 같은 신앙인들의 말을 인용한 바 있다. 하지만 그들과 반대되는 주장을 한 사람들도 얼마든지 있다. 윌리엄 제임스(William James)가 쓴 「종교적 경험의 다양성」(*The Varieties of Religious Experience*, 한길사)을 보면, 아우구스티누스와 조지 폭스(George Fox), 노리치의 줄리안(Julian of Norwich), 그리고 그 밖의 무수한 사람들이 본 환상이 정리되어 있다. 성경도 하나님의 임재에 대하여 이와 똑같이 유동적으로 묘사한다. 성경은 하나님이 당신을 찾는 모든 사람들에게 모습을 나타내신다고 말하지 않는다. 그분은 때에 따라 물러나기도 하고, 가까이 다가오기도 하신다. 하나님은 솔로몬 시대에는 극적인 방식으로 성전까지 내려오신 반면, 히스기야 시대 때는 조용히 뒤로 물러나 계셨다. 요나의 시대 때는 사냥개처럼 그를 쫓아다니셨다.

노리치의 줄리안은 아주 짧은 간격을 두고 하나님의 임재와 부재를 경험했다. 그녀는 일곱 번째 계시에서, "영원한 확신으로 가득 찬" 순간을 경험했으나 그 순간은 오래가지 않고 곧 "삶의 무게와 권태에 짓눌리고 스스로가 귀찮게 느껴지면서 삶을 이어나갈 인내심마저 상실"했었다는 이야기를 하고 있다. 그녀는 스무 번 정도 시소처럼 영적인 상태가 오르락내리락했다고 고백한다.[8]

나는 하나님의 임재와 부재를 추정하는 절대적인 원리 하나를 발견했는데, 그것은 나는 그 원리를 결코 알 수 없을 거라는 사실이다. 눈에 보이지 않는 주권자 하나님은 시편 기자가 말한 대로 "원하시는 모든 것을 행하[시는]"(시 115:3) 분으로, 인간과의 관계에 대한 모든 조건을 설정하는 것도 바로 그분이다. 신학자 칼 바르트(Karl Barth)가 그토록 강조한 것처럼, 하나님은 **자유롭다**. 그분은 자유롭게 자신을 드러내거나 감출 수 있으시고, 자유롭게 이 땅의 문제에 개입하거나 개입하지 않을 수 있으시며, 자유롭게 자연계 안팎에서 역사할 수 있으시다. 또한 자유롭게 세상을 통치할 수도, 세상의 멸시를 받고 거절을 받을 수도 있으시며, 자유롭게 자신을 드러내거나 제한할 수 있으시다. 인간의 자유는 스스로 자유를 소중하게 여기시는 하나님에게서 비롯된 것이다.

내가 어찌 이토록 자유로우신 하나님을 내 마음대로 통제할 수 있겠는가! 내가 할 수 있는 것은 그분을 만나기에 적절한 환경 속으로 들어가는 것뿐이다. 죄를 고백하고, 장애물을 제거하고, 내 삶을 정결하게 하고, 기대하는 마음으로 기다리는 것밖에 할 수 있는 일이 없다. 그리고 우리가 할 수 있는 또 한 가지는, 아마 그중에서도 가장 어려운 일이겠지만, 고독과 침묵을 추구하는 것이다. 하지만 백발백중 하나님의 임재를 경험할 수 있는 방법 같은 건 없다. 하나님만이 그 문제를 주관하시기 때문이다. 그러나 적어도 고독과 침묵이 작고 미세한 하나님의 음성을 듣기에 적합한 환경을 제공해 주는 것임에는 틀림없다. 반면, 하나님의 부재를 경험하고 싶을 때 쓸 수 있는 확실한 방법은 있다. C. S. 루이스가 이것을 알기 쉽게 설명해 두었다.

침묵을 피하고, 고독을 피하고, 익숙하지 않은 곳으로 이끄는 어떤 사색의 훈련도 피하라. 돈과 섹스, 지위와 건강 그리고 (무엇보다) 불만스러운 일들에 집중하라. 라디오를 항상 켜 두고 군중 속에 머물며 진정제를 과다 복용하라. 책을 꼭 읽어야겠다면 신중하게 고르라. 하지만 책보다는 도움이 될 만한 광고가 많은 신문에 집착하는 것이 좋다. 특히 성적이고 속물적인 광고들을 주의 깊게 살펴보라.⁹

하지만 루이스는 하나님을 추구하는 것에 대해서는, 자신 역시 한 번도 경험해 본 적이 없으므로 조언해 줄 것이 없다고 덧붙였다. "생각했던 것과는 정반대의 상황이었다. 그가 사냥꾼이고(적어도 내게는 그렇게 보였다), 내가 사슴이었다.…그러나 그토록 오랫동안 어긋나 온 하나님과의 만남이, 내가 양심에 순종하려고 진지하게 노력하는 순간에 이루어졌다는 것은 의미심장한 일이었다."

하나님이 하늘의 성인들과 천사들에게 보이시는 실제 모습의 일부만이라도 드러내신다면, 우리의 나약한 본성은 그 안에 가라앉고 말 것이다.…지극히 광대하신 하나님의 무게를 감당하기에 인간은 얼마나 미약한 거품 같은 존재인가. 아아! 그리하여 "하나님을 본 자는 죽음을 면치 못하리라."¹⁰
_조나단 에드워즈

10. 아버지의 이름으로

> 인간 실존의 모든 법칙은,
> '인간이 무한히 위대한 존재 앞에 엎드릴 수 있다'로 집약된다.[1]
> _도스토엡스키

흔히들 도로시 세이어즈(Dorothy Sayers)가 한 분야의 일만 한 사람이라고 생각하지만, 사실 그녀는 두 가지 분야에서 활발하게 활동했다. BBC와 PBS 방송국 덕분에 대부분의 사람들은 그녀가 '피터 웜지'라는 인물을 주축으로 한 탐정 소설의 저자로만 알고 있지만, 다른 한편의 사람들은 그녀를 G. K. 체스터턴이나 C. S. 루이스의 뒤를 잇는 평신도 신학자로 알고 있다. 그녀는 이 두 가지 영역 모두에서 기지와 독창성을 발휘하여 미스테리컬한 문제들을 풀어 나갔다.

세이어즈의 독창적인 책 「창조자의 정신」(*The Mind of the Maker*, IVP)은 그 모든 미스테리 중에서도 가장 신비한 '삼위일체' 교리의 자취를 좇는다. 일반 그리스도인들은 이 교리를 거의 이해하지 못하는 현실이지만, 사실 삼위일체에 대한 기본적인 이해가 없다면 우리는 하나님을 알 수도, 하나님이 우리와 맺은 언약의 본질도 헤아릴 수도 없다.

세이어즈는 하나님을 창조적인 예술가로 생각할 때 그분을 가장 정확하게 이해할 수 있다고 주장한다. 그녀는 하나님을 기술자나 시계공 또는 어떤 고정된 힘으로 여긴다면 결국에는 길을 잃고 말 것이라고 말한다. 하나님의 형상은, '아이디어'와 '표현', '인식'이라는 세 가지 창조 단계를 통해 형성된 작품인 인간을 통해 가장 정확하게 빛을 발하고 있으며, 이런 창조 행위를 재생산하는 유추의 과정을 거쳐 우리가 삼위일체 교리를 이해할 수 있다는 것이 그녀의 요지였다.

나는 세이어즈의 견해를 내가 제일 잘 아는 창조 형식인 글쓰기에 적용시켜 보았다. 모든 작가들의 글은 '아이디어'에서 시작된다. 내가 지금 쓰고 있는 이 책을 예로 들어보자. 나는 수년 동안 많은 책을 읽고, 사람들과 이야기를 나누었으며, 모호한 아이디어들을 여기저기에 휘갈겨 써두었다. 책 제목도 없었고, 책을 어떤 모양으로 만들지에 대한 분명한 구상도 없었다. 오로지 '눈에 보이는 인간이 어떻게 눈으로 볼 수 없는 하나님과 관계를 맺을 수 있는가?'라는 지극히 개인적인 질문에 대해 탐구하고 싶다는 강렬한 열망만 있었다. 가끔 친구들이 '필립, 요즘 어떤 책을 쓰고 있어?'라고 물어 올 때, 나는 성심성의껏 그들의 질문에 답해 주었지만, 설명을 다 들은 친구들은 내 아이디어는 도저히 글로 풀 수 없는 주제라는 듯, 멀뚱한 표정만 지을 뿐이었다.*

그리고 이제 드디어 글쓰기를 본격적으로 시작하는 순간이 왔다. 이제 나는 내 아이디어를 가장 잘 '표현'한 문장들을 선택해 나갈 것이다. 단테와 밀턴이 이미 입증해 놓은 것처럼 서사시 같은 다른 형식들로도 신학적인 주제를 표현할 수 있겠지만 나는 논픽션 산문이라는 도구를 쓴다. 존 웨슬리(John Wesley)는 설교문을 썼고, 그의 형은 찬송가 가사를 썼다. 모든 예술가는 시, 도자기,

---

* 내가 아는 대부분의 작가들은 '요즘 어떤 책을 쓰고 있어?'라는 질문을 받으면 약간의 공황 상태에 빠진다. 나는 이렇게 답하고 싶다. '아직 나도 몰라. 일단 책을 완성시켜 볼게. 그러고 나면 너에게 이야기해 줄 수 있을 거야.' 아이디어는 창조 과정의 제일 첫 번째 단계일 뿐이다.

오페라, 그림, 소설, 합창곡, 영화, 사진, 퀼트, 조각, 노래 등 다양한 도구를 택해 애초에 품었던 아이디어들을 표현해 나간다.

나는 내가 쓴 표현들의 모양을 날마다 바꿔 본다. 어제만 해도 꽤 긴 문단을 원래 있던 장에서 다른 장으로 옮겨 놓았고, 몇 페이지에 달하는 글을 완전히 삭제하기도 했다. 평균적으로 나는 책을 쓸 때마다 제일 처음 작성한 원고에서 1백 페이지 정도를 삭제한다. 스스로 편집을 해 나가다 보면 내가 여러 날 고생하며 쓴 몇 페이지의 글이 책 전체의 흐름을 가로막거나 모순되게 이끌어 감으로써 최초의 아이디어를 방해한다는 것을 알게 된다. 아이디어는 그 자체로 생명력을 가진다. 나는 오랜 경험을 통해, 내 표현들이 본래의 아이디어를 왜곡시킨다고 경고하는 본능의 소리를 따르는 법을 터득했다. 소설을 쓰는 친구들의 이야기를 들어봐도 글이 자기가 계획하거나 예상하지 못했던 방향으로 흘러가는 경우가 있다고 한다. 도구가 무엇이든, 모든 인간 창조자들은 하나같이 자신의 아이디어를 완전하게 표현하기 위해 최선을 다하지만 결국에는 한계를 느끼고 만다. 자신이 완성한 작품이 걸린 시스틴 성당을 방문한 미켈란젤로의 눈에는 분명 그 작품의 결점과 불완전한 부분만 들어왔을 것이다.

작품을 완성했다고 해서 창조 행위가 모두 끝난 것은 아니다. 다른 사람들이 그것을 받아들이는 과정이 필요하다. 지금 나의 경우를 예로 들자면, 이 창조 행위는 당신이 이 문장을 읽는 그 순간에 완료된다. 예술가가 창조 행위를 하는 유일한 목적은 소통하는 데 있으며, 따라서 그 창조 과정은 적어도 한 사람이라도 그 작품을 받아 주기까지는 미완의 상태로 남아 있다. 세이어즈는 이 마지막 단계를 '인식'이라 불렀다.

성공적인 예술 작품을 받아들인 이들은 어떤 형태로든 반응을 보인다. 실제로 위대한 작품을 만나는 순간, 우리 몸에서는 일종의 화학 결합이 일어나 근육, 심장 박동수, 호흡에 변화가 생기고 땀이 흐른다. 극작가 아서 밀러(Arthur

Miller)는 극본을 다 쓴 후에도 관중들 틈에 앉아 그들의 눈을 쳐다볼 때까지 긴장을 늦출 수 없었다고 말한다. 관객들의 눈에서 '맙소사, 저건 내 이야기잖아!'라는 의미가 담긴 인식의 불꽃이 튀는 것을 본 후에야, 그는 자신이 극본을 제대로 썼다고 확신할 수 있었던 것이다. 이처럼 인식이 창조의 주기를 온전히 완성한다.

도로시 세이어즈는 위의 책에서 능숙하게 이 세 단계를 삼위일체에 비유했다. 그녀는 하나를 이루고 있는 하나님의 통합체 속에서도 세 인격이 담당하는 일이 각기 다르게 구분된다고 말한다. 먼저 성부 하나님은 아이디어이자 본질이며, 모든 실재다. 하나님은 모세에게 "나는 스스로 있는 자이니라"(I am that I am, 출 3:14)라는 말로 자신을 소개하셨는데, 이 문장의 히브리어 원문을 보다 정확히 번역하면 '내가 무엇이 되든, 나는 그것이 될 것이다'(I will be whatever I will be)가 된다. 존재하는 모든 것, 그야말로 **모든 것**이 이 본질로부터 흘러나온다.

우리는 퀘이사 천체와 펄서 천체, 땅돼지와 개미핥기, 특히 인간 등 각 피조물을 통해 하나님에 대한 지식을 얻을 수 있다. 그러나 하나님이라는 본질을 가장 완벽하게 '표현'한 것은 다름 아닌 성자 하나님이다. 히브리서 기자는 "이[성자 하나님]는 하나님의 영광의 광채시요 그 본체의 형상이시라"(히 1:3)라고 했다. 바울도 "그는 보이지 아니하는 하나님의 형상"(골 1:15)이라고 말했다. 하나님이 어떤 분인지 알고 싶다면 예수님을 바라보라.

하나님의 창조적인 계시 중 마지막 단계는 하나님이 인간의 내면에 거하기 시작하신 날인 오순절에 성취되었다. 하나님의 본질과 관련되어 있으면서 창조의 때에 수면 위를 운행하셨던 바로 그 성령님이 이제 결함 많은 인간의 내면에 거함으로써, 우리에게 새로운 신분에 대한 '인식'을 심어 주셨다. "너희는…양자의 영을 받았으므로 아빠 아버지라 부르짖느니라. 성령이 친히 우리의 영과 더불어 우리가 하나님의 자녀인 것을 증언하시나니"(롬 8:15-16). 하나님의 창조 행위가 절정에 도달한 것이다.

"하나님이 인간을 만드신 것은, 그가 이야기를 좋아하기 때문이었다." 엘리 비젤(Elie Wiesel)의 말이다. 그리고 그 이야기의 중심에는 하나님과 피조물 간의 상호 작용이 있다. 세이어즈의 예술가 비유에 따라 표현해 보자면, 하나님이 지구상에서 공연될 연극 대본을 쓰신 후, 등장 인물들을 자유롭게 풀어 주신 것이다. 부모들은 말할 것도 없고, 예술가라면 누구나 무언가를 창조한 후 그것을 세상으로 내보내 그들로 하여금 하고 싶은 대로 할 수 있게 하는 것이 어떤 의미인지 잘 알고 있다. 창조는, 내보내 주고 그를 자유롭게 해주는 것을 뜻한다. 또한 하나님에게 있어 창조란 인간 피조물들이 다른 나머지 피조물들을 오염시키도록 허락한다는 뜻이기도 했다.

하지만 하나님은 제멋대로인 등장 인물이 줄거리를 완전히 망쳐 버리는 것을 더 이상 내버려둘 수 없어, 스스로 인간의 역사 속으로 들어가는 방법을 생각해 내셨다. 사도 요한은 이렇게 적고 있다. "태초에 말씀이 계시니라. 이 말씀이 하나님과 함께 계셨으니…말씀이 육신이 되어 우리 가운데 거하시매"(요 1:1-14). 이 사건으로 지금까지 대부분의 지구인들이 쓰는 달력의 기준이 되는 분이 세상에 오셨다. 이 예수님은 3년이라는 짧은 기간 동안 사역하셨으나, 다른 모든 선지자들이 전한 것보다 더 많은 하나님의 본질을 전해 주셨다. 제자 가운데 한 명이 확신을 갖지 못하고 "주여, 아버지를 우리에게 보여 주옵소서. 그리하면 족하겠나이다"(요 14:8)라고 했을 때, 예수님은 이렇게 대답하셨다. "나를 본 자는 아버지를 보았거늘 어찌하여 아버지를 보이라 하느냐. 내가 아버지 안에 거하고 아버지는 내 안에 계신 것을 네가 믿지 아니하느냐. 내가 그들에게 이르는 말은 스스로 하는 것이 아니라 아버지께서 내 안에 계셔서 그의 일을 하시는 것이라"(요 14:9-10).

훗날 이 땅을 떠날 준비를 하시던 예수님은 제자들에게 삼위일체의 공식을 알려 주시며 "너희는 가서 모든 민족을 제자로 삼아 아버지와 아들과 성령의 이름으로 세례를 베풀고 내가 너희에게 분부한 모든 것을 가르쳐 지키게 하라"(마 28:19-20)라고 권고하셨다. 성육신과 오순절 성령 강림은 하나님에 대한 새로운 차원의 비밀을 알려 주었고, 이에 그분에 대한 사람들의 사고 방식에는 일대 혁신이 일어났다.

초대교회가 삼위일체 개념을 선명하게 이해하여 이를 설명하는 교리를 확정하기까지는 약 5백 년이라는 시간이 필요했다.* 눈에 보이지 않는 세계에서는 아무런 문제없이 세 위격이 한 하나님이 될 수 있지만, 장막이 드리워진 세계에 몸담고 있는 우리는 시간에 얽매인 피조물의 학습 방법에 따라, 즉 차례차례로 이 세 위격을 하나씩 배워갈 수밖에 없다. 그래서 우리는 먼저 구약 성경에서 성부 하나님을 배우고, 신약의 복음서에서는 성자 하나님을 배우며, 사도행전과 서신서들을 통해 성령 하나님을 배운다.

한 소그룹 모임에서 친구들과 삼위일체에 관한 논의를 하면서 추상적인 신학을 실생활과 연결시키는 방안에 대해 이야기를 나누던 중에, 엘리사라는 친구가 이런 말을 했다. "저도 삼위일체의 세 위격을 그런 순서로 배워가면서 하나님을 알게 되었어요. 먼저, 어렸을 때 교회에서 하나님이 거룩하고 두려운 분이며 우리의 경배를 받으시기에 합당하신 분이라고 배우면서 성부 하나님을 알게 되었고, 그러다가 청소년기에 이르러 예수님을 알게 되었어요. 그 예수님

---

* '위격'(person)이라는 단어는 오랜 논의를 거쳐 탄생했다. 신학자들은 무대 위에서 한 사람이 세 위격을 표현할 때 쓰던 가면을 가리키는 말인 라틴어의 '페르소나'(persona) 그리고 헬라어의 '프로소폰'(prosopon)에서 이 단어를 빌려 왔다.

은 제가 평생 따르고 싶은 분이었지요. 그리고 마지막에 이르러서야 제 안에 살아 있는 하나님이신 성령님의 능력을 알게 되었답니다. 그건 마치 두 번째 회심 같은 사건이었지요."

엘리사는 단순하고 개인적인 경로를 통해, 시간에 얽매인 인간이 하나님의 실체를 파악해 가는 점진적인 과정을 능숙하게 포착했다. 부모가 자녀를 지도할 때처럼 하나님은 무엇보다 먼저 당신이 지도할 민족들에게 거룩하고 초월적인 모습을 드러내신다. 구약 성경의 일관된 교훈은 "여호와를 경외함이 지혜의 근본이라"(시 111:10)라는 한 마디로 정리할 수 있을 것이다. 그러나 예수님은 완전히 새로운 친밀함의 단계를 제시하시며 등장하셨다. "이제부터는 너희를 종이라 하지 아니하리니 종은 주인이 하는 것을 알지 못함이라. 너희를 친구라 하였노니 내가 내 아버지께 들은 것을 다 너희에게 알게 하였음이니라"(요 15:15). 그리고 이 땅을 떠날 준비를 하시던 중, 예수님은 우리가 이 땅에서 일어나는 하나님의 사역에 직접 동참할 수 있도록 도우시는 보혜사 성령을 보내 주겠다고 약속하셨다. 이제부터는 하나님이 '우리를 통해' 일하게 되신 것이다.

나는 기자로 일하면서 빌리 그레이엄과 현직 대기업 회장, 올림픽 선수, 전국적으로 유명한 작가 등 여러 유명 인사들을 만나 보았다. 하지만 이들을 만나려면 이웃이나 가족들을 만날 때와는 전혀 다른 과정을 거쳐야 했다. 그들을 만날 때는 먼저 대리인이나 비서에게 연락을 취해 약속을 정해야 했고, 만났다 해도 짧은 시간 안에 중요한 대화만 빡빡하게 이어 나가야 했다. 둘러앉아 한가하게 잡담을 나누는 일은 상상도 하지 못했으며, 그 만남을 통해 그들이 나에 대해 새로이 알게 되는 것은 하나도 없었다.

하지만 이웃 사람들과는 훨씬 더 편하게 만날 수 있다. 그들을 만나기 위해 미리 약속을 정해야 하는 경우는 거의 없다. 우연히 우편함 앞에서 만날 수도 있고, 강아지를 산책시키다가 마침 우리 집 앞을 지나는 그를 만나 날씨나 스포츠, 휴가 계획 또는 산불의 위험성 같은 공통 관심사에 대한 대화를 얼마든지 나눌 수 있다. 자동차가 눈길에 빠지거나 집에 사람이 없어 우편물을 받을 수 없을 때는 이웃에게 전화해 도움을 청할 수도 있다. 외로운 주말 저녁에는 자연스럽게 함께 저녁 식사를 하러 가기도 한다.

가족들을 대하는 방식은 이것과는 또 완전히 다르다. 우리는 보다 정기적으로 그리고 친밀하게 서로 연락을 한다. 건강 검진을 받은 후 의사에게서 좋지 않은 결과를 통보받으면, 누구보다 먼저 가족들에게 그 사실을 알린다. 가정 안에서는 일부러 특별한 역할을 맡아 노력해야 할 필요가 없다. 우리가 가족이라는 사실이 이미 우리의 관계를 규정하고 있기 때문이다.

세 개의 위격을 가진 하나님을 안다는 것은 다른 사람들을 알아가는 것과 비슷하다. 하나님과의 관계는 하나님이 우리에게 가르쳐 주신 한정적인 내용에 근거하고, 그 내용을 듣는 사람의 역할이 어떻게 변화하느냐에 따라 관계가 제한될 수도 있다. '하나님과의 인격적인 관계에 대해 설명해 주세요'라고 요청할 때, 구약 시대의 이스라엘 백성들은 신약 시대의 제자들이나 사도 바울과는 상당한 차이가 있는 답을 들려 줄 것이다. 그래서 나는 이번 장의 나머지 부분과 이어지는 두 장을 할애해 삼위일체의 세 위격을 각각 살펴보려 한다.

내가 선택한 단어들이 불경스럽게 느껴질지도 모르겠지만, 어찌됐든 나는 하나님을 알아가는 과정에서 각 위격이 가져다주는 '유리한 점'과 '불리한 점'이라는 측면에서 삼위일체를 바라볼 생각이다. 인간은 그 누구도 하나님의 완전한 본질을 충분히 깨달을 수 없다. 우리는 하나님이 우리에게 계시해 주신 여러 다양한 '표현들'을 통해서만 보이지 않는 하나님을 알 수 있다. 그런데 보이지 않는 하나님이 물질 세계에 있는 우리가 인지할 수 있도록 자신을 낮추어 다가오실 때마다, 우리는 어떤 면에서는 유익을 얻지만 어떤 면에서는 고통을 느낀다.

팀 스태포드가 지적한 대로, 신학자들은 하나님에 대해 이야기할 때 전능이나 거룩, 주권, 전지와 같은 특성을 먼저 강조하는 경향이 있다. 하지만 사실 이런 방법은 우리가 인격적인 존재를 알아갈 때 일반적으로 취하는 방법이 아니다.[2] 물리 대상에 대해 알아볼 때는 그 특성을 공부하는 것이 자연스럽겠지만, 인격적인 존재를 알고자 할 때는 그들의 이야기를 듣는 것이 먼저다. 관계가 시작되는 초반에는 상대에게 '당신에 대해 말해 주세요'라고 물으면서 그가 성장한 지역과 가정의 분위기, 다닌 학교에 대한 정보를 얻는다. 시간이 지나고 우정이 깊어지면 서로의 경험을 공유하면서 두 사람만의 이야기를 만들어 간다. (공교롭게도 팀 스태포드는 나의 절친한 친구이자 예전에 함께 일했던 동료다. 그의 이름만 들어도 내 마음속에는 이른 아침 함께 테니스 코트에 앉아 태양이 떠오르기를 기다렸던 일, 캠핑을 갔다가 날카로운 올빼미 울음소리에 놀라 잠에서 깼던 일, 아프리카의 인적 없는 해변을 함께 달리던 일 등 그와 공유했던 생생한 기억들이 떠오른다.)

이와 마찬가지로 우리는 기본적으로 구약 성경의 이야기를 읽음으로 성부 하나님이 어떤 분인지 파악할 수 있다. 하나님은 모든 피조물과 동시에 관계를 맺을 수 있는 분이며, 모든 피조물들을 붙들고 계신다. 그래서 히브리인들은 자연 만물을 바라보며 감사를 표현한 시편을 통해 이를 찬양했다. 한편 하나님은 아브라함과 이삭, 야곱의 자손들과는 한 차원 더 가까운 관계를 맺기로 택하셨다. 얼마나 가까이 다가가셨던지, 하나님은 아예 그들에게로 '옮겨가' 함께 사셨다. 처음에는 광야의 장막이었고, 나중에는 솔로몬이 건축한 성전이었다.

하나님이 광야에서 히브리인들과 장막 생활을 함께한 것은, 그분에게 거주할 곳이 필요해서가 아니라, 하나님의 실질적인 임재가 있어야 이스라엘 백성들이 그분을 알 수 있었기 때문이었다. 하지만 무엇보다 중요한 것은 하나님이 이스라엘 백성들과 '언약'을 맺으셨다는 사실이다. 이 언약에는 양자 모두를 제약하는 조건이 달려 있었다. 이와 관련하여 학자 페리 밀러(Perry Miller)는 이렇게 말한다. "당신이 하나님과 언약을 맺었다면, 이제 그분은 멀리 떨어져 있어 접근할 수 없는 신적 존재가 아니다. 그분은 이제 당신이 믿고 의지할 수 있는 존재가 된다. 그분에게 기대할 바가 명확해지는 것이다."

뿐만 아니라 아주 드물게 하나님이 극적으로 사람들에게 모습을 드러내는 일도 있었다. 하나님은 가인에게 직접 말씀하셨고, 아브라함과 사무엘에게도 말씀하셨으며, 노아에게는 아주 자세하게 방주의 모양을 알려 주셨다. 모세는 불타는 떨기나무를 보았고 하나님의 음성까지 들었다. 나중에 하나님은 모세와 '대면하여' 말씀하시기도 하셨다. 한밤중에 찾아온 사람과 씨름을 하고 새로운 이름을 얻은 야곱은 절뚝거리면서 감사와 놀라움을 금치 못하며 이렇게 말했다. "내가 하나님과 대면하여 보았으나 내 생명이 보전되었다"(창 32:30).

이런 이야기들을 보면 이미 모든 물리 세계와 관계를 맺고 계신 하나님이, 어느 특정한 시기에는 사람의 몸이나 떨기나무나 꿈을 당신의 임재를 드러내는 도구로 택하여 이 세상의 일에 영향을 미치기도 하셨다는 것을 알 수 있다. 그 순간에는 인간도 눈이나 귀 같은 감각 기관을 통해 직접 하나님을 보거나 그 음성을 들을 수 있었을 것이다. 과거 언젠가 시내 광야에 불 기둥과 구름 기둥이 나타나, 하나님의 임재가 한동안 계속해서 드러나 있었듯이 말이다.

시인 조지 허버트는 그 시절을 그리워하며 이렇게 썼다.

얼마나 좋았을까, 당신이 롯의 집에 머무르신 그때.
야곱과 씨름하며, 기드온과 함께 앉으신 그때.
아브라함에게 직접 충고해 주신 그때 그 시절…[3]

아브라함이나 모세가 누렸던 하나님과의 관계, 그처럼 손에 잡힐 듯 명료했던 관계를 동경하지 않을 사람이 어디 있겠는가? 나는 「하나님, 당신께 실망했습니다」에서 '하나님은 공평하신가?' '하나님은 침묵하시는가?' '하나님은 숨어 계시는가?'라는, 많은 그리스도인들이 궁금해하는 세 가지 질문을 깊이 탐구했다. 그 책을 쓰던 당시 나는 시내 광야의 이스라엘 백성들은 이런 질문 때문에 고통스러워하지 않았다는 사실을 깨닫고 큰 충격을 받았었다. 그들은 매일 하나님에 대한 증거를 목격했고, 그분의 음성을 들었으며, 하나님의 손으로 직접 서명한 공정한 계약 조건 아래 살았던 것이다.

  이 관계를 경험한 유대인들은 세상에 위대한 선물 하나를 안겨 주었다. 단 한 명의 주권자이며 거룩한 신을 믿는 '유일신 사상'이 바로 그것이다. 선지자들은 나무와 돌로 만든 우상들을 멸시하고, 그 나무와 돌을 만든 진짜 신 창조주를 섬겼다.

  하나님을 우주에 있는 좋은 친구 정도로 여기는 현대 미국인들은, 구약 성경에 묘사된 위엄 있는 하나님의 모습을 배워 하나님에 대한 새로운 개념을 세워야 할 것이다. 목사이자 저술가인 고든 맥도날드(Gordon MacDonald)는 지금까지는 하나님을 사랑하는 일에 있어 감상적인 모형(sentimental model)을 따라왔으나, 이제는 자신을 한 번도 충족시켜 주지 못한 이 모형을 떠나 아버지/아들 모형(father/son model)을 취하기로 했다고 말한다. 그래서 그는 아버지 같은 하나님을 경외하고 그분에게 순종하며 감사하는 법을 배우고, 자신의 실수와 죄악을 제대로 슬퍼하는 표현법을 배우며, 고요함을 추구해 하나님의 속삭임을 듣는 훈련을 하고 있다고 한다. 다시 말해, 그는 하나님과 인간 사이의 본질적이고 심원한 차이를 인정하게 되면서, 그 관계를 재정립하려고 노력하고 있는 것이다. 맥도날드는 이런 경고의 말도 빼놓지 않았다. "나는 하나님을 경외하는 것을 잠시 중단했던 순간 가장 큰 죄를 저질렀다. 그 순간 나는 내가 그분의 계명 가운데 하나를 어겨도 그분이 아무 상관도 하지 않고 간섭도 하지 않을 것이라고, 조용히(그러나 제정신이 아닌 상태로) 속단했었다."[4]

미국 복음주의자들에게 익숙한 하나님에 대한 관점을 보충하여 균형을 맞추려면 다른 문화의 모습도 살펴보아야 했다. 예를 들어, 일본에 있는 한 친구는 미국 선교사의 가르침을 들었을 때보다 일본 그리스도인들의 말을 들었을 때 기도의 영성을 보다 제대로 이해할 수 있었다는 내용의 편지를 보내 왔다. "우리는 담대함을 가지고 겸손한 종과 같이 하나님께 나아가야해. 하지만 일본인들에게는 위계 체계라는 것에 대해 따로 설명할 필요도 없어. 그들은 하나님이 우리의 주인이시라는 말만 들어도 그 속에 내포된 의미를 곧바로 이해하니까 말이야. 그들은 이미 일인자가 어떤 존재인지 잘 알고 있고, 한 번도 그 문제를 두고 회의해 본 적도 없어. 일본인들은 기도할 때 극존칭을 쓰면서 사랑과 헌신의 다짐이 들어간 가장 친밀한 표현들을 사용하지. 하나님께 무언가를 구할 때도 진실로 겸손한 마음으로 구해. 왜냐하면 하나님이 당신에게 간구할 권리와 응답의 약속을 주시지 않았다면, 그들은 그분께 뭔가를 구할 수 있는 권리조차 자신들에게 없다는 것을 잘 알고 있기 때문이지."

구약 성경은 우주의 거룩한 주권자 하나님이 결점 많은 피조물들과 관계를 맺으신다는 사실에 내포된 경이로움을 강조한다. 하나님은 당신의 백성들과 관계 맺기를 **원하셔서** 반항하는 이스라엘 백성들을 그토록 찾아다니셨다. 당시 가장 강력했던 제국으로부터 자기 백성을 이끌어 낼 만큼 막대한 힘을 가지셨던 하나님은, 그럼에도 불구하고 자신을 낮추어 백성들과 함께 장막에 거하기를 열망하셨다. 하나님은 그 백성들이 아무리 당신에게서 멀리 벗어나도 언제나 함께 계시는 임마누엘의 하나님임을 스스로 입증하셨다. 아담과 하와가 범죄했을 때도 그분은 그들에게 옷을 지어 입히셨고, 아브라함과 모세에게 계속해서 기회를 주셨으며, 불충한 이스라엘 백성이 당신께 모욕을 안겨도 이를 참아내고 오히려 더 큰 사랑을 안고 돌아오셨다.

사실 히브리인들을 감동시킨 것은 하나님의 능력이 아니라 그분의 따뜻한 마음이었다. 이스라엘 백성은 애굽에서 당하는 곤경을 하나님이 지켜보고 계신다는 것을 깨달았을 때, 그 어느 때보다 큰 도약을 했다. "여호와께서 이스라엘 자손을 찾으시고 그들의 고난을 살피셨다 함을 듣고 머리 숙여 경배하였더라"(출 4:31). 그들의 하나님은, 멀리 있고 잔혹한 애굽의 신들과는 너무나 달랐다!

구약 성경은 이스라엘의 신에게 있는 '유리한 점' 한 가지를 특히 자세하게 설명해 주는데, 그 유리한 점이란 바로 이토록 위엄 있는 하나님이 각 개인과 개별적으로 관계를 맺을 정도로 무한한 능력을 갖고 계시다는 사실이었다. 유명 인사들과는 달리, 하나님은 비서를 채용하거나 시간을 정해 두고 사람을 만날 필요도 없다. 아우구스티누스는 "하나님은 마치 사랑할 사람이 나밖에 없는 것처럼 우리 각 사람을 사랑해 주신다"라고 말했다.

우리의 머리털까지도 다 세신 바 되었다고 한 예수님의 말씀처럼, 성부 하나님은 모든 피조물을 변함없는 관심으로 대해 주신다. 앞에서 이야기한 내 친구 스탠리는 이런 말도 했다. "하나님이 세상의 60억도 넘는 사람들 가운데 내 이름을 아시다니 믿어지지가 않아." 그분은 무한한 존재이시기에 내 안의 것이 고갈되고 줄어든다는 느낌을 전혀 받지 않은 채, 동시에 60억의 사람을 대할 수 있으시다. 이것이 바로 하나님이 된다는 것의 의미다. 구약의 성부 하나님은 한없는 사랑의 욕망을 드러내는 분이다.

구약 성경에서 묘사한 대로만 하나님을 이해할 때 어떤 '불리한 점'이 있을까?

이 무례한 질문에 대한 답을 얻으려면, 구약 성경에 기록된 것이 하나님에 대한 묘사의 전부라고 생각하는 현대 유대교의 주장을 인용해 보는 것이 가장 좋은 방법이 될 것 같다. 게르숌 숄렘(Gershom Scholem)에 따르면, 유대교는 여전히 하나님과 인간 사이에 '광대한 심연'이 있다고 주장한다. 현대 유대교도인 숄렘은 자신 역시 "하나님과 거리감을 느낄 때가 많다"라고 고백한다.[5] 숄렘은 친밀함을 원하시는 하나님의 메시지를 놓치고 있다.

능력이 강조되면 사랑에 대한 느낌이 엷어지고, 사랑이 강조되면 능력을 과소평가하게 된다. 압도적인 하나님의 능력이 반복적으로 나타났기 때문에 이스라엘 백성들은 하나님의 깊은 사랑을 제대로 느끼지 못했다. 자녀들에게 존경심을 고취시키려는 부모는 높은 곳에 서고, 아이들을 안고 애정을 표현하려는 부모는 몸을 낮게 숙인다. 구약 성경의 하나님은 높은 곳에 서 계신다. 이스라엘 백성들이 맺은 '하나님과의 인격적인 관계'의 종류를 알고 싶다면, 그들이 했던 말을 잘 들어 보라. "우리는 죽게 되었나이다. 망하게 되었나이다. 다 망하게 되었나이다"(민 17:12). "내가 다시는 내 하나님 여호와의 음성을 듣지 않게 하시고 다시는 이 큰 불을 보지 않게 하소서. 두렵건대 내가 죽을까 하나이다"(신 18:16).

밀턴도 이런 글을 남겼다. "하나님의 음성이 들리니/ 죽을 인생들의 귀가 두려워 떠는구나."[6] 충실한 유대 가정에서 히브리 전통의 교육을 받으며 자라난 신약 성경 기자들은 구약 시대를 별로 그리워하지 않았다. 다만 그들은 예수님 안에서 나타난, 더 분명하게 드러날 계시를 준비하기 위한 기간으로 구약 시대를 존중했다. 구약 성경에 많은 유익이 있음을 인정한(롬 9-11장) 유대인 바울 역시, 구약의 방식이 그 모든 것의 목표인 '영적 성장'을 이루게 하는 데는 실패했다고 인정했다.

빛이 밝을수록 그 이면의 그림자는 더욱 어두워진다. 하나님의 경우, 그 그림자가 너무 커서 이스라엘 백성들의 성장을 막았다. 의존적인 어린아이들처럼 이스라엘 백성들은 너무 자주 불평하고 반역하여, 그 결과 2주일이면 쉽게 갈 수 있었을 길을 40년에 걸쳐 돌아갔다. 부모 되신 하나님이 그들을 약속의 땅으로 인도한 후, 더 이상 이전처럼 적극적으로 개입하지 않으시고 뒤로 물러나시자(요단 강을 건너자 만나가 그쳤다), 이스라엘 백성들은 처음으로 걸음마를 배우는 아이처럼 불안한 발걸음을 내딛다가 결국 앞으로 넘어져 버렸다.

나는 대다수의 현대 그리스도인들이 구약 성경을 의도적으로 회피하는 것은, 그 속에 묘사된 하나님이 두렵고 멀리 있는 존재라는 단순한 이유 때문이라고 결론지었다. 도리스 레싱(Doris Lessing)은 이 같은 세태를 비꼬며 이렇게 말했다. "여호와는 사회 사업가처럼 생각하고 행동하지 않는다."7 대신 여호와는 성미 고약한 인간과 어떻게 해서든 소통하시려고 애쓰는, 거룩한 신처럼 행동하신다. 과거에 나는 구약 성경을 읽을 때에 어떻게 하면 하나님을 보다 다가가기 쉽고 덜 무서운 분으로 바라볼 수 있을까를 궁리했었다. 하지만 지금은 나 자신을 바꾸어 하나님이 다가오시기 편한 존재로 만드는 데 집중한다. 결국 구약 성경이 말하는 바도 이것이다. 분명 하나님은 그 백성들과의 친밀함을 추구하신다. 물론 그분만의 방식으로 말이다.

구약 시대에 하나님이 직접 하신 말씀을 들어 보자. "내 백성이 내 소리를 듣지 아니하며 이스라엘이 나를 원치 아니하였도다. 그러므로 내가 그의 마음을 완악한 대로 버려 두어 그 임의대로 행하게 하였도다"(시 81:11-12).

충격에 빠진 듯 예레미야에게 이렇게 칭얼거리기도 하셨다. "너희는 누가 이러한 일을 들었는지 여러 나라 가운데 물어보라. 처녀 이스라엘이 심히 가증한 일을 행하였도다.…무릇 내 백성은 나를 잊고 허무한 것에게 분향하거니와"(렘 18:13-15).

아브라함 헤셸(Abraham Heschel)은 이와 유사한 수십 개의 본문을 인용하며 이렇게 설명했다. "비애의 감정이 하나님의 말씀 속에 요동치고 있다.…하나님은 홀로 한탄하고 계신다." 계속해서 그의 말을 들어 보자.

> 이스라엘의 고난이 시작되자 하나님도 함께 괴로워하셨으며 그 땅에서 쫓겨나고 거할 곳을 잃으셨다.…이스라엘이 황폐해지는 것은 인간들에게만 상처가 되는 일이 아니라, 하나님께도 모욕적인 일이었다. 이 말씀은 소외당하고 고통받고 상처 입으신 하나님의 음성이었다.[8]

이스라엘 백성들의 경험을 통해 우리는 인간 행위의 결과에 따라 하나님이 본인의 의지와는 달리 떠나가거나 억지로 모습을 감추는 일도 있음을 알 수 있다. 때때로 하나님은 **우리**가 당신의 임재의 정도를 결정하도록 허락하신다.

성부 하나님과의 관계에 내포된 양면성이 잘 드러난 한 장면이 구약 성경에 나와 있다. 이스라엘 민족의 최고 암흑기를 그린 열왕기상 18장의 장면이다. 이 장면에서 아합 왕과 그의 아내 이세벨은 하나님의 선지자들을 끝까지 추적해 살육하고, 그들의 자리에 이방 신들을 섬기는 자들을 세워 궁중 선지자로 삼았다. 엘리야는 450명의 이방 선지자들에게 결투를 청해 전형적인 대결 구도를 만들었다. 엘리야가 그 선지자들을 조롱하고 비웃자, 그들은 피가 흐르기까지 칼과 창으로 자기 몸을 상하게 하면서 하루 종일 자기들의 신들에게 부르짖었으나 아무런 응답이 없었다. 그러다가 붉은 태양이 지중해 속으로 저물어 갈 즈음 마침내 엘리야가 나서서 제단을 쌓은 후, 3년 동안 가뭄을 겪고 있던 그 상황에서 커다란 통 넷에 물을 가득 채워다가 세 차례 그 제단 위에 부었다. 그러고 나서 엘리야는 주 여호와께 그 능력을 보여 달라고 기도했다. "이에 여호와의 불이 내려서 번제물과 나무와 돌과 흙을 태우고 또 도랑의 물을 핥은지라. 모든 백성이 보고 엎드려 말하되 여호와 그는 하나님이시로다. 여호와 그는 하나님이시로다 하니"(왕상 18:38-39).

이야기가 여기서 끝났다면 아마 우리는 구약 시대를 더 많이 그리워하며 회상했을 것이다. 하지만 이야기는 여기서 끝이 아니었다. 이런 사건이 일어났는데도 히브리인들 사이에는 그 어떤 부흥도 일어나지 않았다. 뿐만 아니라 아합 왕은 갈멜 산에서 일어난 그 사건을 제일 앞에서 목격했으면서도 이스라엘 역사상 가장 사악한 왕이라는 오명에 걸맞은 악행을 계속했으며, 그와 이세벨은 재빨리 정치와 종교를 다시 장악했다. 반면, 방금 전까지만 해도 하늘에서 불을 내리게 하고 450명의 선지자를 단 하루 만에 물리쳤던 엘리야는 이세벨을 두려워하여 목숨을 부지하기 위해 도망쳤다. 그리고 신음하며 말했다. "여호와여, 넉넉하오니 지금 내 생명을 거두시옵소서"(왕상 19:4).

그때 하나님은 엄청나게 다정한 모습으로 절망에 빠져 있는 엘리야를 찾아오셨다. 그 다음에 이어지는 장면은 전능한 하나님이 작고 작은 인간과 소통하기로 마음먹으실 때 구체적으로 어떤 일이 일어나는지를 아주 잘 보여 준다.

> 여호와께서 지나가시는데 여호와 앞에 크고 강한 바람이 산을 가르고 바위를 부수나 바람 가운데에 여호와께서 계시지 아니하며 바람 후에 지진이 있으나 지진 가운데도 여호와께서 계시지 아니하며 또 지진 후에 불이 있으나 불 가운데에도 여호와께서 계시지 아니하더니 불 후에 세미한 소리가 있는지라. (왕상 19:11-12)

엘리야가 들은 것은 세미한 소리였다. 하나님은 자기가 택한 선지자의 수준에 맞추어 거의 침묵과도 같은 부드러운 음성으로 말씀하셨다.

지극히 존귀하며 영원히 거하시며 거룩하시다 이름하는 자가 이와같이 말씀하시되
내가 높고 거룩한 곳에 있으며 또한 통회하고 마음이 겸손한 자와 함께 있나니
이는 겸손한 자의 영을 소생시키며 통회하는 자의 마음을 소생시키려 함이라.
_이사야 57:15

11. 로제타 스톤

> 우리가 갈망하는 것은, 다름 아닌 완전한 이야기다.
> 우리는 이 열망 때문에 매일의 삶을 농담과 일화, 소설, 꿈, 영화,
> 연극, 노래 같은 소음으로 채우고 하루의 절반을 말을 하고
> 또 들으며 보내지만, 결국 우리를 만족시킬 수 있는 것은
> 오직 진실이라 느낄 수 있는 짧은 이야기 하나다. 역사란 우리를 잘 아는
> 정의로운 신의 의지라고 말하는 그 짧은 이야기 말이다.[1]
> _레이놀즈 프라이스

　잠시 뒤로 물러나 하나님의 관점을 묵상해 보자. 시간과 공간에 얽매이지 않는 영적 존재인 하나님은 가끔 이 지구 행성에 나타나실 때 불타는 떨기나무나 불 기둥 같은 유형물을 이용하신다. 그때마다 하나님은 연극 배우가 가면을 쓰는 것처럼 이 사물들을 취하여 메시지를 전달하신 후 곧 떠나가셨다. 그러다가 예수님 때에 이르러 전혀 새로운 일이 일어났다. 하나님이 지구 피조물 가운데 하나가 **된 것이다**. 이는 세상에 일어난 일들 중 그 무엇과도 비교할 수 없는 전무후무하고 유일무이한 사건이다.

　우주를 가득 채우고 계시는 하나님이 스스로 시골뜨기 아이가 되어 다른 평범한 아이들과 똑같이 걷는 법과 말하는 법, 혼자 옷 입는 법을 배우며 사셨다. 이 성육신을 통해 하나님의 아들은 의도적으로 '불리한 조건'을 취하셨다. 전지한 능력을 아람어 음소 하나하나를 배워야 하는 제한된 두뇌로 바꾸셨고, 무소부재하는 능력을 두 발로 걷고 때로는 나귀를 타는 것으로 대체하셨으며, 전능한 능력을 나무는 켤 수 있으나 자기를 온전히 방어하기에는 허약한 팔힘과

바꾸셨다.* 한눈으로 온 우주의 성운들을 보던 그분이, 나사렛의 좁은 오솔길과 유대 광야의 바위, 예루살렘의 분주한 거리를 바라보셨다.

예수님을 잘 알았던 제자 요한은 복음서의 초두에 이렇게 고백한다. "그가 세상에 계셨으며 세상은 그로 말미암아 지은 바 되었으되 세상이 그를 알지 못하였고"(요 1:10). 놀랄 만한 일도 아니다. 예수님의 제자들은 그분이 진짜 하나님처럼 세상을 향해 권력을 휘두르기를 끊임없이 기대했다. 성전을 정화한 적이 있는 분이 왜 헤롯의 궁전과 로마의 원로원, 원형 경기장까지 함께 깨끗하게 쓸어버리지 않는 것인가? 하나님의 완벽한 '표현'은 세상 그 누구도 생각지 못한 방식으로 이뤄졌다.

물론 복음서에는 예수님이 비범한 능력을 가지셨음을 나타내는 기록도 있다. 그분은 가끔 초자연적으로 어떤 일을 감지하셨으며 자신이 어떤 죽음을 당할 것인지도 정확히 알고 계셨다. 그분은 병자들을 고치셨으며, 어쩔 수 없는 경우, 멀리 떨어져 있는 사람을 고치기도 하셨다. 풍랑도 잔잔케 하셨다. 하지만 당시 이 나사렛 출신의 목수를 요한계시록에 눈부신 모습으로 묘사된, 삼위일체의 두 번째 위격 하나님과 연결시킬 수 있는 사람은 없었다. 밀턴도 그를 "하늘에 오르사/ 보좌를 물려받고, 만물을 통치하시네/ 그의 영광 온 땅과 하늘에 널리 퍼져"라고 묘사하지 않았나![3] 하지만 끝으로 갈수록 절규와 헐떡거리는 소리로 약해져 간 예수님의 음성을 여호와의 엄중한 포효로 생각한 사람은 단 한 명도 없었다.

---

* 아우구스티누스는 이 역설을 이렇게 설명한다. "인간의 창조주가 인간이 된 것이다. 별들의 주관자가 한 어머니의 젖을 먹고, 생명의 빵 되신 이가 배고픔을 느끼며, 영원히 솟아나는 샘물이 갈증을 느끼고, 세상의 빛이 잠을 자고, 길 되신 이가 여행으로 피로하게 되었다. 진리이신 이가 거짓 증언으로 고소당했으며, 스승이 채찍을 맞고, 우주의 기초가 나무 위에 매달렸다. 힘 되신 이가 점점 나약해졌고, 치유자가 상처를 입었으며, 생명이 죽음을 당했다."[2]

조안 오스본(Joan Osborne)이 1996년에 발표해 유행한 팝송은, 하나님이 우리 중 한 명 같았다면, 즉 그분이 "우리처럼 게으름뱅이"이거나 출퇴근 버스에서 만나는 낯선 사람들과 똑같았다면 어떤 일이 일어났을까를 묻고 있다. 이 가사를 불경한 것으로 생각한 사람들이 있었는데, 이는 하나님이 '우리 가운데 한 사람'으로 계실 수 있다는 것을 받아들일 수 없었던 예수님의 가족과 이웃, 고향 사람들의 태도와 정확히 일치하는 반응이다. 아무리 생각해도 예수님의 삶은 비극적인 삶이었다. 사생아라는 소문의 주인공이었으며 가족들에게 미쳤다는 놀림을 받으셨고, 대부분의 사람들이 자신의 말을 듣고도 그를 받아들여 주지 않았으며, 친구들에게도 배신당했다. 뿐만 아니라 포악하게 변한 군중들의 위협을 받았으며 여러 차례 정의를 우롱하는 재판을 받았고, 노예와 중죄인들에게만 해당됐던 방식으로 사형에 처해졌다. 정말 초라하기 짝이 없는 이야기다. 그리고 이것이 바로 이 스캔들의 핵심이다. 우리는 초라한 하나님은 바라지 않는다.

우리가 어떻게 하나님을 인격적으로 알 수 있을까? 예수님의 시대에 그 답은 놀라울 정도로 간단했다. 다른 사람을 알아가는 것처럼 그분을 알아가면 되었기 때문이다. 그분을 만나 자기를 소개하고, 악수하고, 대화를 시작해 가족에 대해 물어보면 되었다. 예수님으로 인해 우리는 더 이상 하나님이 우리와 친밀해지기를 원하신다는 사실을 의심하지 않아도 되었다. 하나님이 정말로 우리와 긴밀한 관계를 맺기 원하실까? 예수님은 이를 위해 하늘나라를 포기하셨다. 그리고 인간이 되어 하나님과 인간 사이, 보이는 세계와 보이지 않는 세계 사이를 잇는 연결 고리를 복구하셨다.

스위스의 의사이자 저술가이기도 한 폴 투르니에(Paul Tournier)는 삼위일체 가운데 두 번째 위격인 성자 하나님과 관계를 맺을 때 얻게 되는 확실한 '유리한 점' 한 가지를 소개했다. 그는 이란에 현 정권이 세워지기 전, 한 아야톨라

(ayatollah: 이슬람의 시아파에서 신앙심과 학식이 뛰어난 인물에게 주는 칭호-역주)의 초청을 받아 테헤란에 있는 회교 사원에 강연을 하러 갔다. 거기서 투르니에는 자신이 제네바에서 온 개신교도이지만 그의 말을 경청하는 그 무슬림들에 대해서도 상당한 친밀감을 느끼고 있다고 말했다. 장 칼뱅이 제자들에게 하나님의 측량할 수 없는 광대하심을 구체적으로 가르쳐 줄 때 그가 사용한 표현이 알라 신의 속성과 매우 흡사했기 때문이었다. 하지만 그는 이어서 이것이 위험한 태도일 수도 있다고 말했다. 하나님과 피조물 간의 엄청난 간격을 끊임없이 인식하며 살아가는 인간은 숙명론에 빠져들 수 있기 때문이었다. 그러면서 투르니에는 이슬람과 달리 기독교는 예수님과의 친밀함을 통해 균형을 잡아나간다고 설명했다.[4]

예수님은 하나님을 '아빠' 또는 '아버지'라고 부르며, 매우 인격적인 새로운 형태의 친밀함을 드러내셨다.[*] 미국 남부 노예들 사이에서 불리던 흑인 영가는 성육신의 실질적이고 유리한 점을 가장 잘 포착하고 있다. 노예들은 주인이나 주님 같은 표현들을 쉽게 받아들일 수 없었기에 너무 높은 하나님께 쉽게 접근할 수 없었다. 그들은 가공할 만한 능력을 지닌 멀리 떨어져 있는 하나님 대신에 쉽게 마음에 떠올리고 사랑할 수 있는 가깝고 인격적인 하나님을 원했다.

하나님, 너무 높은 곳에 계시면 우리 그분 위에 오를 수 없네.

하나님, 너무 낮은 곳에 계시면 우리 그분 밑에 숨을 수 없네.

하나님, 너무 광대하시면 우리 그분 옆에 다가갈 수 없네.

하나님, 어린 양의 모습으로 우리 속에 들어오소서.

---

[*] 구약 성경에서는 단 열한 차례 하나님을 아버지라 언급한 반면, 신약에서는 하나님을 170여 차례 아버지라 칭해, 구약 성경과 신약 성경 간의 극적인 변화를 강조한다.

예수님은 '하늘에서 내려오셨다.' 그가 그토록 높은 곳에서 이 낮은 곳까지 내려오심으로써 우리는 하나님을 보다 잘 이해할 수 있게 되었다. 예수님으로 인해 우리만 하나님을 더 잘 이해하게 된 것이 아니라, 하나님도 우리를 더 잘 이해하게 되셨다. 또 다른 흑인 영가 가사에는 이런 내용이 있다.

그 누가 나의 괴롬 알며 또 나의 슬픔 알까.
주밖에 누가 알아주랴. 영광 할렐루야!

예수님으로 인해 하나님도 우리 인간의 상황을 이전과는 다른 방식으로 느끼게 되신 것이다. 히브리서는 예수님이 받으신 고난을 통해 "순종함을 배워서 온전하게 되셨[다]"(히 5:8-9)라고 말한다. 신비로 가득한 이 말씀은 성육신이 인간은 물론, 하나님에게도 의미가 있는 것이었음을 암시한다. 영적 존재이신 하나님은 이전에는 한 번도 육체적인 고통을 느껴 본 일이 없으셨다. 하나님에게는 신경 세포가 없다는 말일까? 어쨌든 하나님은 직접적인 경험을 통해, 우리 인간이 고통에 대해 배우는 것처럼 고통을 '배우셨다.' 하나님이 이 땅에 오시기 위해 감수해야 했던 제약이 한두 가지는 아니었으나, 그중에서도 예수님은 육체적 고통이라는 제약을 그 무엇보다 처절한 방법으로 경험하셨다. 말 그대로, 예수님은 우리와 함께하시기 위해 죽으셨다.

히브리서 기자는 이 사실에서 중요한 교훈 하나를 이끌어 낸다. "우리에게 있는 대제사장은 우리의 연약함을 동정하지 못하실 이가 아니요, 모든 일에 우리와 똑같이 시험을 받으신 이로되 죄는 없으시니라"(히 4:15). 그리고 또 말한다. "그가 무식하고 미혹한 자를 능히 용납할 수 있는 것은 자기도 연약에 휩싸여 있음이라"(히 5:2). 예수님 때문에 하나님은 인간이 된다는 것이 무엇을 의미하는지를 완전히 이해하셨다. 진실로 어느 누구도 우리가 겪는 어려움을 알지 못한다. 예수님밖에는 없다.

그리스도인이자 작가로서 다른 사람들보다 고통과 고난의 신비에 대해 많은 생각을 하는 나는 끊임없이 예수님에 관한 이 사실을 상기해 본다. 그러나 그때마다 답을 얻는 것과 동시에 의문도 많아진다. 그럼에도 불구하고 그 과정에서 한 가지 원리를 깨달았으니, 그것은 내가 사랑하는 사람들이나 나에게 닥친 불행을 가지고 하나님을 판단해서는 안 된다는 것이었다. 하나님의 섭리와 고통과 관련하여 생기는 의문은, 매일 내가 겪고 있는 사건들이 아니라 예수님이라는 인물을 바라볼 때 **기본적으로** 해결되었다. 하나님의 아들은 이 땅에 오실 때 고통이 아니라 치유를 가져오셨으며, 이 세상을 떠나실 때에는 이 땅을 하나님이 본래 의도하신대로 회복시키러 다시 오시겠다고 약속하셨다. 그 부활한 육체가 이 언약의 증거였다.

왜 하필 그 마을이 눈사태나 홍수로 큰 인명의 피해를 입어야 하는지, 혹은 왜 다른 아이가 아닌 그 아이가 백혈병에 걸려야 하는지와 같은, 비극적인 사건이 일어나는 이유는 예수님께 배울 수 없다. 하지만 하나님이 이런 비극들을 어떻게 느끼시는지는 그분을 통해 확실히 배울 수 있다. 좋은 친구였던 나사로의 누이들과 아들을 잃은 과부, 성문 밖에 거주하는 나병 환자를 예수님이 어떻게 대하셨는지를 살펴보면 되기 때문이다. 이렇게 예수님은 하나님의 얼굴을 보여 주셨고, 그때 내비쳐진 하나님의 얼굴에는 눈물 자국이 남아 있었다.

리처드 니버(Richard Niebuhr)는 그리스도를 통해 하나님이 드러나신 이 상황을 로제타 스톤(Rosetta stone)에 비유했다. 로제타 스톤이 발견되기 전까지 이집트를 연구하는 학자들은 이집트 상형 문자의 의미를 막연하게 추측하고만 있었다. 그러다가 잊지 못할 어느 날, 그들은 그때까지 해독하지 못했던 상형 문자가 헬라어 그리고 일반 이집트 문자와 함께 새겨진 검은 돌 하나를 발견한다. 학자들은 그 돌 위에 적힌 문자들을 나란히 비교함으로써 상형 문자의 의미를 완벽하게 이해할 수 있게 되었고, 이로써 안개 속처럼 희미하게만 알던 세계를 선명하게 바라볼 수 있게 되었다. 계속해서 니버는 예수님이라는 존재로 인해 우리가 '신앙을 재구성'할 수 있게 되었다고 설명했다.[5] 예수님을 신뢰하므로 하나님도 신뢰할 수 있게 된 것이다. 하나님이 의심되고, 도무지 그분을 이해할 수 없고, 그분을 알기가 힘들 때에는, 믿음의 로제타 스톤이신 예수님을 꿋꿋이 바라보는 것이 가장 좋은 해결책일 것이다.

⚜

니버와는 좀 다르게 나는 예수님을 내 믿음의 '돋보기'라는 이미지로 상상한다. 좀더 자세히 설명해 보겠다. 나는 자랑스러운 「옥스퍼드 영어 사전」(*The Oxford English Dictionary*) 소지자다. 이 사전 안에는 모든 영어 단어가 다 들어 있다. 이 사전은 두 가지 버전으로 나와 있는데, 도서관이나 애서가들은 20권으로 된 3천 달러짜리 사전을 구입하지만 나는 한 북클럽에 등록해 한 권으로 된 40달러짜리 사전을 얻었다. 이 한 권에도 모든 내용이 다 들어 있지만, 한 가지 단점이 있다면 글자가 너무 작아 도구의 도움을 받지 않고는 인간이 도저히 읽을 수 없다는 것이다. 그래서 나는 보석 세공사들이 사용하는 것과 같은 근사한 돋보기를 구입했다. 정찬용 접시만 한 크기에 둥근 테가 둘러싸여 있고 안에 지지직거리는 형광등이 들어 있는 돋보기다. 나는 이 돋보기와 손에 잡고 쓰는 작은 돋보기 하나를 더 이용해 각 영어 단어들에 숨겨진 의미를 세세히 읽을 수 있었다.

이런 식으로 사전을 보다 보니 돋보기에 대한 지식도 생겼다. 돋보기를 한 단어 위에 놓으면, 돋보기의 중심부나 초점이 되는 부분에 들어가는 글씨들은 매우 선명하게 보인다. 반면 돋보기의 가장자리로 갈수록 그 아래의 글씨들은 점점 일그러져 보인다. 이와 마찬가지로 예수님은 내 믿음의 초점 안으로 들어

오셨고, 나 역시 점차 내 믿음의 돋보기를 예수님에게 맞추는 법을 배워 갔다. 책을 쓰고 영적 여정을 걷는 동안 나는 오랫동안 돋보기의 가장자리를 서성이며 고통의 문제나 기도에 얽힌 수수께끼 혹은 섭리냐, 자유의지냐 같은 답 없는 질문들을 던지며 시간을 보냈었다. 그 상태에서는 모든 것이 희미하게 보였다. 하지만 예수님을 바라보는 순간 모든 것이 선명해졌다.

예를 들어, 성경은 고통의 문제와 관련된 많은 질문들에 대해 별다른 대답을 해주지 않는다. 그러나 나는 예수님을 통해 하나님이 특정한 고통의 제공자가 아니라는 것을 확실히 증명하는 증거를 발견했다. 내가 볼 때 예수님이 이루신 가장 중요한 업적은, 하나님이 "모든 위로의 하나님"(고후 1:3)이라는 사실을 분명하게 드러내셨다는 점이다.

이제 '하나님은 왜 내 기도에 응답하시지 않는가?'라는 문제를 생각해 보자. 이 역시 내가 답할 수 없는 질문이지만, 예수님도 그런 좌절을 경험하셨다는 사실이 내게 큰 위로가 된다. 겟세마네 동산에서 예수님은 땅에 엎드려, 다른 길을 열어 달라고 기도하셨다. 하지만 십자가 외에 다른 길은 없었다. 또한 예수님은 교회가 삼위일체의 연합과 같은 연합을 이루게 해 달라고 기도하셨지만, 이 기도는 아직도 응답받지 못한 것 같다. 예수님은 "뜻이 하늘에서 이루어진 것같이 땅에서도 이루어지이다"(마 6:10)라는 기도도 하셨지만, 요즘 신문들을 보면 이 기도 역시 아직 응답받지 못했다는 증거들로 빽빽하다.

마찬가지로 나는 '하나님이 이미 모든 것을 알고 계시는데 기도가 무슨 소용이 있는가?'라는 질문 때문에 영적 소화 불량에 걸릴 정도로 걱정을 할 수도 있다. 예수님은 이 질문에 대해서도 침묵을 지키셨지만, 다만 스스로 기도해야 할 필요가 있을 때 밤을 지새우며 절박하게 기도하는 모습을 보이셨다. 그러니 나도 마땅히 그렇게 해야 할 것이다.

사실 표준적인 기독교 교리들 때문에 마음이 괴로워지는 경우도 적지 않다.

지옥만 해도 그렇다. 지옥에 가면 정말 영원히 고통만 받게 되는 것일까? 그럼 예수님에 대해 한 번도 못 듣고 죽은 사람들은 어떻게 하지? 이런 질문이 생각날 때마다 나는 아우구스티누스의 스승 암브로스(Ambrose) 주교의 일화를 떠올린다. 그가 임종을 앞두고 있을 때 누군가가 와서 심판대 앞에서 하나님을 만날 일이 두렵게 느껴지지 않느냐고 묻자, 그는 미소를 머금으며 이렇게 답했다고 한다. "우리 주인은 선한 분이십니다."⁶ 나는 예수님을 알아가면서 의심과 고민을 안은 상태로 하나님을 신뢰하는 법을 배우고 있다. 이 말이 얼버무리는 말로 들린다 해도, 나는 이것이야말로 신약 성경에 나타난 예수님의 중심성을 정확히 표현한 문장이라고 말하고 싶다. 우리는 무엇보다 먼저 예수님 위에 초점을 맞추고, 그 다음에 눈을 돌려 조심스럽게 가장자리를 살펴야 한다.

하나님을 아는 일에 있어 예수님이라는 존재가 주는 가장 유리한 점은, 그분을 통해 우리가 하나님의 시점을 세밀하게 알 수 있다는 사실이다. 예수님도 불의와 빈곤, 인종 차별, 성 차별, 권력 남용, 폭력, 질병 등 내 마음을 어지럽히는 이 땅의 일들 때문에 괴로워하셨다. 예수님을 보면 하나님이 이 땅에서 일어나는 일들을 어떻게 느끼실지 알 수 있다. 예수님은 우리가 절대 오해하지 못할 방법으로 하나님의 **본질**을 표현해 주셨다.

헨리 드러먼드(Henry Drummond)는 "그럴듯한 교리를 엄청나게 많이 알고 망하는 것보다는, 적은 믿음이라도 소중하게 터득하는 것이 낫다"라고 썼다.⁷ 나는 이 '소중하게 터득'하는 믿음의 핵심은, 중심 되신 예수님 위에 똑바로 서는 것에 있다고 생각한다.

사도 바울은 골로새서에서 예수님의 실체를 이런 포괄적인 말로 선언했다. "통치자들과 권세들을 무력화하여 드러내어 구경거리로 삼으시고 십자가로 그들을 이기셨느니라"(골 2:15). 바울은 예수님이 죽음을 통해 인간이 예측하지 못한 더 큰 승리를 거두셨다고 본 것이다. 하지만 나는 이 본문을 읽을 때마다 의심하는 마음이 생긴다. '이봐요, 바울 선생. 당신 주변을 둘러봐요. 정말 지금 이 세상이 권세로부터 하나님이 승리하신 곳처럼 보입니까?' 그때마다 나는 이 서신을 쓸 당시 바울이 그 시대의 패권국 로마의 인질이 되어 감옥에 있었다는 사실을 떠올린다. 그는 곧 네로 치하의 로마에서 예수님의 뒤를 이어 순교자 반열에 오를 몸이었다.

이 밖의 다른 말씀들을 통해서도 우리는 사도 바울이 여러 번 목숨을 잃을 위기에 처했었다는 것을 알고 있다. 그런데 이 경우들에서 바울이 핍박을 받은 것은 그가 하나님이 그 아들의 부활을 통해 이루신 것을 믿는 믿음, 즉 신음하는 이 세계를 위해 죽음의 파괴적인 능력을 물리치셨다는 것을 믿는 믿음 때문이었지만, 이 골로새서 말씀 속에서 바울은 웬일인지 부활에 대해서는 별 말을 하지 않는다. 대신 그는 십자가에 시선을 고정시키고 있다. 대체 그가 말한 승리는 어떤 승리일까?

프랑스의 철학자이자 인류학자인 르네 지라르(René Girard)는 최근 몇 년 동안 바로 이 문제를 아주 깊이 연구한 후 기독교로 개종해 세속 동료들을 실망시켰다. 지라르에게 감동을 준 것은, 예수님의 이야기에는 당시 유행하던 영웅 이야기의 요소들이 전혀 없다는 사실이었다. 바벨론이나 그리스 지역에서 발견된 모든 신화 이야기들은 나약한 희생자가 아닌 힘센 영웅들을 찬양하고 있었으나, 예수님은 이와 정반대로 처음부터 가난한 자, 억압받는 자, 병든 자, '소외당한 자' 같은 약자의 편에 서셨다. 예수님 역시 가난하고 보잘 것 없는 가정을 택해 태어나셨고, 난민 신분으로 유아기를 보내셨으며, 억압적인 정권이 지배하던 지역에서 소수 민족으로 살다가 억울하게 고소당하셨다.

예수님은 죽게 된 종을 귀하게 여겼던 로마 군인과, 가난한 자들에게 재산을 나눠준 세리, 길을 가다 멈추고 강도 만난 자를 도와준 소수 인종 출신의 사내, '나를 도우소서!'라는 단순한 기도를 드린 죄인, 부끄러움을 무릅쓰고 필사적으로 자신의 겉옷을 만진 여인, 부자의 상에서 떨어진 부스러기를 먹은 거지를 칭찬하셨다. 반면, 자기 손 더럽히기를 두려워하여 상처 입은 자를 돕지 않고 지나간 종교 지도자들과, 죄인들을 얕잡아본 거만한 성직자, 배고픈 자들에게 부스러기만 준 부자, 탕자 동생을 멀리한 책임감 강한 형, 가난한 자들을 착취하여 생활했던 권세자들을 못마땅해하셨다.

지라르의 한 제자는 예수님이 무고한 희생자가 되어 수치스러운 죽음을 당한 것에 대해 "세상에서 가장 전면적인 역사적 혁명이다. 억울한 희생자를 온전히 공감하는 자가 출현한 것이다"라고 표현했다.[8] 성경을 제외하고는 고대 문헌 가운데 무고한 영웅이 죽음으로 끌려가는 이야기는 없다. 고대 사람들에게는 영웅이 영웅이었고, 희생자는 그저 한심한 존재일 뿐이었다.

지라르는 인간 사회가 전통적으로 '신적 폭력'을 통해 자신들의 권력을 강화시켜 왔다고 말한다. 독일의 나치나 세르비아 민족주의자들처럼 더 강한 힘을 가진 쪽은 소수를 희생양 삼아 독선적인 폭력을 행사했고, 이로써 내부에 있는 다수를 결속시키고 대담하게 만들었다. 유대와 로마의 권력층 역시 예수님을 희생양 삼아 이런 효과를 얻으려 했지만 결과적으로는 실패하고 말았다.* 오히려 이 십자가 사건은 오랜 시간에 걸쳐 형성되어 온 나약한 희생자와 강인한 영웅이라는 기존의 범주를 무너뜨렸다. 나약한 희생자가 영웅이 된 것이다!

사도 바울은 골로새 사람들에게 보낸 서신에서 예수님의 역설적인 공헌에

---

* 예수님에 관한 대제사장 가야바의 다음 말 속에 희생양 공식이 완벽하게 드러나고 있다. "한 사람이 백성을 위하여 죽어서 온 민족이 망하지 않게 되는 것이 너희에게 유익한 줄을 생각하지 아니하는도다"(요 11:50).

대한 깊은 진리를 다루었다. 십자가 사건은 예수님이, 사람들이 그토록 자랑스럽게 여기던 권력과 권위를 거짓 신들이라고 폭로하신 공개적인 쇼에 다름 아니었다. 당대 가장 고상했던 종교가 무고한 사람을 고소하고, 가장 이름 난 사법 체계가 그분에게 사형을 집행한 것이기 때문이다.

플래너리 오코너의 작품에 나오는 미국 남부 출신의 한 인물이 말한 것처럼, "예수님은 모든 것의 균형을 무너뜨리셨다."[9] 기존의 모든 가치 체계를 일거에 무너뜨리는 십자가 사건을 핵심으로 삼은 복음은 이후 전 세계에 영향을 끼쳤다. 그 결과 오늘날에는 희생자들이 오히려 도덕적 우위를 점하고 있다. 이는 남아프리카 공화국의 흑인 성직자, 폴란드 노조 지도자, 홀로코스트 생존자, 과테말라 여성 농민 운동가, 핍박받는 동티모르 주교 등 최근에 노벨 평화상을 수상한 사람들의 명단만 확인해도 쉽게 알 수 있는 사실이다. 지라르는, 세계가 소외받고 권리를 박탈당한 이들을 존경하고 보살피는 것은 예수 그리스도의 십자가가 빚어낸 직접적인 결과라고 결론지었다.

여성과 가난한 사람, 소수자와 장애자, 환경 운동가와 인권 운동가들이 가진 도덕적 힘은, 하나님이 희생자의 편에 서심으로써 일어난 십자가 사건을 핵심에 둔 복음의 능력에서 비롯된 것이다. 오늘날에는 이 권리들을 보호하는 '정치적으로 올바른' 운동들이 종종 기독교를 적대시하는 무척 역설적인 상황이 벌어지고 있긴 하나, 복음이야말로 그런 운동을 가능하게 한 주된 토대라는 사실에는 변함이 없다.

예수님을 통해 '표현'된 하나님의 모습은 세상을 깜짝 놀라게 했으며, 그 잔향은 2천 년이 지난 지금까지 계속 남아 있다. 고통에 귀 기울이지 않고 성공과 성장만을 최고의 덕으로 삼는 이 문화 속에서 우리는 실패하여 고통받으며 치욕 속에서 죽어간 그리스도가 기독교 신앙의 핵심이라는 사실을 끊임없이 상기해야 할 것이다.

교회사를 가르치는 로베르타 본디(Roberta Bondi) 교수는 평소 하나님에 대해 반감을 갖고 있었으나 약자에 대한 예수님의 연민을 확인한 후, 반감을 버리고 기존의 왜곡된 이미지를 바로잡았다는 아주 개인적인 이야기를 들려주었다. 그녀는 늘 엄하고 멀게만 느껴졌던 친아버지 때문에 '하나님 아버지'라는 표현을 오랫동안 받아들이지 못하며 고민하고 있었다. 그 아버지는 완벽하지 못하거나 나약한 모습을 용납하지 않았으며 아이들과 아내가 자기 말에 무조건 순종하기를 원했고, 질문하거나 이유를 묻지도 못하게 했다. 그는 여자란 상냥하고 유순하며, 조용하고 순종적이어야 한다고 절대적으로 믿고 있었다.

로베르타는 아무리 노력해도 유순하거나 조용한 태도를 가질 수 없었고, 그 때문에 아버지를 실망시키고 있다는 무거운 부담감 속에 유년 시절을 보내야 했다. 아버지는 로베르타가 열두 살이 되던 해에 가정을 떠났고, 그 후로는 1년에 한 번 정도만 서로 만났다. 날이 갈수록 분노가 전염병처럼 그녀의 내면에 퍼져나갔고, 누군가가 '하나님 아버지'라는 말을 할 때마다 마음속 분노는 더욱 맹렬하게 타올랐다.

그러다가 옥스퍼드에 진학한 그녀는 얄궂게도 '초대교회 교부들'을 전공하게 되었다. 그렇게 이집트 사막에서 활동했던 기독교 수도사들에 관한 글을 쓰면서 그녀는 그때까지 품고 있던 하늘 아버지의 이미지와는 다른 하나님을 발견했다. 그 하나님은 세상이 멸시하는 자들을 특히 더 사랑하고 우리의 약함과 유혹과 고통을 완전히 이해하는 너그러운 하나님이었다. 그녀는 기도 중에 '아버지'라는 말을 쓰려고 애썼지만 성공하지 못했다. 체포당하여 죽음을 맞기 전 마지막 순간에 예수님이 제자들에게 길게 들려주신 말씀을 듣기 전까지는 말이다.

그 장면에서 예수님이 아버지께로 돌아간다고 말하자 제자들은 무슨 말인지 모르겠다는 표정으로 그분을 바라보았다. 그때 빌립이 말했다. "주여, 아버지를 우리에게 보여 주옵소서. 그리하면 족하겠나이다"(요 14:8). 예수님은 그에게 이렇게 답하셨다. "빌립아, 내가 이렇게 오래 너희와 함께 있으되 네가 나를 알지 못하느냐. 나를 본 자는 아버지를 보았거늘 어찌하여 아버지를 보이라 하느냐"(요 14:9).

'나를 본 자는 아버지를 보았다!' 이 말이 교회사가이며 신학자였던 로베르타에게 새롭고 놀라운 개념으로 다가와 마음을 사로잡았다. 예수님이 가난한 자와 과부, 사회에서 냉대받는 자들에게 특별한 관심을 보이는 분이라면, 하나님 역시 그런 분이라는 말이었다. 예수님이 여자들을 친구로 삼으시고 또 그들을 중히 여기신다면, 하나님도 그렇게 하는 분이었다. 지금껏 친아버지의 일그러진 모습을 하나님께 잘못 투영해 왔던 로베르타는 이제 이상적인 하나님의 모습을 알게 되면 여러모로 미흡한 인간 아버지로 인한 오해와 선입견을 완전히 바로잡을 수 있음을 깨닫게 되었다. 예수님이라는 렌즈를 통하니 하나님이 보였다. 이제 그녀는 하나님을 완전히 새로운 눈으로 보게 되었다.

이렇게 새로운 눈을 뜨게 된 후 읽은 복음서 이야기는 모두 다 새롭게 느껴졌다. 예를 들어, 요한복음 11장의 나사로 이야기를 읽으면서 로베르타는 예수님이 나사로의 두 자매를 따로 만나 대화하셨다는 사실에 주목했다. 하늘 아버지의 능력을 힘입어 별 어려움 없이 나사로를 죽음에서 건질 수도 있었던 예수님은 자신의 친구이기도 한 마리아와 마르다의 슬픔에 완전히 공감하며 함께 눈물을 흘리셨다. 게다가 늦게 도착한 것을 탓하는 두 자매의 투정도 그대로 받아들이셨다. 여전히 어린 시절의 아픈 기억에서 완전히 자유롭지 못했던 로베르타는, 이 자매가 자기와는 반대로 예수님을 전혀 어려워하지 않았다는 점도 눈여겨 보았다. 그들은 오라비의 죽음을 하나님의 뜻으로 받아들이지 않고,

오히려 자신들의 아픔과 분노를 예수님께 쏟아부었다.

이렇게 로베르타는 하나님과의 관계가 어떤 모습이어야 하는지 조금씩 깨달아갔다.

예수님이 하나님을 '아버지'라 부르라고 하셨을 때, 나는 이 말을, 다루기 힘든 청소년기의 자녀보다 마냥 귀여운 갓난아기를 더 좋아하는 자애롭고도 우월한 부모와 관계를 맺듯, 우리가 **아주 어린** 자녀로써 그 아버지 하나님과 관계를 맺어야 한다는 말로 이해했다. 나는 내게 무기력한 어린아이로 살아갈 것을 요구하는 아버지 하나님과는 관계를 맺을 수 없었다.¹⁰

하지만 다행히 그녀는 예수님이 제자들과 관계를 맺으신 것처럼 하나님 역시 성숙한 어른과 관계를 맺는 것을 훨씬 더 좋아하신다는 사실을 알게 되었다. "이제부터는 너희를 종이라 하지 아니하리니…너희를 친구라 하였노니"(요 15:15). 예수님은 제자들에게 이렇게 공표하심으로써 그들을 확실히 안심시키시며 성육신으로 인한 유익을 누리게 하셨다.

성육신의 '불리한 점'을 보여 주는 단순한 사실이 한 가지 있다. 그것은 예수님이 자신의 존재 기원이 하나님께 있다는 것을 분명히 인식하셨다는 것을 아는 사람이 거의 없다는 사실이다. 바울은 빌립보서에서 이 사실을 다음과 같이 깔끔하게 요약했다. "그는 근본 하나님의 본체시나 하나님과 동등됨을 취할 것으로 여기지 아니하시고 오히려 자기를 비워 종의 형체를 가지사 사람들과 같이 되셨고"(빌 2:6-7). 예수님은 이 땅에 머무는 동안 하나님으로서의 권리를 박탈당하셨다. 이것은 그분이 하나님으로서 대접받지 못하는 위험을 감수하셨다는 뜻이다. 사람들이 하나님에게 기대한 것은 무력함이 아니라 능력이었으며, 나약함이 아니라 강함이었고, 왜소함이 아니라 거대함이었다.

이 차이를 제대로 이해하려면, 하나님이 여러 번 나타나 인간이 이해할 수 있는 소리로 말씀하셨던 구약 시대를 생각해 보기 바란다. 장장 서른여덟 장에 걸쳐 격론을 벌이던 욥과 친구들은 하나님이 폭풍 가운데 포효하며 나타나자 그분이 내뱉은 첫마디에 완전히 납작 엎드리고 말았다. 이때 욥은 간절히 알고 싶어 했던 답은 얻지 못했지만, 하나님이 두 세계 사이의 거리를 뛰어넘어 인간의 고막을 떨리게 할 만큼 물질 세계에 확실히 영향을 끼치고 계신다는 사실을 확인한 것만으로도 침묵하지 않을 수 없었다. 그리고 그는 티끌과 재 속에서 회개했다.

이와 대조적으로 복음서에서 하나님이 직접 음성을 들려주신 경우는 세 번밖에 없다. 게다가 그중 두 번은 사실상 같은 내용의 말이었다. 예수님이 세례 받으실 때와 변화 산 위에서 하나님은 똑같이 "이는 내 사랑하는 아들이요, 내 기뻐하는 자라"(마 3:17)라고 말씀하신 것이다. 마지막 세 번째 말씀은 의심하는 헬라인들을 위해 하신 "내가 이미 영광스럽게 하였고, 또다시 영광스럽게 하리라"(요 12:28)였다. 어떤 이들은 그 음성을, 말이 아닌 천둥소리라고 생각하기도 했다. 예수님이 이 땅에 계실 때에 하나님의 음성을 듣고 땅에 엎드린 사람은 한 명도 없었다. 헤롯과 빌라도 앞에서 충격적인 재판을 받을 때도 예수님은 거의 침묵을 지키셨고, 성부 하나님 역시 별 말씀을 하지 않으셨다.

예수님이 군중을 상대로 말씀하셨을 때도 번갯불이 내리거나 구름이 그 주변을 에워싸는 일은 한 번도 없었다. 하나님의 성격을 불분명하게 드러냈다는 구약 성경의 불리한 점을 극복하자, 이제 그것의 유리한 점이 사라진 것이다. 그분은 전혀 하나님처럼 보이지 않았다. 그저 평범한 사람처럼 보일 뿐이었다. '마리아의 아들 아니야? 나사렛에서 온 목수의 아들이잖아?' 사람들은 그를 비웃었다.

"주여, 아버지를 우리에게 보여 주옵소서. 그리하면 족하겠나이다"(요 14:8). 빌립이 간청했을 때, 예수님은 분명 자신을 본 자는 아버지를 보았다고 말씀하셨지만, 그것만으로는 충분치 못했다. 바로 그날 밤 빌립을 포함한 모든 제자들이 예수님을 버리고 떠났던 것이다. 우리도 빌립처럼, 도무지 부정할 수 없도록 불과 연기로 나타나는 하나님의 모습을 한 번만이라도 보고서 모든 의심을 떨쳐 버리기를 바란다. 하나님이 주신 대답만으로는 만족하지 못하는 것이다.

이 세상에서는 우리가 하나님께 기대하는 모습과 예수님을 통해 하나님이 보이신 모습 간의 거대한 간격을 결코 좁힐 수가 없다. 다른 종교에서는 예수님을 지혜로운 스승이나 존경할 만한 지도자쯤으로 여길 뿐, 신이라고는 생각하지 않는다. 뉴에이지 추종자들은 보다 신비롭고, 보다 개인적으로 만족을 주는 무언가를 추구한다. 하나님의 **본질**을 가장 잘 드러낸 최상의 '표현'인 예수님은 지금도 그분이 이 땅에 계셨을 때와 똑같이 거부당하고 계시다.

하나님은 인간의 영혼에 다가와 이를 사로잡기 위해 무한한 두께의 시간과 공간을 통과해 자신을 소멸시키셨다. 인간이 (섬광처럼 짧은 순간만이라도) 순순히 그리고 전적으로 그 영혼을 내맡기기로 동의한다면, 하나님이 그들의 영혼을 사로잡으실 것이다.…인간의 영혼은 하나님의 정반대 쪽 끝에서 출발하여 그 반대편에서 다가오시는 하나님과 만나게 된다. 그 자리는 바로 십자가가 있는 곳이다.[11]
_시몬느 베이유

12. 중재자

> 진리는 어둠 속 배후에서 우리를 덮쳐온다.[1]
> _헨리 데이비드 소로

이탈리아 작가, 움베르토 에코(Umberto Eco)는 미국 전역을 돌아본 후 「극사실주의 제국으로의 여행」(Travels of Hyper Reality)이라는 제목의 멋진 여행담을 펴냈다. 그는 이 책에서 철저히 물질적인 현대인들의 인생관을 비평하는 한편, 미국의 경우에는 신화들까지도 모두 물질적인 형태를 띠고 있다고 지적했다. 즉, 크리스마스가 되면 산타클로스가 모든 쇼핑몰의 왕좌를 차지하고, 디즈니랜드에 가면 언제나 커다랗게 만든 만화 주인공들이 활보하고 다니는 것을 볼 수 있다는 것이다. 고대 그리스인들이 모닥불 주위에 둘러앉아 서사시를 들으며 영웅들을 찬미했다면, 현대 미국인들은 신화 주인공의 옷을 입은 인형들과 직접 악수를 나눈다.

기독교 텔레비전 방송도 움베르토 에코의 흥미를 불러일으켰다. "TV로 일요일 아침 예배를 드리다보면 자연과 육체, 에너지 같은 유형의 형상으로만 하나님을 경험할 수 있다고 생각하게 된다. 그 어느 설교가도 감히 하나님을 콧수염 달린 할아버지 마네킹이나 디즈니랜드 로봇으로는 묘사할 수 없기 때문에 그 대신 자연의 힘과 기쁨, 치유, 젊음, 건강, 수입의 증가 같은 형태를 제시하며 그 속에서 하나님을 발견할 수 있다고 말하게 된다."² 에코는 미국인들은 하나님을 손으로 만질 수 있는 분으로 인지한다고 결론 내리며 이렇게 묻는다. "그렇다면 거룩하고 신령하며 말로 형언할 수 없는 하나님, 그 두려운 신비(mysterium tremendum)는 어디로 갔는가?"

에코가 만일 내가 필리핀의 한 교회에서 본 그 광경을 함께 봤다면 무슨 생각을 했을까? 그 교회에는 검은색 예수상이 있었는데, 순례객들은 줄을 서서 그 예수상이 있는 곳까지 수십 미터를 무릎으로 기어가 예수상의 발가락을 만졌다. 한때는 순례객들이 그 발가락에 입을 맞추기도 했었는데, 내가 갔을 때는 마모를 막기 위해 교회 당국이 예수상의 발가락을 제외한 다른 부분을 모두 플렉시 유리로 가려놓고 있었다. 키가 작은 필리핀 순례객들에게는 안 된 일이지만, 당국은 예수상을 상당히 높은 위치에 올려놓아 사람들이 그 거룩한 발가락을 만지려면 점프를 해야만 했다. 길게 줄을 이루고 서 있는 키 작은 사람들이 조금씩 발을 끌고 앞으로 나가 예수상 아래에 이르러 덩크슛 하는 농구 선수처럼 뛰어올라 한 명씩 예수상의 발가락을 만지는 것이다. 그렇게 또 예수상은 마모되어 갔다. 어찌됐든 교회 당국은 1년에 한 번씩 이 검은 예수상을 밖으로 꺼내 놓는데, 그때마다 사람들은 거대한 행렬을 이루며 나타났다. 그리고 거의 매년 광분한 사람들 틈에서 밟혀 죽는 사람들이 생겼다.

에코는 모든 인간이 하나님의 존재를 증명해 줄 분명한 표지들을 찾고 있다고 말한다. 우리가 아직까지 불타는 떨기나무나 귀에 들리는 음성을 갈구하고 있다는 말이다. 물질적인 존재인 우리는 영적인 것을 비현실적인 것으로 평가 절하하면서, 하나님이 우리가 살고 있는 물질 영역에 모습을 드러내 주시기를 원한다. 잠시 동안 인간의 그런 바람을 충족시켜 주신 예수님 덕분에 우리는 이를 종교 예술을 통해 기념하고 있지만, 엄연히 예수님은 눈에 보이지 않는 영역으로 되돌아가셨다.

예수님은 "하나님은 영"(요 4:24)이라고 주장하셨다. 모든 신실한 유대인들도 그 사실을 믿었다. 그러나 어떻게 가시적인 이미지를 완전히 벗어나 우리가 성령과 하나님을 상상할 수 있을까? 또 어떻게 성령님은 이 물질 세계와 관계를 맺을 수 있을까? 성령님은 광파를 모으고 받아들이는 망막 신경 없이 사물을 '볼' 수 있고, 분자 진동을 담아내는 고막 없이 '들을' 수 있는 분이란 말인가? 무엇보다 영이신 하나님이 이 땅의 생명들과 상호 작용하고 있다는 것을 우리가 어떻게 확인할 수 있을까? 그러니까 우리 눈에 보이지 않는 하나님을 어떻게 믿느냐는 말이다. 구약 성경의 이스라엘 백성들은 하나님이 무수한 증거를 보여 주셨음에도 불구하고, 눈에 보이지 않는 하나님을 믿는 일에 처참하게 실패하면서, 끊임없이 손으로 만질 수 있고 눈으로 볼 수 있는 우상에게 눈을 돌렸다.

움베르토 에코가 미국에서 만난 사람들처럼 그리스도인들 중에는 하나님이 좀더 분명하게 자신을 드러내셨던 때를 재현해 내고 싶어 하는 이들이 있다. 그들은 성령님을 광야에서의 이스라엘의 하나님, 즉 직접 말씀해 주셨고, 먹을 것과 입을 것을 주었으며, 건강을 지켜 주고, 분명하게 갈 길을 알려 주셨던 하나님의 축소판이라 생각한다. 그러니까 성령님이 아예 인생의 법칙을 바꾸어 다시는 우리가 실망할 만한 일을 당하지 않게 해주실 거라 생각하는 것이다. 나는 이 믿음 때문에 곤경에 빠진 아픈 그리스도인들을 많이 보았다.

나는 성령님이 요술 지팡이가 되어 초자연적 능력으로 우리 일상 생활에 간섭하셔서 그냥 지나칠 뻔했던 공간에서 하나님의 임재를 인식(도로시 세이어즈가 말했던 그 '인식')할 수 있게 해주는 경우는 그리 많지 않다고 생각한다. 오히려 성령님은 아기의 미소와 얼어붙은 호수 위로 내리는 눈, 아침 이슬을 머금은 라벤더 꽃밭, 예상치 못했던 경건함과 기쁨을 주는 예배와 같은 가장 평범한 일상의 요소를 통해 이런 '인식'이 일어나게 해주신다. 그 순간 우리는 이 찰나의 기쁨이 찬양받기에 합당하신 하나님이 주신 선물이라는 것을 알게 된다.

성령님을 찾는 것은 마치 안경을 쓰고서 그 안경을 찾느라 헤매는 것과 똑같다. 존 테일러는 이렇게 말했다. "우리는 결코 성령님을 직접적으로 알 수 없다. 모든 만남과 인식의 경험 속에서 성령님은 언제나 그 앎을 창조하는 중개자의 역할을 하고 있기 때문이다."[3] 성령님은 우리가 인지해야 할 대상이라기보다는 우리와 함께 인지하는 주체다. 성령님이 우리와 함께 계시면서 눈을 열어 주셔야만 우리는 근원적인 영적 현실을 볼 수 있기 때문이다.

성령으로 타인을 '인식'한 사람은 자연스럽게 관습에 저항하게 된다. 왜냐하면 성령의 인식은 몸매나 연간 수입, 그럴듯해 보이는 권력과는 아무 상관이 없기 때문이다. 오히려 성령님은 우리를 이방인과 과부, 옥에 갇힌 자, 노숙자, 배고픈 자, 병든 자들 같은, 예수님이 돌보셨던 무리에게로 인도하신다. 이렇게 우리는 점차 하나님의 관점으로 이 '지극히 작은 자들'을 돌아보게 된다.

한 대학생이 내게 자신이 성령님을 어떤 모습으로 상상하고 있는지 말해 주었다. "저는 어린 시절 플란넬 그림판으로 진행된 수업에서 처음으로 성령님에 대해 배웠는데, 그때 선생님들은 성령님을 축소판 인간으로 묘사했어요. 난쟁이 같은 존재가 우리 몸 속 깊은 곳에서 살고 있다는 거였지요. 저는 아직도 성령님을 생각할 때마다 그 이미지를 떠올려요. 성령님이 저의 뇌나 심장 같은 곳 어딘가에 살고 계셔서, 건물 안을 왔다 갔다 하는 수위처럼 제 의식과 무의식의 길을 따라 만들어진 관을 하나씩 두드리면서 저의 주의를 끄는 것만 같아요. 그리고 제가 그분을 무시하면 성령님은 움츠러들고, 관심을 보이면 내 마음을 가득 채울 만큼 커지시지요."

성령에 대해 함부로 이야기하게 되면 많은 혼란이 뒤따른다. 한 개인이나 단체가 성령에 대해 '성경에 이렇게 쓰여 있다'라고 주장하는 경우, 우리는 스스로 그 부분을 찾아보고 그 주장의 진위 여부를 판단할 수 있다. 하지만 그들이 '성령님이 내게 말씀하셨다'라고 주장한다면, 어디서 그 주장의 진위 여부를 확인할 수 있을까? 정의상 성령님은 눈에 보이지 않는 존재다. 이것이 문제다. 예수님은 니고데모를 위해 비유를 하나 들어주셨다. "바람이 임의로 불매 네가 그 소리는 들어도 어디서 와서 어디로 가는지 알지 못하나니"(요 3:8). 모양도 없고 알아볼 만한 형체도 없는 존재를 우리가 어떻게 발견할 수 있을까?

그러나 하나님을 알고자 하면서, 예수님의 승천이라는 그 중요한 시점에 극적으로 이 땅에 나타난 성령님을 무시할 수 있는 사람은 없다. 제자들에게 작별 인사를 할 때 예수님은 먼저 무엇보다 중요한 한 가지 일을 하라고 부탁하셨다. 그 중요한 일이란 '기다리는 일', 즉 예루살렘으로 돌아가 성령을 기다리라는 것이었다.*

예수님이 떠나신 이후 일어난 일들은 믿음 생활을 어렵게 만들었으며, 실제로도 많은 사람들이 하나님을 떠났다. 예수님을 통해 하나님은 죄악으로 더럽혀진 세상에 의도적으로 참여하여 결국 세상의 희생양이 되셨고, 이후 이 거룩하신 하나님은 성령님을 통해 모든 예수의 제자들을 대상으로 성육신을 확대하심으로써 자신의 명성을 죄악에 물든 인간들에게 맡기는 모험을 감행하셨다.

---

* 물론 성령님은 그 전부터 활동하고 계셨다. 창조 때는 수면 위를 운행하셨고, 히브리 성경에 378번이나 성령에 관한 언급이 나올 정도로, 구약 시대에도 성령님은 하나님의 사자들에게 영감을 불어넣어 주셨다.[4] 헨리 나우웬은 대부분의 사람들이 오순절을 실제로 일어나지 않은 사건으로 여긴다는 사실에서도 성령을 무시하는 태도를 확인할 수 있다고 말한다. 달력에 성탄절과 부활절은 표시되어 있지만 "오순절은 전혀 기록되어 있지 않다." 그러나 제자들이 열정적인 복음 전도자로 변모한 것은 부활절이 아니라 오순절 사건 때문이었다.[5]

2천 년 전에 이 물질 세계에서 우리가 당신을 경험할 수 있도록 인간의 몸을 입으셨던 하나님은 지금도 여전히 인간의 몸, 즉 나의 몸을 입고 계신다.

하지만 교회의 역사를 보면 수많은 오점으로 얼룩져 있다. 이를 점잖게 표현해 본다면, 죽을 운명의 인간은 결코 예수님처럼 하나님의 '표현'을 제대로 구현해 낼 수 없다. 우리는 다른 사람들을 하나님께로 향하게 할 수도 있지만 멀어지게 할 수도 있다. 예수님은 의심하는 제자들에게 보혜사 성령을 약속하면서 "내가 떠나가는 것이 너희에게 유익이라"(요 16:7)라고 말씀하셨는데, 대체 성령이라는 이 하나님의 마지막 계시가 우리에게 어떤 '유익'을 가져다준다는 말일까?

누군가가 하나님과 '인격적인 관계'를 맺고자 할 때, 성령님은 '인격적'이라는 말을 완전히 새로운 단계로 끌어올려 주신다. 다른 어떤 종교도 우주의 통치자인 신이, 인간이 순종해야 할 외적인 존재로만 머물러 있지 않고, 우리 인간 안에 내재하시면서 우리를 완전히 변화시키고 하나님과 직접적인 대응을 위한 채널을 열어 줄 것이라는 식의 엄청난 주장을 하지 않는다. 토머스 머튼의 말처럼, "우리 영혼은 영적인 실체이고 하나님은 순수한 영이시기에 우리와 하나님 사이의 연합을 방해할 세력은 아무것도 없다. 하나님과의 연합이라니, 말만 들어도 황홀하지 않은가!"[6]

앞에서도 말했지만, 타인들과의 관계에는 어느 정도의 불확실성과 의심이 내포되어 있다. 연쇄 살인범이 범행이 발각되어 수갑에 묶여 잡혀갈 때, 그의 이웃 사람들은 놀란 표정으로 이렇게 말하곤 한다. '그는 정말 좋은 사람이었어요.' 우리는 모두 자신의 일부인 내적 자아는 감춰 두고 외적 자아만을 세상에 보여 준다. 하지만 하나님은 성령님 안에서 그 장벽을 허물어 버리셨다. 즉, 하나님은 우리 안에, 우리의 내적 자아 안에 거주하시면서 나의 내적 자아와 외적 자아 사이에 조화를 이루기 위해 애써 주고 계신다. 이로써 우리는 더 이상 분리되지 않은, 통합된 자아를 소유하게 된다.

그리고 우리는 우리 안에 사심으로써, 어떻게 하면 나의 개성과 교육 수준과 선천적인 소질을 고유하게 조화시켜 하나님을 섬기는 일에 사용할 수 있을지를 정확하게 파악하신 분으로부터 '성령의 은사'를 받는다. 몰트만이 지적한 대로, '생명의 성령'만이 각기 다른 사람들 속에 내재하는 다양하고 독특한 영들을 만나실 수 있다.[7] 성령님은 각 사람의 인격과 재능을 고양시키고 다듬어 나가기만 하실 뿐, 결코 그것들을 제압하지는 않으신다.

기록에 따르면 영국의 빅토리아 여왕은 동시대에 활동한 두 명의 수상에게서 각기 다른 인상을 받았다고 한다. 윌리엄 글래드스턴 수상과 함께 있을 때 그녀는 "마치 내가 세계에서 가장 중요한 지도자들 중 한 명이라는 느낌을 받았다"라고 한 반면, 벤저민 디스레일리 수상은 "내가 세계에서 가장 중요한 사람 가운데 하나라고 느끼게 해주었다"고 한다.[8] 나는 이 기록을 읽으면서 구약성경의 여호와와 우리 속에 거하시는 성령님에 대한 우리의 반응의 차이를 생각했다. 한 분은 경외심을 일으키는 존재이고, 다른 한 분은 우리를 양육해 주는 분이다.

헌신된 그리스도인으로 신앙의 고민을 멈추지 않는 내 친구 켄은 언젠가 내게 이런 말을 한 적이 있다. "솔직히 말해 삼위일체의 다른 두 위격보다 성령님의 존재를 증명하는 증거가 더 많은 것 같아. 내가 느끼는 하나님에 대한 열망이야말로 내 속에 성령님이 계시다는 증거일 테니 말이야. 정욕과의 변덕스런 싸움, 교만한 생각에 대한 회개, 사과하고 용서해야 한다는 강한 느낌, 이 모든 것이 내게는 불타는 떨기나무에 버금가는 강렬한 하나님의 표지로 보여. 이런 것들을 보면 하나님이 여전히 내 안에서 활동하고 계신다는 것을 알 수 있어."

켄이 말한 그런 작은 승리들은 성경 시대에 일어났던 기적만큼이나 하나님을 기쁘시게 해 드릴 것이다. 아니, 어쩌면 더 큰 기쁨이 될 수도 있겠다. 나도 교도소를 방문하고, 죽어가는 환자들을 돌보며, 해비타트와 함께 가난한 이웃에게 무료로 집을 지어 주고, 버려진 아이들을 입양하며, 난민 가족을 맞아들이는 많은 '평범한' 사람들을 알고 있다. 그들은 성령의 감동으로 이 모든 일들을 행하고 있다.

'당신은 성령 충만하십니까?' 사도 바울에게 이렇게 물었다면, 그는 사랑과 기쁨, 화평과 선행 같은 성령님이 이루어 가시는 성품들에 대해 말할 것이다. 당신은 이런 성품들을 가지고 있는가? 그리고 하나님의 사랑을 다른 이들에게 표현하고 있는가? 바울이 쓴 서신서들은 모두 기도하고, 가난한 이웃과 소유를 나누며, 병든 자를 위로하고, 환대와 겸손을 실천하라는 등 사랑과 봉사의 실질적인 행동을 촉구하는 것으로 끝난다. 우리는 결코 하나님이 우리의 일상을 당신의 터전으로 삼아 행하시는 '평범한'(실제로는 가장 비범한) 사역들을 평가절하해서는 안 된다. 이러한 평범한 사역이야말로 성령 충만한 삶의 표지이며, 이 가시적인 세계에 비가시적인 존재가 활동하고 계시다는 증거이기 때문이다.*

성령님은 반려 동물처럼 우리 마음속 어딘가에 있는 조그만 방에 갇혀 지내다가 우리가 원할 때 불려 나오는 존재가 아니다. 우리 안에 하나님이 생생하게 임재해 계시다면, 우리가 보고 행동하는 모든 것에서 그 성령님의 임재가 스며 나온다. 성령님은 앞에서 한 대학생이 비유한 대로 우리의 주의를 끌기 위해 인간의 몸이라는 건물 안을 왔다 갔다 하며 관을 두드려 대는 난쟁이가 아니라, 건물 전체를 차지하며 내재하는 존재다. 성령님은 우리 위에서 행동하

---

* 제임스 패커는 이런 부분을 소홀히 여기는 교회를 다음과 같은 말로 질책했다. "가엾을 정도로 고집스럽게 영혼이 피폐해진 오늘날의 그리스도인들은 기이하고 산발적이며 특이한 성령의 사역에 정신이 팔려 평범하고 일반적인 성령의 사역을 무시하는 지경에 이르고 말았다. 이 때문에 우리는 하나님의 사랑을 아는 지식을 통해 우리 마음에서 솟아나는 평화와 기쁨, 소망과 사랑을 주시는 일반적인 성령의 역사보다는, 치유와 방언 은사에 훨씬 더 많은 관심을 보이고 있다. 바울이 지적한 대로 이 은사들은 모든 그리스도인들에게 해당되는 은사가 아닌데도 말이다."9

는 것이 아니라, 우리의 일부가 되어 우리와 함께 행동하신다. 성령님은 틈새에 있는 하나님이 아니라, 그 과정 중에 계신 하나님이다.

※

한동안 인류와 함께 사셨던 예수님은 이제 우리의 마음을 정확히 공감하는 대변자가 되어 일해 주고 계신다. 바울은 성경에서 이 땅에서 우리가 당하는 고통을 성령님이 알고 계신다는 위로의 말을 하고 있다.

로마서 8장은 인류, 더 나아가 이 지구 전체의 상태를 이렇게 요약하고 있다. "피조물이 다 이제까지 함께 탄식하며 함께 고통을 겪고 있는 것을 우리가 아느니라"(롬 8:22). 그는 우리 인간도 "속으로 탄식"(롬 8:23)하고 있다고 덧붙인다. 이 지구 행성과 그 속에 거하는 모든 만물이 계속해서 저주파 조난 신호를 보내고 있다. 언어 유희를 좋아했던 바울은 두 번이나 연이어 탄식이라는 단어를 사용함으로써, 이를 절정에 해당하는 결론을 부각시키는 소품으로 사용했다. 그 결론은 바로 이 문장이다. "이와 같이 성령도 우리의 연약함을 도우시나니 우리는 마땅히 기도할 바를 알지 못하나 오직 성령이 말할 수 없는 탄식으로 우리를 위하여 친히 간구하시느니라"(롬 8:26).

마땅히 빌 바를 알지 못할 정도로 무기력한 감정이 어떤 것인지는 나도 잘 알고 있다. 아무리 애써도 화해는커녕 악화되기만 하는 막막한 결혼 생활을 하고 있는 사람을 위해서는 어떻게 기도해야 하며, 어릴 때 당했던 성적 학대의 기억 때문에 어른이 되어서도 부부 관계를 제대로 즐기지 못하는 이들을 위해서는 어떻게 기도해야 할까? 말기암 판정을 받은 아이의 부모를 위해서는 어떻게 기도해야 하며, 신앙 때문에 감옥에 갇힌 파키스탄의 그리스도인들을 위해서는 어떻게 기도해야 할까? 나와 다른 신앙을 가진 사람들로 구성된 시의회와 법정을 위해서는 또 어떻게 기도해야 할까? 나는 무엇을 간구할 수 있을까? 나는 어떻게 기도해야 할까?

하지만 성령님은 우리가 정확히 어떻게 기도해야 할지 몰라도 된다는 좋은 소식을 선포해 주셨다. 우리는 그저 탄식하기만 하면 된다. 바울의 이 글을 읽으면 나는 아직 말은 못하고 울기만 하는 어린아이를 달래는 엄마의 마음이 떠오른다. 엄마들은 아이가 배가 고파서 우는 소리와 관심을 끌기 위해 우는 소리를 구분해 내며, 귀가 아파 우는 소리와 배가 아파 우는 소리를 구분할 수 있다. 내가 듣기에는 다 똑같은 그 탄식 소리들의 의미를 엄마는 본능적으로 가려낸다. 아이가 한없이 무력하여 생각을 제대로 표현도 못한다는 바로 이 사실 때문에, 엄마들은 그처럼 집중적인 동정심을 발휘한다.

그런데 성령님은 가장 현명한 엄마보다 더 예민한 분이다. 그리하여 하나님은 우리의 무력함 속에서 역사하기를 대단히 기뻐하시며, 우리의 약함 속에서 당신의 능력을 발휘할 기회를 찾으신다. 로마서 8장에서 탄식들에 관하여 말한 다음, 바울은 우리 안에 계셔서 우리가 뚜렷하게 설명하지 못하는 간구의 내용을 알아내 우리가 이해할 수 없는 언어로 표현해 주시는 성령님에 대해 이야기한다. 마땅히 빌 바를 알지 못할 때 성령님께서 그 사이의 틈을 메워 주신다.

성령에 해당하는 헬라어 단어 '파라클레토스'(*paracletos*)는 대변인이나 변호사처럼 '곁에 서 계신 분'이라는 뜻이다. 심한 박해를 받았던 초대교회 성도들에게 '성령'이라는 말에 담긴 이 의미는 큰 위로가 되었을 것이다. 암에 걸린 가족이나 도저히 끊을 수 없는 중독, 청소년기의 방황과 실업 등 각기 다른 시험을 겪고 있는 이들 역시, '말할 수 없는 탄식'으로 우리를 위해 중보하시는 성령님의 내주하심이 필요하다(이 부분을 '말로 표현하지 못할 정도의 깊은 한숨'으로 번역한 성경도 있다). '파라클레토스'에는 큰 전투를 준비하는 병사들에게 사기를 불어넣는 치어리더의 의미도 들어 있다. 두려움으로 겁에 질린 병사들을 위해 '파라클레토스'는 큰소리로 확신을 심어 주고 의욕을 불어넣어 주는 역할을 한다. 우리도 언제든지 그런 내적 음성, 곧 하나님의 음성을 들을 수 있다.

성경은 일명 '탄식의 삼위일체', 즉 삼위 하나님이 피조물과 관계를 맺으실 때 보이시는 친밀함의 세 단계를 설명하고 있다. 구약 성경은 하늘 위에 계시면서 지극히 작은 인간들의 필요를 주의 깊게 살피시는 성부 하나님에 대해 말하고, 복음서에는 우리와 함께하시고, 우리 중 한 명이 되시며, 귀와 성대와 통증을 느끼는 세포를 가지신, 인간과 보다 친밀해진 단계의 하나님이 나온다. 그리고 서신서에 나타난 하나님은 아예 우리 안으로 들어와 계신다. 눈에 보이지 않는 이 성령님은 우리가 말로 표현하지 못한 것까지 친히 간구해 주신다. '탄식장'이라 할 수 있는 로마서 8장은, 언젠가 탄식할 필요가 전혀 없어지는 날이 올 것이라는 대담한 약속의 말씀으로 끝난다.

내 동료 작가 중에 끔찍한 질병과 견딜 수 없는 감정적인 문제를 연달아 겪은 후 거의 신앙을 버릴 뻔한 친구가 있었다. 가장 암담했던 시간에 하나님은 침묵으로 일관하셨고, 기도도 아무 소용이 없었다고 한다. 결국에는 그 어둠의 골짜기를 빠져나온 그는 이후 내게 이렇게 말해 주었다. "내가 무엇 때문에 모든 걸 내던지지 않고 신앙을 지켰는지 알아? 당시 나는 내가 세상에서 가장 존경하는 서너 명의 사람들을 찾아가 '당신은 속고 있습니다'라고 말했어. 하지만 그들과 대화를 하다 보면, 그들의 삶 속에 하나님의 성령이 실재하신다는 것을 도저히 부인할 수 없었어."

그런데 그 말을 듣고 있던 또 한 명의 친구가 이견을 내놓았다. "나는 바로 그 이유 때문에 신앙을 버리게 생겼어. 솔직히 사람들의 삶 속에서 성령의 실재가 전혀 느껴지지가 않아. 내겐 좀더 직접적인 하나님의 증거가 필요해."

성령님을 통해 하나님을 알아갈 때의 '불리한 점'이 여기에 있다. 하나님이 자신의 사역을 교회에 넘기실 때, 그분은 정말이지 그 모든 것을 교회에 맡기셨다. 그 결과, 하나님을 받아들이지 않는 사람들 중 다수가 하나님을 거부한다기보다는 교회가 그려 낸 하나님의 캐리커처를 거부하는 일이 발생했다. 물론 교회가 정의와 문맹 퇴치, 의료, 교육, 인권과 같은 분야의 문제를 해결하는 일에도 앞장을 섰으나, 수치스럽게도 세상은 십자군 전쟁과 종교 재판, 반유대주의, 여성 억압, 노예 제도 지지와 같은 교회 역사의 또 다른 이면을 보고 하나님을 판단해 버린다.

나는 우리가 교회의 역사를 옆으로 제쳐두고 그동안 쌓인 퇴적물을 말끔히 걷어 낸 다음, 아무 선입견 없이 복음의 말씀을 접하게 되면 얼마나 좋을까 자주 생각해 본다. 예수님 당시에도 그랬듯 모든 사람이 다 예수님을 받아들일 수는 없겠지만, 적어도 그릇된 이유로 그분을 거절하는 사람은 없을 것이니 말이다. 하지만 이런 나의 바람은 가능하지도 않고, 성경적이지도 않다. 나는 "내가 떠나가는 것이 너희에게 유익이라"(요 16:7)라고 하신 예수님의 말씀을 기억해야 한다. 교회가 반복적으로 실패하는 것은, 하나님이 기꺼이 자신을 낮추고 계시다는 증거인 동시에, 인간에 대한 간접적인 존중의 표시다. 하나님은 우리에게 당신의 사역을 위임하셨다.

하나님이 나사렛 예수 안에 거하신다는 말은 아무렇지 않게 인정할 수 있지만, 우리 교회 교우들과 내 속에도 거하신다는 말은 받아들이기가 쉽지 않다. 하지만 신약 성경은 하나님이 우리 속에 거하심으로써 태초부터 하나님이 계획하신 바가 완전히 성취되었다고 주장한다. 애초부터 하나님의 계획은 반복적으로 세상의 일에 극적으로 간섭하는 것이 아니라, 결점 많은 인간에게 자신의 사역을 점차적으로 위임하는 것이었다는 말이다. 예수님도 줄곧 자신의 죽음으로써 대속을 이루려는 계획을 품으심으로써, 우리 인간과 교회가 당신의 자리를 차지하게 하셨다. 이로써 예수님이 당시 몇몇 사람에게 베푸신 치유와 은혜, 소망, 하나님의 사랑이 담긴 복음의 메시지를, 이제는 그분을 따르는 모든 제자들이 세상 모든 사람들을 향해 나눠 줄 수 있게 된 것이다. 예수님은 그 원리를 이렇게 설명하신다. "한 알의 밀이 땅에 떨어져 죽지 아니하면 한 알 그대로 있고 죽으면 많은 열매를 맺느니라"(요 12:24).

유진 피터슨은 목회자로서 감당했던 수고에 대한 글을 쓰면서, 남의 말 하기를 좋아하고, 미성숙하며, 성경을 하찮게 여기고, 하나님이 자기 문제를 해결해 주시지 않으면 쉽게 좌절에 빠지고 마는 성도들을 인도하려 애썼던 때를 회상했다. 한때 그는 실제 성도들의 모습과 신약 성경에 제시된 이상적인 교회의 모습이 현저하게 다르다는 사실 때문에 무척 괴로워했으나, 요한계시록에서 한 가지 중요한 사실을 발견하고 나서는 더 이상 괴로워하지 않게 되었다고 한다. 그것은 요한계시록의 앞부분에서, 피터슨의 교회처럼 미숙한 교회들을 요한이 '촛대'로 묘사하고 있다는 사실이었다. 피터슨은 이렇게 적는다. "촛대인 교회는 그리스도의 빛을 드러내는 장소이며 공간이다. 촛대 그 자체가 빛인 것은 아니다. 교회 자체에는 특별히 매력적인 것도 없고, 특별히 부끄러워할 것도 없다. 교회는 그냥 교회다."[10]

존 테일러는 성육신을 셰익스피어의 「헨리 5세」의 한 장면으로 우아하게 비유해 놓았다. 압도적인 기세로 몰려오는 적군과의 전투가 벌어지기 전날 밤, 헨리 왕은 변장을 하고 신분을 숨긴 채 전장의 일반 병사들 틈에 들어간다. 그때 한 병사가 왕인 자신을 욕하는 소리가 들려왔다. 그 병사는 심판의 날이 이르면 칼에 찔리고 뼈가 부러진 병사들의 시체들이 다시 일어나 자신들의 목숨을 희생시켜 승리를 일궈낸 헨리 왕을 고발할 것이고, 왕은 그 죗값을 치러야 할 것이라고 자신 있게 맹세했다. 헨리 왕 역시 자기 어깨 위에 얹힌 짐의 무게를 너무나 잘 알고 있었고, 이제 그 짐이 병사들에게까지 넘어가고 있다는 것을 알았다.

하지만 그는 병사들의 수고가 가치 있는 것으로 드러나게 될 것이라는 믿음을 버리지 않았다. 다음날 날이 밝을 무렵, 얼마 되지 않는 자신의 병력들을 모아 그들에게도 이 믿음을 갖도록 격려했다. 이렇게 그는 병사들에게 자신이 가진 희망과 그들이 하고 있는 일의 가치에 대한 믿음을 불어넣어 주었다.…

하나님은 재해와 방종과 고통으로 가득 찬 이 우주를, 언젠가는 당신의 기쁜 사랑을 받아들이고 함께 즐기며 반응할 유일한 사랑의 환경으로 만들고자 하신다. 그리고 이 거대한 모험을 위해 자신의 피조물들이 엄청난 대가를 치러야 한다는 것도 잘 알고 계신다. 하지만 그럼에도 그분은 이 모험의 결과가 그처럼 막대한 손실과 고통을 보상하고도 남을 만큼 클 것임을 확신하신다. 겉으로 보기에 하나님은 무관심하고 아무런 활동도 하지 않는 것처럼 보이지만, 그것은 사실이 아니다. 하나님 역시 엄청난 고통을 받고 계신다. 그리고 자신이 하는 일을 우리가 이해하지 못하고 용서하지도 못하고 있다는 것을 잘 아셨던 하나님은 우리의 생각을 고쳐주고 신뢰를 되찾기 위해 우리와 똑같은 사람으로 우리 가운데 오셔서 함께 고통을 당하셨다.[11]

헨리 왕은 혼자서 적군과 맞서 싸울 수 없었기에 병사들과 하나가 되어, 그들 속으로 들어가 그들을 격려하고 군대를 이끌었다. 전쟁 역사상 가장 놀라운 승리로 인정받는 아진코트 전투의 승리는 일반 병사들의 분투로 얻은 것이었다.

전능한 하나님이 인간의 피부를 입어 사람이 되시고 겸손히 자신을 낮추어 평범한 보병들 틈에서 살아가고 계시니, 사람들은 당연히 그분을 자주 의심하고 거부하게 된다. 게다가 하나님의 계획에 따르면 그분은 아주 놀라운 자제력을 발휘하여 이 진군에 개입하지 않으실 것이고, 따라서 이 왕국은 분명 아주 느리고 지루한 속도로 완성되어 나갈 것이다. 교회가 노예 제도를 반대하기까지는 1800년이라는 시간이 걸렸고, 교회가 공식적인 반대를 표명한 순간에도 여전히 교회의 결정에 반대하는 사람들이 많았다. 빈곤 문제는 아직까지 세계도처에 도사리고 있고, 전쟁과 인종 차별도 끊임없이 계속되고 있다. 게다가 지역에 따라 교회가 이 같은 문제의 해결에 아무런 도움을 못 주는 경우도 있다.

이제 소개할 글은 나치 강제 수용소에서 죽은 에티 힐섬(Etty Hillesum)이 그곳에 남긴 일기장에서 발췌한 것이다.

> 한 가지 사실이 점점 확실해지고 있다. 당신[하나님]은 우리를 도울 수 없기 때문에, 당신이 우리를 돕도록 우리가 당신을 도와야 한다. 지금 우리가 할 수 있는 일은 그것뿐이며, 정말 중요한 것 역시 그것뿐이다. 우리는 우리 안에 있는 당신의 작은 조각 하나를 지키고 있다. 아마 다른 사람들도 그럴 것이다.…당신은 우리를 도울 수 없지만 우리는 당신을 도와야만 하며, 우리 속에 있는 당신의 자리를 끝까지 지켜나가야 한다.[12]

하나님이 우리를 돕지 못하거나, 아예 의도적으로 돕지 않는 것처럼 보일 때가 있다. 그분이 이 땅에서 활개치는 악한 세력들의 틈바구니에 우리를 홀로 남겨두신 것처럼 느껴질 때도 있다. 솔직히 말해 우리가 원하는 것은 신적인 능력을 가진 문제 해결자다. 그리스도인들도 아주 느리고 흥미진진하지도 않은 성령님의 사역을 보면서, 자기들이 원하는 해방을 이뤄 주지 않는 예수님에 대해 유대인들이 느꼈던 것과 똑같은 조바심을 느낀다.

하나님은 우리가 던진 질문을 자주 우리에게 되물으신다. 우리는 하나님께 이곳으로 '내려와 달라'고 간구하지만, 결국에는 하나님이 이미 바로 여기 우리 안에 계시다는 것과 하나님께서 이 땅에서 행하시는 일은 교회가 하는 일과 별반 다르지 않다는 것을 어쩔 수 없이 인정하게 될 것이다. 정리하자면, 성령님을 통해 하나님을 인식할 때 생기는 가장 주된 '불리한 점'은 교회의 역사이며, 또 여러분과 내가 지나온 영적인 삶의 과정이다.

그리스도는 단 한 분이시고 한 번 살고 한 번 죽으셨다. 그러나 성령님은 모든 그리스도인들을 또 다른 그리스도, 혹은 그리스도를 닮은 자들로 만드신다. 이로써 그리스도는 모든 시대에, 무수히 많은 삶을 사시게 된다.[13]
_제라드 맨리 홉킨스

4부
연합: 전혀 다른 나와 하나님이 하나가 되다

13. 전면적인 변화
14. 통제 불능
15. 열정 그리고 사막
16. 영적 기억상실증

13. 전면적인 변화

> 이제, 하나님의 도우심을 힘입어,
> 나는 내가 될 것이다.[1]
> _ 키르케고르

    고교 시절, 나는 기존의 내 모습을 완전히 허물어 버리고 새로운 정체성을 재구성하려고 했었다. 무엇보다 나는 내가 남부 사람이라는 사실이 싫었다. "비벌리의 촌놈"(The Beverly Hillbillies)이나 "히호"(HeeHaw) 같은 텔레비전 프로그램 때문에 나는 당혹스러웠고, "내 동포 여러분"이라고 하던 린든 존슨(Lyndon Johnson) 대통령의 말투를 들을 때마다 민망한 마음이 들었다. 1960년대에는 타 지역 사람들이 남부 사람들을 구시대적이고 무식한 인종 차별주의자로 여겼고, 때문에 나는 고향을 완전히 등지고 싶었다.

    나는 모음을 하나씩 바꿔 말투를 고쳐 나갔고, 마침내 내가 최남동부 지역 출신이라는 사실에 모두가 깜짝 놀랄 정도로 남부 억양에서 벗어날 수 있었다. 나는 또 무식한 지방 시골뜨기 이미지를 없애려고 좋은 책들을 읽었고, 남부 특유의 전통을 반영하는 말버릇인 '예, 부인/ 아니요, 선생님'(Yes ma'am/ No sir)이라는 말도 자제했다. 뿐만 아니라 나는 차례대로 내가 두려워하는 대상을 직면하고 그것들을 극복하려고 노력했다. 즉, 감정을 통제하여 감정의 노예가 아닌 주인이 되려고 무던히 애썼으며, 심지어 필체까지 바꾸려고 글자 쓰는 것을 하나하나 연습해 전보다 능률적인 새로운 글씨체를 갖게 되었다.

변화를 위한 시도는 전반적으로 효과적이었고, 이로써 그 후 수십 년 동안은 이전에 비해 만족스러운 성격으로 살 수 있었다. 나는 이전보다 상처를 덜 받았고 보다 넓은 마음과 융통성 있는 태도를 가질 수 있었다. 자라면서 계발한 것이 아닌 이 새로운 성격은 기자 생활을 하는 동안 큰 도움이 되었다. 어린 시절의 그림자는 사라졌다. 나는 과거로부터 완전히 벗어난 것만 같았다.

하지만 몇 년 후 의도적으로 만들어 낸 성격의 한계가 드러나면서 문제가 생기기 시작했다. 하나님이 중요하게 여기는 대부분의 영역에서 나는 비참하게 실패하고 있었다. 나는 이기적이고, 기쁨이 없었으며, 사랑도 없고, 동정심도 부족했다. '절제'를 빼고는 갈라디아서 5장에 나온 아홉 가지 성령의 열매 중 내가 가진 열매는 하나도 없었다. 관찰해 보니, 그런 성품들은 의도적으로 노력한다고 해서 만들어지는 것이 아니라, 오로지 하나님의 내주하심을 통해서만 자라고 계발되는 것들이었다. 기독교의 제자도란 "우리의 행위에 관한 문제가 아니라, 하나님이 우리 안에 거하실 수 있도록 자리를 만들어 드리는 것"이라고 한 하인리히 아놀드(Heinrich Arnold)의 정의에 나는 동의한다.[2]

이후 나는 사랑과 희락, 화평, 오래 참음, 자비, 양선, 충성, 온유, 절제라는 갈라디아서에 나온 성품들을 갖게 해 달라고 꾸준히 기도하는 연습을 해 왔다. 나는 사랑을 나눠 주고, 희락과 화평을 경험하며, 오래 참음을 실천하고 있는가? 나는 의심과 솔직한 자기 평가라는 부분에서는 뛰어난 편이지만, 희락과 사랑 같은 성품은 좀처럼 길러지지 않고 끊임없이 장벽에만 부딪치고 있다. 그리고 전보다 인내심이 많아지고 성격도 부드러워졌다고 생각한 바로 그 순간, 나는 20분 동안 상대방을 기다리며 들고 있던 전화를 끊어 버리고 주먹으로 책상을 내리치는 행동을 하고 있었다. 위에서 말한 성령의 열매들은 오직 하나님의 역사를 통해서만 자라난다는 것을 나는 겸손하게 인정하지 않을 수 없다.

결국 나는 성격을 완전히 개조하려던 나의 계획이 애초부터 잘못된 것이었음을 알게 되었다. 하나님은 내가 가지고 있는 것과 전혀 다른 성격을 사용해 일하는 것을 원치 않으신다. 하나님이 나를 선택하셨다. 나는 이 사실을 한 수련회에 가서 묵상을 하다가 분명하게 깨달았다. 그 수련회의 인도자는 내게 요한복음 11장에 나오는 나사로의 부활 이야기를 주의해서 읽어 보라고 권했다. "성경을 읽으면서 나사로의 자리에 스스로를 대입해 보십시오. 그가 다시 살아난 후에도 수족은 여전히 베로 동인 채로 있었습니다. 그 상태에서 벗어나기 위해서는 도움이 필요했습니다. 어떤 천이 당신을 동이고 있어 하나님이 의도하신 완전히 살아 있는 인간이 되지 못하게 방해하고 있는지 살펴보십시오."

정리해 보니 긴 목록이 나왔다. 모든 즐거운 경험을 오염시키고 마는 오래된 죄책감과, 기쁨을 느끼고 표현하는 것을 방해하는 지나친 신중함, 하나님의 치유 능력을 신뢰하지 못하게 만드는 과거의 상처들, 인생에 대해 늘 일정한 거리를 두는 작가 특유의 '관찰자 증후군', 고집스럽게 스스로를 이탈자로 여기는 태도, 하나님과 사람을 대할 때 나타나는 '접근-회피 패턴'(선택하고자 하는 특정 대안이 긍정적인 속성과 부정적인 속성을 모두 가지고 있어 선택에 곤란을 느끼는 것—역주)의 반복 등이 그 목록에 적혀 있었다.

마음 같아서는 그 일주일간의 수련회를 통해 하나님이 나를 동이고 있던 모든 천을 벗겨 주셨다는 이야기를 하고 싶지만, 그건 사실이 아니었다. 영적인 치유는 그렇게 빨리 그리고 쉽게 일어나는 것이 아니다. 나는 다만 내가 아닌 하나님이 주도하여 재구성하실 그 새롭게 치유된 내 정체성이 어떤 모습일지에 대해서만 희미하게 감지할 수 있었다. 그 전면적인 변화는 나의 진정한 자아를 거부하는 것이 아니라 자유롭게 만드는 변화였다.

토머스 머튼을 가르친 적이 있는 문학 교수 마크 반 도렌(Mark Van Doren)은 13년 만에 제자를 만나러 켄터키 수도원을 방문했다. 그때까지만 해도 반 도렌과 머튼의 친구들은 뉴욕의 파티광이었던 머튼이 어떻게 해서 고독과 침묵을 중시하는 수도사로 변신할 수 있었는지 의아해하고 있었다. 반 도렌은 당시의 상황을 이렇게 기록하고 있다.

> 당연히 그는 예전에 비해 나이 든 티가 나긴 했지만, 함께 앉아 이야기를 나누다보니 전과 달라진 점이 거의 없었다. 그래서 한창 옛날 일을 추억하는 머튼의 말을 자르고 웃으며 이렇게 말했다. "톰, 전혀 변하지 않았군 그래."
> "왜 변해야 하죠?" 머튼이 답했다. "이곳에서 우리가 지켜야 할 의무는, 자신을 없애는 것이 아니라 보다 나다운 사람이 되는 것이랍니다." 그것은 아주 날카로운 말이었고, 나는 행복한 마음으로 잘못을 인정했다.³

하나님은 우리를 위해서도 그와 똑같은 목표를 세워두셨다. 즉, 태초에 하나님이 우리를 위해 의도해 놓으신 '자아'를 인식함으로써 보다 나다운 사람이 되어가는 것이 우리의 목표다. 랍비 수샤(Zusya)도 이런 결론을 내렸다. "내세에 가면 나는 '왜 너는 모세가 아니었느냐?'라는 질문이 아닌, '왜 너는 수샤가 아니었느냐?'라는 질문을 받을 것이다."⁴ 성령님은 조용하게 그러나 끈질기게 내게 수샤나 모세가 되지 말고, 필립 얀시가 되라고 구슬리신다. 하나님은 결점 투성이 성격을 가진 내 안에 거하기로 결정하셨다. 무한한 자원을 가진 하나님은 기꺼운 마음으로 당신 앞에 나오는 모든 이들을 도우실 수 있다. 그리고 이 도움은 우리가 하나님이 나를 위해 최상의 것을 허락하신다는 것을 믿고, 하나님이 나의 진정한 자아를 속박하시는 것이 아니라 자유롭게 해주실 것을 확신할 때 받게 된다.

"누구든지 언제나 자기 육체를 미워하지 않고 오직 양육하여 보호하기를 그리스도께서 교회에게 함과 같이 하나니"(엡 5:29). 바울은 에베소서에서 이렇게 쓰면서, 마치 자기 백성에 대한 하나님의 친밀하심의 깊이를 그 자신도 믿기가 힘들었다는 듯 이런 말까지 덧붙인다. "이 비밀이 크도다"(엡 5:32). 나는 내 몸을 위해 무수히 많은 노력을 기울인다. 비타민을 먹고, 조깅을 비롯한 운동을 하며, 이발을 하고, 손톱과 발톱을 자른다. 잠을 자고, 의사를 찾아간다. 상처가 나면 밴드를 붙이고, 피부가 건조해지면 로션을 바르며, 방안의 온도도 쾌적한 상태로 맞춰 놓는다. 내 몸을 지각하지 않는 때는 단 한 순간도 없었다. 지금도 타이핑을 하느라 손가락 끝이 약간 아파 오는 것이 느껴진다. 우리 인간의 몸을 자신의 것으로 택하심으로써 하나님은 이 땅의 자기 백성들에 대하여 바로 이 정도의 친밀함을 느끼게 되었다.

첫 번째 편지에서 사도 요한은 "보라, 아버지께서 어떠한 사랑을 우리에게 베푸사 하나님의 자녀라 일컬음을 받게 하셨는가. 우리가 그러하도다"(요일 3:1)라고 선언했다. 하지만 우리 주변에 있는 모든 것은 우리를 향해 그와 정반대되는 메세지를 중얼거리고 있다. '우리는 하찮은 존재야, 우리는 실패했어, 우리는 부족해.' 마치 이런 반대에 부딪힐 것을 예상이라도 한 듯, 요한은 이렇게 덧붙인다. "사랑하는 자들아, 우리가 지금은 하나님의 자녀라. 장래에 어떻게 될지는 아직 나타나지 아니하였으나 그가 나타나시면 우리가 그와 같을 줄을 아는 것은 그의 참모습 그대로 볼 것이기 때문이니"(요일 3:2). 우리 몸의 장기 중에서 아직 그 기능을 명확히 규명해 내지 못한 것이 남아 있는 것처럼, 우리의 일부분도 감춰지고 계발되지 않은 상태로 남아 있다. 하지만 우리의 진정한 자아를 드러내려는 성령님의 사역은 보이지 않게, 그러나 끊임없이 계속되고 있다. 하나님을 기쁘시게 하는 성품을 만들어 내는 일을 우리는 할 수 없지만, 하나님은 하실 수 있다. 그리고 틀림없이 그렇게 해주시겠다고 약속하셨다.

하나님은 분명히 우리에게 당신의 형상을 불어넣어 주겠다고 약속하셨으며, 또한 이를 기뻐해 주실 것이라 약속하셨다. 물론 우리가 항상 하나님의 사랑을 느낄 수 있는 것은 아니다. 회의와 절망이 엄습해 오기도 한다. 사도 요한의 편지를 받는 사람들도 그런 상황에 처해 있었다. 요한도 때로는 "우리가 마음에 가책을 받는" 일이 있다는 것을 인정했다. 하지만 "하나님은 우리 마음보다 크신 분이시고, 또 모든 것을 알고 계[신다]"(요일 3:20, 새번역). 신약 성경 번역자인 J. B. 필립스(Phillips)는 요한 1서를 읽다가 이 본문을 발견했을 때, 마치 말씀이 책 밖으로 튀어나올 것만 같은 느낌을 받았다고 한다. "다른 사람들처럼 나도 완벽주의자 기질을 가지고 있다. 이 완벽주의 기질을 스스로 제어하지 않으면 우리는 무례하게 다른 사람들을 비난하게 되고, 가끔 기분이 우울해질 때면 자포자기하여 스스로를 한없이 비난하게 된다." 병적인 우울증으로 고생했던 필립스는 음울한 감정이 밀려오면 한없는 죄책감에 빠져 들었다. 그럴 때마다 그는 위의 말씀에 매달렸다. "요한은 '하나님이 우리를 사랑하시는데, 너는 얼마나 잘 났기에 자신을 사랑하지 않는 거지?'라고 말하고 있는 것 같다."[5]

나 역시 하나님의 사랑을 받아들이기 위해 내 속에서 끈질기게 들려오는 '너는 하찮은 인간이야. 또 실패하게 될 거야. 하나님은 너를 사랑하시지 않아'라는 속삭임을 냉정하게 잠재워야 했다. 구약 성경에 묘사된 엄격한 권위와 심판의 하나님을 강조한 설교를 통해 어린 시절의 양심을 만들었던 나는 하나님이 자기를 한없이 낮추어 내 안에 거하시려 들어오셨으며 전적으로 나를 사랑하신다는 말을 이해하기가 힘들었다. 나는 '내 마음보다 더 크고 위대하신' 하나님께 이 가혹한 죄책감의 고리를 끊어 달라고, 하나님이 나를 원하시고 사랑하신다는 그 가장 믿기 힘든 진리를 상기시켜 달라고 간구했다.

그런데 하나님은 왜 나를 사랑하시는 것일까? 성경은 다른 어떤 단어와도 바꿔 쓸 수 없는 한 단어로 이 심오한 질문에 답한다. 바로 '은혜' 때문이다. 하나님은 내가 그 사랑을 받을 만한 뭔가를 했기 때문이 아니라, '사랑을 베푸는 것'이 바로 당신의 성품이기에 우리를 사랑하신다. 즉, 사랑이 그의 본성이므로 하나님은 사랑하지 않을 수 없으신 것이다.

살아오면서 많은 설교를 들어왔지만 그중에 지금까지 기억하고 있는 것은 거의 없다. 하지만 풀러 신학교의 이안 피트왓슨(Ian Pitt-Watson) 교수의 설교만은 아직까지 생생하게 기억한다. 세 가지 요지를 전하는 일반 설교자들과는 달리, 그는 단 하나의 요지만을 전했고, 어쩌면 그래서 그 설교를 아직 기억하고 있는지도 모르겠다. 그 하나의 요지란 이것이었다. "사랑받을 가치가 있기 때문에 사랑받는 것도 있지만, 사랑받고 있기 때문에 가치 있는 것도 있다."

멋진 슈퍼 모델과 뛰어난 실력을 가진 운동 선수, 명석한 과학자, 값을 매길 수 없는 예술 작품 등 피트왓슨은 타고난 가치 때문에 사랑받는 것들을 열거하면서 설교를 시작했다. 그러고는 고유한 가치는 없지만 그럼에도 크게 사랑받는 것들에 대해 말하며 자신의 딸 로즈마리의 이야기를 해주었다. 로즈마리는 더럽고 낡아 실밥이 다 터진 봉제 인형 하나를 다른 무엇보다 소중하게 여겼다고 한다. 라이너스에게 담요가 있었던 것처럼 (스누피라는 강아지 캐릭터로 유명한 만화 "피터츠"의 또 한 명의 등장 인물인 꼬마 라이너스가 늘 담요를 끌고 다닌 것을 비유-역주), 로즈마리는 그 인형 없이는 잠시도 살 수 없을 것처럼 어딜 가든 가지고 다녔다. 피트왓슨 일가가 스코틀랜드를 떠나 미국으로 이민을 가게 되었을 때, 가족들은 이사 갈 때 가져갈 물건을 각자 신중하게 결정해야 했는데 로즈마리는 단 하나, 그 누더기 인형만을 택했다. 그런데 공항에서 그 인형을 잃어버리는 일이 발생했다! 너무 상심한 로즈마리로 인해 가족들은 다음 비행기를 타야겠다는 생각까지 했다. 그러다가 우여곡절 끝에 결국 인형을 다시 찾았고, 인형을 되찾은 어린 소녀는 조금 전의 상심은 온데간데없이 마술처럼 순식간에 평온해졌다. 인형은 그 자체로는 아무 가치도 없었지만, 로즈마리의 눈에는 더없이 소중한 물건이었다.

피트왓슨은 이것을 성경적으로 적용했다. 감사하게도 하나님은 우리의 타고난 가치와는 상관없이 우리를 사랑해 주신다. 그 사랑은 '은혜'로 주어진다. 은혜란 전혀 사랑스럽지 않은 대상에게까지 가치를 부여해 주는, 도저히 값을 매길 수 없을 정도로 귀하지만 공짜로 주어지는 선물이다. 사랑받을 가치가 있기 때문에 사랑받는 것도 있지만, 사랑받고 있기 때문에 가치 있는 것도 있다. 신학적으로 볼 때 우리는 두 번째 범주에 속한다. 아우구스티누스도 "전혀 사랑스럽지 않은 자들을 사랑해 주심으로써, 하나님은 나를 사랑스러운 자로 만들어 주셨습니다"라고 고백했다.

누군가를 사랑하면 그 사람을 위해 하는 일을 즐기게 된다. 친구들이 콜로라도에 있는 우리 집에 온다고 하면 우리는 그들이 좋아하는 음식을 만들기 위해 쇼핑을 하고, 집을 깨끗이 치우고, 거실에 신선한 꽃도 꽂고, 그들이 최고로 좋아할 여행 코스를 짜느라 고심할 것이다. 친구들이 도착할 시간이 다가오면, 그렇게 하면 그들이 조금이라도 일찍 도착하기라도 할 것처럼 창가에 서서 바깥을 뚫어져라 쳐다볼 것이다. 하나님은 우리 모두를 향해 그같이 기뻐하는 마음을 품고 계신다.

헨리 나우웬은 말년이 가까워갈수록 기도 시간이 주로 '축복의 말씀을 듣는' 시간이 되어 간다고 말했다. "기도의 진정한 '과정'은, 침묵 속으로 들어가 나에 대해 좋은 것을 말씀해 주시는 그 음성을 듣는 것이다."[6] 나우웬도 이 문장이 자아 도취적인 말로 들릴 수 있음을 인정했다. 하지만 이 말은 그가 스스로를 '사랑받을 만한 사람'이라고 생각했다는 말이 아니라, 하나님이 그의 안에 거하기로 선택하셨다는 의미였다. 그 음성을 많이 들으면 들을수록, 다른 사람들이 자기를 어떻게 보는지 상관하지 않게 되었고 자신이 무엇을 성취했는지에 따라 스스로의 가치를 판단하는 일이 줄어들었다. 나우웬은 하나님의 내적 임재가 먹고 마시고, 이야기하고 사랑하며, 운동하고 일하는 그 모든 일상 가운데 자연스럽게 표현되어 나오게 해 달라고 기도했다. 그는 자신의 정체성의 닻이 '모든 인간의 칭찬과 비난을 넘어선' 곳에 내려지는 급진적인 자유를 추구했다.

이 같은 기도는 내가 바라는 것들을 하나님께 열거하는 기도보다 훨씬 더 많은 의미를 담고 있다. 이런 기도를 한다는 것은, 하나님이 '내 마음을 새롭게 하실 수 있는' 곳에 스스로 가 있겠다는 의지까지도 표명한다. 그곳에 가야지만 나는 하나님이 믿는 자들에게 약속하신 '하나님이 사랑하는 자'라는 새로운 신분을 내 것으로 받아 그 안에 흠뻑 빠질 수 있다.

캐슬린 노리스는 다음과 같은 대담한 비유를 통해 우리가 일반적으로 갖고 있는 하나님에 대한 관점을 완전히 뒤집어 엎는다.

지난 봄 어느 날 아침의 일이었다. 한 젊은 부부가 어린아이를 안고 공항의 탑승구를 빠져나가고 있었는데, 그 아이는 다른 사람들의 얼굴을 뚫어져라 쳐다보았다. 그리고 그가 젊었든 늙었든, 예쁘든 추하든, 지루해하든 행복해하든 염려하고 있든, 그가 누구이든 전혀 상관없이 그 사람의 얼굴을 알아보는 순간, 세상에서 최고로 기쁘다는 듯한 표정을 지었다.

아름다운 광경이었다. 생기 없던 출발 탑승구가 천국 문으로 변했다. 나는 자기와 놀아 주는 어른들과 그 아이가 함께 노는 모습을 보면서, 야곱이 느꼈을 법한 경이로움에 휩싸였다. 하나님도 우리를 그렇게 바라보지 않으실까라는 생각이 든 것이다. 하나님도 그 아이처럼 기뻐할 만반의 준비를 하고, 당신이 창조하시고 다른 모든 창조 작품들과 마찬가지로 보시기에 좋았다고 칭했던 피조물인 우리 인간의 얼굴을 가까이 바라보고 계실 터였다. 시편 139편에서 말한 것처럼, 우리가 일상 속에서 아무리 많은 죄를 저질러도 우리를 좋게 봐 주시고 여전히 하나님의 형상을 담고 있는 피조물로 여겨 주시는 하나님께 '흑암'은 아무것도 아니다.

오로지 제대로 사랑받고 자란 어린아이와 하나님만이 이런 눈으로 다른 사람들을 바라볼 수 있을 것이다.[7]

나는 아침에 믿음이 충만한 상태로 잠에서 깨어나는 경우가 거의 없다. 오히려 아침 시간의 나는 마치 수족관 속의 열대어와도 같다. 아무리 작은 물고기라도 밤 시간에는 나름의 방법으로 자신을 보호한다. 조개 껍질 속에 숨는 물고기도 있고, 날카로운 가시를 세우는 물고기도 있으며, 자갈 속으로 파고들어 가는 물고기도 있다. 어떤 물고기들은 몸 주위에 유해한 물질을 내뿜어 다른 고기들의 방해를 받지 않고 편안하게 잠을 자기도 한다. 하지만 그 물고기도 아침이 되면 유백색의 해로운 물질에 둘러싸인 채 잠에서 깬다. 나의 믿음도 이와 비슷할 때가 많다. 전날까지는 너무나 확실하게 보였던 것이 하룻밤 사이에 흔적 없이 사라지고, 또다시 해로운 의혹 속에 잠에서 깨어나곤 하는 것이다.

"너희가 하나님의 성전인 것과 하나님의 성령이 너희 안에 계시는 것을 알지 못하느냐"(고전 3:16). 바울은 자신들이 하나님의 성전임을 나타내는 표지를 드러내지 않고 살던 고린도 사람들에게 이렇게 물었다. 나 역시 고린도 사람들이 들은 이 질문을 얼마나 자주 되새겨야 할지를 생각하면 몸이 오싹해진다. 하나님이 내 안에 살고 계시다면, 나는 항상 그 사실을 인식한 채 잠에서 깨어나 하루 종일 이를 기억하며 지내야 하지 않을까? 하지만 어쩌랴. 나는 그렇게 하지 못하고 있다.

또 다른 편지에서 바울은 하나님이 "우리에게 인치시고 보증으로 우리 마음에 성령을 주셨[다]"(고후 1:22)라고 말한다. 장기 이식 수술 후에는 면역 체계를 억제시키기 위해 항거부반응제를 투여해 주어야 한다. 그렇지 않으면 장기 수여자의 몸이 거부 반응을 일으켜 이식된 장기를 못 쓰는 수가 있기 때문이다. 날이 갈수록 나는 성령님이 그런 사역을 감당하는 대리인같이 느껴진다. 성령님은 내 안에 살아 계시면서 하나님이 이식시켜 주신 새로운 신분을 저버리지 않도록 막아 주는 능력을 행하고 계시기 때문이다. 나의 영적인 면역 체계는 하나님이라는 존재가 외부의 이물질이 아니라, 늘 내 안에 속해 있는 부분임을 매일 일깨워 줄 존재가 필요하다.

나는 내 가치가 풍성한 사랑과 은혜를 베풀어 주시는 하나님으로부터 비롯되었다는 사실을 이미 잘 알고 있으며 이 사실을 자주 기억하려고 애쓰고 있다. 하지만 눈에 보이지 않는 하나님과의 관계 속에서 결연한 노력을 기울이지 않으면 하나님에 대한 생각은 금세 자취를 감춰버리고 만다. 전화 통화와 오락 활동, 순식간에 지나가는 텔레비전 영상, 인터넷 화면 같은 것들이 하나님에 대한 의식을 한쪽으로 밀어낸다. 어떻게 하면 한시도 하나님을 잊지 않고 지낼 수 있을까? 이렇게 자주 그분의 존재를 망각하고 있는 상황 속에서 어떻게 하면 하나님이 내 안에 살고 계시다는 믿음을 쌓아갈 수 있을까?

존 테일러는 아프리카에서 살면서 그곳 사람들이 타인의 존재를 어떤 식으로 경험하는지를 관찰했다. 서구 사람들은 마음 한편으로는 딴 생각을 하면서 친구들과 대화를 하고, 상대방은 곧 그 사실을 눈치 채곤 한다. 반면, 아프리카에서는 한 사람이 방 안에서 일을 하고 있으면 친구가 그 방으로 들어온다. 두 사람은 짧게 인사한 후, 바닥에 쪼그리고 앉는다. 그리고 몇 마디를 나눈 후 그 방의 주인은 다시 하던 일을 계속하고, 방문자는 말없이 그 자리에 그냥 앉아 있는다. 그렇게 가만히 있다가 30분쯤 지나면 방문자는 일어나 '잘 만나고 갑니다'라고 말하고 밖으로 나간다. 그는 그 어떤 새로운 정보를 원하지 않는다. 그저 함께 존재한 것만으로도 충분하다고 생각한다.[8]

테일러는 집중이야말로 이런 존재감을 유지하려 할 때 꼭 필요한 열쇠라고 말한다.

좋은 교사는 책상을 두드리면서 '집중해'라고 소리 지르는 것이 헛된 노력이라는 것을 잘 안다. 진정한 집중은 원치 않아도 그 대상에게 완전히 몰두해 자기를 완전히 잊어버리게 되는 것(self-surrender)을 뜻한다. 무언가에 집중하고 있는 아이는 절대적으로 편안해 보인다. 어른들 역시 창조적인 통찰을 가진 사람 앞에서는 서두르지 않고 수용적이며 그저 기대하는 모습만 보이게 되어 있다.

새로운 진리가 드러날 때마다 내 마음 상태도 이렇게 된다. 그것은 우리가 억지로 끄집어내거나 생각해 낼 수 있는 것들이 아니다. 우리는 단지 이미 거기에 존재하는 무언가가 확연히 드러나기를 기다릴 뿐이다. 집중은 그곳에 '참석'하고 있는 것을 의미한다.…'성령 안에' 있다는 것은, 하나님의 임재뿐 아니라 불타는 떨기나무 가지에 이르기까지 그 모든 순간에 담긴 것들을 생생하게 인식하는 것을 뜻한다.[9]

수도사들은 '스타티오'(statio)라는 훈련을 하는데, 이 훈련은 간단히 말해 다른 일을 시작하기 전에 기존에 하고 있던 일을 멈추는 것이다. 한 가지 일을 하다가 곧바로 다음 일로 넘어가는 것이 아니라, 잠시 멈추고 그 두 가지 일 사이의 시간을 인식해 보는 것이다. 전화번호를 누르기 전에 잠시 멈추고 이 통화에서 나누게 될 대화 내용과 상대방에 대해 생각해 보고, 책을 읽은 후에도 잠시 동작을 멈추고 책에서 배운 것과 감동받은 부분을 되돌아본다. 텔레비전을 본 다음에는 잠시 여유를 두고 그것이 내 삶에 어떤 기여를 하고 있는지 자문해 보고, 성경을 읽기 전에는 잠시 시간을 내어 집중의 영을 간구한다. 이 과정을 충분히 반복하다 보면 아주 기계적이었던 행동들까지도 의식적이고 의미 있는 일이 될 것이다. 편지를 쓰거나 전화를 하기 전에 잠깐 시간을 내어 상대방을 위해 기도한다면, 그것은 더 이상 귀찮은 일이 아니라 하나님의 은혜를 받거나 표현할 수 있는 좋은 기회로 변할 것이다. 이것은 내가 직접 경험한 사실이다.

의식적으로 집중하지 않으면 필연적으로 성취와 경쟁을 최우선시하는 주변 세계를 따라 살아가게 된다. 사도 바울은 여기에 대한 해결책으로 정신적인 정화의 과정, 즉 스타티오의 시간을 가지라고 권한다. 그는 로마인들에게 "성령님이 원하는 것에 마음을 두십시오"(롬 8:5, 저자 사역)라고 조언한 뒤, 이후 빌립보서에 가서 앞서 다하지 못했던 설명을 덧붙인다. "무엇에든지 참되며, 무엇에든지 경건하며, 무엇에든지 옳으며, 무엇에든지 정결하며, 무엇에든지 사랑받을 만하며, 무엇에든지 칭찬받을 만하며, 무슨 덕이 있든지 무슨 기림이 있든지 이것들을 생각하라"(빌 4:8). 새로운 정체성에 완전히 젖어들려면 의지적인 행동이 필요하다. 골로새서에서도 바울은 "옛 사람과 그 행위를 벗어 버리고 새 사람을 입었으니"(골 3:9-10)라고 조언한다. 매일 옷장에서 입을 옷을 고르는 것처럼 매일 '새로운 마음의 옷을 입으라'는 것이다.

"묵상을 통해 우리는 무엇을 얻고자 하는가?" 디트리히 본회퍼(Dietrich Bonhoeffer)는 자문자답했다. "우리는 묵상을 통해 주저앉아 있는 상태가 아닌 전혀 다른 상태로 도약하기를 원한다."[10]

가시적인 세계는 굳이 부르지 않아도 거세게 다가온다. 그러나 비가시적인 세계를 만나기 위해서는 의식적인 노력을 기울여야 한다. 그 과정이 저절로 자연스럽게 진행되기를 바랐지만, 아무리 해도 그렇게 되는 경우는 없었다. 다른 모든 가치 있는 일들이 다 그렇듯, 이 과정에도 반드시 훈련이 필요했다. "연습을 하루 거르면 나 자신이 알고, 이틀 거르면 비평가들이 알며, 3일 거르면 모든 청중이 다 안다." 피아니스트 아더 루빈스타인(Arthur Rubinstein)의 말이다. 그리스도인 역시 매일매일 의지적으로 새로운(그리고 어떤 면에서는 부자연스러운)

인격적 정체성을 일깨우기 위해 신중한 노력을 기울여야 한다.

하나님과의 교제 속에는 딱딱한 훈련뿐 아니라 명상이라는, 보다 느긋한 시간도 들어 있다. 제2차 세계대전을 파리에서 맞았던 첼리스트 요요마(Yo-Yo Ma)의 아버지는 독일군이 파리를 점령한 동안 작은 다락방에서 혼자 지냈다고 한다. 그는 자신의 내면 세계를 지키고 온전한 정신을 유지하기 위해 밤낮으로 바흐의 음악을 바이올린으로 연주했다. 등화관제를 실시하는 시간에도 그는 어둠 속에 홀로 앉아 바이올린을 연주했다. 그의 아들 요요마는 나중에 바흐 모음곡을 연주할 때마다 어린 시절 매일 밤 잠자기 전에 아버지가 해주셨던 조언을 떠올렸다. "그건 연습이 아니라 명상이란다. 그 시간엔 너와 네 영혼만 홀로 있는 거야."

영성에는 두 가지 요소가 있는 것 같다. 하나는 루빈스타인의 끊임없는 연습이며, 다른 하나는 요요마의 고요한 명상이다. 나는 하루를 마감할 때마다 자문해 본다. 오늘 나는 하나님을 기쁘게 할 만한 일을 했는가? 하나님이 내 안에서 기쁨을 느끼고 싶어 하시는데, 오늘 나는 그분께 그런 기회를 만들어 드렸는가?

이 질문에 대해 어떤 대답이 나오든지, 나는 하나님의 사랑 안에서 평안함을 느끼고, 은혜와 용서로 나를 감싸안아 달라고 그분께 간구한다. 나는 나의 자아 속에서 들려오는 아우성을 잠재우고 하나님의 고요함이 들어올 자리를 만들기 위해 애쓰고 있다. 우리의 기도 중에서 하나님이 가장 중요하게 여기시는 것은, 그분을 알고자 하는 나의 열망이다.

❦

로베르타 본디는 혼란에 빠진 한 공동체를 감독했던 6세기 한 수도사의 이야기를 들려준다. 성마른 성격의 형제들 때문에 받아 마땅한 하나님의 사랑을 못

받고 있다고 몇몇 수도사들이 불평하자, 도로테오스(Dorotheos) 수도사는 그들의 생각이 잘못된 것이라고 지적하며 이렇게 말했다고 한다. "이 세상이 큰 원이라고 상상해 보세요. 그 중심에 하나님이 계시고 인간들은 거대한 그 원의 둘레 바깥에 살고 있어요. 이제 모든 인간이 살고 있는 원의 바깥쪽에서부터 모든 사람들을 연결해 중심에 계신 하나님에게까지 이은 직선들이 있다고 생각해 봅시다. 다른 사람에게 더 바싹 다가가지 않고서는 결코 하나님을 향해 나아갈 수 없고, 하나님께 가까이 다가가려는 마음 없이는 결코 다른 사람에게 접근할 수 없습니다."[11]

내면부터 정체성이 변화되다 보면, 나는 눈을 들어 하나님의 사랑과 자비가 필요한 다른 사람들을 바라보게 된다. 바울은 로마서에서 "오직 마음을 새롭게 함으로 변화를 받아"(롬 12:2)야 한다고 충고하면서 교회를 그리스도의 몸에 비유하다가 갑자기 좀 뜬금없이 "성도들의 쓸 것을 공급하며"(롬 12:13), "할 수 있거든 너희로서는 모든 사람과 더불어 화목하라"(롬 12:18)와 같은 권면을 늘어놓는다. 또 다른 서신서에서는 독자들에게 배고픈 자를 먹이고, 복음을 전하러 다니는 사역자들을 환대하며, 믿지 않는 주변 사람들에게 사랑으로 다가가라고 요청한다. 바울이 이렇게 말한 것은, 새로워진 마음은 다른 지체들과의 관계 속에서 드러나기 마련이기 때문이다. 다그 함마르셸드는 "거룩함에 이르는 길은 반드시 행동의 세계를 지나간다"[12]라고 말했다.

한 모임의 강연을 마친 후 한 사람이 나를 찾아와 대뜸 몰아치듯 다음과 같은 질문을 한 일이 있었다. "당신이「내가 고통당할 때 하나님 어디 계십니까?」라는 책을 쓴 사람인가요?" 그렇다는 뜻으로 고개를 끄덕이자, 그가 말했다. "난 당신 책을 읽을 시간이 없어요. 한두 문장으로 그 책의 내용을 설명해 줄 수 있겠소?" (사실, 작가들은 그런 요청을 좋아한다. 그 책을 몇 달 동안이나 썼으니 말이다.)

나는 잠시 생각한 다음 이렇게 대답했다. "글쎄요, 저도 질문으로 답을 대신

해야 할 것 같군요. '내가 고통당할 때 교회는 어디에 있었는가?'가 바로 그 답입니다." 이미 설명했듯이 교회는 이 땅에 있는 하나님의 실재요, 그분의 몸이다. 교회가 제 몫을 다한다면, 즉 교회가 재난 현장에 모습을 드러내고, 병든 자를 돌보고, 에이즈 전문 병원을 돕고, 성폭력 피해자들과 상담하고, 배고픈 자를 먹이며, 집 없는 이들에게 집을 제공한다면, 세상은 그처럼 절박하게 질문을 던지지 않을 것이다. 교회가 제 역할을 한다면, 세상은 굳이 묻지 않아도 고통이 있을 때 그 타락한 세상을 위해 일하는 자기 백성들 사이에 하나님이 계시다는 것을 알게 될 것이다. 실제로 우리는 먼저 다른 사람들의 존재를 의식한 후 그 부산물로 하나님의 존재까지 의식하게 되는 경우가 많다.

아주 어려운 시기를 지나는 한 친구와 몇 년간 가까이 지낸 일이 있다. 그는 심한 우울증으로 고생했고, 그로 인해 이혼을 하고 직장까지 잃었다. 잠시 정신병원에 입원한 적도 있었고, 자살 시도는 세 번이나 했다. 나는 그를 만나 함께 기도했고, 전화로도 장시간 대화를 나누었다. 그러는 동안에도 나는 내가 너무 무기력하고 쓸모없다는 생각을 떨쳐버릴 수가 없었다. 그의 질문에 답을 해주어도, 그 대답은 친구에게 큰 도움이 되지 않았다. 그러나 시간이 지나면서 나는 그에게 필요한 것은 조언이 아니라 사랑이라는 것을 깨닫게 되었다. 그때부터는 가능한 한 많은 시간을 그와 함께하려고 노력했다.

마침내 회복되어 일상으로 돌아온 그 친구는 이렇게 내게 말했다. "자넨 내게 하나님 같은 사람이야. 난 하나님 아버지를 만난 적이 없었어. 그분의 자리는 항상 비어 있는 것만 같았고, 뒤로 물러나 있는 것처럼 보였지. 하지만 이제 난 자네 덕분에 하나님을 믿을 수 있게 되었어." 나는 이 말에 곧바로 반박하고 싶었다. 나는 내가 어떤 사람인지 잘 알고 있었고, 나라는 인간은 하나님과 너무나 거리가 먼 사람이었기 때문이었다. 하지만 그의 말을 듣다 보니, '그리스도의 몸'이라는 바울의 표현 속에 깃들어 있는 심오한 의미를 알 것 같았다. 어떤 이유에서든 하나님은 나 같은 사람들을 '질그릇'으로 택하셨고, 그 안에 자신의 존재를 가득 부어 주셨던 것이다. 이 길은 나 홀로 걷는 길이 아니다. 여럿이 함께 걷고 있는 길이다.

우리에게는 암시와 추측밖에 없다. 추측을 하면 암시가 뒤따라 나온다.
그 밖에 존재하는 것은 기도와 계율, 훈련, 생각 그리고 행동이다.[13]
_T. S. 엘리엇

14. 통제 불능

> 모든 종교적 경험의 뿌리에는
> 아무런 조건이나 제약을 느끼지 않는 한 존재와
> 자유롭게 사랑하는 경험이 있다.[1]
> _버나드 로너간

시카고 문화센터가 다양한 음악을 선사하는 특별 주간을 기획하고서 그 일환으로 그 지역의 '그리스도 성경센터'(Christ Bible Center)라는 단체의 합창단을 초청한 일이 있었다. 정오에 시작되는 그 콘서트에 가 보았더니, 주로 좋은 옷을 입은 사업가들과 화려한 번화가인 미시간 애비뉴에서 온 쇼핑객들이 대거 참석해 있었다.

"하나님이 이렇게 놀랍게 역사하시다니, 믿어지십니까?" 지휘자는 콘서트홀의 멋들어진 티파니 돔을 올려다보며 큰소리로 말했다. "성령님이 이 오래된 공공 도서관 건물에도 찾아오실 거라고 누가 생각이나 했겠습니까!" 이 말에 대부분의 관객들이 너그러운 미소를 띠고 박수를 친 후 우렁찬 목소리와 율동이 가미된 이들의 공연을 즐기기 위해 편하게 자리에 기대앉았다.

공연은 우리가 예상했던 것보다 훨씬 인상적이었다. 공연이 시작된 지 20분 정도까지 성령 충만한 성가단원들은 관객들의 마음을 마음대로 주무르듯 멋진 공연을 펼쳤는데, 갑자기 한 성가단원이 무아지경이 되어 앞으로 뛰어나왔던 것이다. 무대 계단 제일 뒤쪽에 있던 그는 앞으로 펄쩍 뛰어내려와 한 발로 껑충껑충 뒷걸음질치며 무대를 가로지르고, "할렐루야, 할렐루야!"를 외치고 방언을 했다.

다른 단원들은 늘 그런 일이 일어나기라도 한다는 듯이 아무렇지 않게 계속 노래를 불렀지만 관객들은 불편한 기색이 역력했다. 모피 숄을 두른 두 은발 여성은 급히 쇼핑백을 채잡아 바삐 나가 버렸다. 정장 차림의 많은 사람들 역시 시계를 쳐다보면서 동요하고 있었다. 갑자기 전염병이 돌기라도 한 듯 여기저기서 헛기침 소리가 들려왔다.

결국 몇몇 단원들이 '성령에 사로잡혀' 시체처럼 빳빳하게 굳은 채로 바닥에 쓰러질 때쯤에는 남아 있는 관객이 거의 없었다. 마지막에 합창단 지휘자는 끝까지 자리를 지킨 몇 안 되는 사람들에게 돌아서서 변명하듯 말했다. "보셨다시피, 아무도 성령을 막을 수 없습니다."

✿

마틴 루터 킹 목사는 자신의 28번째 생일 바로 전날 밤 앨라배마 주 몽고메리에 있는 교회에서 설교를 하고 있었다. 얼마 전 폭탄 테러로 집을 잃은 그는 최근까지 계속 가족들을 살해하겠다는 협박을 받은 탓에 걱정으로 거의 잠을 이루지 못하고 있었다. 몽고메리 인권 운동의 미래는 암울해 보였다. 킹은 강대상 위에서 큰 소리로 기도하기 시작했다. 그리고 난생 처음으로 그런 공적인 자리에서 성령님의 임재를 강렬하게 느꼈다.

"주님, 몽고메리의 자유를 위한 우리의 투쟁으로 인해 목숨을 잃는 사람이 한 명도 없게 해주십시오." 그는 기도했다. "저도 죽고 싶지 않습니다. 하지만 누군가 한 명은 죽어야 한다면, 제가 그 사람이 되게 해주시옵소서."[2] 그는 계속 입을 벌리고 있었지만, 그 입에서는 아무 말도 흘러나오지 않았다. 그는 정신을 잃고 쓰러졌고, 동료 목사들이 와서 그를 일으켜 자리에 앉혔다. 그 자리에 모인 사람들은 시카고의 관객들과는 달리 열광적인 감탄의 함성을 질렀다. 보스턴 대학에서 온 젊은 학자에게 성령님이 임하셨다! 아멘, 할렐루야! 예수님, 감사합니다!

그러나 이후 킹 자신은 이 일화를 들을 때마다 당혹감을 느꼈다.

눈에 보이지 않는 성령과 인간이 만날 때, 이상한 현상들이 일어난다. 그 광경은 어떤 사람들에게는 위협이 되고, 또 다른 사람들에게는 당혹스러운 일이 되지만 이를 매혹적이라 생각하는 사람들도 있다. 공영 방송에서 "내 눈 주의 영광을 보네"(My Eyes Have Seen the Glory)라는 기독교 시리즈를 제작한 랜달 발머(Randal Balmer)는 그 프로그램에서 주로 남부에 위치한 교회와 흑인 교회에서 나타났던 극적인 성령의 활동 장면을 필름에 담았다. 하지만 나중에 그가 내게 해준 이야기에 따르면, 그는 매일 밤 텔레비전이 매개체가 되어, 성령에 사로잡힌 사람들이 나타내는 명백한 환희의 모습을 보여 주는 것을 사람들이 왜 그토록 꺼림칙하게 생각하는지 자문해야 했다고 한다.

나는 기자이기 때문에 어떤 상황이든 멀찌감치 떨어져서, 마치 내가 투명인간이라도 된 듯 완전히 그 안에 들어가지는 않고 스르륵 들어갔다 나왔다 하면서 그 장면을 관찰하며 내내 메모를 하는 버릇이 있다. 이런 태도는 워싱턴의 정치적인 사안들을 취재하거나 전쟁과 스포츠 경기를 보도하는 기자들에게는 유용할지 모르지만, 영적인 실체를 이해하려는 사람에게는 아무 도움이 되지 않는다. 독일 속담에 이런 말이 있다. "등대 밑이 어둡다."

언젠가 오순절 형태의 집회에 참석해 주변을 둘러본 적이 있다. 썩 뛰어나지 않은 구성으로 몇 개의 악구만 반복하는 음악이 귀에 거슬렸지만, 나를 제외한 다른 사람들에게는 최면 효과를 발휘하고 있는 것 같았다. 그들은 손바닥을 위로 하여 공중에 높이 들고 있었고, 눈은 희미하게 감겨 있었으며, 몸은 이리저리 흔들리고 있었다. 그들은 내가 도저히 알 수 없는 감정적인 차원으로 넘어가 나만 빼놓고 무언가와 만나고 있는 듯 보였다. 집회가 끝난 후 나는 조심스럽게 그들에게 다가가 물었다. "아까 저기에서 정확히 무슨 일이 일어난 거죠? 정말 알고 싶습니다. 저를 위해 좀 자세히 설명해 주시겠어요?"

이런 나의 질문에 사람들은 그저 멍한 표정을 짓거나 불분명한 말을 중얼거렸다. 불쾌하다는 표정을 짓거나 불쌍하다는 눈빛을 보내는 사람도 있었고, 겸손한 표정을 짓는 사람들도 있었다. 이로써 나는 이런 식의 취재는 화재로 인해 방금 전에 딸을 잃은 여인에게 카메라를 들이대는 것처럼 상대에게 거슬리는 행동이 될 수 있다는 것을 알게 되었다. 그렇다고 성령 충만을 의도적으로 깎아내리고 싶은 것은 아니다. 다만 성령님의 활동에 스포트라이트를 비추면 그 성령님은 금방 모습을 감추시는 듯했다.

사실 나는 특정한 대상을 완벽하게 밝혀내는 데 관심이 있을 뿐, 스스로 그렇게 극적으로 나타난 하나님의 임재를 경험한 적은 거의 없다.* 기도 모임에 가면 주위 모든 사람들이 나의 이러한 상태를 심각한 문제로 여기고 성령님이 내게 충만하게 임해 주시기를 간절히 기도해 주었다. 그럴 때마다 나는 상당히 불쾌했다. 심지어 나는 열광적인 두어 명의 학생들이 피아노 연습실에서 귀신을 쫓아낸다며 우리 형을 붙잡고 기도하는 모습도 보았다. 이후에는 그런 일을 거의 겪지 못했지만 요즘 어떤 교회에서 누군가가 동물 소리를 내거나 갑자기 자지러지게 웃는 일이 있다고 알리는 보도를 접할 때마다, 그때 그 시카고 문

---

* 기독교 대학에 다니던 시절, 우리 학교의 자매 기관인 무디 바이블 인스티튜트가 '비상시 행동 요령'을 알려 준 적이 있는데, 그 '비상' 상황에는 화재와 토네이도, 공습, 폭탄 테러의 위협, 감정적인 혼란 및 자살 충동, 질병, 상해와 더불어 '성령의 은사적 활동'이 포함되어 있었다.

화센터와 귀신을 쫓아낸다고 소란을 피웠던 그 연습실에서 느꼈던 불쾌감이 생생하게 떠오른다.

나는 교회에서 방언을 하거나 큰소리를 질러본 경험도 없고, 마틴 루터 킹처럼 공적인 자리에서 성령의 황홀경에 빠진 적도 없다. 자제력을 잃는 것이 두렵고, 잘못된 영적 길에 들어서거나 합리적인 사고에 금이 가는 것이 싫어 나도 모르게 예전부터 길러 온 성격 때문일지도 모르겠다. 사실 나도 뭐가 뭔지 잘 모른다. 다만 내가 아는 것은, 신약 성경 기자들이 끊임없이 '그리스도의 영'에 대해 말하고 있으며, '성령 안에서'와 '그리스도 안에서'라는 표현을 큰 의미의 차이 없이 서로 바꿔 쓰기도 했다는 사실뿐이다. 그래서 성령님을 이미지로 그려 보고 싶을 때(영을 그려 보겠다니, 모순적인 말이긴 하지만) 나는 눈으로 볼 수 없는 이 존재가 형태를 입고 나타난 그리스도를 생각한다.

예수님은 최후의 만찬에서 제자들에게 이렇게 말씀하셨다.

> 보혜사, 곧 아버지께서 내 이름으로 보내실 성령, 그가 너희에게 모든 것을 가르치고 내가 너희에게 말한 모든 것을 생각나게 하리라. (요 14:26)

> 그가 내 영광을 나타내리니 내 것을 가지고 너희에게 알리겠음이니라. (요 16:14)

이 땅에 사셨던 예수님 덕분에 우리는 하나님과 인간이 어떤 모습으로 만나게 되는지를 실제적이고 생생하게 설명할 수 있게 되었다. 사실 '성령의 열매'는 예수님이 이 땅에서 사시면서 보여 주신 성품들이다. 그리고 그분은 당신이 보여 주신 것과 동일한 성품을 길러 주기 위해 우리 속에 '거하시며,' 우리를 당신의 거처로 삼겠다고 약속하셨다.

성령님이 내 안에서 어떤 방식으로 역사하시는지 알고 싶다면, 예수님을 바라보면 된다.

25명의 서구인들을 연구한 한 정신의학자의 보고서를 읽은 적이 있다. 그들은 모두 초기 마오쩌둥 정권 하에서 중국 공산당에 의해 옥에 갇혀 세뇌당한 사람들이었고, 그중 13명이 선교사였다. 그 공산주의 정권의 교도관들은 이들의 머리에서 제국주의와 자본주의가 심어 놓은 그릇된 사상을 제거하는 임무를 맡아, 목적 달성을 위해 강제 고문을 강행했다. 교도관들은 이 서구인들의 두 손을 묶고 발에는 쇠사슬을 채운 채, 며칠, 혹은 몇 주 동안 재우지도 않고 억지로 세워둔 채, '생각을 교정'하기 위한 질문들을 퍼부었고 원하는 대답이 나오지 않으면 매질을 했다. 의지가 강한 사람들은 3년이 지나서야 생각을 바꾸었지만 어찌됐든 결국 모두가 자신들의 죄를 인정하고 자술서에 서명했다. 그리고 이들 대부분은 새로운 죄수들을 세뇌시키는 일에 동원되었다. 시간이 흘러 본국으로 추방되어 온 그들은 처음에는 혼란스러워했고, 편집증 증세까지 보였으며, 무엇을 믿어야 할지 몰라 갈팡질팡했다. 그러나 얼마 지나지 않아 한두 사람을 제외하고는 모두가 과거에 강제로 믿어야 했던 선전 내용들을 맹렬히 비난하게 되었다.[3]

하지만 예수님은 어느 누구에게도 세뇌의 방법을 사용하지 않으셨다. 오히려 그분은 자신을 따를 때 치러야 할 대가를, "자기 십자가를 지고 나를 따를 것이니라"(마 16:24)와 같은 가장 현실적인 말로 표현하셨다. 그분은 자기를 믿으라고 다른 사람에게 강요하는 대신, 항상 거부할 수 있는 선택의 여지를 남겨 두셨다. 하나님 역시 외부의 강압을 통해 한 개인을 변화시키지 않으신다. 그분은 성령을 통해 내면에서 활동하시면서, 그 속에서 새로운 삶을 불러일으키고 안에서부터 바깥으로 변화를 이끌어 내신다. '보혜사, 돕는 자, 상담가' 등 성령을 묘사하는 데 사용된 단어들을 보면, 한 개인의 변화는 내면에서 아주 느린 속도로 불규칙하게 진행되는 과정임을 알 수 있다.

제임스 휴스턴(James Houston)은 성령을 지칭하는 다양한 단어들을 영어와 헬라어로 모두 살펴본 후, 그 모든 의미를 '친구'라는 한 마디 말로 요약했다. 진정한 친구는 언제나 진심으로 상대에게 관심을 가져 준다. 성령님도 때때로 절친한 친구처럼 엄한 사랑을 베풀어 변화를 위해 필요한 것을 내게 상기시켜 주신다. 또한 나의 내면 깊은 곳까지 알고 계시는 그분은 내가 무시하고 싶어 하는 나의 단점들도 생각나게 하신다. 하지만 내가 공허함을 느끼고 오해받고 외로워할 때는 내게로 와 평안을 주시며 나의 분노와 두려움을 가라앉혀 주신다. 무엇보다도 성령님은 하나님의 사랑과 임재를 느낄 수 있게 해주신다. 이것이야말로 은혜로 내가 하나님의 자녀로 입양되었다는 사실을 증명해 주는 표지라고 할 수 있을 것이다.

저술가 래리 크랩(Larry Crabb)은 그리스도인들이 '옳은 것을 행하는 것'(Do what's right)과 '옳지 못한 것을 바로잡는 것'(Fix what's wrong)이라는 두 가지 해결 방식을 종종 혼동하고 있다고 지적한다.[4] 하지만 성경은 이 두 가지보다 더 뛰어난 길을 제시한다. 바로 '선한 것을 풀어 주는 것'(Release what's good)이다. 여기서 '선한 것'이란, 이미 우리 안에 살아 계시면서 하나님의 모든 자원을 마음대로 사용하실 수 있는 성령님을 뜻한다.

성령님에 대해 말할 때 생기는 두려움과 불편함을 생각해 보면, 내가 보혜사(comforter)를 무서워하고 있다는 역설적인 상황을 깨닫고 웃게 된다. 성령님은 하나님이 궁극적으로 원하시는 것, 즉 내 타락한 자아의 점진적인 재구성을 위해 느리고 꾸준하게 일하고 계시는데, 가끔씩 나는 발작처럼 빠져드는 황홀경, 기적적인 기도 응답, 부활과 치유 같은 극적인 현상을 비밀스럽게 갈망하고 있는 것이다.

새로운 천년이 시작되고 이 책의 집필 작업을 마무리하던 중, 나는 한 영성 수련회에 다녀왔다. 수련회 인도자는 자신이 1년에 수차례 이런 수련회를 이끌고 있는데, 4일 정도가 지나면 거의 모든 참석자들이 하나님의 음성을 듣는다고 말했다. 우리는 침묵하며 그가 정해 준 성경 본문을 읽고 하루에 최소 4시간씩 집중해서 기도했다.

하지만 나는 엄청난 회의를 갖고 그 수련회에 참석한 터였다. 그때까지 몇 달 동안 줄곧 의심과 하나님의 침묵에 대한 책들을 탐독했던 나는 수련회 첫째 날은 분명 하루 종일 초조하고 지루할 것이며, 두 번째 날쯤 되면 하나님 음성 같은 걸 듣기도 전에 그게 어떤 모양이든 받아들이지 않겠다고 반항하게 될 줄로 예상하고 있었다. 그럼에도 불구하고 나는 수련회 프로그램을 계속 따라가 주의하여 하나님의 음성을 들어 보기로 마음먹었다.

그런데 놀랍게도 하나님은 곧바로 말씀하시기 시작했다. 첫 번째 날 오후에 나는 상록수 숲속으로 나와서 이끼 낀 바위 위에 걸터앉아, 하나님이 나의 여생을 위한 영적 '실천 계획'을 알려 주신다면 그것은 과연 어떤 내용들일지 상상하며 그 내용을 노트에 적기 시작했다. 그 소리에 귀를 기울일수록, 글의 목록은 점점 더 길어졌다. 아래에 쓴 것은 그중 일부분이다.

- 믿음뿐만 아니라 의심에 대해서도 의문을 가지라. 나는 근본주의적 경험을 했던 어린 시절에 대한 반항심 혹은 선천적인 성격 때문에 항상 의심을 품고 살면서, 믿음이란 것은 아주 가끔씩만 경험하고 있다. 이제는 이 패턴을 역전시켜야 하지 않을까?
- 그 믿음의 여정을 혼자 감당하려 하지 말라. 나를 인도자가 아닌, 순례자로 여기는 동료를 찾아보라. 나를 낙오자라 생각하는 사람도 좋을 것이다.

대부분의 개신교도들과 마찬가지로 나 역시 홀로 하나님과 함께하려는 사람들의 태도를 비성경적이라고 생각한다. 시간이 갈수록 더 그렇게 생각된다. 홀로 하나님을 따르며 살아가는 법에 대한 안내서는 없다. 왜냐하면 그것은 하나님이 의도하신 길이 아니기 때문이다.

- 자연스러운 아름다움과 건강, 격려의 말 같은 긍정적인 요소들도 부정적인 것들만큼이나 진심으로 내면 깊숙이 받아들이라. 신랄한 비판조의 내용이 담긴 편지 한 통을 받고서, 그로 인해 생긴 좌절감을 극복하는 데 왜 열일곱 통이나 되는 독자들의 격려 편지가 필요한가? 자기 회의가 아닌 감사의 마음으로 매일 아침 잠에서 깨고 매일 밤 잠자리에 든다면, 거의 틀림없이 그 사이의 시간들 또한 이전과는 전혀 다른 마음가짐으로 보낼 수 있을 것이다.

- 자신을 위해 모든 것을 단순화시키라. 하나님에게서 멀어지게 만드는 모든 것을 제거하라. 무엇보다 쓸데없는 우편물과 광고지, 스팸 메일, 북클럽 공지 사항들은, 쓰레기통에 던져 넣는 시간도 아까우니 가려내지 말고 과감히 쓸어내 버리라. 용기가 조금 더 있다면, 텔레비전도 같이 내다 버리라.

- 하나님의 기쁨을 공감하게 해주는 것들을 찾아보라. 단거리 육상 선수였던 에릭 리델(Eric Liddell)은 자신의 누이에게 이렇게 말했다고 한다. "하나님이 나를 빨리 달릴 수 있도록 만들어 주셨어. 그래서 나는 달릴 때 그분의 기쁨을 느껴."[5] 나로 하여금 하나님의 기쁨을 공감하게 해주는 것은 무엇일까? 먼저 그것을 찾아내고, 달려라.

- 부끄러워하지 말라. 바울은 로마 사람들에게 "내가 복음을 부끄러워하지 아니하노니"(롬 1:16)라고 말했다. 나는 왜 낯선 사람이 직업을 묻고 어떤 종류의 책을 저술하는지 궁금해할 때 대답을 얼버무리는가? 나는 왜 신학

교를 다니기 전에 다녔던 일반 학교의 이름을 더 내세우는가?
- 너를 화나게 하는 다른 그리스도인들을 떠올려 보라. 그들 역시 하나님이 택하신 사람들이다. 몇 가지 경험을 통해 나는 깐깐하고 판단하기를 좋아하는 그리스도인들보다는 비도덕적인 불신자들에게 호의와 용납을 베푸는 것이 훨씬 쉽다는 것을 알게 되었다. 하지만 그렇게 하는 순간, 나 역시 또 다른 종류의 깐깐하고 판단하기를 좋아하는 그리스도인이 된다는 사실을 기억하라.
- 상처를 줘서 나의 온전한 마음을 무너뜨리는 사람들을 날마다 용서하라. 날이 갈수록 우리 마음의 상처는 하나님이 당신을 섬기게 하려 할 때 사용하시는 도구라는 것을 확실히 알게 된다. 상처를 가한 사람들에 대해 계속해서 원망을 품는다면, 우리의 상처가 가치 있고 소중하며, 결국에는 치유시키는 구원의 역사를 이루는 것을 영영 경험하지 못할 것이다.

이렇게 묻는 사람도 있을 것 같다. '거기서 하나님이 정확히 뭐라고 말씀하신 거죠?' 나는 어떤 음성이나 환상을 경험한 것이 아니다. 분명 위의 통찰은 외부 공간에서 온 것이 아니라, 이전부터 계속 영적인 자기 인식의 형태로 내 안에 들어 있던 것이었다. 중요한 것은 내가 틀에 박힌 일상 속에서 빠져나와 오랜 침묵의 시간을 갖기 전까지는, 내가 그 내면의 소리들을 듣지 못하고 놓치고 살았다는 사실이다. 하나님은 늘 말씀하고 계셨는데, 내가 귀를 열고 듣지 않아 그 음성이 내 삶에 아무런 변화를 일으키지 못했던 것뿐이다.

애리조나 주에서 산쑥과 사와로 선인장을 따라 구불구불하게 난 흙길 위로 조깅을 하다가 우연히 부유한 사람들을 위해 특별 맞춤된 비만 클리닉 시설을 발견한 일이 있었다. 나는 먼지 나는 흙길을 벗어나 잘 손질된 포장도로 위로 올라서니 12단계로 구분된 길이 나왔다. 그 길들 위에는 "기적을 기대하라!" 같은 동기 부여용 표어들이 적혀 있었고, 계속 뛰다 보니, 그 각 단계는 AA의 중독 치료 12단계를 본떠 만든 것임을 알 수 있었다. 길 위에 걸린 현수막에는, 우리 신체는 통제 불능 상태에 있으며 우리는 스스로 식생활 습관을 고칠 능력이 없음을 인정하라는 내용의 글이 담겨 있었다. 그리고 2킬로미터가 넘는 길을 따라 그 다음 단계 구간들이 연이어 있었는데, 거기에는 친구들이나 보다 높은 존재에게 의존하라는 문구들이 적혀 있었다. 각 단계들에 있는 벤치 옆에는 각기 다른 표지들이 있어서 참가한 사람들이 휴식을 취하면서 자신들의 상태가 얼마나 진전되었는지를 생각할 수 있도록 돕고 있었다.

그리고 그 길의 끝에 아주 작은 조각 묘석들로 가득 찬 한 묘지가 있었다. 나는 잠시 발걸음을 멈추고 사막의 열기로 인해 땀을 뻘뻘 흘리고 숨을 몰아쉬면서 각 묘석에 적힌 글들을 읽어 보았다. "여기, 친밀함에 대한 나의 두려움이 잠들다." '도나'라는 사람이 불과 사흘 전인 9월 15일에 새긴 내용이었다. 그녀는 빨간색, 노란색, 파란색 페인트로 묘석을 장식해 놓고 있었다. 그 밖의 다른 사람들 역시 담배나 초콜릿에 대한 집착, 다이어트 약, 자기 훈련의 부족, 통제 능력 부족, 거짓말 하는 습관 같은 것들을 땅 속에 묻어 두고 있었다.

나는 그 묘지에서 기독교적 상징을 발견했다. 그들은 하나같이 자아를 죽이고, 육신의 일을 십자가에 못 박는 것을 이야기하고 있었다. 나는 사흘 전에 도나가 친밀함에 대한 두려움을 장사 지냈지만, 그 두려움은 언젠가 다시 살아나리라는 것을 안다. 한 인간을 단단히 사로잡고 있는 영적인 능력들은 쉽게 사라지지 않으며, 죽었다 해도 완전히 죽은 것은 아니다.

그렇다면 나는 무엇을 장사지내야 할까? 자문해 보았다. 만약 내가 영적 비만 클리닉에 가입해 매일 이 길을 걷게 된다면, 나는 몇 개나 되는 묘석을 남기게 될까? 그리고 그 '보다 높은 존재'가 지금 이 순간에도 내 속에 거하는 내적인 힘이라는 것을 제대로 이해한다고 할 때, 나는 과연 구체적으로 어떻게 변화되는 것일까? 그 존재, 그러니까 하나님의 영이 내가 그토록 십자가에 못 박고 장사 지내고 싶어 하는 교만, 의심, 이기심, 죄악에 무감각함, 정욕 같은 것들을 정말로 확실히 죽여 줄 수 있을까?

풀러 신학교의 리처드 마우(Richard Mouw) 총장은 사회학자 피터 버거(Peter Berger)를 만나 모든 그리스도인들은 정의와 의로움과 평화를 위한 하나님의 프로그램에 철저하게 순종하도록 부르심을 받았다는, 신학교 총장다운 발언을 했다고 한다.

버거는 내가 사용한 '철저한 순종'이라는 표현은 너무 거창한 것 같다고 지적하면서, 그가 한 양로원에서 본 한 할머니의 이야기를 들려주었다. 그리스도인이었던 그 할머니가 가장 두려워하는 것은 식당에서 줄을 서 있다가 오줌을 참지 못해 다른 사람들에게 웃음거리가 되는 상황이었다. 적어도 이 할머니에게 있어 예수 그리스도에 대한 최고의 철저한 순종의 행동은, 저녁 식사를 하러갈 때마다 사랑이 풍성한 하나님의 손에 자신을 맡기는 것이었다.

상당히 일리 있는 지적이다. 하나님은 우리가 일상에서 만나는 도전들에 맞서기를 바라신다. 그리고 가장 '사소한' 도전이 가장 '철저한' 도전인 경우도 많다. 하나님이 우리를 아주 작은 일에 철저하게 순종하라고 부르셨다는 말은, 어쩌면 지루하고 짜증나게 하는 사람의 말도 인내를 가지고 들어 주는 것을 의미할 수 있다. 또 어쩌면 잘못을 저지른 친구를 최대한 너그러운 마음으로 대해 주고, 누가 보더라도 하찮은 문제에 대해 조언을 구하는 사람에게 상세한 조언을 해주는 것일 수도 있다.[6]

C. S. 루이스는 새로운 영 안에서 산다는 것 외에는 개종한 후의 자신의 삶

이 이전과 거의 달라진 것이 없다는 것을 깨닫고 깜짝 놀랐다. 그러나 나중에는 실천하는 그리스도인이 된다는 것은, "그것이 즐거운 것이든 불쾌한 것이든, 모든 행동과 느낌과 경험이 하나님과 관련되어 있음을 의미"한다는 결론에 도달했다.[7] 운동 선수가 경기에서 승리한 후, 그 승리를 암으로 죽어가는 감독이나 애인에게 돌리는 것처럼, 자신만을 위해 사는 것이 아니라 다른 누군가를 위해 살아간다는 사실을 깨닫는 것이 중요하다.

연극이나 영화에서는 신문을 사러 가거나, 차를 타거나, 전화를 받는 이 모든 지극히 일상적인 사건들이 중대한 의미를 갖는다. 이야기의 줄거리는 그런 사소한 일들로 이루어지고, 관객들은 어떤 것이 중요한 장면인지 혹은 결정적인 단서를 담고 있는 장면인지 모르기 때문에 처음부터 끝까지 한눈을 팔 수 없다. 하나님과 동행하는 삶도 이와 비슷하다. 하나님의 임재는 모든 일상적인 사건들 속에 새로운 잠재력을 심어 주기 때문이다.

우리가 지금 어떤 문제로 힘들어하고 있든, 그것이 요실금이든지, 혹은 섭식 장애나 친밀함에 대한 두려움, 정욕과 음란함에 끌리는 것, 남을 비웃고 비난하는 태도이든지 간에 좋은 소식이 하나 있으니, 그것은 우리가 하나님 앞에 나아가기 전에 '나 자신을 깨끗하게' 할 필요가 없다는 사실이다. 오히려 정반대로, 하나님은 성령님을 통해 내 안에 거할 방법을 찾으시며 우리를 안팎으로 도우신다. 하나님이 우리에게 약속하신 것은, 행복의 지속이나 아무 문제없는 삶이 아니다. 그분은 침묵과 어둠 속에서 우리와 함께, 우리 안에, 우리를 위해 있어 주시겠다고 약속하셨다.

나는 하나님의 능력을 강조하는 복음주의 문화 안에서 성장했다. 어린 시절 나는 하나님이 마냥 두려웠다. 그 시절에 내가 알던 하나님은 구약의 여호와로,

번개와 질병 같은 자신의 무기고 안에 쌓여 있는 무기들을 들어 나의 죄를 벌하시는 분이었다. 그리고 좀더 커서는 보다 인자한 하나님의 능력이 드러나는 것이 그리스도인의 삶이라고 생각하게 되었다. 우리 형은 피아노 대회에서 우승한 후 아주 경건한 말투로 이렇게 말했다. "제가 한 일이 아닙니다. 하나님이 하셨습니다." (형만큼이나 열심히 연습했지만 형보다 피아노에 소질이 없던 나는 왜 하나님이 내 손가락에는 형만큼의 많은 재능을 주지 않으신 건지 늘 궁금했다.) 기도 모임에 가 보면 이렇게 기도하는 사람들이 있다. "나만의 생각도, 나만의 행동도 취하지 않게 해주십시오. 대신 하나님이 우리를 통해 이 모든 일을 해주십시오." (냉소적인 한 친구는 이런 기도가 자주 응답되고 있다고 비꼬아 말했다. 정말 아무 생각이 없는 것 같은 그리스도인들이 많다는 말이었다.)

하나님의 능력만을 강조하다 보면, 신의 뜻이 모든 일을 할 것이기에 인간은 아무것도 할 필요가 없다고 생각하는 이슬람교나 힌두교의 근본주의자들처럼 운명론에 빠져들 수 있다. 하지만 이보다 더 놀라운 것은, 하나님이 낮아지셨다는 기적이다. 즉, 하나님은 기꺼이 자신을 낮추어 당신의 능력을 우리에게 나눠 주시고, 세상을 변화시키는 사역을 위해 인간과 완전한 협력 관계를 맺어 주셨다.

나는 삶 속에서 성령님의 임재를 극적으로 체험해 본 적도 없고, 당당하게 이야기할 만한 '기적'도 경험해 보지 못했기 때문에 영적인 열등감을 느끼곤 했었다. 그러나 시간이 지나면서 나는 내가 가치 있게 여기는 것과 하나님이 귀하게 여기는 것이 서로 매우 다를 수 있음을 깨달았다. 가끔, 기적 베푸는 것을 꺼려하는 모습을 보이셨던 예수님은 이 땅을 떠나 결점투성이 제자들에게 그 사역을 맡기실 때, 제자들이 기적을 행하는 것을 진보의 증거로 보아 주셨다. 자녀를 자랑스러워하는 부모처럼 하나님은 당신이 직접 전능함을 드러내기보다는 당신의 미숙한 자녀들이 갈팡질팡하면서 뭔가를 성취하는 것을 더 기뻐하시는 것 같다.

추측해 보건대 하나님의 관점에서 볼 때 인간 역사에서 가장 위대한 진보는 아마도 오순절의 성령 강림 사건일 것이다. 이 사건으로 에덴 동산에서 잃어버린, 하나님의 영과 인간의 영 간의 직접적인 소통이 회복되었기 때문이다. 나는 하나님이 직접, 인상적으로, 반박할 수 없는 방법으로 역사해 주시면 좋겠다. 하지만 그분은 나 같은 사람들과 '능력을 나눠 가지고' 싶어 하신다. 인간을 '차치하고'가 아니라, 인간을 '통해' 당신의 사역을 완성해 가고 싶어 하시는 것이다.

'농담이 아니에요! 절 어린아이가 아닌 어른으로 대해 주세요!' 모든 청소년들의 공통된 외침이다. 하나님은 그런 요구를 존중해 주신다. 하나님은 나를 사역의 동역자로 삼아, 나를 통해 역사하신다. 내가 그 자유를 남용할 것을 너무나 잘 아시면서도 그분은 나에게 완전한 자유를 허락하신다. 그분은 내게 성령을 '근심하게' 하거나 '소멸하지' 말아 달라고 간청할 정도로 자신의 권한을 포기하셨다. 하나님이 이렇게까지 행하시는 것은, 그분이 자신의 동역자로 풋내 나는 청소년이 아닌, 성숙한 연인을 원하시기 때문이다.

앞의 비유에서도 언급했듯이 결혼은 인간이 도달할 수 있는 가장 '성숙한' 관계다. (깊은 우정도 이에 못지않은 성숙한 관계의 특성들을 보여 주기도 한다.) 결혼 생활을 하는 두 사람은 각자 자유와 독립을 유지하면서도 일체감을 이룰 수 있다. 이 관계에서는 남편과 아내가 공유하는 새로운 정체성이 형성된다. 아내와 함께 여행 계획을 세울 때, 아내는 여행에 필요한 것들을 준비하고 나는 그 외의 문제들을 해결한다. 누가 무슨 일을 할 것이냐를 놓고 싸우는 경우는 거의 없다. 왜냐하면 우리는 각자의 노력이 결국에는 우리 둘 모두에게 유익이 될 것임을 너무나 잘 알고 있기 때문이다.

하지만 모든 부부가 알고 있듯, 아무리 결혼을 통해 남성과 여성이 결합을 하게 되어도 이 두 사람 사이에는 끊임없이 각자 다른 점이 드러나게 되어 있으며, 이 문제는 평생 사라지지 않는다. 인간이 하나님을 만날 때도 완전히 새로운 '불일치'의 범주들이 나타난다. 한쪽은 비가시적이고, 강력하며, 완전하지만, 다른 한쪽은 가시적이고, 나약하며, 결점이 많다. 이렇게 다른 두 존재가 어떻게 함께할 수 있을까?

어떻게 보면 성령님은 우리와 하나님 사이에서 24시간 함께하는 '결혼 문제 상담사'의 역할을 한다. 이런 비유가 억지스럽게 느껴진다면, 신약 성경에서 성령을 묘사한 표현들인 '보혜사, 돕는 자, 상담가'를 다시 한 번 생각해 보라. 성령님은 고통의 순간에 위로를 주고, 혼란에 빠졌을 때 평안함을 주며, 두려울 때 극복할 힘을 주신다. 성경은 계속해서 성령님을 눈에 보이지 않는 내적 능력이자 초월적인 아버지와 관계를 맺고서 우리를 돕는 중재자로 그린다.

다른 신혼 부부들과 마찬가지로 자넷과 나도, 결혼식이란 진정한 사랑을 만들어 가는 전체 과정의 출발점에 불과했다는 것을 점차 깨달아갔다. 우리의 결혼 생활은 부정적인 감정 따위는 전혀 찾아볼 수 없는 평온하기만 한 공간이 아니었다. 오히려 우리는 분노와 실망의 감정을 다른 사람이 아닌 배우자에게 거침없이 드러냈다. 심지어 '바깥에서' 있었던 일로 생긴 나쁜 감정까지도 서로에게 퍼부어 댔다. 건강한 결혼 생활이 이루어지는 공간은 아무 문제가 없는 공간은 아니지만, 적어도 안전한 공간이다. 우리 부부는 다퉜다 하더라도 다음 날, 또 그 다음날에도 서로를 사랑하고 있을 것임을 알았다. 팽팽한 긴장감이 생겨도 우리의 사랑은 그 나쁜 감정으로 상대방에게 입힌 상처를 얼마든지 싸매어 줄 수 있을 터였다.

시편과 욥기, 예레미야서를 읽어보면 앞에서 말한 과정들이 똑같이 반복되고 있음을 확인할 수 있다. 그들이 얼마나 하나님을 원망하고 그분께 실망했으며, 거친 말로 하나님을 비난했는지 잘 읽어 보라. 하나님은 나를 있는 그대로 표현할 수 있는 '안전한 장소'를 제공해 주신다. 그곳에 가면 나는 내 가장 열악한 부분까지 다 드러내 놓을 수 있다. 하지만 불행하게도 내가 자라난 교회에서는 그 같은 직설적이고 솔직한 말을 거의 들어 보지 못했다. 지금에 와서 나는 이런 분위기가 영적인 장점이 아니라 결함이라고 생각한다. 오늘날의 그리스도인들도 욥기와 시편 기자들이 느꼈던 격분을 그대로 느끼며 산다. 이미 하나님은 우리 속에 거하시고 계신데, 나의 깊은 감정을 숨길 이유가 어디 있겠는가? 우리가 마땅히 빌 바를 알지 못할 때, 말할 수 없는 탄식으로 우리를 위해 친히 간구해 주시겠다고 약속하신 성령님이 있지 않은가?

우리의 결혼 생활을 틀에 박힌 공식으로 축소할 수 없는 것과 마찬가지로, 하나님과 함께하는 삶 역시 특정한 공식으로 축소시킬 수는 없다. 하나님과의 관계는, 나와는 매우 다르지만 많은 부분을 공유하고 있는 또 하나의 자유로운 존재와 맺는, 살아 있는 관계이자 날이 갈수록 발전해 가는 관계다. 사실 부부 관계보다 더 어려운 관계는 없다. 나는 가끔씩 모든 역할과 기대치가 명확하게 정해져 있어 지금처럼 늘 협상하지 않아도 되었던 '구시대적인' 결혼 생활을 그리워한다. 또 어떤 때는 외부의 어떤 힘이 개입해 들어와 아내와 나를 고통스럽게 하는 우리의 성격 중 하나를 완전히 변화시켜 주기를 갈망하기도 한다. 그러나 아직까지 그런 일은 일어나지 않았다. 대신 우리는 아침마다 일어나 이전의 단계들을 거치면서 조금씩 단단해진 길 위에서 지금까지 걸어온 여정을 계속 이어간다.

그 대상이 눈에 보이는 존재든 눈에 보이지 않는 존재든, 이런 것이 바로 사랑이다.

하나님을 믿는다고 말하면서 그분을 사랑하거나 두려워하지 않는 자들은,
하나님을 믿는 것이 아니라 자신에게 하나님이 존재한다는 사실을 가르쳐 준 이들을 믿는 것이다.
하나님을 믿는다고 말하면서 마음속에 열정도 없고, 비통한 마음도 없고, 불확실함도 없고,
의심도 없고, 위로 중에도 일말의 절망을 느끼지 않은 사람은, 하나님을 믿는 것이 아니라
하나님에 대한 생각을 믿는 것이다.[8]
_미구엘 드 우나무노

15. 열정 그리고 사막

> 하나님은 인간의 열망을 채워 주는 분인 동시에
> 인간이 절대 알 수 없는 미지의 존재다.
> 그분의 존재와 부재를 통해서만 인간은 그 자신이 될 수 있다.[1]
> _장 설리반

    나는 신앙 생활의 진실에 대해 좋게 부풀려 말하지 않고 솔직하게 이야기하고 싶다. 그렇게 하기 위해서는 지금까지 살펴온 '우리 안에 거하시는 하나님'이라는 장엄한 전망을 벗어나 조금 다른 풍경을 바라봐야 할 것 같다. 루이스의 공상 소설에 등장하는 악마 스크루테이프를 생각해 보자. 그는 조카 악마 웜우드에게 자신들의 목표물들인 인간들로 하여금 "예배당 뒤쪽 의자에 앉아 있는 사람들의 얼굴과 '그리스도의 지체'라는 표현을 서로 헷갈리게" 만들라고 조언한다.[2] 나를 포함한 실제 성도들의 얼굴을 바라보는 순간, 신약 성경의 그 반짝거리는 이미지들은 빛을 잃기 십상이다.

    많은 사람들이 영적인 지도자로 존경하는 한 사람의 경험담을 읽고 생각해 보자.

    그렇다면 나의 기도 생활은 어떠한가? 나는 기도하기를 좋아하는가? 나는 기도하고 싶어 하는가? 기도에 시간을 보내고 있는가? 솔직히 말해, 앞의 세 질문에 대한 내

답은 모두 '아니다'이다. 63년을 사는 동안 38년간 성직자 생활을 해 왔는데도, 나의 기도는 마치 돌처럼 죽은 것만 같다.…나는 지금까지 기도에 많은 관심을 쏟고, 기도에 관한 책을 읽어 왔으며, 기도에 관한 글도 쓰고, 수도원과 기도원을 열심히 찾아다니고, 심지어 영적인 길을 걷는 많은 사람을 지도하기까지 했다. 지금쯤이면 나는 벌써부터 영적인 열정으로 가득 차고, 기도로 완전히 불타 버렸어야 할 것이다. 사람들은 내가 실제로 그런 상태에 있다고 착각하고, 기도야말로 나의 가장 큰 은사이며 가장 깊은 열망이라고 말한다.

하지만 나는 기도하면서 그런 느낌을 받는 경우가 거의 없다. 뜨거운 감정도 없고, 몸으로 느껴지는 감각도 없으며, 정신적인 환상도 보이지 않는다. 아무것도 나의 오감을 자극하지 않는다. 특별한 냄새도 없고 소리도 없으며, 특별한 볼거리도 없고, 특별한 맛도 없으며, 특별한 움직임도 없다. 한때는 아주 오랫동안 성령님이 나의 육체를 통해 아주 분명히 활동하기도 하셨는데, 지금 나는 아무것도 느낄 수가 없다. 나이를 먹어 죽음에 가까워지면 기도가 조금은 쉬워질 것이라고 기대했었는데, 현실은 그 기대와는 정반대로 펼쳐지고 있다. 요즘 나의 기도 생활을 가장 정확하게 표현하는 단어는 아마 어둠과 무미건조함일 것이다.

내 기도의 이 어둠과 무미건조함은, 하나님의 부재를 나타내는 증거일까, 아니면 내 감각이 인식할 수 없을 정도로 깊고 광대한 하나님이 임재하셨다는 증거일까? 내 기도가 죽었다는 것은, 하나님과 맺고 있는 친밀함이 끝났다는 뜻일까, 아니면 인간의 말과 감정과 육체적인 감각을 넘어서는 새로운 교제가 시작되었다는 뜻일까?[3]

위 글은 헨리 나우웬이 죽는 그 해에 쓴 것이다. 예기치 못한 이른 죽음으로 우리는 이 마지막 질문에 대한 그의 대답을 들을 수 없었다. 생각해 보면 놀라울 정도로 예언자적인 글이 아닐 수 없다. 나는 나우웬을 잘 알고, 그가 기도에 얼마나 많은 시간과 에너지를 쏟아 부었는지 알기 때문에(그는 내가 아는 그 누구보다 많이 기도했다), 그의 말이 일시적인 일탈이거나 잠시 동안 고민했던 문제라고 태연하게 넘겨 버릴 수 없다. 그의 이 말은 자신의 영적 경험의 실체를 솔직하게 묘사한 것이었다. 복음주의 개신교도들이 이 가톨릭 사제의 글을 좋아하는 것은 아마 바로 다음과 같은 문장에서 보이는 처절한 솔직함 때문일 것이다. "사람들이 내게 하나님께 가까이 나아갈 수 있게 도와주어 고맙다는 말을 할 때 정작 나는 하나님께 버림받았다는 느낌이 든다. 그것은 마치 천신만고 끝에 찾은 집에 바닥이 없다는 것을 알게 된 것만 같은 느낌이다."[4]

나우웬은 토마스 아 켐피스가 「그리스도를 본받아」에서 "누구보다 불행하고 빈곤한 제가 어떻게 당신을 저의 집으로 모실 수 있겠습니까? 저는 30분의 시간도 경건하게 보내지 못하는 사람입니다. 단 한 번만이라도 30분을 가치 있게 보내 봤으면!"이라고 쓰며 애통해한 일로부터 다소 음울한 격려를 받곤 했다.[5]

필리핀의 한 신학교에서 영적 지도자로 활동했던 기도 전문가 토머스 그린도 나우웬을 격려해 줄 수 있었을 것 같다. 토머스 그린은, 무미건조함은 기도 생활을 할 때 자연스럽게 나타나는 결과라고 말했다. 그는 건강한 기도 생활을 인간의 사랑에 비유하며 세 가지 단계를 이야기했다. 첫 번째인 연애 단계에서 우리는 하나님을 알게 되고, 두 번째 단계인 신혼 여행 때는 단순히 상대를 아는 것에서 사랑하는 단계로 넘어간다. 그리고 마지막 단계인 오래도록 매일 지속되는 결혼 생활을 통해서는, 그냥 사랑하는 데서 진정으로 사랑하는 단계에 이르게 된다. 모든 결혼한 사람들이 인정하듯, 성숙한 사랑을 뜻하는 마지막 단계에서는 낭만적인 감정보다는 지루함을 느끼는 순간이 더 많다. 하나님과의 관계도 이와 같다. 따라서 그린은 기도할 때 느끼는 무미건조함은 실패가 아닌 성장을 의미한다고 결론지었다.

낙관하는 것에 익숙한 복음주의 전통에서 성장한 나는 처음 이런 주장들을 접했을 때 그들이 이단이 아닐까라는 생각을 했다. 무미건조함이나 음울함의 문제는 주로 로마 가톨릭 교도들에게만 적용되는 것일 거라고 생각했다. 수사들과 수녀들은 하루 종일 기도만 하고 있으니, 기도를 지루하게 여기게 되는 것이 당연해 보였다. 하지만 성경, 특히 구약 성경을 자세히 읽어 보니 그 안에 위의 사람들이 말한 것과 비슷한 패턴이 보였다. 수많은 시편이 무미건조하고 음울한 시간들에 대해 말하고 있었고, 예수님은 그 시편들 가운데 가장 절망적인 내용을 인용하고 계셨다. 반면, 신약 성경을 쓴 바울과 기타 서신서 기자들은 그리스도인의 삶을 밝고 긍정적인 말로 표현하고 있었다. 하지만 그 행간을 자세히 읽어 보면 그 편지를 읽는 수신자들 중 발신자들이 권한 승리하는 삶을 살고 있는 사람은 거의 없었다.

가톨릭 성인 가운데 한 사람인 리주의 테레사(Thérèse of Liseux)도 이를 인정했다. "기도는 무능력에서 시작된다. 그렇지 않다면 기도할 필요가 없을 것이다."[6] 이제 나는 우리를 하나님께로 이끌어 가는 것은, 우리의 궁핍함과 불완전함이라는 것을 안다. 은혜라는 선물은 오직 손을 내미는 자에게만 주어지며, 대부분의 경우 우리는 실패를 경험할 때 손을 내밀게 된다.

하나님의 은혜를 받고 영적인 생활을 시작하면 아울러 긴장감도 커진다. 완벽한 성인(聖人)은 긴장을 경험하지 않고, 악인은 죄책감으로 괴로워하지 않을 것이다. 우리는 이 두 극단 사이의 어디쯤에서 살아간다. 이 위치는 생활을 단순화시켜 주는 위치가 아니라 반대로 복잡하게 만드는 위치다.

성 제롬(St. Jerome)은 이렇게 썼다. "그리스도인보다 행복한 존재는 없다. 그에게는 하나님 나라가 약속되어 있기 때문이다. 그리스도인보다 힘든 존재는 없다. 그는 늘 목숨을 걸고 살기 때문이다. 그리스도인보다 강한 존재는 없다. 그는 악마를 이기기 때문이다. 그리스도인보다 더 약한 존재는 없다. 그는 육신의 생각에 사로잡히기 때문이다.…당신이 걷고 있는 그 길은 아주 미끄럽고, 성공의 영광보다는 실패의 치욕을 더 많이 보게 되는 길이다."[7]

성령으로 충만하냐는 질문을 받은 무디는 이렇게 대답했다. "네, 그렇습니다. 하지만 새어 나갑니다"라고 대답했다.

※

그래서 충만하다는 말인가, 무미건조하다는 말인가? 빛인가, 어두움인가? 승리인가, 실패인가? 이 질문들에 답하라고 강요해 온다면, 나는 '둘 다'라고 대답할 것이다. 성공적인 기도 생활과 적극적인 하나님의 임재, 유혹에 대한 지속적인 승리가 담보된 인생 계획을 세웠다면, 당신은 오래지 않아 깊은 좌절을 경험하게 될 것이다. 보이지 않는 하나님과의 관계는 언제나 불확실하고 가변적이다.

하지만 할 수만 있다면 이 질문을 피하고 싶다. 질문 자체가 잘못되었다고 생각하기 때문이다. 많은 신앙 위인들의 삶을 들여다보면 이들에게는 한 가지 공통점이 있었다. 공통적으로 승리를 거뒀다거나 성공을 했다는 것이 아니다. 이들은 모두 열정을 가지고 있었다. 영적인 기술을 강조하면, 하나님이 가장 가치 있게 생각하시는 열정적인 관계에서 멀어질 수가 있다. 성경은 교리 체계나 신비로운 경험보다는, 인격적인 존재이신 하나님과의 '관계'를 강조한다. 그리고 모든 인격적 관계는 불안정하다.

나는 라디오나 텔레비전에서 순박한 설교자들의 설교를 들을 때마다 약간 민망해진다. 그리고 왜 그들의 설교를 사람들, 특히 가난한 사람들이 좋아하는지를 생각하게 된다. 사람들이 그들의 설교를 좋아하는 것은 아마 그들이 전달하는 하나님은 누구나 다 알고 사랑할 수 있는 존재이기 때문일 것이다. 예수님은 천국에 들어가려면 어린아이와 같아야 한다고 말씀하셨다. 어린아이는 관계를 이해하지 않고, 그저 그 관계 안에서 살아간다.

신학자 위르겐 몰트만은 이렇게 썼다. "과거에 나는 '분노하는 하나님, 질투하는 하나님, 사랑에 불타는 하나님, 환멸을 느끼는 하나님' 같은 개념들이 너무 유치하고 지나치게 인간 중심적이라고 생각했다. 반면, 인간의 모든 형상들을 완전히 걷어 낸 철학자들의 추상적인 신이 진리에 더 가까워 보였다. 하지만 추상의 것이 얼마나 삶을 망가뜨리는지를 목격하면서는, 구약 성경에 나오는 하나님의 열정과 그분의 마음을 찢어 놓은 고통을 좀더 잘 이해하게 되었다."[8]

하나님의 사랑을 받은 인물들도 하나님이 보이신 바로 그 열정으로 하나님께 반응했다. 모세는 하나님과 격렬한 논쟁을 벌여 여러 차례 하나님을 설득해 마음을 돌려놓았고, 야곱은 하나님의 복을 거머쥐기 위해 밤새도록 씨름했고 그것도 모자라 속임수까지 썼다. 욥은 하나님에 대해 신성 모독적인 분노를 마구 쏟아 냈으며, 다윗은 십계명 중 거의 다섯 가지 계명을 어겼다. 하지만 그들은 결코 하나님을 전적으로 포기하지 않았고, 하나님 역시 그들을 단념하지 않으셨다. 하나님은 분노와 비난, 심지어 의도적인 불순종까지도 다루실 수 있는 분이시지만, 단 한 가지 하나님과의 관계를 확실히 가로막을 수 있는 요소가 있으니, 그것은 바로 무관심이다. "그들이 등을 내게로 돌리고 얼굴을 내게로 향하지 아니하며"(렘 32:33). 하나님이 이스라엘 백성들을 심하게 책망하실 때 예레미야에게 하신 말씀이다.

알코올 중독으로 고통 받는 가정들을 돌보는 단체인 ACA(Adult Children of Alcoholics)에서는, 알코올 중독 부모를 가진 아이들이 역기능적인 환경에서 살아남기 위해 터득해야 하는 세 가지 심리적 기제로 '말하지 말 것, 믿지 말 것, 느끼지 말 것'을 제시한다. 하지만 이 방법을 통해 어느 정도 성공적으로 자란 아이들은 나중에 성장한 후 다른 사람들과 친밀한 관계를 유지하는 데 어려움을 겪는다. 친밀한 관계를 위해서는 무관심에 바탕을 둔 행동 방식을 교정해야 하기 때문이다. 기독교 상담가들은 상처받은 그리스도인들도 하나님과 그런 방법으로 관계를 맺는다고 말한다. 엄격한 가정 교육에 대한 반발심이나 하나님께 배신당했다는 느낌 때문에 그들은 열정을 억누르고, 형식적이고 비인격적인 신앙의 모습을 취한다.

이와 반대로 건강한 관계 속에서는 슬플 때나 기쁠 때나, 승리할 때나 실패할 때나, 심지어 물리적으로 분리된 상태에 있을 때에도 항상 상대에 대한 열정이 유지된다. 상대의 부재는 존재만큼이나 많은 열정을 불러일으킨다. 군인이 국방의 의무를 위해 가정을 떠나거나, 고등학교를 졸업한 자녀가 대학 진학을 위해 집을 떠날 때, 가족에 대한 그들의 감정마저 사라지는 것은 아니지 않은가? 오히려 그 감정은 더 강해진다. 몇몇 이혼 가정에서 볼 수 있듯 헤어짐으로 인해 사그라졌던 열정이 되살아나는 경우도 있다.

성경에 나오는 영적 위인들에게서, 나는 보이지 않는 하나님과의 관계에 대한 중대한 교훈 하나를 배웠다. 그것은 무엇을 하든지 하나님을 무시해서는 안 된다는 것이다. 모든 삶의 영역에 하나님을 초대하라. 욥이 당한 것과 같은, 최악으로 위험한 상황에 처한 그리스도인도 있을 수 있다. 그들은 어떻게 하면 무심하고 적대적으로까지 보이는 하나님에 대한 믿음을 붙잡을 수 있을까? 또 그 밖의 많은 그리스도인들은 좀더 미묘한 수준의 위험에 직면한다. 나도 그중 한 명이다. 고장 난 컴퓨터와 지불해야 할 청구서들, 다가오는 여행, 친구의 결혼식, 일상적인 생활의 번잡함 등 마음을 산만하게 하는 요소들이 쌓여 내 삶의 중심에 있던 하나님을 점점 가장자리로 몰아낸다. 사람들을 만나고, 음식을 먹고, 일을 하고, 결정을 내리느라 하루 종일 하나님에 대한 생각을 한 번도 못하는 날도 있다. 사실 이런 공백이 욥이 경험한 번민보다 훨씬 더 심각한 문제일 수 있다. 적어도 욥은 한순간도 하나님에 대한 생각을 멈추지 않았기 때문이다.

신학교에 다닐 때 한 친구가 다윗 왕의 삶을 두고 이런 말을 한 적이 있었다. "사울이 '순종이 제사보다 낫다'는 것을 증명했다면, 다윗은 '하나님과의 관계가 순종보다 훨씬 낫다'는 것을 증명했어." 표현법에 있어 이 말에 동의하지 못할 이들도 있을 것 같지만, 어쨌든 다윗의 이야기는 하나님과의 관계가 가장 지독한 불순종의 행위보다 더 오래 간다는 것을 보여 주고 있다. 다윗의 이야기는 읽어도 또 읽게 된다. 다윗이라는 왕보다 더 하나님과 열정적인 관계를 맺은 사람은 없기 때문이다. 그는 이름마저 '사랑받는 자'라는 뜻을 담고 있다.

다윗의 인생 기록을 살펴볼 때 꼭 묻게 되는 한 가지 질문이 있다. 간음과 살인이라는 명백한 잘못을 저지른 그런 인물이 어떻게 '하나님의 마음에 합한 사람'이라는 평판을 얻을 수 있단 말인가? 다행히 이 질문에 대해 답해 줄 본문은 많다. 성경은 예수님 못지않은 많은 분량을 할애해 다윗의 인생을 다룬다. 하나님은 다윗이라는 비범한 인물이 우리에게 많은 것을 가르쳐 줄 수 있을 거라고 생각하신 것 같다.

다윗의 영적 비밀을 알아내기 위해 그의 이야기를 여러 번 읽다 보면, 두 가지 장면이 눈에 들어온다. 첫 번째 장면은 앞에서 제기한 질문에 대한 답이 되는 장면이다. 왕위에 오른 후 다윗이 가장 먼저 행한 일은, 자신이 건설한 새로운 수도인 예루살렘에 하나님의 임재를 드러내는 상징물인 언약궤를 가져오도록 사람을 보낸 것이었다. 마침내 언약궤가 들어올 때 다윗 왕은 관악대의 연주와 거대한 군중의 외치는 소리에 맞춰 완전히 자신을 내려놓고, 너무 기뻐 마치 올림픽 경기에서 금메달을 딴 선수가 의기양양해하는 것처럼 길거리에서 재주넘기를 했다. 그의 아내 미갈은 왕이 옷도 거의 입지 않고 공중제비를 도는 것을 보고 그를 업신여겼으나, 다윗은 아내의 잘못된 생각을 이런 말로 바로잡아 주었다. "이는 여호와 앞에서 한 것이니라.…내가 여호와 앞에서 뛰놀리라"(삼하 6:21). 오직 하나님이라는 한 명의 관중에게만 자신의 기쁨과 환희가 제대로 전달된다면, 다윗에게 왕의 체면 따위는 아무런 문제가 되지 않았다.

열정적인 사람이었던 다윗은 이 세상 누구보다 정열적으로 하나님을 느꼈으며, 그가 이스라엘을 다스리는 동안 왕의 이 같은 마음은 온 나라에까지 퍼져 나갔다. 프레드릭 뷰크너는 이에 대해 다음과 같이 쓰고 있다.

> 그는 이기적이고 기만적이며, 탐욕적이고 허영심이 많은 사람으로, 우리 못지않게 많은 성격상의 결점을 갖고 있었다. 하지만 그가 춤을 췄다는 그 사실 하나만 봐도 우리는 왜 이스라엘이 다른 사람이 아닌 그에게 마음을 뺏겼는지, 또 왜 천 년 후에 나사렛 예수님이 지저분한 나귀를 타고 예루살렘으로 들어올 때 사람들은 그를 '다윗의 자손'이라고 외치며 환호했는지를 알 수 있다.[9]

두 번째 장면은 몇 년 후 다윗의 권력이 절정에 달한 시기에 있었던 사건이다. 그리고 세상에서 가장 뻔한 이야기의 줄거리를 그대로 따라 행동한 후 연출된 이 장면은, 다른 어떤 사건보다도 그의 위대함을 잘 보여 준다. 남자가 여자를 보고, 남자가 여자와 자고, 여자가 임신을 한다. 여기까지는 별로 특별할 것 없는 이야기다. 정치인이나 배우, 백만장자(혹은 유명한 설교자)의 자리에 다윗 왕을 놓고, 아름다운 여왕의 자리에 밧세바를 놓기만 하면 요즘 흔하디흔한 스캔들 기사와 똑같은 이야기가 완성된다. 전혀 새로울 것 없는 이야기인 것이다.

밧세바와 관련된 이 일화는 마키아벨리적인 다윗의 면모를 극명하게 보여 준다. 자신이 간음을 저질렀다는 사실을 은폐하려던 계획이 실패로 돌아가자 그는 잔혹한 음모를 꾸며 그녀의 남편인 우리아를 살해하고 병사들을 불필요한 죽음으로 내몬다. '죄가 죄를 부른다'라는 고전적인 공식이 한 국가의 영적

지도자인 다윗에게도 적용되어 그는 십계명 중 여섯 번째, 일곱 번째, 아홉 번째, 열 번째 계명을 깨뜨리고 만다. 하지만 결국 왕궁으로 들어온 밧세바와 결혼할 때만 해도, 겉으로는 다윗이 그간의 범죄에 대한 벌을 받지 않고 그 사건에서 완전히 빠져나간 것같이 보였다. 아무도 그에게 바른 소리를 하지 않았다. 나단 선지자를 제외하고는 말이다.

나는 이야기가 가진 힘을 잘 보여 주는 사무엘하 12장의 장면을 좋아한다. 먼저 나단 선지자는 많은 양을 소유하고 있으면서도 이웃집에서 자식처럼 기르는 새끼 양 한 마리를 빼앗는 냉혹한 욕심쟁이 부자 이야기를 꺼낸다. 이렇게 두 단락의 이야기만으로 다윗의 마음을 사로잡은 나단은 목숨을 걸고 이 이야기를 죄악에 물들어 있는 왕에게 곧바로 적용시켜 버린다. 그리고 이후 일어난 일련의 사건들이 다윗의 진정한 위대함을 잘 보여 주는 장면들이다. 다윗은 나단을 죽이거나 비웃으며 그를 왕궁에서 쫓아버릴 수도 있었다. 사실을 극구 부인할 수도 있었다. 나단이 어떤 증거를 댈 수 있었겠으며, 또 어떤 신하가 왕을 대적해 증언할 수 있었겠는가?

워터게이트와 모니카게이트 같은 추악한 사건들을 보아 왔다면, 다윗이 보통 사람이었다면 그 상황에서 어떻게 행동했을지 충분히 짐작할 수 있을 것이다. 공화당 대통령 리처드 닉슨은 거짓말을 했고, 공금으로 그 범죄를 은폐하는 데 필요한 자금을 댔다. 하지만 이 사실은 그의 직접적인 고백이 아닌 녹음 테이프를 통해 밝혀졌고, 때문에 결국 그는 대통령직에서 물러났다. 민주당의 빌 클린턴 대통령은 진지하게 카메라를 응시하면서 전 국민을 기만했다. 그의 경우 역시 고백이 아닌 얼룩진 옷으로 인해 탄핵 위기를 맞았다. 닉슨은 어쩔 수 없이 "실수가 있었습니다"라고 중얼거리듯 말했으며, 클린턴은 명백하게 밝혀져 전 세계가 다 알고 있는 사실들만을 인정했다.

하지만 나단의 책망을 들은 직후 다윗은 이들과는 정반대의 태도를 보이며 다음과 같은 첫마디를 내뱉었다. "내가 여호와께 죄를 범하였노라"(삼하 12:13). 다윗은 자기 때문에 아내를 빼앗긴 우리야나 밧세바나 총사령관 요압이 아니라, 하나님을 제일 먼저 생각했다. 과거에 단 한 명의 관중을 앞에 두고 춤을 추었던 다윗은, 이번에도 바로 그 관중 앞에서만 죄를 범했다고 고백한다.

다윗의 고백이 담긴 시편 51편은 그 가장 추악했던 사건이 남긴 가장 인상적인 결과물이다. 왕의 위치에 있는 사람이 자신의 도덕적인 범죄를 선지자에게만 개인적으로 고백하는 것과, 자세한 고백의 내용을 노래로 만들어 온 나라와, 종국에는 전 세계에서 불리게 만드는 것은 전혀 다른 차원의 일이다. 이 시편은 하나님과의 관계가 망가지는 것이 죄의 본질임을 알려 준다. 다윗은 "내가 주께만 범죄하여 주의 목전에 악을 행하였[다]"(시 51:4)라고 부르짖는다. 그는 하나님이 "상한 심령[과]…상하고 통회하는 마음"(시 51:17)을 원하신다는 것을 알았다. 그리고 다윗은 이런 마음을 차고 넘치게 가진 사람이었다.

이스라엘 백성들은 가장 위대한 왕이었던 다윗을 회상할 때, 그의 뛰어난 업적들보다는 하나님을 향한 헌신을 더 많이 기억했다. 활기차고 복수심에 불탔던 다윗 왕이었지만 결국에는 '하나님의 마음에 합한 사람'이라는 명성을 얻었다. 온 마음을 다해 하나님을 사랑했던 그에게 그 이상 어떤 말이 필요하겠는가?

다윗의 비결은 무엇이었을까? 앞서 말한 두 장면에 그 해답이 있다. 한 장면에는 최대한으로 들뜬 상태의 다윗이 나오고, 또 다른 한 장면에는 형편없이 낮아진 다윗의 모습이 나온다. 언약궤를 실은 수레 뒤에서 힘껏 춤을 출 때도, 6일 동안 금식하며 계속해서 땅에 엎드려 있을 때도, 다윗은 한결같이 자신의 삶을 하나님과 관련시키고자 하는 강력한 열망을 품고 있었다. 하나님과의 관계에 비하면 다른 것들은 전혀 중요하지 않았다. 그의 시에서 볼 수 있듯, 그는 하나님으로 충만한 삶을 영위해 나갔다. 유다 광야에서 지낼 때는 이런 시를 짓기도 했었다. "내가 간절히 주를 찾되 물이 없어 마르고 황폐한 땅에서 내 영혼이 주를 갈망하며 내 육체가 주를 앙모하나이다.···주의 인자하심이 생명보다 나으므로 내 입술이 주를 찬양할 것이라"(시 63:1-3).

그리고 하나님도 분명 이런 관계를 중시하셨다. 세월이 흐른 뒤 앗수르 군대가 예루살렘을 함락하려 할 때, 하나님은 "내가 나를 위하고 또 내 종 다윗을 위하므로"(왕하 20:6)라고 말씀하시며 구원의 기적을 베풀어 주셨다. 또한 유대 사람들에게 그들을 향한 사랑을 결코 거두어들이지 않겠다고 약속하실 때는 이렇게 말씀하셨다. "내가 너희를 위하여 영원한 언약을 맺으리니 곧 다윗에게 허락한 확실한 은혜이니라"(사 55:3).

※

내가 하나님과 관련해 전제하고 있는 내용들을 곰곰이 생각해 보면, 잘못 판단하거나 지나치게 단순화시킨 것이 대부분이다. 어려서부터 나는 하나님이 우리에게 등급을 매기는 엄격한 선생님 같은 분일 거라 생각해 왔다. 나의 목표도 다른 아이들의 목표와 같았다. 즉, 만점을 받아 선생님께 칭찬을 받는 것이었다. 이를 전제로 할 때 교실에서 소란을 피우는 사람은 교실 뒤쪽으로 가서 구석에 서 있거나 복도로 나가 아무도 없는 빈 교실에 들어가 있어야 했다.

하지만 내가 어려서부터 배워 온 이 비유는 성경과는 거의 정반대되는 것으로, 하나님과의 관계를 왜곡한 것이었다. 무엇보다 하나님의 인정은 나의 '선한 행동'에 근거하지 않고, 그분의 은혜에 바탕을 두고 있었다. 나는 결코 선생님의 완벽한 기준을 통과할 정도로 높은 점수를 받을 수 없는 사람이지만, 감사하게도 나는 애초부터 그런 높은 점수를 받으려 애쓰지 않아도 되는 거였다.

뿐만 아니라 하나님과의 관계는 내 행실에 따라 연결되거나 끊어지는 것이 아니었다. 내가 불순종할 때도 하나님은 교실 뒤편이나 복도 끝의 텅 빈 교실로 나를 보내지 않으신다. 오히려 그 반대다. 하나님과 멀어졌다고 느끼는 순간 우리는 절망하게 되지만, 이는 새로운 은혜가 시작되는 출발점이 된다. 시무룩해져 하나님을 피해 동굴 속에 숨었던 엘리야는 위로하는 하나님의 부드러운 속삭임을 들었다. 꾸짖음이 아니었다. 요나는 하나님에게서 벗어나려고 온갖 노력을 다했지만 결국에는 실패했다. 예수님의 사랑이 베드로를 회복시켜 주신 때 역시, 그가 가장 처절하게 낮아진 시점이었다.

나는 인간 관계의 작동 방식을 하나님과의 관계에 그대로 투영하고 싶어 한다. 인간 관계에서는 한쪽이 배신을 하면 그 관계는 영원히 망가진다. 하지만 하나님은 인간의 배신에도 굴하지 않으신다(어쩌면 익숙해지신 것일지도 모르겠다). 예수님은 베드로에게 "내가 이 반석 위에 내 교회를 세우리니"(마 16:18)라고 말씀하셨다. 자신을 흔들림 없는 '반석'에 비유한 것이다. 루터가 지적한 것처럼, 우리들은 죄인인 동시에 의인이며, 회개자다. 우리가 하나님께 전하는 더듬거리고 어눌한 사랑의 표현은 결코 하나님이 원하시는 기준에 미치지 못할 것이지만, 하나님은 부모의 마음으로 자녀가 표현하는 사랑의 마음을 다 받아 주신다.

도시 빈민 사역을 하는 친구 두 명을 찾아가 똑같은 질문을 던져 보았다. "일반적으로 교회에 다니는 사람들은 우리가 죄를 범하거나 '타락'하게 되면, 하나님과의 관계에 문제가 생길 거라고 말해. 매일같이 실패를 경험하는 사람들과 함께 살고 있는 자네는 그런 '타락' 때문에 사람들이 하나님에게서 멀어지거나 가까워지는 것을 본 적이 있나?"

마약 중독자들을 위해 사역하는 버드라는 친구는 질문이 끝나자마자 이렇게 대답했다. "두말할 것 없이 이 사람들은 타락한 과거 때문에 하나님께로 나아가. 마약 중독이 자신과 가족들에게 얼마나 끔찍한 일인지를 깨닫고 마약을 끊은 사람들의 이야기라면 얼마든지 들려줄 수 있어. 나는 이 사람들을 보면서 아무리 저항하려 해도 저항할 수 없게 만드는 악의 힘을 알게 되었어. 하지만 이렇게 가장 약해지는 순간, 바로 그 순간에 그들은 절망에 빠져 흐느끼며 하나님께로 돌아서. 그들은 실패한 사람들이야. 그것도 아주 비참하게 실패한 사람들이지. 그렇다면 이제부터는 어떻게 될까? 이들이 다시 일어나 걸을 수 있을까, 아니면 계속해서 무능한 상태로 남아 있을까? 하지만 하나님의 은혜를 힘입어 다시 일어나는 사람들이 있어. 사실 이 일을 하면서 나는 마약 중독자들이 중독에서 벗어나기 위해 필요한 열쇠는 단 하나밖에 없다는 것을 알게 되었어. 그건 바로 자신이 하나님께 용서받을 수 있는 자녀라는 것을 마음속 깊이 믿는 거야. 절대 실패하지 않는 자녀가 아니라, 용서받을 수 있는 자녀 말이지."

에이즈 환자들을 돌보는 시설을 책임지고 있는 데이비드도 같은 이야기를 들려주었다. "내가 아는 한, 이러저런 경로로 스스로 그 병을 자초했다는 것을 잘 알고 있는, 이 죽음에 임박한 사람들보다 더 영적인 사람은 없는 것 같아. 대부분 약물 복용이나 난잡한 성생활 때문에 에이즈 환자가 된 사람들이니, 그들의 삶은 실패 그 자체라고 할 수도 있을 거야. 하지만 논리적으로는 설명할 수 없어도, 그들은 내가 어디에서도 본 적 없는 영성을 소유하고서 하나님과 긴밀한 관계를 유지하고 있어."

프란시스 드 살레(Francis de Sales)도 이런 글을 남겼다. "우리가 자신의 처참한 상황을 철저하게 깨달아 갈수록, 하나님의 선하심과 자비하심에 대한 확신은 더욱 깊어진다. 왜냐하면 자비하심과 처참한 상황은 상당히 긴밀하게 연관되어 있어, 둘 중 하나라도 없으면 나머지 하나가 실행될 수 없기 때문이다."[10] 드 살레는 죄악에 걸려 넘어진 후 그 비참함 속에서만 뒹구는 사람들을 비난했다. "이 얼마나 비참한가! 그는 아무 쓸모없는 존재다!" 하지만 하나님을 진심으로 따라가는 자는 조용히 자신을 낮춘 다음 다시 용기를 내어 일어난다.

사도행전 5장에는 대부분의 설교자들이 피하고 싶어 하는 무서운 이야기가 나오는데, 이 아나니아와 삽비라 일화와 관련하여 인상적인 설교를 들은 적이 있다. 부부인 이 두 사람은 교회에 재산을 바치면서 거짓말을 한 것 때문에 죽임을 당했다. 존 클레이풀(John Claypool)의 말대로, 이 본문은 이 부부가 어떤 잘못 때문에 죽음이라는 치명적인 형벌을 받았는지를 분명하게 알려 주고 있다. 돈의 일부를 감춘 것은 문제가 되지 않았다. 베드로도 그들에게 그럴 권리가 있음을 재차 확인시켜 주었다. 이 부부의 잘못은 주의 영에게 거짓말을 했다는 것이었다. 하나님은 어떤 죄라도 용서하실 수 있고, 어떠한 영적 상태도 바로잡을 수 있으시다. 우리는 넘어졌다가 다시 일어난다. 이것이 바로 성경이 다윗과 베드로를 통해 끊임없이 알려 준 모형이다. 다만 하나님은 정직함을 요구하신다. 우리는 감히 하나님께 거짓을 아뢰어서는 안 된다. 부정직함은 우리를 은혜의 관계로부터 끊어 놓는다.

나는 어린 시절, 순회 부흥사나 큰 모임에 온 강사 또는 기독교 작가들이 하나님과 가장 가까이 있는 사람들이라고 생각했다. 그런데 나는 그만 나이가 들어 이 '전문가' 몇몇을 직접 알게 되었다. 심지어 나 자신이 그 가운데 한 사람이 되었다. 알고 보니 이 '전문가' 친구들 중에도 성적인 문제나 알코올 중독 때문에 고민하는 이들이 있었다. 실제로 올해 나를 하나님과의 더욱 긴밀한 관계 속으로 이끌어 준 사람도 알코올과 니코틴 중독으로 몸부림치고 있는 파문당한 신부였다. 그는 그같이 처절한 몸부림을 통해 매일 하나님께 더 가까이 나아갈 수 있었다. 그는 자신이 의롭다고 생각하며 잠에서 깨어나는 사치를 부릴 수 없는 사람이었다. 나를 만났을 때 그는 "저는 한 명의 죄인으로서 또 다른 죄인과 대화하고 있을 뿐입니다"라고 말했다. 그는 자신을 은혜로부터 벗어나도록 유혹하는 거짓된 완벽주의를 이미 오래 전에 단념한 사람이었다.

물론 모든 사람들이 어려운 시기에 하나님께로 돌아서는 것은 아니다. 하지만 나는 갈증과 불안을 느낄 때마다, 새로운 삶과 창조주의 능력을 소망하게 된다. 나의 안팎에 산재한 고통에 익숙해지지 않고, 세상의 타락상에 대한 관심을 잃지 않으며, 죄악 된 세상을 편하게 느끼지 않아야지만 우리는 하나님이 들어오실 수 있는 공간을 마련할 수 있다.

헨리 나우웬의 글은 아무리 노력해도 그를 떠나가지 않았던 상처받은 자아의 소리와 하나님의 음성을 구분하려고 끊임없이 분투해 온 과정에서 비롯된 열매들이다. 그의 책을 읽고 강의를 들어 본 사람이라면, 그가 끊임없이 권위 있는 하나님의 음성을 들으면서도 여전히 자신의 내면에서 심한 상처를 입은 자아를 발견했다는 것을 잘 알고 있을 것이다. 그리고 그는 하나님의 음성은 오직 상처받은 자아를 통해서만 들려온다는 사실을 조금씩 깨달아갔다. 나우웬은 끊임없이 하나님께 귀를 기울였다. 자신의 노력이 큰 성과를 거두지 못하고 있음을 알면서도 그 결과에 상관없이, 오로지 자신의 필요에 의해 그렇게 했다.

> 그렇다 해도 그 시간 동안 내가 하나님과의 특별한 친밀함을 경험하는 것은 아니다. 그 시간은 하나님의 신비를 제대로 주의 깊게 목격하는 시간도 아니다. 그렇다면 얼마나 좋을까! 하지만 현실은 그와 정반대로 흘러가, 산만함과 내적인 불안과 졸음과 혼란과 지루함만이 가득하다. 감각적인 기쁨은 거의 없다. 하지만 그 한 시간을 하나님의 임재 속으로 들어가 나의 느낌과 생각, 감각과 경험을 전혀 숨기려들지 않고 드러냈다는 그 단순한 사실 하나만으로도 하나님은 기뻐하신다. 어떻게든, 어디서든, 나는 그분이 나를 사랑하신다는 것을 안다. 비록 인간의 사랑을 느끼듯이 그분의 사랑을 느끼지 못하고, 사람에게 위로의 말을 듣는 것처럼 그분의 음성을 듣지 못하며, 사람의 얼굴에서 보는 그 미소를 그분에게서 볼 수 없을지라도 말이다. 내가 느끼지 못할지라도 여전히 하나님은 내게 말씀하시고, 나를 바라보시며, 내가 인지할 수 없는 그곳에서 나를 받아 주고 계신다.[11]

하나님은 질그릇을 당신의 거할 곳으로 택하신다. 어쩌면 당신은 이 책에서 하나님의 아주 세미한 음성을 듣게 될지도 모르겠다. 이것이 나의 가장 깊은 소원이며 평생 추구하는 목표다. 하지만 나우웬과 마찬가지로 주로 내 귀에 들려오는 것은, 하나님의 음성을 설명하려고 애쓰는 상처받은 내 자아의 음성이다. 나는 날마다 책을 편집하는 일이 인생을 편집하는 것보다 훨씬 수월하다는 사실을 새롭게 자각하며 살고 있다.

나의 주 하나님이여, 나는 지금 어디로 가고 있는지 모릅니다.
내 앞에 놓인 길도 보이지 않습니다.
이 길이 어디에서 끝날지도 확신할 수 없습니다.
나는 내가 누구인지도 모릅니다.
또한 나는 내가 당신의 뜻에 따르고 있다고 생각합니다만,
정말 그렇게 하고 있는지도 모르겠습니다.
당신을 기쁘게 해 드리려는 나의 열망만은
정말로 당신을 기쁘시게 해 드리고 있다고 믿습니다.[12]
_토머스 머튼

16. 영적 기억상실증

> 작은 짚단을 태우는 불꽃이 아주 잠깐 별을 가릴 수는 있으나,
> 결국 더 오래 가는 것은 불타는 짚단의 연기가 아닌 별빛이다.[1]
> _볼테르

옐로스톤 국립공원에 가보니 놀라운 일이 벌어지고 있었다. 그곳의 올드페이스풀 간헐천 옆에 다음 분출 시간을 카운트다운하고 있는 커다란 디지털 시계가 있는 것이 아닌가! 내 생각으로는 올드페이스풀의 분출은 인위적으로 연출할 수 있는 현상이 아니라 자연적인 현상임이 분명했는데 말이다. 어쨌든 그 시계는 관광객들의 기대감을 고조시키는 역할을 톡톡히 해내고 있었다. 일본과 독일에서 온 관광객들이 간헐천 주위를 가득 메우고 있었고, 그들은 무기인 듯한 비디오 카메라를 제각기 수증기와 유황 냄새가 올라오는 그 유명한 땅 속 구덩이를 향해 갖다 대고 있었다. 10, 9, 8, 7…카운트다운 숫자는 계속 내려갔고, 나는 간헐천의 뭉게 구름과 소음과 비슷한 것을 인공적으로 복제한 것이라 말할 수 있을, 케이프 케너베럴(Cape Canaveral) 우주 기지에서 발사된 로켓을 생각했다.

다음 분출 시간이 임박한 것을 확인한 아내와 나는 간헐천이 내려다보이는 올드페이스풀 여관의 식당에 들어가 앉아 그 순간을 기다렸다. 그리고 그 디지

털 시계가 분출 전 1분을 가리키자, 그곳에서 식사를 하던 모든 사람이 일어나 물이 만들어 내는 장관을 구경하려고 창가로 달려갔다.

그리고 그 순간 무슨 신호라도 한 것처럼, 웨이터와 종업원들이 일제히 테이블 쪽으로 달려가 빈 잔에 물을 채우고 빈 접시들을 치웠다. 드디어 간헐천이 분출을 시작하자 우리 관광객들은 탄성을 지르며 정신없이 카메라를 눌러 댔다. 자기도 모르게 박수를 치는 사람도 있었다. 하지만 뒤를 돌아보니 웨이터나 종업원들 중에는 창문 밖에서 일어나는 광경을 쳐다보는 사람이 단 명도 없었다. 이미 할 일을 끝낸 사람들도 마찬가지였다. 그들에게 올드페이스풀은 너무나 익숙해져서 더 이상 감동을 줄 수 없었던 것이다.

모든 종교 신앙도 이와 마찬가지다. 19세기에 프랑스에서 살았던 한 유대인은 여러 세대를 거치면서 신앙의 열정이 시들어 가는 모습을 이렇게 간단한 말로 표현했다. "할아버지는 히브리어로 기도했고, 아버지는 프랑스어로 된 기도서를 읽었으며, 아들은 아예 기도하지 않았다." 이런 현상은 각 개인의 내면에서도 똑같이 일어난다. 회심 직후에는 영적인 열정이 간헐천처럼 분출해 오르지만, 시간이 지나면 미지근한 저수지가 되고, 마지막에는 결국 무관심과 환멸 속으로 증발해 버리고 만다.

W. H. 오든(Auden)의 시 "파스칼"(Pascal)은 이 위대한 수학자의 영적 간헐천을 잘 묘사하고 있다. 오든은 파스칼의 강렬한 영적인 추구에 대해 이렇게 말한다. "황폐한 믿음의 성에서 재건된/ 의심, 또 의심/ 마침내 어느 가을, 모든 것이 준비되었다/ 그리고 그날 밤 예기치 못한 자가 찾아왔다." 오든은 파스칼이 말로 표현하지 못했던 신비로운 계시를 설명하고 있다. 이 계시 사건은 파스칼이 죽은 후에야 그의 가족들이 그의 코트에 '불!'이라는 말과 그 밖의 수수께끼 같은 말을 적은 종잇조각이 실로 꿰매어 있는 것을 발견하여 비로소 세상에 알려진 것이다. 하지만 오든은 그 다음에 이런 심상치 않은 말을 덧붙여 놓

았다. "그리고 그것으로 끝이었다./ 아침이 되자 그는 다시 차분해졌다./ 다시 죄를 지을 준비가 완료되었다."[2]

※

신앙 생활을 하다 보면 하나님을 긴밀하게 만나는 순간들이 있다. 하지만 나의 경험으로 미루어 볼 때 우리는 그 경험을 표준으로 삼아 의지해서는 안 된다. '복음'의 약속을 전한다는 꼬리표를 붙이고 다니는 복음 전도자들은 늘 그럴듯한 홍보 문구를 말하고 다닌다. 그들은 예수님이 제자들에게 경고하시고, 사도 요한이 계시록에서 일곱 교회에 대해 내렸던 심각한 진단 내용과는 다른 장밋빛 그림을 그리고 다닌다. 우리는 "오, 당신의 보좌 앞에서 순전한 기쁨을 누린 그 한 시간"이라는 찬송을 부르며 위엄 있는 신비주의적 신앙을 가졌던 성인들만을 우러른다.

복음주의자들은, 매일 아침 어김없이 15분 정도 하나님의 임재를 명료하게 느끼는 것으로 하루 일과를 시작했다는 침례교 목사 찰스 스펄전(Charles Spurgeon) 같은 영적 선구자들의 이야기를 대물림하듯 전한다. 고아들을 위해 활동했던 영국의 조지 뮬러(George Müller)는 아침마다 자신의 주된 목적이 "하나님 안에서 영혼의 행복을 누리는 것"임을 재확인했다.[3] 그리고 조나단 에드워즈의 아내는 남편이 부흥 집회를 인도하고 난 뒤 17일 동안이나 하나님의 임재에 사로잡혀 주변 상황을 알아보지 못할 만큼 정신을 잃고 있었다고 말한다.

나도 이런 신앙의 거장들에 대한 이야기를 의심하지 않는다. 단지 이런 경험들을 한 이들이었기에 그 사람들에게 특별히 '신앙의 거장'이라는 수식어가 붙은 것이라는 말을 하고 싶을 뿐이다. 만약 이 사람들을 모든 그리스도인이 닮아야 할 표준으로 삼는다면, 아마 우리는 마치 태양 빛에 자신의 빛을 잃는 반딧불이처럼 절망 속으로 침몰하고 말 것이다. 찰스 스펄전은 15분마다 한 번씩 하나님의 임재를 느꼈다고 하지만, 부끄럽게도 나는 하나님을 한 번도 생각하지 않고도 아무렇지 않게 하루를 보낼 수 있다.

C. S. 루이스는, 해변을 걸으면서 가끔씩 바다 쪽을 바라보는 것과 대서양을 횡단하는 항해를 비교했다. 그는, 하나님에 대한 신비로운 경험은 해변 산책처럼 실제적이거나 단편적인 것에 지나지 않는다고 설명했다. 대서양을 횡단하려면 새로운 기술들을 배우고 훈련을 받아야 하며, 무엇보다 다른 선원들의 경험을 토대로 작성된 지도를 입수해야 한다. 나도 하나님과의 일체감, 죄책감에서 해방된 평안함, 기분 좋은 교제, 거룩한 행복을 느낄 때가 있다. 정말이다. 하지만 이런 경험들은 너무 드물게 일어나서 한 문단이면 모두 기록할 수 있을 정도다. 나는 그런 경험들을 재생시키려고 노력하지 않는다. 대신 그런 요소들이 나를 찾아올 만한 곳, 즉 내게 '은혜'가 임하는 자리로 내가 찾아간다. 영국의 아늑한 시골집도 좋았고, 미국 뉴랜드의 대자연 속에서 하나님의 약속을 받은 적도 있었다. 하지만 그보다 나는 대서양의 탁 트인 푸른 하늘을 바라보기 위해 매일매일 나만의 갑판 위로 올라간다.

한때는 영적인 성숙이 육체의 성장 과정과 비슷한 순서로 진행된다고 생각했었다. 어린아이는 먼저 기는 법을 배우고, 이후 조금씩 비틀거리며 걷다가 시간이 한참 지나서야 뛸 수 있게 된다. 하나님과 걷는 우리의 발걸음도 그와 같이, 처음에는 조금씩 힘을 키워가다가 비틀거리지 않고 걸을 수 있는 방법을 터득하고, 그러고 나서 성인의 반열을 향해 성큼성큼 나아가게 되는 것이라 생각했던 것이다. 하지만 우리에게 친숙한 다음 이사야서 말씀의 순서를 자세히 살펴보기 바란다.

오직 여호와를 앙망하는 자는
새 힘을 얻으리니

> 독수리가 날개치며 올라감 같을 것이요,
> 달음박질하여도 곤비하지 아니하겠고
> 걸어가도 피곤하지 아니하리로다. (사 40:31)

위 말씀을 묵상한 존 클레이풀은 이 말씀의 순서가 우리의 예상과는 정반대로 되어 있다고 설명했다. 마치 우리의 선입견을 뒤집으려는 것처럼 이사야는 높이 올라가는 것으로 이야기를 시작하여, 걸어가는 것으로 끝맺고 있다. 모든 그리스도인들은 다양한 단계를 거치게 되어 있다. 대부분 신앙 생활 초기에 일어나는 일로, 가끔은 영적인 황홀경에 빠져 높이 올라가거나, 달음박질치며 무한한 에너지를 가지고 움직이면서 믿음을 표현하는 순간이 있다. 하지만 또 가끔씩은 한 발자국만 옮겨도 쓰러질 것만 같은 상태가 되어 버린다.

클레이풀이 이 사실을 발견한 것은 병원에 누워 있는 열 살짜리 딸의 병상을 지키던 때였다. 전국적으로 알려진 유명한 사역자였으니, 그는 분명 높이 솟아오르는 기분이 어떤 것인지 알고 있었을 것이다. 그러던 그가 지난 18개월 동안은 끊임없이 기도하면서 백혈병에서 딸을 구해 낼 수 있는 치료 방법을 찾아다니며 달음박질해 왔다. 하지만 이제는 생명이 꺼져가는 딸 곁에 앉아 아이의 손을 잡고, 마른 입술을 물로 축여 주며, 슬픔의 눈물을 흘리는 것밖에는 할 수 있는 것이 없었다. 쓰러지지 않으려면 혼신의 힘을 다해 영적 에너지를 끌어내야 했다.

뭔가 멋진 장면을 찾는 사람들에게는 이 이야기가 하찮게 들릴 것이다. 어느 누가 의식과 실신의 경계에 아슬아슬하게 붙어 속도를 줄여 천천히 걸어가고 싶겠으며, 또 어느 누가 조금씩 기어가고 싶겠는가? 내 말이 실제 종교적 경험과는 거리가 먼 것처럼 들릴 수도 있겠지만, 믿어 주기 바란다. 어두움 속에서 지내는 동안에는 이것만

이 유일하게 그 상황과 맞아떨어지는 약속의 말씀이다. 높이 오르거나 달음박질할 만한 여력이 없고, 할 수 있는 것이라곤 그저 한 걸음씩 터벅거리며 걸어가는 것밖에 없을 때는, '걸어가도 피곤치 아니'하도록 돕겠다는 말씀만이 진정한 복음으로 들려온다.[4]

앞에서 나는 산만한 마음은 하나님을 삶의 중심에서 가장자리로 몰아낼 수 있다고 말한 바 있는데, 사실 그런 마음은 하나님을 내 의식의 영역 밖으로 완전히 밀어내 버린다. 모든 다른 작가들처럼 나도 혼자서 작업을 한다. 그렇기 때문에 하나님을 소홀히 대한 잘못의 책임을 다른 사람에게 전가시킬 수가 없다. 그보다 더욱 당혹스러운 사실은 내가 하나님에 관한 책을 써서 생활을 하고 있다는 것이다! 나는 경건 서적과 신학 서적을 읽고, 해야 할 일을 써둔 목록을 점검하고, 원고지에 상당한 분량의 글이나 기사를 쓰고, 앞으로 언젠가 글로 다루게 될 생각들을 따로 모아 둔다. 하나님을 생각하는 시간이 그 정도밖에 안 되고, 내가 쓴 글의 내용을 그토록 실행에 옮기지 않으면서, 어떻게 내가 매일 이렇게 생활할 수 있는 것인지 놀랍기만 하다.

나는 내면의 평안과 평온함에 대한 아름다운 글들을 썼다가도 갑자기 컴퓨터 프로그램에 에러가 생겨 방금 전에 써 둔 글들을 몽땅 지워져 버리면, 그 순간 나의 내적 평안과 평온함은 모니터 위의 전자들보다도 더 빠른 속도로 사라져 버린다. 기술 문명 이전에 살았던 존 던은 이렇게 고백했다. "나는 파리가 날아다니는 소리와 소파가 덜컹거리는 소리, 문이 삐걱거리는 소리 때문에 하나님께 집중할 수 없다."[5]

어떻게 그럴 수 있는가? 음식을 먹기 전에 잠시 멈추고 감사의 기도를 드리는데 어떻게 그 내용이 '이음식주셔서감사합니다아멘. 버터 좀 건네 주실래요?'가 된단 말인가? 차가 고장 나면, 나의 뇌는 하나님에 대한 생각을 가장자리로 밀어내고 오로지 그 문제만을 생각한다. 물론 나도 거의 매일 하나님을 위해 '시간을 낸다.' 하지만 그 시간은 그날 처리해야 할 수많은 일들 가운데 한 가지 항목이 되고 말 때가 많고, 그나마 원고 마감이 닥치면 매우 짧아진다. 다른 지방을 여행하느라 정상적인 일과를 지키지 못할 때는, 식사 전에 대충하고 마는 기도를 제외하면 하루 종일 하나님에 대해서는 거의 생각하지 않는다. 우주의 본질과 내 삶의 중심점을 잊어버린다는 말인가? 그렇다, 나는 잊어버리고 있다.

"하나님이 나의 삶을 지배하지 않고 계심이 분명하다." 신실한 독일 신학자였던 로마노 구아르디니(Romano Guardini)는 고백한다. "내가 걷고 있는 길 위에 나무 등걸이 하나 가로막고 있어 어쩔 수 없이 돌아가야 할 때는, 그 나무토막이 하나님보다 더 강해진다." 구아르디니는 계속해서 다음과 같이 말한다.

> 우리는 하나님이라는 존재의 사실성 때문에 두려워 떨거나 격앙되는 대신, 오히려 그분이 존재하시지 않는 것처럼 생각해도 얼마든지 살아갈 수 있다. 그런데 어떻게 그 하나님이 온 우주에 충만하며, 모든 것이 그분의 손에서 나왔고, 우리의 모든 생각과 감정이 오직 그분 안에서만 의미를 찾을 수 있다는 말인가? 어떻게 그렇게 악마적인 속임수가 가능하단 말인가?[6]

나는 우리 마음대로 당신을 처분하도록 내버려 두시는 하나님이 이상하게 느껴진다. 우리는 우리 마음대로 하나님의 존재를 무시하고 슬프게 만들며 심지어 완전히 잊어버린다. 구약 성경을 읽어 보면 하나님이 가장 마음 아파하시는 상황은 인간이 극단적일 정도로 당신에 대해 무관심한 태도를 보이는 때임을 알 수 있다. 하나님은 의심하는 자들에게는 자애를 베푸시고 고의적으로 신앙을 거부하는 자들도 끝까지 뒤쫓아 가시지만, 마음에서 하나님을 잊어버린

자들에 대해서는 좌절하시고, 심지어 격노하신다. 하나님은 전화를 걸어도 받지 않고 기껏 준비해 건넨 발렌타인 카드를 열어 보지도 않고 내던져 버리는 연인을 둔 바람맞은 사람처럼 반응하신다.

모세는 이스라엘 백성들에게 언약을 기억하게 하는 몇 가지 가시적인 표지를 알려 주며 이렇게 경고한다. "오직 너는 스스로 삼가며 네 마음을 힘써 지키라"(신 4:9). 그러나 잠시 후에 현실을 직시하고 다음 말을 덧붙인다. "혹시라도 교만한 마음이 생겨서, 당신들을 이집트 땅 종살이하던 집에서 이끌어 내신 주, 당신들의 하나님을 잊어버리는 일이 없도록 하십시오"(신 8:14, 새번역). 그리고 이스라엘 백성들은 모세가 예언한대로 하나님을 망각해 갔다. 이에 하나님은 이렇게 그 애절한 마음을 표현하셨다.

> 처녀가 어찌 그의 패물을 잊겠느냐.
> 신부가 어찌 그의 예복을 잊겠느냐.
> 오직 내 백성은 나를 잊었나니
> 그 날수는 셀 수 없거늘…
> 레바논의 눈이
> 어찌 들의 바위를 떠나겠으며
> 먼 곳에서 흘러내리는 찬물이 어찌 마르겠느냐.
> 무릇 내 백성은 나를 잊고. (렘 2:32; 18:14-15)

그리고 하나님은 성경에 나오는 말 중 가장 신랄한 표현을 써서 결론을 내리신다. "그러므로 내가 에브라임에게는 좀 같으며 유다 족속에게는 썩이는 것 같도다"(호 5:12). 아마 제일 처음 이 말을 들은 사람들 중에는 양심의 가책이나 죄책감 때문에 굉장히 고통스러워한 이도 있었을 것이다. 하지만 그들은 때때로 내가 그러는 것처럼 하나님을 더욱 회피함으로써 죄책감을 면하려 했다. 이들은 더 기도하지 않고, 하나님과 통하는 문을 더 굳게 잠겼으며, 진정한 관계 대신 일상 생활로 되돌아가 버렸다.

전혀 듣지 못하는 부모 사이에서 성장한 한 여자아이를 아는데, 그 아이는 부모와 상대하고 싶지 않을 때는 그냥 눈을 감아 버린다. 몸짓 이외에는 달리 자신들의 의사를 표현할 방법이 없는 부모님은 딸의 그런 행동이 얼마나 속상하게 느껴질까? 부모의 다급한 수화를 안 보려고 눈을 꼭 감고 있는 이 소녀의 모습을 떠올려 보면, 내가 하나님을 멀리할 때 그분의 마음이 어떠실지 상상이 된다.

어떻게 하면 우리는 이스라엘 백성들이 걸렸던 기억상실증에 걸리지 않을 수 있을까? 나는 여러 해 동안 하나님을 '기억하기 위해' 여러 가지 방법을 시도해 보았다. 그리고 지금 나는 두 과정으로 나누어 하나님을 기억하는 습관을 길러가고 있다. 한 가지 과정은 날마다 방향을 올바로 재조정하는 것이고, 다른 하나는 의식적으로 하나님을 기억하는 것이다.

내게 있어 방향의 재조정이란, 하루를 시작할 때마다 의식적으로 하나님을 생각함으로써 생각의 중심을 나 자신에게서 하나님께로 점진적으로 옮겨 놓는 것을 뜻한다. 예전에는 아침에 일어나자마자 침대 밖으로 뛰쳐나왔지만, 지금의 나는 그 자리에 조용히 엎드려 하나님을 나의 하루 속으로 초대한다. 내 생활에 잠깐 들렀다 지나가 달라고 초대하는 것도 아니고, 점검표 항목 중 한 칸에 체크하기 위해서도 아니다. 그날 일어나게 될 모든 일들의 중심축이 되어 달라고 초대하는 것이다. 나는 하나님이 내 모든 것의 핵심적인 실체가 되어, 내가 나의 기분과 열망을 인식하듯 하나님의 기분과 열망을 인식하게 되기를 바란다.

"구체적이지만 비물질적인 실체는 고통스러운 노력을 통해서만 잊지 않고 기억할 수 있다." C. S. 루이스는 계속해서 이렇게 말한다.

바로 이러한 이유 때문에 신앙 생활의 진짜 문제는 사람들이 일반적으로 돌아보지 않는 순간에 생겨난다. 매일 아침 잠에서 깨는 순간이 바로 그것이다. 하루 동안 내가 원하는 모든 바람과 소망들은 그 순간에 마치 야생 동물처럼 나를 향해 돌진해 온다. 그러므로 매일 아침 우리가 일어나서 가장 먼저 해야 할 일은, 내 안의 다른 목소리에 귀를 기울이고 그 목소리가 가르쳐 주는 전혀 새로운 관점을 내 것으로 취하는 한편, 더 크고 강하며 조용한 생명이 나의 하루 속으로 흘러들어오도록 함으로써 앞서 말한 소망과 바람들을 과감히 밀어내는 것이다. 그리고 그 과정을 반복해 나가야 한다. 하루 종일….

처음에는 1분 정도밖에 그 과정을 지속하지 못한다. 하지만 그 몇 분에서부터 새로운 종류의 생명이 내 존재의 모든 체계 속으로 퍼져 나간다. 왜냐하면 우리는 이미 하나님이 우리 안의 최적의 장소에 자리 잡으시고 역사하실 수 있도록 해 드렸기 때문이다.[7]

십계명 가운데 첫 번째 계명은 하나님을 사랑하라는 것이다. 우리는 나에 대한 그분의 위대한 사랑을 분명히 인식할 때 이 계명을 가장 잘 지킬 수 있다. 토마스 머튼은 이렇게 말한다. "시편에서 노래하는 것처럼, 하나님을 '기억'한다는 말은, 그분이 우리를 기억하고 계시다는 사실을 깊이 뉘우치는 마음으로 재발견하는 것에 다름 아니다."[8] 우리는 하나님이 우리를 인격적으로 그리고 무한히 **중요**하게 여기신다는 사실을 믿을 때 하나님을 가장 잘 기억할 수 있다. 나는 하나님이 나를 기쁘게 여기시고, 나와 관계를 맺고 싶어 하신다는 것을 믿게 해 달라고 끊임없이 간구해야 하는 사람이다. 바로 이 때문에라도 나는 성경을 연구한다. 즉, 내가 성경을 연구하는 것은 성경이라는 위대한 문학 작품을 통달하거나 신학을 배우기 위해서가 아니라, 나를 향한 하나님의 사랑과 인격적인 관심이라는 필연적인 메시지가 내 영혼 속에 온전히 잠기게 되기를 바라서다.

하나님께 집중하는 시간을 가질 때 무릎을 꿇거나 평소와 다른 자세를 취하는 것이 도움이 된다고 말하는 사람도 있지만, 언제나 '비가시성'이라는 장벽의 방해를 받는 나는 하나님의 실체를 보다 분명하게 드러낼 방법을 찾는다. 그래서 나는 커피를 마시면서 기도하기도 한다. 눈에 보이는 친구들과 대화할 때와 똑같은 방식을 사용함으로써 눈에 보이지 않는 하나님과도 보다 자연스럽게 대화할 수 있을 것 같기 때문이다. 산책을 하면서 기도할 때도 있다. 죽은 듯 보였던 나뭇가지들에 놀라운 생명을 불어넣는 봄 풍경과 진흙길을 반짝이는 흰 눈으로 뒤덮는 겨울 풍경 등 주변 환경들을 보면 절로 찬양이 솟아 나오기 때문이다. 산책 중 이웃집을 지나가면서 그 집에 사는 이들이나 다른 이웃들의 필요가 갑자기 떠올라 기도할 수도 있다.

하루 종일 의식적으로 하나님을 기억할 수 있도록 도와주는 보조물도 필요하다. 한동안은 알람 시계를 한 시간마다 울리도록 맞춰 놓고, 그때마다 하던 일을 멈추고 지난 시간을 되돌아 보는 한편, 다가올 시간에 더욱 하나님의 임재를 연습할 것을 다짐했었다. 이후에 알고 보니 베네딕트 수도사들도 오래 전부터 이와 비슷한 방법을 사용하고 있었다. 그들도 자명종이 울릴 때마다 하던 일을 멈추고 기도했다고 한다. 이렇게 하루 가운데 특별한 표지들을 만들어 놓으면, 하나님을 기억하는 일이 점차 습관이 되어갈 수 있다.[*]

---

[*] 윌리엄 로우가 「헌신적이고 거룩한 삶으로의 경건한 부르심」(*A Serious Call to a Devout and Holy Life*)에서 밝힌 바에 따르면 그는 시간마다 각기 다른 주제들을 정해 놓고 묵상했다고 한다. 시간에

아우구스티누스는 「참회록」에서 삶의 세밀한 영역에까지 하나님을 모실 수 있는 좋은 방법을 제시해 주었다. 이 책은 문체나 내용 면에서 문학적인 전례를 찾아볼 수 없는 매우 독특한 책이다. 아무도 감히 자서전을 하나님께 드리는 기도문 형식으로 써서 두꺼운 책으로 만들 생각을 하지 못했으나, 아우구스티누스는 예외였다. 그는 죄악에 대한 고백들, 이단에 빠져 놀아났던 과거, 지적 방황 등을 한 권의 책으로 묶어 냈다. 그 책에 묘사된 삶의 세세한 부분들에 대한 아우구스티누스의 치밀한 고찰과 매우 개인적인 영혼의 추구 과정은 하나님을 중심으로 한 삶을 추구하는 모든 그리스도인들의 모범이 되고 있다.

나는 17세기 한 수도원의 요리사로 지내면서 기독교 고전이라 할 수 있는 「하나님의 임재 연습」(The Practice of the Presence of God, 좋은씨앗)을 쓴 로렌스 형제(Brother Lawrence)를 통해서도 하나님을 의식적으로 기억하는 법을 배웠다. 로렌스 형제는 '하나님의 임재를 연습하라'라는 말을 의학이나 법률을 연습하는 것과 비슷한 의미로 사용했다. 이제 막 하나님의 임재 연습을 시작한 사람이라면, 그것을 피아노 연습에 비유하는 것이 더 좋을 것이다. 그 연습을 충분히 견딘다면, 특히 스케일과 손가락 연습을 충분히 하고 나면 이 말이 무슨 뜻인지 알게 될 것이다.

로렌스 형제는 우리에게는 하나님의 도우심이 간절히 필요하다는 이야기를 한 후, 이렇게 직설적으로 묻는다. "하지만 그분과 함께 거하지도 않으면서 어떻게 그분께 도움을 구할 수 있겠습니까? 그분을 자주 생각하지도 않으면서

따른 묵상의 주제들은 다음과 같았다. "오전 6시: 찬양과 감사/ 오전 9시: 겸손/ 정오: 중보 기도/ 오후 3시: 하나님의 뜻에 순종/ 오후 6시: 자기 반성과 하루 동안 지은 죄의 고백/ 잠들기 전: 죽음." 처음 읽었을 때는 하나님과의 관계를 유지하기 위해 이런 방법까지 동원했다는 것이 지독하게 엄격하게만 보였지만, 신실한 이슬람 교도들이 하루에 다섯 번씩 기도하고, 컴퓨터 사용자들은 그보다 자주 이메일을 확인한다는 사실을 떠올리자 생각이 바뀌었다.

어떻게 그분과 함께 거할 수 있겠습니까? 이 과정을 반복하는 거룩한 습관을 만들지도 않으면서 어떻게 그분을 자주 생각할 수 있겠습니까?" 그리고 그는 다음과 같은 답을 준다.

> 그분은 우리에게 많은 것을 요구하지 않으십니다. 우리는 다만 가끔씩 그분을 기억하고 예배하고 그분의 은혜를 구하기만 하면 됩니다. 그리고 가끔 그분께 우리의 고통을 아뢰고 그분이 베풀어 주신 은혜와 우리의 노동 가운데 그분이 주신 것에 감사하면 됩니다. 또한 되도록 자주 그분에게서 위로를 받고, 식사를 하거나 대화를 할 때에 가끔씩 당신의 마음을 그분께 드리십시오. 아주 작은 기억도 그분은 언제나 기쁘게 받아 주실 것입니다. 그런 순간들에는 큰 소리로 외칠 필요가 전혀 없습니다. 그분은 우리 생각보다 훨씬 가까이에 계십니다.[9]

로렌스 형제는 '하루의 일과 속에서 이따금 우리의 마음을 하나님께 드리는' 실제적인 방법을 알려 준다. 허드렛일을 하면서도 "그분을 음미하십시오. 순식간에 슬쩍 지나가는 시간이더라도 상관없습니다." 로렌스 형제는, 영성은 지금 하고 있는 일을 바꿈으로써 깊어지는 것이 아니라 자기 자신을 위해 하던 일상의 일들을 하나님을 위해 할 때 깊어진다고 말한다. 로렌스는 영성 수련회에는 거의 참석하지 않았다. 그에게는 사막에 들어가서 하나님을 예배하는 것만큼이나 일상 속에서 하나님을 예배하는 것이 쉬웠기 때문이었다.

그는 자신이 가르친 것을 그대로 실천했다. 그가 몸담았던 수도원 원장은 그를 추모하는 추도문에 이렇게 썼다. "로렌스 형제는 어디에 있든지 하나님을 발견했습니다. 공동체 안에서 기도할 때뿐만 아니라 신발을 수선할 때도 그는 하나님을 찾았습니다.…그가 바라보는 것은 일이 아니라 하나님이었습니다. 그는 선천적인 기질에 맞지 않는 일을 맡아 감당할수록 더 큰 사랑을 하나님께 드릴 수 있다는 것을 알았습니다."

시카고 빈민가의 노인들을 위해 봉사하면서, 어떤 천성을 가진 사람이든 모두가 피하고 싶어 할 일을 하고 있던 차에 이 책을 접한 내 아내는 마지막 문장을 읽고 큰 감동을 받았다. 대소변을 가리지 못하는 노인들의 뒤치다꺼리를 하고, 세상을 떠난 이들이 남긴 지저분한 아파트를 청소하면서 아마 아내는 로렌스 형제가 알려 준 공식을 떠올렸을 것이다. 약간의 노력만 기울이면 화장실 청소도 하나님께 드리는 헌신이 될 수 있다.

이 시대에도 로렌스 형제의 원리를 평생 실천에 옮기며 살고자 노력한 한 그리스도인이 있으니, 그는 프랭크 로바흐(Frank Laubach)다. 문맹 퇴치 운동 기구의 설립자로 세계적으로 알려진 그는 아마 인류 역사상 가장 많은 사람들에게 읽고 쓰는 법을 가르친 사람일 것이다. 하지만 그의 일기를 읽어 보면 그가 일생 동안 추구했던 목표는 문맹 퇴치가 아니었음을 알게 된다. 그의 목표는 바로 끊임없이 하나님의 임재를 인식하며 살아가는 것이었다.

로바흐는 침대에서 내려오기 전, 다른 잡다한 생각과 산만한 마음을 과감히 떨쳐버리고 하나님께 마음을 집중하려고 노력하면서 하루 일과를 시작했다. "그것은 의지의 행동이다. 나는 억지로 나의 마음을 순종시켜 하나님을 향해 똑바로 열리게 한다.…나는 나의 모든 관심을 그것에 고정시킨다. 때로는 이른 아침에 그런 정신 상태에 이르기까지 시간이 많이 걸리는 날도 있다." 이런 그도 처음에는 하나님께 마음을 집중시키는 것이 쉽지 않았다고 한다.

나는 물살을 거꾸로 헤쳐 올라가려고 노를 젓는 사람과 같다. 나는 차분하게 그러나 끊임없이 하나님께 귀를 기울이고, 쉬지 않고 다른 사람들을 위해 기도하며, 사람들의 옷이나 몸, 심지어 마음이 아니라 그들의 영혼을 바라보기 위해 의지를 쏟아부어야 한다. 노를 잡고 있는 손의 힘을 빼면 그 순간 나는 표류하고 아래로 흘러내려간다.… '내버려두라. 그러면 하나님이 하신다'라는 말은 내 경험에 비추어 볼 때 틀린 말이다. 내 생각에는 '하나님을 굳게 붙잡고 또 굳게 붙잡으라'는 말이 더 적절한 표현인 것 같다. 의지에 바탕을 둔 행동이 필요하다. 그렇게 쉬지 않고 노를 젓다보니 내게는 영적인 근육이 생겼다.[10]

이로부터 1년 후 로바흐는 이런 말을 남겼다. "이 단순한 연습을 하는 데는, 어떤 사람이든 쉽게 발휘할 수 있는 차분한 의지만 있으면 된다. 그 의지는 마치 습관이 몸에 배듯이 날이 갈수록 수행하기가 쉬워진다. 하지만 그 작은 노력이 우리 삶을 천국으로 변화시킬 것이다."

나중에 로바흐는 몇 초에 한 번씩 하나님을 마음에 되새겨 하나님에 대한 인식을 자신의 의식 속에 일종의 '잔상'처럼 남기는 실험도 해 보았다. 로바흐는 이 목표를 이루기 위해 '시간 게임'을 했다. 이런 식이었다. "15분이나 30분에 한 번씩 나는 행동을 하나님의 뜻에 일치시키기 위해 노력한다.… 깨어 있는 모든 순간, 나는 제일 먼저 내면의 소리에 의식적으로 귀를 기울이며, 끊임없이 '아버지, 제가 무슨 말을 하기를 원하세요? 아버지, 지금 이 순간 제가 무슨 일을 하기를 원하세요?'라고 묻는 것이다."

로바흐는 1분에 한 번씩 하나님을 마음에 떠올리는 데 성공했고, 그 간격은 점점 줄어들었다. 그는 일기에서 그날 하루 하나님을 경험한 정도를 백분율로 계산해 매일 기록했다. "하나님을 의식한 시간 50퍼센트, 의지적 거부 약간." 어떤 때는 하루 중 75퍼센트의 시간동안 하나님을 의식했고, 간간이 이 수치가 90퍼센트에 도달하는 날도 있었다. 물론 산만한 마음 때문에 하나님을 그 마음에서 떠나보내는 실패도 많이 경험했다. 그래도 그는 이 같은 매일의 연습이 자신의 영혼을 점점 변화시키고 있음을 알았다. 누군가를 만날 때마다 그는 마음속으로 상대방을 위해 기도했고, 전화를 받을 때는 자신에게 이렇게 속삭였다. '이제 하나님의 한 자녀가 내게 이야기를 걸 거야.' 거리를 걷거나 버스 정류장에서 버스를 기다리며 서 있을 때도, 그는 주변에 있는 사람들을 위해 소리 없이 기도했다.

로바흐는 바쁜 현대 생활도 신비주의와 결합될 수 있다는 것을 증명해 보인 인물이다. 꼭 수도원이나 수녀원에 들어가 은둔하지 않아도 된다. 그는 주요 대학교의 교육대학 학장을 역임했고, 신학교 설립을 도왔으며, 부족민들 속에서 사역하고, 가난한 이들을 섬겼으며, 문맹 퇴치를 위해 전 세계를 돌아다녔다.

로바흐의 책을 읽고 난 후 어느 날 아침, 나는 한 친구와 7시 30분에 아침 식사를 같이 하기로 약속하고, 약속 장소에 가서 앉아 친구를 기다렸다. 그러나 약속 시간이 10분, 15분, 20분이 지나도 그는 오지 않았고, 결국 나는 친구가 약속을 잊어버렸다는 결론을 내리지 않을 수 없었다. 평소대로였다면 나는 아마 '바람맞았다'는 사실을 불쾌하게 여기고, 시간을 낭비한 것을 불만스러워하며, 시간을 때울 만한 책을 가져오지 않은 것에 대해 스스로에게 화를 냈을 것이었다. 하지만 그 순간 로바흐의 말들이 떠올라, 나는 자동차가 고장 났거나 가족이 급하게 병원에 입원했을지도 모르겠다는 생각을 하며 그 친구를 위해 기도했다. 그리고 식당 종업원과 주변 직원들, 다른 손님들을 위해서도 기도했다. 또한 나의 영혼을 평온하게 해주시고, 방해 요소 하나 없이 하루를 시작하는 이 귀한 순간을 마음껏 즐길 수 있게 해 달라고 하나님께 간구했다. 그렇게 해서 나는 결국 친구가 모습을 드러내지 않았음에도 불구하고 로바흐가 지속적으로 느끼려 했던 그 힘을 조금이나마 감지하며, 처음 도착했을 때보다 더 홀가분한 마음으로 식당을 나올 수 있었다.

로렌스 형제나 프랭크 로바흐의 전 생애 가운데 일부만을 기록한 책을 보고서 그들의 진면목을 다 안다고 말할 수는 없을 것이다. 하지만 그들이 의무감 때문에 억지로 그 힘든 영적 연습을 한 것으로 보인다면, 그들에 관한 기록들을 좀더 자세히 읽어 보라. 그들은 훈련을 통해 기쁨과 즐거움을 얻었다. 그들은, 무한하고 비가시적인 존재와 유한하며 가시적인 인간 사이의 인격적인 관계에는 특별한 적응 단계가 필요하다는 것을 알았던 것뿐이다.

로바흐가 적었듯이 이러한 노력은 반드시 차고 넘치는 보상을 받는다. "몇 달 혹은 몇 년 동안 하나님의 임재 연습을 한 사람은 하나님이 더 가까이 계심을 느낀다. 등 뒤에서 밀어 주시는 하나님의 힘은 더 강하고 견고하게 느껴지며, 앞에서 당겨 주시는 힘도 더욱 강력해진다.…그 순간 하나님은 우리 곁에 너무나 가까이 계셔서, 단순히 우리 곁에서 사실 뿐 아니라, 우리를 **통해** 살아 가신다."

나는 이제 '하나님의 임재 연습'이라는 말을 예전과는 다른 새로운 방식으로 이해한다. 하나님이 실제로 내 곁에 계시다는 감정적인 확신만을 추구했던 예전에는, 경우에 따라 그분의 존재를 느끼는 때도 있고, 느끼지 못하는 때도 있었다. 하지만 지금은 훈련의 초점을 나 자신이 하나님의 임재 속으로 들어가는 것으로 맞추고 있다. 나의 감각이 그분을 감지하지 못하더라도, 하나님이 언제나 내 곁에 계시다고 생각하고, 일상 생활을 하나님의 임재에 적합하게 맞춰 가려고 노력하는 것이다. 오늘 일어난 모든 일들을 나는 하나님께 제물로 바칠 수 있는가?

빌리 그레이엄이 후원하여 마닐라에서 열린 복음 전도 집회에서, 매일의 묵상 이야기로 관중들을 매료시킨 한 캄보디아인이 있었다. 그는 영화 "킬링필드"(The Killing Fields)에 나온 것처럼 폴 포트 정권 하에서 정치범 수용소에 수감되어 있었는데, 앞으로 살 날이 얼마 남지 않았다고 판단한 그는 매일 하나님과 함께 시간을 보냄으로써 죽음을 준비하려 했다. "형편없는 음식이나 힘든 고문보다 더 억울하게 느껴졌던 것은 하나님을 만날 시간이 없다는 사실이었습니다. 경비병들이 늘 우리를 향해 고함을 지르고, 쉴 새 없이 일을 시켰거든요." 그러다가 그는 경비병들이 아무리 윽박질러도 오물 구덩이를 청소하려는 사람이 없다는 사실을 눈치 채고 그 구역질나는 오물 구덩이 청소를 자원했다. "청소를 하는 그 순간만은 아무도 나를 방해하지 않았습니다. 나는 느긋한 속도로 그 일을 했습니다. 악취가 코를 찌르는 구덩이 속이었지만 그곳에서는 푸른 하늘을 올려다보며 또 하루를 살게 해주신 하나님을 찬양할 수 있었습니다. 그 안에서만은 방해를 받지 않고 하나님과 교제할 수 있었고, 친구들과 친지들을 위해 기도할 수 있었던 거지요. 제게는 그 시간이 하나님과 만나는 영광스러운 시간이었습니다."

우리의 영혼은 하나님의 사랑으로써만 불타오르는 것이기에
우리는 하나님을 열망하지 않을 수 없다.
내 영혼이 아직 이러한 열망을 느끼지 못하고 있다면, 그 열망을 열망하라.
이 열망에 대한 열망 역시 하나님으로부터 내려온다.
_마이스터 에크하르트

5부
성장: 성장의 3단계

17. 어린아이

18. 어른

19. 부모

17. 어린아이

> 우리는 변화되기보다는 차라리 파멸하기를 바란다.[1]
> _W. H. 오든

　　　　　나는 하나님의 임재와 부재, 충만함과 공허함, 영적 친밀함과 음울한 외로움을 모두 겪어 보았다. 영적 순례의 길을 걸어 보니 그 여정의 단계가 놀라울 정도로 많고 또 순서가 일정치 않았다. 앞으로 일어날 일을 알려 줄 단서가 될 지침이 있는지 주위를 둘러보면 오히려 더 혼란스럽기만 했다.

　어떤 그리스도인들은 영적인 성숙을 '금욕주의'와 동의어로 여긴다. 가장 엄격하게 규율을 지키는 사람이 하나님과 친밀하다는 것이다. 하지만 이것은 옳은 생각이 아니다. 규율을 지키는 일에 있어 예수님이 세례 요한이나 바리새인들보다 훨씬 못하다는 평을 들으셨던 것을 생각해 보라!

　하나님과 친밀함을 추구하는 것의 가치를 폄하하는 그리스도인들도 있다. 일선에서 사회 정의를 위해 일하고 있는 한 친구는, '지나치게 신비주의적'이라며 영성 훈련을 비판한다. 나도 그들의 열심을 존중하고 그들의 주장 가운데 일부는 동감하지만, 하나님과의 연합과 거룩함의 필요성에 대해 기록하고 있는 많은 성경 구절들은 무시할 수가 없다. 그렇다면 성숙한 그리스도인의 모습은 어떠해야 할까? 나의 행실은 하나님과의 관계에 어떤 영향을 미칠까?

나는 이런 질문들을 생각하면서 신약 성경 전체를 천천히 읽어 나갔다. 그러면서 성도들의 영적 성장을 독려하는 구절을 만날 때마다 이를 노란색 종이 노트에 기록해 두었다. '도둑질하지 말라, 수군수군하지 말라, 가난한 자들을 섬겨라' 같은 직설적인 명령이 나오면 그 이면에 어떤 동기가 있는지를 주의해서 살펴보았다. 예수님과 바울 그리고 다른 신약 기자들은 공통적으로 무엇을 호소하고 있는 것일까? 그 노트를 메모들로 빽빽이 채운 후, 나는 그 속에서 공통된 흐름이나 경향을 찾기 시작했다.

신약 성경은 공통적으로 하나님과 함께하는 삶을 '여정'으로 표현하며, 이 여정을 지나다 보면 다양한 장소들에서 많은 제자들을 만나 함께하게 된다고 이야기한다. 성경의 저자들이 말한 성장 과정을 편의상 '어린아이, 어른, 부모'라는 세 단계로 분류해 보자. 이 세 가지 범주는 전반적인 영적인 생활 단계를 잘 요약하고 있는 것 같다. 나는 제일 먼저, 이제 막 순례를 시작하였거나 어린아이 단계에 멈춰 그 단계에만 머물고 있는 그리스도인들을 묘사한 구절을 살펴보았다.

어린아이를 길러본 사람이라면 그들에게 고상한 동기를 부여하는 것이 큰 효과가 없다는 것을 잘 알 것이다. 내가 아는 한 부부는 아들 스스로 모든 결정을 내리게 함으로써 아들의 '자기 실현'을 도와주려 했다. 이들은 아들에게 자신의 행동이 가져올 결과들을 설명해 주고 아이에게 최종 선택을 하게 했다. 기온이 영하로 떨어지고 눈이 30센티미터 정도 내린 어느 추운 시카고의 겨울날, 나는 이 부부가 아들을 양육하는 장면을 목격했다. 당시 네 살이었던 드류는 반바지와 티셔츠를 입고 나가 뛰어놀면 재미있겠다는 생각을 했고, 부모는 아들에게 사람의 몸은 추운 기온에서는 감기에 대한 면역력이 떨어지기 때문에 이런 날씨에 바깥에 오래 나가 있으면 동상이나 저체온증 같은 나쁜 결과가 나올 수 있다고 설명해 주었다. 그러나 드류는 아랑곳없이 발을 쾅쾅 구르며 소리를 질러 댔다. "하지만 난 나가고 싶어요. 지금 당장이요!" 계속해서 부모는 이런저런 동기를 부여해 주었지만 아무 소용이 없었다. 결국 그들은 아이가 추워서 곧 들어오기만을 바라며 아들을 밖으로 내보내 줄 수밖에 없었다.

어느 여름날 미시간 호숫가에서는 이와 상반된 장면이 펼쳐지고 있었다. 한 아이가 콘크리트 방벽 끝에 앉아 발 밑에서 일렁이는 물결을 바라보며 말했다. "안 돼, 안 돼, 안 돼." 이렇게 그 아이는 부모가 주입시켜 준 것이 분명해 보이는 말만 반복하고 있었다. 부모는 한 번도 그 아이에게 왜 그가 미시간 호수에서 즐거움을 누릴 수 없는지 설명해 주지 않았을 터였고, 아이는 그저 규율만 이해하고 있을 따름이었다. 그 아이의 부모는 분명 '처벌의 위협' 같은 낮은 차원의 동기 부여를 통해 아이를 통제했을 것이다.

신약 성경을 읽다 보니 본문 옆에 '어린아이'라고 표시해야 할 구절들이 놀라울 정도로 많았다. 예수님도 주저함없이 불순종에 따르는 무서운 형벌을 언급하며 상대를 위협하셨고, 순종하는 자들에게는 상급을 약속하셨다. 너무나 해롭기 때문에 이유를 불문하고 무조건 멀리해야 할 행동들이 있다. 상담사들은 알코올 중독자에게 결코 음주량을 좀 줄여 보라거나 저녁에만 조금씩 마시라는 조언을 하지 않는다. 상습 절도범에게 '좀 참아 보세요. 주말에만 도둑질하는 것이 어떻겠습니까?'라고 말하는 판사도 없다. 그 절도범에게 가장 필요한 말은 이런 사도 바울의 메시지다. "도둑질하는 자는 다시 도둑질하지 말[라]"(엡 4:28).

사도 바울은 윤리적인 가르침을 줄 때 화난 듯한 표현을 자주 썼다. 그는 하나님께 성도로 부름 받은 자들이 고기 먹는 문제와 할례 받는 문제로 옥신각신할 때도 속상한 마음에 '알지 못하느냐…깨닫지 못하느냐?'라고 말하며 씩씩거렸다. 그러면서 자녀에게 '네 몸을 위해' 채소를 먹으라고 권하는 아버지처럼 격려의 말을 들려주었다.

신약 성경 저자들은 믿는 자들이 어른이 될 때가 되었는데도 여전히 어린아이의 상태로 머물러 있는 것을 이해할 수 없었다. 그 저자들도 성도들에게 '고상한' 동기를 부여하고 싶었겠지만, 미성숙한 동기에서 비롯된 것이라 할지라도 현명한 선택이 어리석은 선택보다 낫다는 것을 그들은 알았기에 결국에는 단순히 잘못된 행동에 따르는 무서운 결과들을 일러 주는 방법을 취할 수밖에 없었다. 십대 청소년들이 단지 병에 걸릴 것이 두려워 문란한 성행위와 담배를 멀리한다면, 그들의 영혼은 별다른 유익을 얻지 못할지라도 적어도 육체만은 확실히 지킬 수 있는 것처럼 말이다.

❧

지금까지 말하지 않고 숨겨온 이야기가 하나 있는데, 그것은 내가 심각한 합병증에 걸린 듯 말도 못하고 걷지도 못하며 지냈던 내 생애 최악의 시기에 대한 이야기다. 당시 나는 손과 발을 거의 움직일 수 없어 하루 종일 침대에만 누워 있었다. 눈동자에는 초점이 없었고, 혼자서 음식을 먹지도 못하고, 화장실에 갈 수도 없었다. 주변에서 일어나고 있는 일도 거의 이해하지 못했다. 그 어떤 개선도 상상하기 어려운, 스스로를 거의 포기한 상태였다.

다행히 나는 그 상태를 벗어나 성장했고, 지금은 그 시기를 누구에게나 꼭 필요한 변환기로 인식하고 있다. 그렇다, 지금까지 말한 것은 인간의 유아기를 설명한 것이다. 인간은 그런 미숙한 상태를 경험하지 않고서는 결코 성인이 될 수 없다. 그러나 정상적인 사람이라면 그 누구도 그런 상태에 머물러 있고 싶어 하지 않는다. 나비가 되지 못한 모충, 개구리가 되지 못한 올챙이, 뇌 손상으로 30년 동안 유아용 침대에만 누워 지내는 아기 등 성장 과정 중 파열하고 만 생물보다 서글픈 것도 없을 것이다.*

신생아도 인간에게 필요한 모든 기관을 다 가지고 있다. 다만 이를 제대로 사용하려면 성장이 필요하다. 영적인 신앙 생활에도 같은 원리가 적용된다. 바울은 고린도 교인들을 책망하면서 "내가 신령한 자들을 대함과 같이 너희에게 말할 수 없어서 육신에 속한 자, 곧 그리스도 안에서 어린아이들을 대함과 같이 하노라"(고전 3:1)라고 말한다. "내가 너희를 젖으로 먹이고 밥으로 아니하였노니 이는 너희가 감당하지 못하였음이거니와 지금도 못하리라"(고전 3:2). 고린도 교인들도 오늘날 많은 새신자들처럼 어린아이 같은 미숙한 상태에서 벗어나 좀더 진보한 신앙의 단계로 접어들기를 망설이고 있었던 것이다.

그런데 예수님의 말씀 중에는 "너희가 돌이켜 어린아이들과 같이 되지 아니하면 결단코 천국에 들어가지 못하리라"(마 18:3)라는 것도 있다. 따라서 우리는 천국에 들어가기 위한 선행 조건인 적절한 어린아이 같은(childrenlike) 행동과, 성장이 멈췄음을 뜻하는 부적절한 유치한(childish) 행동을 구분할 수 있어야 한다.

시편에서 가장 짧은 시 중 하나인 시편 131편은 하나님에 대한 유치한 신뢰와 어린아이 같은 신뢰의 차이점을 잘 보여 주고 있다.

> 내가 큰 일과 감당하지 못할 놀라운 일을 하려고 힘쓰지 아니하나이다.
> 실로 내가 내 영혼으로 고요하고 평온하게 하기를
> 젖 뗀 아이가 그의 어머니 품에 있음 같게 하였나니

---

* 언젠가 의학 박물관에서 화석처럼 굳은 태아의 모습이 진열되어 있는 것을 본 적이 있다. 설명문을 보니 한 고도 비만 여성이 임신을 했는데, 그 자신이 그 사실을 인지하지 못했고, 또 뭐가 잘못됐는지 태아 세포도 분열되지 않은 상태로 자궁 속에 그대로 남아 마치 나무가 석화하는 것처럼 수년에 걸쳐 무기물로 변해 갔다고 한다. 그리고 그 여성이 65세가 되어 다른 병이 생겨 수술을 받게 되었을 때에야, 수술 중에 의사들이 그녀의 몸 속에서 완벽한 태아의 형태를 갖추고 있는 볼링 공만큼 무거운 뼈 덩어리를 발견했다.

내 영혼이 젖 뗀 아이와 같도다. (시 131:1-2)

아르투르 바이저(Artur Weiser)는 이 본문을 아래와 같이 주석했다.

그리스도인은 어머니의 젖을 먹고 싶어 소리치며 우는 아이가 아니라, 젖을 떼고 어머니와 함께 있다는 사실만으로 행복을 느끼며 그 품에 누워 조용하게 휴식을 취하는 아이와 같다.…자라갈수록 어머니를 자신의 욕구를 충족시켜 주는 수단으로 여기는 습관을 버리고, 어머니를 위해 어머니를 사랑하는 법을 배워가는 아이처럼, 예배자들도 신앙의 연단을 받은 후에는 하나님을 자신의 소원을 들어주는 수단이 아닌, 하나님을 위해 하나님을 열망하는 단계로 나아가야 한다. 삶의 무게 중심이 옮겨 가야 한다는 말이다.[2]

때로는 나도 제멋대로 할 수 있었던 어린 시절을 그리워한다. 나를 중심으로 세상이 돌아가고, 찡찡거리거나 울음을 터뜨리기만 해도 사람들이 관심을 가져 주고, 아무런 노력을 기울이지 않아도 다른 사람들이 나의 욕구를 채워 주던 그 시절 말이다. 시험과 실망이 닥치기 전 단계, 그러니까 젖을 떼지 않았던 시기, 하나님이 아주 가까이 계신 것 같고, 믿음을 가지는 것이 전혀 어렵지도 않으며, 결코 흔들림이 없을 것 같았던 나의 영적인 순례 초창기를 돌아보는 때도 있다. 그러다가 교회나 슈퍼마켓에서 무력하고 잘 움직이지도 못하고 이해력도 없는 어린아이들을 만나면, 또다시 우유가 아닌 단단한 음식을 통해 성장과 성숙으로 이끄는 창조의 지혜를 새롭게 자각한다.

아직도 내겐 성장통의 상처가 남아 있으나, 그럼에도 나는 '비현실적인 기대'와 '율법주의' 그리고 '건강하지 않은 의존'과 같은 유치한 믿음의 모습을 분별해 내고 그것의 유혹을 피하는 법을 배워가고 있다.

'비현실적인 기대'의 위험성에 대해서는 이미 여러 차례 언급한 바 있다. 어린아이도 일정한 시기에 이르면 세상이 자기 마음대로 되지 않는다는 사실을 받아들이는 법을 배운다. 발을 동동 구르며 '이건 불공평해!'라고 말했던 어린아이의 탄식이 '인생은 공평하지 않다'라는 연륜 있는 지혜로 바뀌어 가는 것이다. 사람들은 외모나 가정 배경, 운동 능력, 지능, 건강, 재산 등 모든 면에서 각기 다 다르기 때문에 이 세상에서 완벽한 공평을 기대하는 사람은 결국 쓰라린 실망만을 맛보게 된다. 마찬가지로 하나님이 온갖 가정의 문제를 해결해 주고, 모든 질병을 고쳐 주며, 대머리와 백발과 주름과 노안과 골다공증과 치매, 그 밖에 나이가 들면서 생기는 모든 문제들을 해결해 주시리라 기대하는 그리스도인이 있다면, 그는 성숙한 신앙이 아닌 유치한 마술을 뒤쫓고 있는 것이다. 제임스 패커는 이렇게 설명한다.

하나님은, 믿음의 초보 단계에 있는 그리스도인들을 엄마가 어린아이를 대하듯 매우 너그럽게 대해 주신다. 그리스도인으로서 첫발을 내딛을 때 주로 나타나는 특징으로는 엄청난 감정적인 기쁨과 현저한 하나님의 섭리, 놀라운 기도 응답, 첫 전도를 통한 즉각적인 결실 등이 있다. 이렇게 하나님은 그들에게 용기를 주시고, 그들을 '그 생명' 가운데 굳건히 자리 잡도록 하신다. 하지만 그들의 믿음이 점점 강해지고 더 많은 어려움들을 견딜 수 있는 단계에 이르면, 하나님은 시련을 통해 그들을 훈련시키신다. 하나님은 그들을 적대적이고 낙담시키는 상황 속에 들어가게 하여 한껏 시험을 받게 하신다. 하지만 어디까지나 그들이 견딜 수 있을 정도의 시험만 받게 하신다. 이렇게 그들이 감당치 못할 시험은 허락하시지 않는 것은 사실이나(이것은 고전 10:13에 확실히 약속되어 있다), 그렇다고 해서 그들이 감당할 수 있는 최대한의 시험을 피할 수 있는 것은 아니다(행 14:22에 기록된 경고의 말씀을 참고하라). 이로써 하나님은 우리의 인격을 든든하게 세우시고, 믿음을 강하게 만드시며, 다른 사람들

을 도울 수 있도록 준비시키신다.³

이 책을 쓰는 동안 나는 좀더 긍정적인 전망을 제시하고 싶다는 생각을 여러 번 했다. 일부 사람들이 하고 있는 것처럼 나도 '원하는 것을 말하고, 당당히 받으라'(name it and claim it)라는 말로 그리스도인들을 격려하고 싶었다. 하나님이 우리를 위해 기존의 규칙을 바꾸어 인생을 좀더 편하게 만들어 주실 거라는 기대감도 키워 주고 싶었다. 그러나 그런 바람을 가진다는 것은, 내가 어린아이 같은 유치한 신앙의 유혹에 흔들렸다는 것을 뜻한다. 예수님이 광야에서 단호하게 거절하셨던 것이 바로 이런 유혹들이었다.

예수님과 바울이 모두 강조하였듯이, '율법주의'는 유치한 신앙의 대표적 증상이다. 바울이 설명한 것처럼 엄격한 구약 율법은 하나님께 이르는 길을 알려 주기 위해 만들어진 것이 아니라, 아무리 철저하게 율법을 준수하더라도 하나님이 원하시는 수준에 도달할 수 없다는 사실을 입증하기 위해 제시된 것이었다. 하나님은 완전함을 원하시며, 따라서 우리에게는 다른 길, 즉 은혜의 길이 필요하다.

"자비로운 자에게는 주의 자비로움을 나타내시며, 완전한 자에게는 주의 완전하심을 보이시며"(시 18:25). 다윗이 쓴 이 시편은 구약 성경의 언약 신앙을 그대로 반영한다. 하지만 밧세바를 상대로 그토록 엄청난 죄를 범하고, 이후에도 그와 관련하여 숱한 스캔들을 일으킨 다윗이 어떻게 이런 시를 쓸 수 있었을까? 하나님은 신실하지 못한 자에게 신실함을 나타내시며, 비난받아 마땅한 자에게 결백함을 나타내시는 분이기 때문이다. 다윗의 신앙이 행위에 기초하고 있었다면, 그는 은혜가 아닌 공의에 의한 처벌만을 받았을 것이다.

어린아이의 성장 과정에서 규율이 필요하듯, 영적인 성장 과정에서도 율법주의가 어느 정도 필요하다. 하지만 율법주의가 지속되면 그 성도는 성장에 방해를 받는다. '혼자 길을 건너지 마라!' '강가에 가지 마라!' '칼을 가지고 놀지 마라!' 나는 자라면서 이런 명령들을 들었고 또 거의 순종했었다. 하지만 어른이 된 지금, 나는 도로 위에서 조깅을 하고, 급류타기를 즐기며, 칼은 물론 전기톱까지 휘두르고 있다. 어린 시절의 엄격한 교육이, 어른이 된 지금 책임 있는 자유를 누릴 수 있도록 도와주었다는 사실은 인정하지만, 그렇다고 해서 그 엄격한 규율을 지켜야 했던 시절을 돌아보며 향수에 젖거나 애석해하지는 않는다.

엄격한 유대 전통에서 자란 바울은 율법에 얽매인 신앙의 위험을 체험적으로 알고 있었다. 그는 실제로 율법주의가 오히려 불순종을 조장한다는 인간 행동의 기이한 아이러니를 정확히 꼬집어 낸다. 그에 대한 증거는 구약 성경에 넘쳐난다. 그가 골로새 사람들에게 말한 것처럼, "이런 것들은 자의적 숭배와 겸손과 몸을 괴롭게 하는 데 지혜 있는 모양이나 오직 육체 따르는 것을 금하는 데는 조금도 유익이 없[다]"(골 2:23). 이 은혜의 사도는 사람들이 왜 그토록 까다롭고 실패만을 가져오는 율법을 통한 하나님과의 관계로 되돌아가려 하는지 이해할 수 없었다. 그래서 그는 율법이 아닌 사랑에 기초한 자유를 강조했다. 그는 "온 율법은 네 이웃 사랑하기를 네 몸같이 하라 하신 한 말씀에 이루었[다]"(갈 5:14)라고 말했다.

구약 시대를 되돌아본 바울은 그 안에서 '불건강한 의존'의 모습도 발견했다. 무슨 요구든 다 들어주는 부모 밑에서 자란 아이들처럼 이스라엘 백성들은 하나님께 의존한 상태에서 끊임없이 짜증을 냄으로써 자신들의 정체성을 발견했다. 하나님은 그들이 조금씩 자라나 어른이 되기를 원하셨지만, 그들은 유치하게 반항하는 상태에만 머물러 있었다.

내가 아는 한 사람은 일흔 살인데도 아직 자기 어머니와 살면서, 어머니에게 외출 허락을 받고, 매주 어머니에게 자신의 돈을 드린다. 오래 전, 어머니는 아들을 약혼자와 헤어지게 만들었고, 이후 그 아들은 어머니에게 완전히 잡혀 살아왔다. 그밖에도 오냐오냐 하느라 자녀들을 놓아 주는 법을 배우지 못한 부모 덕분에 어른이 된 후에도 여전히 어린애처럼 행동하는 사람들이 많다. 그들은, 부모의 목표는 의존적인 어린아이가 아닌 건강한 어른을 길러 내는 것이라는 자연의 기본 원리를 거스르고 있는 셈이다. 어미 악어는 알에 살짝 금이 가게 해 놓을 뿐 새끼가 혼자 알을 깨고 나오게 하고, 어미 독수리는 일부러 새끼들을 둥지 아래로 떨어뜨려서 나는 법을 배우게 하며, 사람의 아버지는 아이가 비틀거리고 넘어지도록 내버려둔다. 그렇게 하지 않으면 걷는 법을 배울 수 없기 때문이다. 성장에는 반드시 새로운 탄생과 건강한 고통과 점진적인 자발성이 수반된다.

비현실적인 기대와 율법주의와 불건강한 의존에 근거한 유치한 신앙은 새로운 현실로 곤두박질치기 전까지 잠시 동안은 효과를 발휘할 수도 있다. 하지만 욥은 그 장벽을 과감히 깨치고 나아갔다. 아브라함과 선지자들, 예수님의 제자들도 마찬가지였다. 예수님은 제자들에게 이렇게 말씀하셨다. "나사로가 죽었느니라. 내가 거기 있지 아니한 것을 너희를 위하여 기뻐하노니 이는 너희로 믿게 하려 함이라"(요 11:14-15). 그분이 제자들을 위해 준비해 주신 새로운 현실에는 부활이 포함되어 있었으나, 그 전에 반드시 죽음의 단계가 선행되어야 했다.

※

앞에서도 말했듯, "너희가 돌이켜 어린아이들과 같이 되지 아니하면 결단코 천국에 들어가지 못하리라"(마 18:3)라는 예수님의 말씀은 미성숙한 믿음을 가리킨 것이 아니었다. 또 놀이터에서 얼마든지 볼 수 있는, 친구들을 괴롭히고 싸우고 칭얼거리며 고자질하는 어린아이들의 특성을 말씀하신 것도 아니었다. 그렇다면 예수님은 무슨 뜻으로 이 말씀을 하신 것일까? 나는 프레드릭 뷰크너의 설교를 듣다가 유치한 신앙과 반대되는 이 '어린아이 같은 믿음'의 의미를 알려 주는 아이들의 특징 세 가지를 발견했다.

뷰크너는 어린아이들에게는 현실에 대한 고정된 선입견이 없다고 말한다.[4] 잠자리에 들기 전 침대 맡에서 부모님이 읽어 주시는 「나니아 연대기」(*The Chronicles of Narnia*) 이야기를 들은 아이들은 그 이야기에 나왔던 비밀 통로를 찾으려고 옷장을 온통 헤집어 놓는다. 또 막힌 굴뚝을 올려다보며 어떻게 산타클로스가 저렇게 좁은 곳으로 들어올 수 있을까 걱정하는 아이들은, 나니아로 통하는 비밀 통로를 찾는 아이들보다 더 많을 것이다. 아이들의 이 특성을 가장 뚜렷하게 보여 주는 예는, 스티븐 스필버그의 영화에서 이티(E. T.)를 자기 집으로 초대해 받아들인 사람은 어른이 아니라 아이들이었다는 사실이다.

'아직 뭘 몰라서 그렇지.' 우리는 마술이나 상상 속의 인물들을 믿는 아이들을 보며 이렇게 말한다. 하지만 때로는 그들이 우리보다 더 잘 안다. 백부장이 자기 하인을 고쳐 달라고 예수님께 왔을 때, 중풍병자가 지붕을 뜯고 자신을 예수님 앞으로 달아내려 달라고 친구들에게 부탁했을 때, 베드로가 갈릴리 호수 위로 뛰어내렸을 때, 제자들이 자기들 사이에 서 계신 예수님을 보고서 그분이 처형당하셨음을 알고도 예수님이라고 받아들였을 때, 이들은 모두 어린아이와 같은 믿음을 발휘했다. 하지만 '뭘 좀 안다'라고 자부했던 그 시대의 어른들은 앞을 볼 수 없었던 소경이 눈을 떴다는 사실을 증언하는 사람들을 잡아들이려 했고, 가련한 나사로를 한 번 더 죽이려는 음모를 꾸몄으며, 예수님의 부활을 증언한 로마 군병들에게 입막음용 돈을 건넸다.

예수님을 놀라게 한 믿음은 하나같이 어린아이 같은 특성을 갖고 있었으며, 복음서를 읽을 때마다 나는 내게 어린아이와 같은 믿음이 부족하다는 것을 깨닫는다. 나는 너무 쉽게 기대감을 낮추고, 변화에 대한 소망을 품지 않으며, 너무 오래 되어 이제는 내 일부가 되어버린 것만 같은 내 안의 상처를 하나님이 치유해 주실 거라고 믿지 못한다. 어린아이 같은 믿음과 유치한 신앙 사이에서 균형을 유지하겠다는 생각은 너무 위험한 생각인데도, 우리는 유치한 신앙을 피하려다 어린아이 같은 믿음에도 완전히 사로잡히지 못하고 있다.

뷰크너가 말한 어린아이들의 두 번째 특징은, 그들은 선물을 어떻게 받아들여야 하는지를 안다는 것이다. 태어나면서부터 의존적인 상태로 지내 온 아이들은 특별히 자기를 의식하지 않고 마냥 기쁘게 선물을 받아들인다. 아이들은 자신이 선물을 받을 자격이 있는지에 대해 논쟁하거나 그 선물에 어떻게 보답해야 할까를 걱정하지 않는다. 아이들은 기대감에 들뜬 표정으로 포장지를 뜯고는 받은 선물을 있는 그대로 즐긴다. 지혜로우셨던 나의 할머니는, 형의 생일에도 나에게 작은 선물을 주셨고 반대로 내 생일 때에도 형에게 선물을 주셨다. 그렇지만 나는 형이 모든 사람들의 관심을 받아야 할 형의 생일에 왜 나에게까지 선물을 주냐며 따지거나 할머니의 행동을 수정해 드려야겠다는 생각은 한 번도 하지 않았다. 할머니의 손자로 태어난 것을 나의 자연스러운 권리로 생각하고 나는 그 선물을 덥석 받아들었다.

구약 성경에 분명하게 기록되어 있는 것처럼, 아무 거리낌 없이 선물을 받아들이시는 것을 보면 하나님도 '어린아이 같은' 특성을 가지고 계신 것이 확실하다. 갓 태어나셨을 때 동방 박사들에게 받은 값비싼 선물에서부터 자신의 발에 부은 한 여인의 향유, 제자들의 시간과 헌신, 나사로의 누이 마리아의 흠모에 이르기까지 예수님도 이 땅에 계시는 동안 선물을 기쁜 마음으로 받아들이셨다.

찬양과 감사에 대한 나의 지식은 대부분 어린아이들을 통해 배운 것들이다. 아이들은 바깥에서 뛰어노는 자기 집 강아지나 다람쥐에 대해서도 아무렇지 않게 매일매일 감사한다. 예수님은 "오늘날 우리에게 **일용할** 양식을 주시옵고"라고 기도하라고 가르쳐 주셨다. 어린아이 같은 마음이 있어야 나는 매일 하나님이 주시는 일상적인 선물을 당연한 것으로 여기지 않고 감사함으로 받아들일 수 있다. 또한 어린아이와 같은 마음이 있어야 나는 두 팔 벌려 행위와는 상관없이 값없이 주시는 하나님의 은혜를 받아 누릴 수 있다.

마지막으로, 어린아이들의 세 번째 특징은 신뢰하는 법을 알고 있다는 점이다. 어른의 손을 잡고 가는 아이는 복잡한 거리에서도 두려움을 느끼지 않는다. 아이들에게 낯선 사람을 신뢰하지 **말라**고 가르칠 때는 아주 단단히 교육시켜야 하는데, '불신'이란 아이들의 본능을 거스르는 것이기 때문이다.

겟세마네 동산에서 기도하실 때, 예수님은 유대의 아이들이 아빠를 부를 때 쓰는 표현을 사용하여 하나님을 부르셨다. "아바 아버지여, 아버지께는 모든 것이 가능하오니 이 잔을 내게서 옮기시옵소서. 그러나 나의 원대로 마옵시고 아버지의 원대로 하옵소서"(막 14:36, 개역한글). 그분은 자기 앞에 어떤 일이 놓여 있더라도 하나님을 신뢰하기로 의지적으로 결단하셨다. 이는 어린아이 같은 의존이었다. 예수님은 십자가 위에서도 이와 똑같은 의존하는 모습을 보이셨다. "아버지, 내 영혼을 아버지 손에 부탁하나이다"(눅 23:46).

캐슬린 노리스는 어린 시절에 가졌던 신앙과 관련하여 오랫동안 지적인 고투를 벌인 끝에, 결국 한동안 기독교 교리를 받아들이는 것이 불가능하다는 결론을 내리고 살았다. 그러다가 개인적으로 여러 문제를 경험하고 난 뒤, 그녀는 베네딕트 수도회에 매료되고 말았다. 놀랍게도 그곳의 수도사들은 그녀가 가진 의심과 지적인 불만에 아무런 관심을 보이지 않았던 것이다. 당시 상황에 대해 그녀는 이렇게 쓰고 있다. "약간 실망스럽기도 했다. 그동안 의심 때문에 내가 신앙을 가지지 못하고 있다고 생각해 왔는데, 한 나이 든 수도사가 태평한 말투로 의심이야말로 믿음의 씨앗이며, 나의 믿음이 살아 있고 성장할 준비가 되었다는 표지라고 말해 오니, 당연히 혼란스러울 수밖에 없었다. 하지만 한편으로는 강한 호기심이 생겼다."[5] 수도사들은 그녀가 의심하는 것들에 대해 답해 주는 대신, 예배와 예배 형식에 대해서만 안내해 주었다.

노리스는 이후 '믿음'이라는 단어에 해당하는 헬라어 어근에는 단순히 '마음을 주다'라는 뜻이 담겨 있다는 것과, 예배 행위를 통해 굳건한 믿음의 형태가 만들어질 수도 있음을 알게 되었다. 제대로 이해하지 못하는 신경을 낭송하는 것도 이상하게 느껴지지 않았다. 그 이유는 이 문장에 잘 나와 있다. "시인인 나도 완전히 이해하지 못한 것들을 말하곤 한다."[6] 점차 그녀는 하나님과의 관계 역시 다른 인간 관계와 마찬가지로 어떻게 진행될지 모르는 상태에서 그냥 뛰어들어야 한다는 것을 깨달아갔다. 이렇게 그녀는 하나님을 신뢰하기 시작했고, 그때부터 성숙한 믿음이 자라났다.

비현실적인 기대와 마음을 활짝 여는 믿음, 율법주의와 은혜, 불건강한 의존과 어린아이 같은 신뢰. 나는 어린아이 같은 믿음과 유치한 신앙 사이에서 줄타기를 하고 있는 것만 같다. 그러나 두 믿음 간의 차이는 실로 엄청나다. 한쪽 편의 믿음은 나를 영원히 유아기에 머물게 하고, 다른 한쪽은 나를 하나님과의 성숙한 관계로 이끌어 준다.

월터 취제크(Walter Ciszek) 신부가 쓴 소책자 「나를 이끄시는 분」(*He Leadeth Me*, 바오로딸)에는 최악의 상황 속에서 힘을 발휘하는 어린아이 같은 믿음이 잘 나타나고 있다. 펜실베이니아의 신실한 가톨릭 집안에서 자란 그는 이후 예수회 선교회에 가입해 공격적 무신론의 정점에 있던 소련에 선교사로 가겠다고 자원했다. 하지만 실망스럽게도 선교회의 책임자는 그를 폴란드 선교사로 임명했고 그는 폴란드로 떠났다. 그리고 몇 년 후, 전쟁이 발발해 히틀러의 군대가 폴란드를 침략해 들어왔고, 이때 취제크 신부는 러시아로 도망가는 피난민 무리들을 보면서 이것을 하나님의 섭리를 통한 좋은 기회라고 생각했다. 노동자로 변장한 그는 피난민 대열에 끼어들어 평생 그토록 섬기고 싶어 했던 러시아로 몰래 들어갔다. 이때만 해도 그는 자신의 기도가 응답되었다고 믿었다.

하지만 얼마 지나지 않아 소련 비밀 경찰이 그를 체포했고, 그는 악명 높은 모스크바의 루비안카 형무소에 5년 동안 수감되어 끊임없이 고문과 심문을 받았다. 루비안카 형무소에서 홀로 지내면서 취제크 신부는 밤낮으로 하나님께 물었다. '어디서부터 길을 잘못 든 것입니까? 사제로 부름 받았다고 생각했는데, 이 외로운 독방에서 어떻게 그 역할을 수행하라는 말입니까? 지금까지 받아 온 그 많은 훈련이 지금 다 무슨 소용인가요? 무엇 때문에 저는 이런 형벌을 받고 있는 것입니까?' 결국 그는 KGB의 요구를 받아들여 간첩 활동을 했다는 허위 자술서에 서명을 했다. 그러나 그는 그 이상의 협력은 하지 않겠다고 버텼고, 이에 소련 당국은 그에게 15년 동안 시베리아에서 강제 노역을 하라는 선고를 내렸다.

혹독한 추위와 하루 14시간의 노동이라는, 형무소에서보다 더 힘든 환경 속에서 시달리던 취제크 신부는 우크라이나 가톨릭의 신임을 받아 마침내 사제로서 봉사할 수 있는 기회를 얻게 된다. 이 모든 과정 속에서 그는 위험을 무릅쓰고 형벌을 견디었으며 끝까지 하나님을 찾았다. 이와 함께 그에게 남아 있던 유치한 신앙의 요소들이 하나씩 사라져 갔다. 대신 프레드릭 뷰크너가 제시한 것과 비슷한 단계에 따라, 성숙하나 어린아이 같은 믿음이 생겨났다.

무엇보다 먼저 취제크 신부는 새로운 현실에 적응해야 했다. 사제 훈련을 받는 동안에는 단 한 번도 러시아에서 그 같은 행로를 걷게 될 것이라 상상하지 못했기 때문이다. 폴란드에서 시작하여 루비안카 형무소로 시베리아 수용소로 그리고 결국 어느 시골 마을로 추방되어 일했던 그 모든 상황 중에 취제크 신부가 스스로 선택한 것은 단 하나도 없었다. 어딜 가든 신학 서적이나 영성 관련 서적은 한 권도 없었으며, 다른 신앙인들과 교제를 나눌 수도 없었다. 성찬을 하려면 포도주와 빵을 몰래 들여와야 했고, 게다가 소련 당국은 전도 활동을 일체 금지시켰다. 사제로 부름 받은 소명을 예상한대로 수행해 나갈 수 없다는 사실에 그는 한동안 배신감을 느꼈다.

하지만 취제크 신부는 하나님의 뜻이 "우리가 원하는 것과 같지 않으며, 미약한 인간의 지혜에 비추어 옳다고 여겨지는 것과 동일하지 않으며, 오히려 하루 동안 하나님이 우리에게 허락하시는 사람과 장소와 상황들 속에 그냥 들어가 있는 것이 하나님의 뜻"이라는 사실을 배워 갔다. 그는 자신이 항상 하나님의 뜻은 이러저러해야 한다는 자신만의 기대를 가지고 삶에 임해 오면서, 하나님이 그런 자신의 뜻을 당연히 이뤄 주시리라고 잘못 생각하고 있었음을 깨달았다. 또한 그는 매일 자신에게 닥쳐오는 실제 상황들을 하나님의 뜻으로 받아들이는 법을 배워갔다. 물론 그 상황 중 대부분은 그의 통제 능력을 벗어난 것들이었다. 이제 취제크 신부는 24시간이라는 짧은 시간의 틀을 기준으로 삶을 바라보게 되었다.

둘째로 그는 하나님이 자기에게 주시는 새로운 선물들을 발견했다. 즉, "우리에게 **일용할** 양식을 주옵소서"라고 기도하면서, 자기 앞에 주어진 은혜들을 받아들이기 시작한 것이다.

나의 하루는 극복해야 할 장애물과 견뎌야 할 시간, 살아남아야 할 일련의 순간들 이상의 것이 되어야 한다. 하나님은 매일 하루를 새롭게 창조하여 그 하루를 내게 보내주셔서 나로 하여금 당신의 뜻을 이루게 하신다.…겉보기에 아무리 무의미하고 평범한 것 같은 그날의 기도와 노동과 고통들이라 할지라도 우리는 그것들을 기꺼이 받아들여 하나님께 돌려 드릴 수 있다.…하나님과 각 사람의 영혼 사이에 무의미한 순간이란 존재하지 않는다. 이것이 바로 하나님의 섭리에 깃든 신비다.[7]

마지막으로 취제크 신부는 신뢰하는 법을 배웠다. 그의 책에는, 삶 속의 모든 상황이 자신에게 적대적으로 보이는 순간에도 의심을 극복하고 하나님을 신뢰하려 애쓰는 과정에서 느꼈던 고뇌가 적혀 있다. 그는 동료 수감 교구민들을 통해 아주 옛날 소작농들이 가졌을 법한 신앙을 발견했다. "그들에게 하나님은 아버지나 형제나 친한 친구처럼 아주 실제적인 존재였다." 자기들의 신앙을 분명하게 표현하지는 못했지만, 그들은 존재의 중심에서부터 하나님의 신실하심을 믿고 있었다. 그들은 하나님을 신뢰했고, 고난이 닥칠 때에 하나님을 찾았으며, 가끔씩 찾아오는 기쁨의 순간들에는 하나님께 감사드렸다. 또한 하나님께 죄를 범하느니 차라리 세상에서 가진 모든 것을 잃을 각오를 하고 있었으며, 영원토록 하나님과 함께 거할 것이라 확신하며 기대하고 있었다. (솔제니친의 소설 「이반 데니소비치의 하루」에 등장하는 '알료샤'라는 인물은 취제크 신부가 시베리아에서 만났던 사람들의 단순하고 어린아이 같은 믿음을 아주 잘 보여 주고 있다.)

이전부터 하나님의 임재를 느끼는 방법을 몰라 자주 고민해 왔던 취제크 신부는 도무지 그럴 수 없을 것 같아 보이는 시베리아 수용소라는 공간에 와서야 다음과 같은 중요한 진리를 터득했다.

믿음으로 우리는 하나님이 어디에나 계시며, 우리가 그분에게 등을 돌린다 하더라도 하나님은 늘 그 자리에 계신다는 것을 안다. 그러므로 이제는 하나님의 임재 속에 들어가 믿음으로 그분께 돌아서서, 허상을 뛰어넘어 언제나 우리의 유치한 이야기에 귀를 기울이시며 언제나 우리의 어린아이 같은 신뢰에 반응하실 준비를 하고 계신 사랑 많은 아버지의 임재 속에 자신이 들어가 있다는 것을 믿으면(혹은 깨달으면) 된다.

하나님의 뜻에 의식적으로 자신을 내던지기로 선택하는 순간, 취제크 신부는 자신이 늘 두려워하고 있던 신뢰의 경계를 넘어선 느낌을 받았다. 그리고 그 경계를 넘는 순간 그가 느낀 것은 '두려움이 아닌 자유'였다.

지금까지 내가 지나온 순례의 길을 돌아보면, 유치한 신앙의 위험성이 더욱 극명하게 느껴진다. 나는 직접적인 경험을 통해, 인생이란 공평하지 않으며 하나님이 마술적인 방법을 써서 나를 위해 인생이라는 경기장을 공평하게 만들어 주는 일은 없다는 사실을 배워야 했고, 율법주의가 반드시 선한 결과를 가져오거나 성숙을 가져오는 것은 아니며 오히려 그와 반대되는 방향으로 나를 이끌어간다는 사실도 배웠다. 불건강한 의존 상태가 영적 성장을 저해한다는 것도 알게 되었다.

나는 지금도 여전히 성숙하나 어린아이 같은 믿음을 추구하고 있다. 월터 취제크 신부 같은 인물들이 있어, 그런 믿음을 가지게 될 때 내가 어떤 모습이 될지도 조금은 알 수 있었다. 우리는 각기 너무나 다른 상황들에 처해 있지만, 직면하게 되는 도전의 내용들은 대개 비슷하다. 그리고 어떤 상황에 처해 있든 최선의 방법은 하나님의 방법을 신뢰하는 것이다. '어린아이와 같은 상태'라는 말은, 이 땅에서 내가 하나님과 맺고 있는 관계의 상태를 가장 정확히 표현한 말이다. 나는 완전한 창조주와 다시 접촉할 방법을 찾고 있는 타락한 피조물이기 때문이다.

"천국에서는 누가 크니이까?" 저마다 열심히 일하고 있던 제자들이 이런 질문을 던지자 예수님은 그들에게 천국이 뭔지 알고 싶어 하지도 않고, 그런 질문이 무슨 뜻인지도 모르는 한 어린아이를 보여 주셨다. 그러고는 제자들에게 그 작은 아이처럼 되라고 말씀하셨다. 제대로 이해하여 알지도 못하고, 불안해하며 염려하지도 않는 어린아이처럼 되라고 하신 것이다.[8]
_프레드릭 뷰크너

18. 어른

> 이 영 안에 있는 것을 받아들이지 않는 자들에게
> 어떤 형벌이 가해지느냐고 물었는가?
> 그들은 지금 그대로의 모습으로 변치 않고
> 남는 형벌을 받게 될 것이다.[1]
> _에픽테토스

    지혜로운 부모는 의존하는 상태에서 벗어나 자유를 추구하도록 자녀를 양육한다. 그들의 목표는 독립적인 어른을 길러 내는 것이기 때문이다. 그러나 연인들은 자발적인 의존이라는 새로운 길을 택한다. 그들은 자유를 소유하고 있으면서도 기꺼이 그것을 포기한다. 건강한 결혼 생활을 하는 사람들은 강압이 아닌 사랑에 의해 자기의 뜻을 양보하고 상대방의 바람을 이뤄 준다. 나는 이 같은 어른스러운 관계에서 하나님이 우리 인간들에게 원하시는 요소들이 잘 드러난다고 생각한다. 즉, 그분은 실제적인 선택권이 없는 의존적이며 무력한 아이들의 사랑이 아니라, 연인을 향한 성숙하고 기꺼운 헌신을 원하신다.
    나는 성숙한 관계에 대해 설명하면서 계속해서 결혼 생활을 이야기하고 있는데, 그것은 내가 30년이 넘도록 매일 그 생활을 해 왔고, 성경에서도 이를 관계에 대한 좋은 비유로 들고 있기 때문이다. (두 사람 사이의 절친한 우정도 비슷한 비유로 사용되는 경우도 있다.) 그렇다면 부부 관계 속에서 우리는 구체적으로 어떻게 '자발적인 의존이라는 새로운 길을 택하게' 되는 것일까? 이와 관련해서는 우리 부부가 함께 두 가지 중대한 결정을 내렸던 때의 일이 생각난다. 두 경우 모두 오랫동안 머물던 곳을 떠나 새로운 곳으로 이사하는 일과 관련된 결정이었다.

첫 번째 이사 때 우리는 시카고에서 멀리 떨어져 있던 교외에서 살다가 도심으로 옮겨갔다. 교외에 거주하는 사람들이 일반적으로 생각하는 것처럼 그것은 우리에게 일종의 모험이었다. 우리는 도시에 가면 최소한 일주일에 한 번씩은 강도의 습격을 받게 될 것이라고 생각했다. 잔디밭의 민들레를 걱정하던 우리가 먼저 주차할 자리를 차지하려고 다투고, 3단 계단만 내려가면 슈퍼마켓에 다녀올 수 있게 된 것이다. 새로 이사 간 곳에서 길거리를 걷다 보면 영어만큼이나 외국어가 자주 들려왔고, 덕분에 우리 주변에 그토록 다양한 인종과 문화가 상존하고 있다는 것도 알게 되었다. 하지만 그곳에서 13년 동안 살면서 강도의 습격을 당한 적은 한 번도 없었다.

그처럼 활기찬 도심에서 수년간 생활하던 우리는 모든 면에서 시카고와 정반대인 콜로라도의 외딴 지역으로 두 번째 이사를 하게 되었다. 아는 사람이라고는 한 명도 없었기 때문에 우리는 공동체와 교회를 찾고 친구를 사귀는 그 복잡한 과정을 다시 시작해야 했다. 지금 있는 내 사무실 창문 건너편에는 윈첼 도너츠 가게의 자갈 지붕 대신 사시나무 숲이 내려다 보이고, 저 멀리로는 4,300미터 높이의 산에 눈이 쌓여 반짝이는 모습이 보인다.

되돌아보면 시카고로 이사 간 것은 자넷을 위한 결정이었고, 콜로라도로 이사 온 것은 나를 위한 결정이었다. 가난하고 집 없는 노인들에게 실질적인 도움이 되는 양질의 교회 기반 프로그램을 만드는 일을 하는 자넷은 도시에서 사는 것이 더 좋았다. 하지만 끊임없는 자동차 도난경보기 소리가 울리고, 또 끊임없이 긴장해야 하는 그 분주한 생활로 인해 나의 창의력은 조금씩 고갈되었고, 결국 우리는 보다 자기 성찰적인 글쓰기 작업에 적합한 환경을 찾아 콜로라도로 이사하게 된 것이다.

두 차례의 이사를 하면서 우리 부부는 서로 어느 정도의 조정 과정을 거쳐야 했다. 조정 대신 희생이라는 단어를 넣어도 큰 문제는 없을 것이다. 하지만 건강한 결혼 생활을 하고 있는 사람이라면 누구나 알고 있듯이, 부부는 서로 합의하에 이런 모든 변화를 만들어 가야 한다. 내가 주로 집에서 일을 하니 다른 부부들에 비해서는 결정을 내리는 일이 좀더 자유로운 편이었겠지만, 어떤 경우든 강제적인 결정('환경의 변화가 필요하니, 당신이 좋아하든 말든 나는 이사를 가야겠어')이나 보복성 결정('지난번에는 당신 마음대로 했으니, 이번에는 내 마음대로 하겠어')은 파멸을 초래한다. 우리 부부는 서로에게 그러한 결정을 강요할 엄두도 내지 않는다.

결혼 생활에서 각자가 자유를 남용하는지의 여부를 판단해 주는 유일한 기준이 있는데, 그것은 바로 사랑이다. 모든 성숙한 관계에서는 실제로 '사랑'이 경계를 설정한다. 나는 자넷이 나를 위해 자신이 좋아하는 것을 포기하는 경우를 여러 번 보았고, 나 역시 그녀를 위해 좋아하는 것을 여러 차례 포기했다. 우리 두 사람 중 늘 '이기는' 사람은 없다. 다만 우리는 서로에게 헌신한 사람들이므로, 평화롭게 함께 지내기 위해 크고 작은 것들을 서로 양보하고, 사랑이 정해 준 경계 안에서만 각자의 힘과 자유를 사용하려고 애쓴다.

30년의 결혼 생활을 하는 동안 자넷과 나는 둘 다 많이 변했다. 사춘기도 채 벗어나지 못한 시절, 꿈 같은 사랑을 하며 검은 머리 파뿌리 될 때까지 상대를 사랑하겠냐는 물음에 당당히 '네'를 외쳤던 때와 지금을 비교해 볼 때, 지금 우리 둘은 완전히 딴사람이 되어 있다. 그녀는 내게 사람을 사귀는 법과 식물을 감상하는 법 그리고 가난하고 하위 계층에 있는 사람들에 대한 열정을 가르쳐 주었고, 나는 그녀에게 고전 음악과 자연미에 대한 인식, 여행과 운동의 묘미를 알려 주었다. 우리는 서로에게 굴복함으로써 위축된 것이 아니라, 오히려 함께 성장해 왔다.

연인들은 영속적인 관계란 법이 아닌, 신뢰와 은혜와 용서의 토양에서 성장한다는 사실을 잘 이해한다. 그들은, 사랑은 명령을 받지도 않고 강요에 의해 움직이지도 않는다는 사실을 알고 있다. 사랑하는 사람들은 본능적으로 상대방이 원하는 것을 원한다. 사랑하는 상대가 내게 개인적인 희생을 요구해 올 때, 나는 보통 그것을 희생이 아닌 선물로 느낀다. "내 원대로 마시옵고 아버지의 원대로 되기를 원하나이다"(눅 22:42). 또한 사랑하는 사람들은 칭찬을 아끼지 않는다. 내가 다른 사람들에게 아내에 대한 이야기를 하면서 그녀가 이룬 많은 것들을 자랑하는 것은, 의무감 때문이 아니라 다른 이들도 내가 아는 것만큼 아내를 알아 주었으면 하는 마음 때문이다. 나는 결혼 생활의 이런저런 모습을 통해, 하나님과의 성숙한 관계가 작동하는 방법에 대해서도 배울 수 있었다. 아우구스티누스는 올바른 영적 생활을 '잘 정돈된 사랑'이라고 간단하게 표현했다.

우리는 하나님과 신실한 관계를 맺을 때만 그 결과로 하나님이 원하시는 상태에 이르게 된다. 하나님을 기쁘시게 할 방법을 찾고, 그분을 알아 가고 사랑하는 것을 최고의 목표로 삼으며, 그분께 기꺼이 희생할 때, 그 과정 속에서 우리는 변화를 경험한다. 개인 영성의 성장은 하나님과 상호 작용을 유지할 때 생겨나는 부산물이다. 결국 우리는 하나님을 기쁘시게 하기 위해서만이 아니라 자기 스스로를 위해서도 그 일을 하고 싶어 하게 된다.

완전히 세상에 속해 살아가는 사람에게 헌신된 그리스도인의 다음과 같은 행동들에 대해 설명해 달라고 부탁해 보라. '왜 그리스도인들은 몸에 해로운 습관들을 멀리하고, 정욕과 음란함으로 이끄는 유혹과 싸우려 할까요? 왜 그들은 자기 자신보다는 다른 이들을 기쁘게 하려하며, 정직과 정의를 고집하고, 사랑스럽지 않고 버림받은 자들을 찾아 도우려 하는 걸까요?' 아마 그들은 이렇게 답할 것이다. '지옥 불이 두렵고, 하나님이 자기들에게 화를 낼까 봐 무서워하고 있기 때문이겠죠.' '종교는 일종의 보험이에요. 혼자서는 이해하기 힘든 일들이 너무 많기 때문에 그들은 여러 규율에 의존하고 있는 겁니다.' '동료들에게서 받는 사회적 압력 때문이에요. 그들은 함께 어울리면서 서로의 믿음을 강화시켜 주죠.' 현실적인 근거가 있는 답들이지만, 성경에 묘사된 믿음의 동기를 이야기하고 있는 것은 하나도 없다.

예수님은 값진 진주를 발견하고 그것을 사기 위해 자신의 전 재산을 팔았던 한 상인에 대해 말씀하신다. 진주를 자기 것으로 만든 기쁨이 너무나 컸기에 그 상인은 그 대가로 지불한 재산을 전혀 아까워하지 않았다. 엄격하기만 한 자기 훈련이 아니라 어떤 희생이라도 기꺼이 감수할 만큼 생동감 넘치는 새로운 삶, 이것이 바로 기독교적 삶의 어른스러운 이미지다.

물론 이 목표에 도달하기 위해서는 시간과 연습이 필요하다. C. S. 루이스도 이렇게 말했다. "오늘 내가 경건한 마음이 들든 들지 않든, 나는 오늘도 기도해야 한다. 그것은 내가 시를 읽기 위해 헬라어 문법을 배우는 것과 마찬가지다."[2] 루이스가 단순히 동사 단어를 분석하기 위해 헬라어 문법을 배운 것이 아니라 시를 읽기 위해 공부한 것처럼, 나도 피아노 연주를 더 잘 하기 위해 스케일 연습을 한다. 연습한 후에는 보상이 따라오나, 연습을 하지 않으면 아무것도 주어지지 않는다. 루이스의 말을 한 번 더 인용해 보자. "우리가 지금 의무감으로 어떤 특정한 행동을 하는 것은, 앞으로 언젠가는 자유롭고 기쁘게 그 행동을 할 수 있을 거라는 희망이 있기 때문이다."

왜 꼭 우리는 선한 사람이 되어야 하는가? 신약 성경의 명령들에 주의를 기울여야 하는 이유는 또 무엇인가? 나는 성경을 읽어 나가며 하나님이 원하시는 어른스러운 관계를 묘사한 구절들에 모두 표시해 보았다. 아래에 소개할 세 가지 사례는 성경의 비유들과 매우 비슷한 의미를 담고 있는 이야기들이다.

첫 번째 예는 마하트마 간디의 손자로, 현재 미국에 거주하고 있는 아룬 간디(Arun Gandhi)에게 들은 이야기다. 그는 할아버지가 시작한 인권 운동을 이끌던 아버지와 함께 십대를 남아프리카에서 보냈다. 아룬이 운전을 배운 지 얼마 되지 않았을 때, 그의 아버지는 그에게 전략 회의가 열릴 시내의 변호사 사무실까지 자기를 태워다 주고, 차를 정비소에 맡겨 줄 수 있겠느냐고 물어 왔다. "오후 6시 정각에 나를 데리러 오기만 하면 그 전까지는 네 마음대로 시간을 보내도 좋아." 이제 막 면허증을 딴 여느 십대처럼 아룬 역시 큰 도시의 도로를 운전할 수 있는 그 기회를 덥석 받아들였다.

그리고 차를 정비소에 맡긴 아룬은 영화관에 갔다. 첫 번째로 본 미국 서부 영화가 너무나 재미있어 그는 시간 가는 줄도 모르고 그 자리에 그대로 앉아 동시 상영하는 영화까지 모두 다 보고 말았다. 영화관에서 나오니 이미 땅거미가 지고 있었고, 아룬은 그제야 정비 공장이 문을 닫았을지 모른다는 생각에 혼비백산해졌다. 정신없이 정비소로 달려가 보니, 다행히 아직 문이 열려 있어 차를 찾을 수 있었다. 서둘러 차를 몰아 6시 30분에 변호사 사무실 앞에 도착해 보니, 아버지가 인도에 서서 기다리고 계셨다.

아버지가 시간 엄수를 얼마나 중요하게 여기시는지 잘 알았던 아룬은 정비 공장에서 차를 고치던 과정 중 문제가 좀 있었다고 이야기를 꾸며댔다. "차를 고친 것만 해도 다행이에요. 거의 한 시간을 기다렸지 뭐에요. 그래서 이렇게 늦었어요."

그러나 아버지는 이미 5시에 정비 공장에 전화를 걸어 차를 다 고쳤다는 사실을 확인한 상태였다. 그들이 탄 자동차가 시의 경계를 넘어갔을 때, 아버지는 아룬에게 차를 길가에 세우라고 한 후, 당신이 이미 정비소에 전화를 해 보았고 따라서 아룬이 거짓말한 것을 알고 있다고 말했다. "마음이 정말 아프구나. 무엇 때문에 내 아들이 내게 거짓말을 한 것일까? 내 아들이 내게 진실을 말하지 않을 정도로 나를 신뢰하지 못하니, 어쩌다가 나는 이렇게 실패한 아버지가 된 걸까? 나는 반성을 좀 해야겠구나."

아버지는 거기서부터 집까지 걸어가셨고, 아룬에게는 차의 전조등을 켜서 시골길을 밝히며 뒤에서 천천히 따라오라고 했다. 그들의 집은 도시에서 꽤 많이 떨어진 곳에 있었으므로, 집까지 걸어가는 데는 여섯 시간 정도가 걸렸다. 아버지는 고개를 숙이고 깊은 생각에 빠진 채 발걸음을 옮겼고, 아룬은 차에 탄 채 아버지 뒤를 아주 느린 속도로 따라갔다.

아룬에게서 처음 이 이야기를 들었을 때, 나는 그의 아버지가 교묘한 방법을 사용해 아들에게 '죄의식'을 심어 줘 그의 마음을 괴롭게 했다는 이야기인 줄로 생각했다. 하지만 아룬은 그 사건을 전혀 다른 의미로 받아들이고 있었다. 그는 십대였을 때도 아버지를 성실함과 정의의 모범이 되는 위대한 지도자로 존경했다. 아버지가 자신이 실패한 아버지가 된 것에 대해 반성해야겠다고 말씀하셨다면, 그것은 아버지의 진심이었다. 그리고 그제야 아룬은 문제의 핵심을 제대로 알 수 있었다. 그는 아버지를 기쁘게 해 드리고 아버지를 닮기를 무엇보다 간절히 원하고 있었지만, 그날의 거짓말은 아룬이 아직도 얼마나 많이 자라야 하는지를 단적으로 보여 주었다. 아룬은 말했다. "그날 이후 나는 절대로 거짓말을 하지 않았어."

두 번째 사례는 "라이언 일병 구하기"(Saving Private Ryan)에 나오는 장면이다. 영화에서 톰 행크스가 연기한 인물이 이끈 분대는, 제2차 세계대전 중에 세 형들을 모두 잃고 유일하게 남은 동생인 라이언 일병을 구출하는 위험한 임무를 수행한다. 그를 구하러 떠난 병사들은 자신들이 맡은 임무에 대해 불평하고 명령을 내린 장군을 욕하면서도 결국 적진으로 들어가 나치와 소규모 접전들을 치른다. 그리고 그중 몇 명이 이 얼토당토않은 임무로 인해 목숨을 잃는다. 영화의 거의 마지막 부분에서 이 부대가 치러 온 모든 일들의 목표였던 라이언 일병이 드디어 등장해 치명적인 부상을 입고 누워 있는 대위(톰 행크스)를 만난다. 라이언 일병 한 명을 구하기 위해 치른 전투들로 발생한 참상들을 둘러본 대위는 딱 한 마디 말을 한다. 영화 전체의 마지막 대사이기도 한 이것은 '받으라(Earn this)였다.

받으라. 너 하나를 살리기 위해 이들은 용기를 내고 희생했으며 마침내는 목숨까지 바쳤다. 그들에게는 더 이상 내어 줄 것이 없다. 그러나 너에게는 있다. 너는 그들의 희생에 걸맞은 인생을 살 수 있다. 죄책감이 아닌 감사함으로 그들이 행한 것을 받음으로써 그들의 희생을 영예롭게 하라.

세 번째 예는 미네소타 주 세인트 올라프 대학에서 철학을 가르치는 에드워드 랑거락(Edward Langerak) 교수가 예배 시간에 한 말이다.

한 어린 소년이 있었습니다. 소년은 자신이 일곱 살 때 저지른 한 가지 실수를 평생 기억하며 살게 되는데, 그 실수란 약국에 들어가 몇 페니짜리 사탕을 훔치려 했던 일이었습니다. 결국 그 계획은 실패로 돌아갔고 약국 주인은 그 사실을 경찰에 알리는 대신, 그의 부모에게 말했습니다. 소년에게는 그 순간이 살면서 가장 힘든 시간이었습니다. 일부러 팔을 부러뜨릴까, 아니면 달려오는 차 앞으로 뛰어들까, 부모님과의 대면을 피할 수 있는 수많은 방법들이 소년의 머릿속을 스쳐 지나갔습니다. 하지만 그는 결국 부모님을 만났고, 그를 본 아버지는 대뜸 이렇게 말씀하셨습니다. "내 아들이 범죄자라니." 이 말에 소년은 가슴이 사무치게 아팠습니다. 끔찍한 말이었지만, 사실이었습니다. 이제 겨우 일곱 살이었지만 그 소년이 범죄자라는 말은 사실이었던 겁니다. 하지만 눈물만 흘리고 있던 소년의 어머니는 몇 초 후 이렇게 말했습니다.

"우리 아들은 범죄자가 아니에요. 이 아이는 목사가 될 거예요."

이 소년은 바로 저입니다. 그때 보이신 어머니의 반응은 제게 사랑의 교훈이 되었습니다. 물론 아버지도 저를 사랑하셨습니다. 진실을 말씀해 주실 정도로 저를 사랑해 주셨지요. 그때 저는 저를 도둑이라 규정해도 뭐라 항변하지 못할 잘못을 저질렀습니다. 하지만 아버지가 말씀하셨던 것은 부분적인 진리였습니다. 하지만 어머니는 내 속에 있는 **가능성**을 보셨지요. 즉, 내가 이미 행한 일이 아니라 내가 앞으로 할 수 있는 일을 보셨던 겁니다. 이제 와서 결과적으로 보면, 두 분의 말씀은 모두 틀린 것이었습니다. 저는 지금 목사도 아니고 범죄자도 아닌, 교수가 되었으니까요. 하지만 당시 저를 사랑해 주신 어머니의 방식 덕분에 저는 스스로를 사랑하는 법을 배울 수 있었습니다.…

언제나 당신 안에 있는 가능성을 바라보면서 현재의 모습을 늘 용서해 주며, 당신이 마땅히 어떤 사람이 되어야 할지를 끊임없이 상기시켜 주는 사람이 있다고 생각해 봅시다. 그런데 그가 그냥 평범한 사람이 아니라, 당신과 모든 사람들을 궁극적으로 책임지고 있는 분이라고 생각해 봅시다. 그런 분이라면 마땅히 당신에게 사랑의 힘을 발견하게 해주고 사랑받은 자만이 사랑할 수 있다는 진리를 깨닫도록 해 주시지 않겠습니까? 그런 분이라면 당신 자신과 타인들을 향한 당신의 사랑 전부를 받을 만하지 않겠습니까? 그렇다면 당신은 그분께 헌신함으로써 당신 자신을 사랑하는 동시에 이웃까지도 당신 몸을 사랑하는 것처럼 사랑할 수 있을 것입니다. 이것이야말로 진정 놀라운 일이 아닐 수 없습니다.…[3]

아룬 간디처럼 자신이 존경하는 누군가를 기쁘게 하려는 열망과 라이언 일병이 자신을 위해 목숨까지 희생한 이들에게 했던 감사는, 모두 순종을 위한 (유치하지 않은) 어른스러운 동기들로, 하나님과의 관계에도 그대로 적용될 수 있다. 그리고 랑거락 교수의 예는 '하나님의 사랑을 받는 자'라는 우리의 진정한 정체성을 언제나 생각해야 한다는, 가장 중요하고 포괄적인 동기를 알려 준다. 사도 요한은 하나님이 먼저 우리를 사랑하셨기 때문에 우리가 다른 이들을 사랑할 수 있다고 말한다. 우리는 사랑하는 이를 기쁘게 해주려는 연인처럼 강압이 아닌 순수한 열망에 의해 하나님을 기쁘게 해 드려야 한다.

생각해 보라. 벌을 받을까 봐 두려워하는 마음으로 '하나님을 사랑하라'는 최고의 명령을 완수할 수 있는 사람이 있을까? 사랑은 결코 강요될 수 없다. 사랑은 두려움이 아니라 충만함에서 나온다. "사람이 나를 사랑하면 내 말을 지키리니"(요 14:23).

신약 성경을 읽으면서 놀라게 되는 것 중 하나는, 그 저자들이 우리가 선한 행실을 하는 것은 새로 얻게 된 정체성으로 인한 것임을 끊임없이 상기시키고 있다는 사실이다. 살아 계신 하나님의 성전인 내가 어떻게 하나님이 옳지 않게 여기신다는 것을 분명히 알면서도 그 행실을 반복할 수 있겠는가? 헨리 나우웬은 이 새로운 정체성을, 하나님의 사랑을 받는 자로서 타인의 칭찬이나 비난에 아랑곳하지 않고 자유롭게 하나님의 뜻을 행하도록 이끄는 내면의 소리인 '사랑의 내적 음성'이라 불렀다.[4] 선이나 거룩은 고행자들의 거친 모직 의복처럼 의무적으로 몸에 걸쳐야 하는 터무니없는 새 의무 조항이 아니다. 선과 거룩은 내면의 변화로 인해 자연스럽게 겉으로 드러나는 결과일 뿐이다. 그 속에 하나님이 거하는 사람에게만 나타나는 점진적인, 그러나 확실한 반응인 것이다.

아우구스티누스는 이렇게 말한다. "이 땅에서 사는 우리는 쉬지 않고 길을 가는 여행자다. 즉, 우리는 결코 멈추지 않고 계속해서 앞으로 나아가야 한다. 그러므로 지금 있는 곳이 아닌 다른 곳에 도달하기를 원한다면, 지금 있는 그 자리에 절대 만족하지 말라. 그리고 만약 지금 있는 곳에서 만족을 찾았다면, 그것은 당신이 걸음을 멈췄다는 뜻이다. '이제 충분해'라고 말한다면, 당신은 길을 잃은 것이다. 계속 걸으라, 앞으로 나아가라, 목적지에 도달하기까지 힘쓰라."[5]

영성 훈련과 관련하여 지금까지 선명하게 기억하고 있는 한 장면이 있다. 대학원에 다닐 때의 일이었는데, 당시 나는 강제적으로 66페이지짜리 규정집에 따라 행해야 했던 성경 대학교를 막 졸업한 때라, 율법주의와 영성 훈련의 느낌이 나는 것이라면 무조건 멀리하며 자유를 만끽하고 있었다. 그러던 어느 겨울 주말, 내 성경 대학교 동기로 나에 비해 훨씬 진지한 태도로 영적인 문제들을 대했던 친구 조가 찾아와 우리 집에 머물렀다. 그런데 그 친구가 의도치 않게 다음날 아침 다섯 시에 모든 집안 사람들을 깨우는 일이 발생했다.

이 사건의 핵심에는 우리 집에서 기르고 있던 미니어처 슈나우저가 있었다. 이 개는 사람들이 운동하는 것을 이상하리만치 싫어했다. 슈나우저는 조깅하는 사람들의 뒤를 쫓고, 자전거 타는 사람들에게는 달려들었다. 아내가 에어로빅을 하면서 줄넘기를 하다가 동작을 멈추는 이유는 크게 세 가지였다. 팔다리가 꼬이는 경우이거나, 줄에 걸리는 경우 그리고 나머지 하나가 슈나우저가 달려드는 경우였다. 어쨌든 그날 아침 다섯 시에 우리는 슈나우저가 거실에서 크게 짖는 소리를 들었다. 나는 강도가 침입한 줄 알고 유일하게 무기로 쓸 수 있을 것 같아 보이는 테니스 라켓을 집어 들고 용감하게 거실 문을 열고 들어가 불을 켰다. 그 속에는 조가 사각팬티만 입은 채 공포에 질린 듯 눈을 크게 뜨고 팔굽혀펴기 자세로 그 자리에 우뚝 멈춰 있었다. 그리고 아무것도 걸치지 않은 그의 등 위에서는 작은 회색 개 한 마리가 으르렁거리며 그의 머리카락을 물고 있었다.

우리가 슈나우저를 달래고 나자, 조는 자초지종을 설명해 주었다. 그는 아침마다 두 시간씩 묵상을 하는데, 그 전에 잠에서 완전히 깨려고 운동을 시작하자 슈나이저가 그에게 반응한 것이 사건의 전모였다. 당시 이 이야기를 들을 때만 해도 나는 아직까지 조를 성경 대학에서 터득한 습관에 매여 있는 율법주의자로 판단했다. 하지만 그 성급한 판단은 나의 영적 미숙함을 드러낸 것에 지나지 않았다. 그 후로 수년간 조를 가까이에서 지켜보면서 그의 영성 훈련이 초자아나 죄책감 어린 양심 때문에 강압적으로 이루어지는 것이 아니라는 사실을 알게 되었기 때문이다. 그는 마치 운동 선수가 연습을 하듯, 스스로를 위해 그 영성 훈련들을 수행하고 있었다. 추운 새벽 일어나 어두운 집안에서 기도하며 성경읽는 것을 좋아할 사람이 어디 있겠냐마는, 그래도 조는 그렇게 하루를 시작하면 모든 면에서 바르게 행동할 수 있다는 것을 깨달았다. 성숙한 그리스도인은 의무감이 아닌 열정에 사로잡혀 행동해야 한다. 하나님을 기쁘시게 해 드리는 모든 행동은 나 자신도 기쁘게 만들어 주기 때문이다.

아직까지도 나는 다른 누군가에게 영성 훈련에 대한 구체적인 지침을 알려 주기에는 스스로가 너무 부족하다고 느낀다. 대신 유진 피터슨과 달라스 윌라드, 리처드 포스터 같은 인물들의 최근 저술들을 추천하고 싶다. 한 세대 이전에 쓴 토머스 머튼의 책도 좋고, 수세기 전에 나온 베네딕트와 이그나티우스가 세운 자세한 훈련 프로그램들도 좋다. 검소함과 고독, 순종, 봉사, 고백, 예배, 묵상, 기도, 금식, 연구, 영적 지도, 주일 성수, 순례, 소그룹, 청지기 정신, 일기쓰기, 순결, 우정, 헌신, 사역, 리더십, 증거 등이 영적 성숙에서 중요한 역할을 담당하는 것들이다. 또한 우리가 이 요소들을 갖추려면, 영성 훈련과 관련하여 오래 전부터 있었던 개념인 '헌신'이 필요하다.

교회 역사를 보면 건강하지 않아 보이는 극단적인 영성 훈련을 수행한 사람들도 많았다. 그들은 몸에 상처를 내고 모든 인간적인 즐거움을 멀리했다. 이런 극단적인 모습을 보고 움찔하는 것은 당연한 일이다. 하지만 그들의 이야기를 다시 찬찬히 읽어 보면, 이 '영적 선수'들은 자발적으로 이 모든 행동을 했었다는 것을 알 수 있다. 그런 영적 경험을 후회하는 사람은 거의 없었다. 우리는 지금 금식을 하며 하루에 두 시간씩 묵상하는 이들은 이해하지 못하면서, 하루 다섯 시간씩 웨이트 운동을 하고 경기 도중 입은 부상 때문에 수십 차례 무릎 수술과 어깨 수술을 하는 운동 선수들은 존경하는 사회에서 살고 있다. 영성 훈련에 대해 우리가 드러내는 혐오감은, 우리가 비난하는 '성인들'이 아니라 바로 나 자신의 실상에 대해 더 많은 것을 말해 준다.

토머스 머튼은 부자가 누리는 자유와 부유함을 대비시켜 보여 준다. 부자는 원하기만 하면 돈으로 자신의 담뱃불을 붙일 수도 있다. 머튼은 자기도 예수님을 영접하기 전에는 파티와 술을 즐기는 유명한 뉴욕 사교계 명사로 살면서 앞서 말한 부자처럼 자유를 허비했다고 말한다. 하지만 보다 지혜로운 부자는 자신의 돈을 좀더 유용하게 활용할 수 있는 투자처에 투자해 시간이 지난 후에도 이득을 얻을 수 있는 방법을 찾는다. 머튼 역시 결국에는 자신의 자유를 수도원에 들어가 하루에 몇 시간씩 기도하고, 침묵과 고독 속에서 살아가는 데 투자하기로 결심한다. 하지만 그의 삶을 아는 사람 가운데 그가 인생을 허비했다고 말할 사람은 한 명도 없을 것이다.

머튼과 베네딕트, 아시시의 프란체스코, 존 웨슬리, 테레사 수녀, 샤를 드 푸코(Charles de Foucauld) 같은 인물들을 연구하다 보면, 철저한 훈련의 삶을 살다 간 그들의 영혼 속에는 이를 악다문 의지적인 결단보다는 자발성과 기쁨이 자리 잡고 있다는 것을 알게 된다. 자신들의 자유를 영성 훈련에 투자함으로써 그들은 다른 어느 곳에서도 찾을 수 없는 심오한 자유를 보장받았다.

성 베네딕트는 "결점을 고치고 사랑을 보호하기 위해 약간의 엄격함"은 필요하다고 권고한다.[6] 이 공식 속에는 영성 훈련이 극단으로 치우치지 않게 조절해 주는 기준 선도 들어 있는 것 같다.* 하나님이 원하시는 사랑은 우리와의 관계 속에서 꾸준하게 이루지는 것인데, 우리 인간들이 경험하는 사랑이란 이랬다저랬다 간헐적으로 나타나는 감정인 경우가 많다. 하지만 우리는 훈련을 통해 영적인 지구력을 기를 수 있다. 결혼식에서 느끼는 사랑이 아닌 금혼식에서 누리는 사랑을 만들어 주는 것이 바로 이 훈련이다. 조나단 에드워즈는 영성 훈련의 일환으로, 70가지에 이르는 '조항'을 작성해 정기적으로 이를 확인했다. 그중 25번째 조항의 내용은 다음과 같다. "내 속에 무엇이 들어 있는지 조심스럽게 그리고 지속적으로 살펴보자. 그래야 내 안에 하나님의 사랑에 대한 의심이 조금이라도 생겨나면 나의 모든 힘을 동원해 그 의심을 물리칠 수 있기 때문이다."[8]

신앙 생활에 대한 글을 쓰는 이들은, 그것이 시간이 갈수록 쉬워지는 것이 아니라 오히려 힘들어진다는 말들을 자주 한다. 하지만 그런 어려움을 효과적으로 해결해 주는 것 역시 영성 훈련이다. 에베레스트를 오르는 사람은 수년간의 훈련에 의지할 수밖에 없다. 등산 전에 급하게 받는 집중 훈련만으로는 부족하다.

※

나는 20년 동안 일주일에 세 번 정도 조깅을 하거나 자전거를 타는 등의 유산소 운동을 해 왔다. 누가 시켰거나 기분이 좋아지기 때문에(그런 경우가 전혀 없었던 것은 아니지만) 한 것이 아니라, 그 운동을 함으로써 또 다른 즐거움을 누릴 수 있게 되었기 때문이다. 나는 숨이 가빠지거나 근육이 뭉치는 일 없이 등산을 하고 스키를 탈 수 있다. 평소에 해 두었던 운동이 이때 효과를 발휘하는 것이다. [이와 관련해서는 사도 바울이 아주 적절한 비유를 들어 놓았다. "경건에 이르도록

---

* 베네딕트 수도회의 조안 치티스터 소수녀원장은 베네딕트 수도회의 규율을 표현하면서 어두운 길을 밝혀 주고, 올바른 방향으로 이끌어 주며, 오르막길을 오를 때 힘을 북돋워 주는 '이정표'나 '울타리'라는 단어를 사용했다. 즉, 베네딕트 규율은 법보다는 지혜에 가까우며, 일방적인 명령 목록이 아니라 삶의 방식이고, 규율 자체가 아니라 진정한 '규율'을 이해하도록 돕는 열쇠라는 것이다.[7]

네 자신을 연단하라. 육체의 연단은 약간의 유익이 있으나 경건은 범사에 유익하니 금생과 내생에 약속이 있느니라"(딤전 4:7-8).]

나는 중장거리 달리기는 여러 번 해 보았지만, 마라톤은 단 한 번 완주해 보았다. 마라톤을 딱 한 번 해 본 아마추어인 내게 마라톤은 다른 스포츠와는 전혀 다른 종류의 운동이었다. 10킬로미터 경주는 40분만에 달릴 수 있지만, 마라톤은 3시간 30분이라는, 아주 오랜 시간을 달려야했다. 그리고 그것은 순전히 정신력의 싸움이었다. 짧은 거리를 달릴 때는 내가 어떻게 달리고 있고, 거리가 얼마나 남았으며, 어떻게 하면 원하는 시간 안에 결승점까지 들어갈 수 있을지를 계속 인식할 수 있었다. 하지만 마라톤 코스를 달릴 때는 마치 눈가리개를 한 듯, 경주에 온전히 정신을 집중할 수가 없었다. 대신 왼쪽 엄지발가락의 통증이나 소변으로 가득 찬 방광, 또는 덜덜 떨리는 오른쪽 종아리 근육에 온 신경이 집중되었다. 비 내리는 추운 시카고 시내를 달리고 있자니, 젖은 양말의 마찰 때문에 물집이 점점 커지고 있는 게 느껴졌다. 입고 있던 바람막이 점퍼도 벗었다. 분명한 이유도 없이 굉장히 기뻐했다가 절망하기를 반복했다. '계속 달려.' 나는 혼잣말로 말했다. '언젠가는 끝날 거야. 결승선에 도착할 수 있는 유일한 방법은 계속 달리는 것밖에 없어.'

한 친구와 16킬로미터 지점에서 만나기로 약속했었는데, 그 지점에 가까이 왔는데도 친구의 모습은 보이지 않았다. 나는 우울한 마음으로 약 8킬로미터를 더 달렸다. 그러고는 힘을 내어 주위에서 달리고 있는 사람들과 시카고의 시민들을 쳐다보고 마라톤 코스를 따라 길게 늘어선 악대의 연주 소리도 들었다. 그 후 한 번 더 그렇게 하다가 잠시 코스를 벗어났다가 다시 돌아오는 일도 있었다. 27킬로미터 지점을 통과할 때 군중들이 첫 번째 주자가 결승선에 도착했다는 소식을 라디오로 듣고 함성이 질렀다. 나는 아직 14킬로미터를 더 달려야 했다.

드디어 32킬로미터를 알리는 표지를 앞에 두자 이제는 천천히 걷고 싶은 유혹이 생겨났다. 그때 마침 친구가 나타났다. 드디어 처음으로 함께 대화할 상대가 생긴 것이었다. 그는 내 곁에서 천천히 달리면서, 시카고 시가 길을 너무 많이 막아 놓아 약속한 16킬로미터 지점에 갈 수 없었다고 설명했다. 데이브는 내가 너무 지친 것을 알고 평상복을 입은 채로 남은 10킬로미터를 함께 달리며 격려해 주었다. 이 일은 잊을 수 없는 우정의 행동으로 지금까지 내 기억 속에 남아 있다.

신약 성경은 다섯 차례에 걸쳐 신앙 생활을 경주에 비유하였다. 아마 바울도 현대에 살았다면 거의 틀림없이 경주라는 말을 보다 구체화시켜 **마라톤**이라고 적었을 것이다. 42.195킬로미터를 달리는 동안 나는 인간에게 있는 모든 감정을 다 느꼈던 것 같다. 절정에 이른 듯한 흥분과 절망이라는 덧없는 감정은 순식간에 지나가 버렸고, 그 대신 나를 계속 달리게 한 것은 인내와 지구력 그리고 친구의 격려였다. 나중에 그 경주를 돌아보니, 놀랍게도 그때 그렇게 사납게 휘몰아쳤던 나의 온갖 감정들은 마라톤 잡지에 기록된 마라토너의 일반적인 감정 변화 패턴과 정확하게 일치하고 있었다. 어쨌든 그 당시의 나는 먼 곳을 전혀 볼 수 없었다. 그저 한 발 한 발 내딛겠다는 결심만 했고, 그것이 나를 끝까지 달릴 수 있게 해주었다.

"날 수 없다면 달리십시오. 달릴 수 없다면 걸으십시오. 걸을 수 없다면 기어가십시오. 어떤 수를 써서라도 계속 나아가십시오." 마틴 루터 킹 목사가 다른 인권 운동가들에게 자주 했던 말이다. 그의 충고는 마라톤 선수와 그리스도인 순례자 모두에게 똑같이 적용된다. 하나님과 함께하는 삶은 다른 여느 관계들과 마찬가지로 오해와 오랜 침묵, 성공과 실패, 시련과 승리가 공존하며 불안정하게 유지된다. 이 탐색의 여정 중에 완전함에 도달하려면 우리는 경기를 마칠 때까지 그리고 죽음에 이를 때까지 기다려야 한다. 그리고 이 기다림은 그 자체로 비범한 믿음과 용기의 행동이다.

기독교를 처음 접한 사람에게는 기독교가 도덕과 의무와 규칙들
그리고 죄책감과 미덕과만 관련되어 있는 것처럼 보인다.
하지만 계속 그 안에 머물다 보면, 그 모든 것을 벗어나
그 이상의 영역에 도달하게 된다.
그리스도인이라면 모두가 이 말에 동의할 것이다.
그곳에 도달한 이들은, 거울이 빛으로 가득 차듯 지금 우리가
'선'이라 부르는 것들로 가득 찬 어떤 상태에 머물게 된다.
그러나 그들은 그것을 선이라 부르지 않을 것이다.
사실 그들은 그것에 그 어떤 이름도 붙이지 않을 것이다.
아니, 그것에 관해서는 아무 생각도 하지 않을 것이다.
그 선을 흘려보내는 원천을 바라보느라 너무 바빠 다른 것에
신경 쓸 틈이 없을 것이기 때문이다.9
_C. S. 루이스

19. 부모

> 나는 내리사랑이라는 말을 믿는다. 즉, 자녀에 대한 부모의 사랑이
> 부모에 대한 자녀의 사랑보다 크다는 말이다. 따라서 자녀들은
> 스스로 부모가 된 후에야 비로소 부모의 사랑을 온전히 느낄 수 있다.[1]
> _올리버 킹 주교

　　　　　자녀가 없는 나는 자녀를 키우는 다른 부모들이 존경스럽다. 내 친구들은 수년간 돈을 모아 자녀들을 콜로라도로 보내고, 아이들과 휴가를 보내는 데 수천 달러를 쓰고 있지만, 투자한 것에 비해 돌아오는 수익은 굉장히 미미하다. 열 살 된 아이는 하루 종일 비디오 게임만 하고 싶어 하고, 십대 자녀는 혼자 부루퉁해져 자동차 뒷좌석에 틀어박혀 휴대용 CD로 음악을 들으면서 스포츠 잡지나 패션 잡지에 얼굴을 파묻은 채, 차창 밖의 멋진 풍경에는 눈도 돌리지 않는다. 그보다 더 어린아이들은 서로 좋은 자리를 차지하려고 싸워 대고, 차가 흔들릴 때마다 아픈 시늉을 하고, 차 안에 앉아 얼마나 더 가야 하냐며 칭얼거린다. 소풍 가기에는 너무 춥다고, 혹은 너무 덥다고 불평을 늘어놓는다. 왜 우리가 이렇게 재미없는 여행을 해야 하죠? 야생 동물 보는 줄 알고 왔는데, 걔네들은 지금 어디 있어요? 우리 그냥 집에서 영화나 보면 안 돼요?

　　놀랍게도 아이들이 이렇게 반응해도 부모들은 전혀 당황하지 않는다. 부모들은 아이들을 위해 돈을 쏟아 붓고, 아이들을 재촉해 옷을 입히며, 남긴 음식

물을 접시에 모으고, 엉망이 된 방을 치우며, 수줍음부터 토라짐까지 어떤 반응이 오더라도 침착하게 대응하는 데 익숙해져 있다. 부모인 그들은 그 이상의 것을 기대하지 않는다.

※

우리의 몸이 어린아이, 어른, 부모의 단계를 거쳐 성장하는 것처럼, 영적인 생활에서도 우리는 그와 똑같이 순차적인 것은 아니지만 어쨌든 매우 유사한 과정을 거치며 성장한다.

중증 장애자들을 위한 시설인 라르쉬 공동체를 설립한 장 바니에(Jean Vanier)는 모든 사람에게는 "마음에서 우러나오는 세 가지 욕구가 있다"고 말한다.[2] 첫째, 우리에게는 우리가 약할 때 굳게 잡아 줄 수 있는 부모의 사랑을 받고자 하는 욕구가 있다. 우리는 모두 무기력한 유아 상태에서 삶을 시작하며, 어른이 되어서도 부모의 사랑과 부모가 줄 수 있는 편안함에 대한 욕구는 결코 사라지지 않는다. 이런 욕구 때문에 우리는 하늘 아버지를 갈망하는 어린아이가 되어 궁극적으로는 하나님께 돌아가게 된다.

둘째, 바니에는 인간이 어느 정도 성장한 후에는 자신의 가장 깊은 비밀까지도 공유하고, 아무 두려움 없이 신뢰하고 사랑할 수 있는 친구를 사귀고 싶어 하는 욕구를 느끼게 된다고 말한다. 이러한 욕구 역시 우리를, 비가시성이라는 장벽을 먼저 뛰어넘어 우리 인간 종족에게 다가와 우리 속에 거하겠다고 약속하신 하나님께로 향하게 하는 힘을 발휘한다. 예수님도 "이제부터는 너희를 종이라 하지 아니하리니…너희를 친구라 하였노니"(요 15:15)라고 말씀하셨다.

마지막으로 우리는 나보다 약한 이들을 섬기고 싶어 하는 욕구를 가지고 있다. 많은 경우, 사람들은 생물학적인 부모가 됨으로써 이 욕구를 충족시킨다. 하지만 바니에 같은 사제나 예수님 같은 이들은 내면에서 우러나는 이런 욕구에 반응하여 가난하고 외롭고 냉대받고 병들고 장애를 가진 다른 사람들을 섬기는 일을 했다.

성숙한 그리스도인은 부모와 마찬가지로 자기 자신을 위해 살지 않고 타인을 위해 살아간다. 요한은 이 원리를 다음과 같이 직접적인 말로 드러냈다.

> 그가 우리를 위하여 목숨을 버리셨으니 우리가 이로써 사랑을 알고 우리도 형제들을 위하여 목숨을 버리는 것이 마땅하니라. 누가 이 세상 재물을 가지고 형제의 궁핍함을 보고도 도와줄 마음을 닫으면 하나님의 사랑이 어찌 그 속에 거하겠느냐. 자녀들아, 우리가 말과 혀로만 사랑하지 말고 행함과 진실함으로 하자. (요일 3:16-18)

각기 어린아이, 어른, 부모 단계를 묘사하는 본문 옆에 표시를 하면서 신약 성경을 읽어 내려가는 동안 특히 선한 행동을 촉구하는 부분을 모아 보니, 대부분이 '부모' 단계에서의 역할을 설명하는 본문들이었다. 신약 성경 저자들은 조금씩, 부드럽게 독자들에게 자기 실현을 넘어서는 단계까지 나아갈 것을 권면하고 있었다. 예를 들어, 신약 성경에는 그리스도인들에게 소송을 피하라는 권고가 여러 번 나오는데, 이는 사실상 자신의 법적인 권리를 포기하라는 말과 다름없었다. 믿지 않는 이들을 신앙으로 이끌기 위한 모범이 되기 위해서라면 그 권리까지도 포기하라고 촉구한 것이다. 그리고 사도 바울의 경우, 개인적으로는 양심의 거리낌 없이 논쟁거리가 되는 행동들을 얼마든지 할 수 있었지만, 믿음이 약한 자와 성숙하지 못한 그리스도인들을 위해 그는 그런 행동을 자제했다. "내가 모든 사람에게서 자유로우나 스스로 모든 사람에게 종이 된 것은 더 많은 사람을 얻고자 함이라"(고전 9:19).

신약 성경은 우리에게 끊임없이 보다 높고 고상한 동기를 가지고 선을 행할 것을 요구한다. 어린아이는 자기가 이해하는 만큼만 알고 싶어 하고, 어른은 자신의 유익을 위해 경계를 정해 두어야 한다는 것을 이해한다. 하지만 부모는 타인을 위해 자발적으로 자신의 자유를 포기한다. "바로 그것이 사랑의 길이다. 솟아오르기 위해 완전히 웅크리는 것이다."³ 로버트 브라우닝(Robert Browning)의 말이다.

하지만 이상한 사실이 하나 있는데, 그것은 휴가를 마치고 짐을 싸서 자동차나 비행기를 타고 집으로 돌아올 때, 자녀를 가진 내 친구들은 그 동안 자신들이 견뎌야 했던 것들을 전혀 후회할 일로 여기지 않는다는 점이다. 건너편 산골짜기에서 여우굴 밖을 살짝 내다보는 새끼 여우들을 발견한 어린 자녀들의 얼굴에서 보았던 그 짧은 순간의 환희, 아주 잠깐 실수인 듯 십대 특유의 부루퉁함에서 빠져나와 산꼭대기로 재빨리 뛰어 올라가 권투 선수처럼 손을 휘두르던 십대 자녀의 모습, 하루 종일 바깥에서 놀다가 지친 모습으로 들어온 열 살짜리 아이의 몸을 꼭 껴안아 주었던 순간. 이 몇 가지 기억이 불만의 자리를 대신했던 것이다. 그들은 그 휴가 기간을 통해 자녀들이 성숙과 확신, 독립심에 이르러가는 과정을 지켜볼 수 있었다. 부모에게 이것보다 더 큰 보상이 어디 있겠는가?

우리가 어린아이와 같다는 것을 잘 알고 계셨기에 하나님은 성경에서 그렇게 자주 어린아이의 비유를 들어 말씀하셨다. 하지만 동시에 하나님은 우리가 하나님의 본성을 가장 정확하게 반영하는, 희생적 사랑을 베푸는 부모의 단계까지 성장하기를 바라신다. 자기 자신을 버릴 때 우리는 하나님과 가장 가까운 존재가 될 수 있다. 장 바니에가 주장한 것처럼, 이것보다 고차원적인 단계는 영적 발달에 있어 **필수**적인 요소다. 그 단계에까지 이르러야 우리는 전 단계에서는 결코 배울 수 없는 것을 배울 수 있기 때문이다.

부모들이 그 한 예인데, 그들은 부모가 된 후에야 무조건적인 하나님의 사랑과 가장 닮은 감정을 배워가게 된다. 로널드 롤하이저(Ronald Rolheiser)는 다음과 같이 말한다.

> 자녀를 바라보는 단순한 행동만큼 이 세상에서 강력하게 우리의 이기심을 깨뜨리는 행동은 없을 것이다. 자녀들을 향한 사랑을 통해 우리는 하나님의 마음을 공유할 수 있는 특권을 얻는다. 이타심과 기쁨, 즐거움이 와락 샘솟고, 다른 사람의 인생이 내 인생보다 더 현실적이고 중요하게 되기를 바라는 이것이 바로 하나님의 마음이다.[4]

거의 모든 인간 관계 속에서 우리는 특정한 가치에 따라 판단받는다. 고용자들은 기술과 지식으로 우리를 판단하고, 은행과 가게에서는 신용도에 따라 우리를 대우한다. 심지어 친구들도 공통 관심사에 근거하여 우리를 선택한다. 하지만 가정에서 중요한 것은 단 한 가지, 그 안에서 '태어났다'라는 사실밖에 없다. 아들의 아이큐가 90밖에 안된다고 다른 집 아이와 맞바꾸려는 부모도 없고, 딸이 학교 축구팀에 들어가지 못했다고 의절하는 부모도 없다. 세상 전체가 다 그렇게 돌아간다 해도, 가정만은 그렇지 않다. 건강한 가정에서는 무조건적인 사랑이 오간다. 선천적 기형을 타고 난 아들이나 다운증후군에 걸린 딸도 스포츠 스타나 장학금을 받는 자녀들 못지않은 사랑과 애정을 받는다.

우리 부부는 아이를 직접 낳아 기르지 않았지만 그래도 하나님이 우리를 사랑하시는 것처럼 다른 사람을 무조건적으로 사랑하는 것이 어떤 것인지 알고 있다. 아내가 시카고에서 노인들을 보살피는 프로그램을 진행하고 있을 때, 사람들이 우리에게 자녀가 몇 명이냐고 물으면 나는 "열두 명이요. 하지만 그들은 우리보다 나이가 두 배는 많죠"라고 답하곤 했다. 자넷은 공영 주택이나 간이 숙박소에서 사는 노인들을 위해 부모 역할을 자임하고, 그들을 대신해 사회

복지 담당자, 저소득층 의료 보장 담당자, 병원 직원들 그리고 공영 주택 담당자들을 만나러 다녔다. 그녀는 노인들을 위한 옹호자(advocate)가 되어준 것이다. '옹호자'라는 단어의 라틴어 어근은 '소리를 갖지 못한 자들에게 소리를 주는 사람'이라는 뜻을 갖고 있다.

사라의 집에 문제가 생겨 전기와 가스 그리고 전화까지 모두 끊어졌을 때 자넷은 그녀의 열렬한 옹호자가 되어 밀린 요금을 지불해 주고, 정신이 맑지 않은 나이 든 노인을 그처럼 무자비하게 대한 해당 사업자들을 부끄럽게 만들었다. 행크가 당뇨병과 합병증으로 다리를 잃게 되었을 때는 그의 곁에 머물면서 왜 그가 '환상지'(절단 후 수족이 아직 있는 것처럼 느끼는 것-역주)를 느끼는지 설명해 주고, 목발을 짚고 걷는 법도 가르쳤다. 젤다의 다리가 혈액 순환이 잘 되지 않아 고생할 때는 자넷이 병원에 가서 그녀의 다리를 주물러 주고, 확실하게 차트에 기록을 남겨 느긋한 간호사들에게 더 자주 젤다를 찾아와 욕창이 생기지 않도록 돌봐 달라고 부탁했다.

자넷이 이런 일을 한 것은 노인들이 그녀의 보호를 받을 가치가 있는 사람들이어서가 아니라, 시카고의 소외된 노인들도 하나님의 사랑을 받는 사람들이며, 그 사랑은 하나님을 섬기는 자들의 손길을 통해 전달되어야 한다고 믿었기 때문이었다. 어느 날 자넷은 우연히 이런 문구를 보았다. "가난한 사람들은 고맙다는 말 대신, 더 많은 사랑을 요구함으로써 감사의 마음을 표현한다." 여느 때처럼 고단한 하루를 보냈는데도 여전히 끊임없이 들려오는, 더 도와달라는 불평어린 요구들로 지쳐 있던 자넷에게 이 문장은 이상하리만치 큰 위로를 주었다.

이렇게 자넷이 노인 보호 센터에서 일할 때 나는 한 가지 신기한 사실을 발견했다. 아내를 비롯한 모든 봉사자들이 개인적인 희생을 치러가면서 가난한 이들을 돌보고 있다는 사실이 바로 그것이었다. 사회 복지사들은 장시간의 근무에 비해 턱없이 적은 급료를 받았고, 그렇다고 큰 명예를 얻는 것도 아니었다. 하지만 놀랍게도 그렇게 개인적인 비용을 치르면서도 자넷은 수혜자인 노인들 못지않은 유익을 맛보고 있었다. 선교사로 활동하다가 순교한 짐 엘리엇(Jim Elliot)은 많은 그리스도인들이 하나님을 위해 너무나 열심히 일하다가, 하나님의 주요 사역은 결국엔 그 당사자들을 위한 것이라는 사실을 망각하는 경우가 많다고 말한 적이 있다. 하지만 자넷에게는 그 말이 적용되지 않았다. 대부분의 사회가 무시하는 이들에게 자신이 가진 기술과 열정을 더 열심히 쏟아부을수록, 그녀는 보다 중요한 영역에서 더 큰 힘을 얻고 강해져 갔다.

여기에 인간의 근본적인 역설이 있다. 인간이 자신을 뛰어넘어 더 멀리에까지 손을 뻗어 나갈수록, 그 사람은 보다 풍요로워지고 깊어지며 하나님과도 더 닮아간다. 반대로 (루터의 표현에 따르면) '안으로 굽어' 들어갈수록 그 사람은 점점 비인간화되어 간다. 주는 것은 받는 것만큼이나 우리에게 필요한 중요한 요소다.

폴 브랜드 박사는 인도의 벨로에서 한센병 환자들을 위한 병원을 운영하고 있을 때 만난, 잊지 못할 한 방문객의 이야기를 내게 들려 주었다. 어느 날 유난히 큰 코를 가진 못생긴 얼굴에, 검소한 수도사 복장을 한 피에르라는 프랑스 탁발 수도사가 자신의 모든 소지품을 담은 여행용 손가방 하나를 달랑 들고 병원을 찾아와 몇 주 동안 머물면서 그동안 살아온 인생담을 들려주었다고 한다. 귀족 가문에서 태어난 그는 프랑스 국회의원으로 일하다가 정치적 변화가 지지부진한 것에 환멸을 느끼고 일을 그만두었다. 제2차 세계대전이 끝난 후에도 여전히 나치의 점령으로 인한 후유증에 시달리던 당시 파리의 길거리에는 수천 명의 걸인들이 살고 있었고, 피에르는 거리에서 수많은 사람들이 굶어 죽어가는 그런 상황 속에서 귀족들과 정치인들이 끝없는 논쟁만 일삼고 있는 것을 더 이상 참을 수가 없었던 것이다.

전례 없는 혹한이 불어 닥친 어느 해 겨울, 엄청나게 많은 파리의 걸인들이 얼어 죽었고, 이에 피에르는 절망감을 느끼며 관직을 포기하고 가톨릭 수도사가 되어 걸인들과 함께 생활하기 시작했다. 걸인들의 곤경에 대하여 정치인들과 사회의 관심을 불러일으키는 일에 실패한 그는 이제 자신이 유일하게 할 수 있는 일은 걸인들 스스로가 공동체를 이루도록 돕는 것이라고 판단했다. 그렇게 해서 그는 걸인들에게 보잘 것 없는 일들이라도 그것을 더 잘 할 수 있도록 가르쳤다. 가끔씩은 빈 병과 누더기를 줍는 대신, 조를 나누어 도시를 청소하게 했고, 그 다음에는 버려진 벽돌로 창고를 짓고 호텔이나 사무실에서 내다 버리는 막대한 양의 빈 병들을 수집하여 가공하는 사업도 시작했다. 마지막으로 피에르는 각 사람들에게 자기보다 더 가난한 걸인들을 도우라는 책임을 맡겼다. 이 계획은 점점 더 활발하게 진행되었고, 몇 년 후에는 '엠마우스'(Emmaus)라는 선교 단체까지 설립되었다. 이 단체는 피에르의 사역을 다른 나라에까지 확장시키는 역할을 했다.

그런 피에르가 벨로에 와서 병원 사람들에게 자신의 이야기를 들려주고 있었던 것은, 그가 설립한 단체가 위기에 처했기 때문이었다. 이 위기란, 시간이 지나 파리에서 거지가 사라졌다는 사실이었다. 그는 공표했다. "우리 걸인들이 도울 수 있는 사람들을 찾아야 합니다! 걸인들보다 더 불쌍한 사람들을 찾지 못한다면, 이 운동은 우리 내부를 향하게 될 것입니다. 그렇게 되면 우리는 강하고 부유한 단체로 변하고, 지금까지 가지고 있던 영적인 영향력을 모두 잃게 될 것입니다. 아무도 섬길 수 없는 단체가 될 거라는 말입니다."

아베 피에르(Abbé Pierre)는 수천 킬로미터나 멀리 떨어진 인도의 한센병 환자 병원에 와서야 마침내 파리에서의 위기를 극복할 해결책을 찾아냈다. 그가 그곳에서 만난 수백 명의 한센병 환자들 중 대다수가 불가촉천민 계급에 속한 사람들로, 모든 면에서 그가 파리에서 돌보았던 걸인들보다 훨씬 열악한 상황에 처해 있었던 것이다. 환자들을 대할 때 피에르는 항상 함박웃음을 짓고 있었다. 파리의 걸인들에게로 돌아간 그는 벨로의 병원에 병동을 더 짓기 위한 자금을 모았다. 이후 그의 선물을 받은 인도 사람들이 감사의 뜻을 전하자, 그는 "아닙니다. 오히려 당신들이 우리를 구해 주셨습니다"라고 말했다. "우리는 반드시 봉사해야 합니다. 그렇지 않으면 우리는 죽습니다."

피에르 신부는 영적인 부모의 역할을 수행하는 데 있어 본질적인 요소인 '섬기는 리더십'의 원리를 완전히 터득한 사람이었다. 예수님도 자신에 대해 이렇게 말씀하셨다. "인자가 온 것은 섬김을 받으려 함이 아니라 도리어 섬기려 하고 자기 목숨을 많은 사람의 대속물로 주려 함이니라"(막 10:45). 이 말씀은 30억 명의 사람들이 하루에 2달러도 벌지 못하고, 매일 4만 명의 아이들이 영양 실조와 충분히 예방 가능한 질병 때문에 목숨을 잃는 이 지구 행성에서 함께 살아가는 부유한 서구 국가 사람들이 무엇보다 긴급하게 새겨들어야 할 메시지다. 국제 단체가 주도하는 거대한 프로그램은 이 문제를 해결하는 데 얼마간의 도움은 되겠지만, 궁극적인 해결책은 피에르 신부가 말한 것처럼 섬기는 사랑을 기꺼이 실천하기로 헌신하는 무수히 많은 개개인에게서 비롯된다.

부모 역할을 하는 단계에 도달했다는 것은, 그가 상당히 성숙한 믿음을 가졌다는 뜻이다. 그리고 이내 부모들은 홀로 남겨져, 앞으로 어떻게 나아가야 할지 전혀 모르는 상황에 들어가 가혹한 시련들을 만나게 된다. 이는 영적인 부모와 육체적인 부모 모두에게 해당되는 인생의 진리다. 이런 성숙한 신앙을 갖추지도 않은 채 레바논이나 러시아, 소말리아 등지로 들어가는 그리스도인들이 있다. 이상주의적인 생각을 품고 타인을 섬기겠다고 자원한 그들은 시련이 거세 질수록 하나님의 임재를 더 가까이 느끼고, 더 많은 도움을 받아 보다 강한 믿음을 키울 수 있을 것이라 예상한다. 하지만 현실은 그와 정반대로 흘러간다.

C. S. 루이스의 공상 소설에 나오는 악마, 스크루테이프는 믿음이 세워지는 이 과정을 완벽히 간파해 냈다. 그는 졸개들에게 영적인 생활을 처음 시작하는 사람들은 하나님의 임재를 아주 가까이 느끼기 때문에 그런 상태에 있는 사람들과 대적해 싸울 수 있는 무기는 많지 않다고 충고한다. 하지만 어느 정도 시간이 흐르면 대적, 곧 하나님께 대항할 수 있는 기회가 얼마든지 온다고 가르치며 이렇게 말한다.

> 인간은 절정의 시기가 아니라 퇴보하는 시기에 훨씬 더 많이 성장해. 그때 그들의 창조주가 바랐던 모습의 피조물로 자라게 되는 거지. 그러니 창조주는 그렇게 무미건조한 상태에서 드리는 기도를 무엇보다 기쁘게 여겨.…그는 피조물들이 걷는 법을 배우길 원하기 때문에 자기 손에서 벗어나게 내버려 둬. 그러니 인간들에게 걷고자 하는 의지가 있다면 창조주는 그 비틀거리는 모습까지도 기쁘게 바라봐. 웜우드, 속지 마. 인간들이 아무 열망도 없으면서도 여전히 우리 대적의 뜻을 따르려할 때, 온 우주를 둘러보면서 창조주의 모든 흔적이 사라져 버렸다고 느끼며 왜 자기를 버렸느냐고 항변하면서도 여전히 그에게 순종할 때, 그때가 우리 악마들에게는 가장 위험한 순간이야.[5]

수천 명의 성인들을 연구한 뒤에 365일 묵상 가이드를 펴낸 한 친구는 내게 그들 대부분이 점점 더 험난해지는 고난의 비탈길을 걸어 올라간 사람들이었다고 알려 주었다. 하나님이 우리에게 더 많은 책임을 맡겨 주시면 그에 비례하여 고난과 핍박도 많아진다. 버림받았다는 생각이 강하게 밀려오고, 하나님의 임재가 희미하게 사라져 가는 것처럼 느껴지며, 유혹과 의심은 배가 된다.

헨리 나우웬은 '부재의 사역'이라는 대담한 표현을 사용하면서, 사역자들이 하나님의 임재에 대해서만 이야기하고 하나님이 부재하시는 것처럼 보이는 때를 견뎌내도록 사람들을 준비시키지 않는 것은 그들에게 몹쓸 짓을 하는 것이라고 경고했다. 그는 예배란 하나님의 부재를 사실적으로 드러내는 행위라고 말했다.

> 아무리 빵을 먹어도 허기는 또다시 찾아오고, 아무리 포도주를 마셔도 갈증은 또다시 우리를 괴롭히며, 아무리 책을 읽어도 무지에서 완전히 벗어날 수는 없다. 우리는 이처럼 '부족한 표지들' 곁에 함께 모여 기념한다. 무엇을 기념하는가? 우리의 모든 욕망을 충족시켜 주지 못하며, 무엇보다 하나님의 부재를 의미하는 그 단순한 표지들을 기념한다. 그분은 아직 재림하지 않으셨다. 우리는 여전히 길 위에 있고, 여전히 기다리고, 여전히 소망하고, 여전히 기대하고, 여전히 갈망한다.…
>
> 목회자는 사람들에게 힘을 북돋워 주라고 부름 받은 것이 아니다. 고통과 시련 속에서도 새로운 삶을 알리는 첫 번째 표지를 찾을 수 있으며, 그 슬픔 한가운데 감춰진 기쁨을 경험할 수 있다는 사실을 사람들에게 깨우쳐 주는 것이 그들의 소명이다.[6]

하나님의 부재에 대한 예를 찾아보려면 성경을 들여다보면 된다. 이사야는 "주께서 우리에게 얼굴을 숨기[신다]"(사 64:7)라고 말했다. 예레미야도 "어찌하여 이 땅에서 거류하는 자같이, 하룻밤을 유숙하는 나그네같이 하시나이까"(렘 14:8)라고 물었다. 어떤 관계든 가까워질 때가 있고 멀어질 때가 있다. 아무리 친밀한 하나님과의 관계일지라도 시계추가 왔다 갔다 하는 것처럼 우리는 서로 가까워졌다 멀어졌다 하기 마련이다.

나도 영적인 순례길을 걸으면서 유치한 신앙에서 벗어나 다른 사람을 돕는 단계로 도약할 수 있을 것 같다고 스스로 생각한 바로 그 순간, 버림받았다는 느낌을 받았다. 갑자기 어둠이 내려앉은 듯했다. 1년 내내 나의 기도가 하나님께 전혀 전달되지 않는 것 같았고, 하나님이 그걸 듣고 계신지도 확신할 수 없었다. 어느 누구도 '부재의 사역'으로 나를 준비시켜 주지 않았던 것이다. 당시 나는 영적인 적막함을 솔직하게 노래한 조지 허버트의 시에 빠져들어 위안을 찾았다. 다음과 같은 시를 쓴 제라드 맨리 홉킨스도 큰 위로가 되어 주었다.

> 하나님, 아무리 당신께 찬양을 올려 드려도
> 하늘은 아무런 음성을 내려 보내 주지 않는군요
> 이 죄인이 아무리 떨리는 입술로 당신께 기도해도
> 용서한다는 음성은 들리지 않는군요
> 나의 기도는 황량한 사막에 버려지고
> 나의 찬송은 거대한 침묵 속에 사위어 갔습니다.[7]

나 역시 기도가 황량한 사막에 버려지고, 찬송이 거대한 침묵 속에 사위어 간 것만 같은 느낌을 받은 적이 있다. 그 어떤 '기술'이나 영성 훈련도 아무 효과가 없는 것처럼 느껴졌을 때, 나는 자포자기의 심정으로 고교회파(교회의 권위와 의식을 중시하는 영국 국교회의 한 분파—역주) 예배에서 사용하는 기도서 한 권을 구입했다. 그 한 해 동안 나는 그 기도서의 기도문과 성경만 읽으면서, 그것을 하나님께 드리는 기도로 대체했다. 나는 하나님께 솔직하게 말했다. "무슨 말을 해야 할지 모르겠습니다. 제게 믿음이 없는 것 같습니다. 제가 지금 할 수 있는 기도는 다른 사람들이 기록해 둔 이 기도밖에 없으니, 이 기도를 받아 주십시오. 이들의 기도를 저의 기도로 받아 주십시오."

하지만 지금 생각해 보면 하나님의 부재를 느꼈던 그때가 내게는 가장 중요한 성장의 시기였다. 그 순간 나는 그 어느 때보다 더 간절히 하나님을 찾았다. 이로 인해 마침내 나는 새로워진 믿음을 갖게 되었고, 하나님의 임재를 나의 자격이 아닌 선물로 인식하고 감사하게 되었다.

또한 나는 하나님의 부재를 느끼는 시기를, 일종의 '부재하는 임재'(absent presence)로 바라보는 법을 배웠다. 대학생 자녀가 학업이나 단기 선교로 집을 떠나게 되면, 그 부모는 아이의 부재를 매일 느낀다. 하지만 그것은 공허감과는 다른 감정이다. 그 감정에는 모양, 즉 자녀가 남겨둔 존재감의 모양이 있다. 집 안 곳곳에 자녀를 떠올리게 해주는 물건들이 널려 있어서 하루에도 수십 번씩 부모는 그 흔적들을 보고 아이를 기억한다. 그 흔적들은 자녀가 곧 돌아올 것이라는 희망까지 담고 있다. 하나님이 일시적으로 모습을 감추심으로써 우리가 느끼게 되는 부재가 바로 이런 종류의 부재다.

그 이후로도 나는 영혼이 건조해지는 시기를 여러 번 더 지나야 했지만, 처음에 느꼈던 무력감은 물론, 태만함에 빠지지도 않았다. 성경에도 하나님이 부재하심으로 인해 시험을 당한 사람들의 이야기가 나온다. 예수님도 예외는 아니었다. "나의 하나님, 나의 하나님, 어찌하여 나를 버리셨나이까"(마 27:46). 또 다른 측면에서 본다면, 하나님과의 관계에서 하나님의 부재를 느끼는 이 시기가 따로 특별히 중대한 의미를 가지는 것은 아니라고 생각할 수도 있다. 내 앞에도 암울한 시기를 겪은 사람들이 있었고, 내 뒤에 태어날 사람들도 그런 시기를 경험할 것이기 때문이다. 그런데 이때 아예 포기해 버리고 하나님을 멀리하는 것은 성숙한 단계로 나아가기 위해 반드시 필요한 과정을 놓치는 것이 될 것이다. 우리에게 하나님께 가까이 가거나 멀어질 수 있는 자유가 있다면, 하나님에게도 그럴 자유가 있지 않겠는가?

시인 데이 루이스(Day Lewis)는 성장 중인 아들을 보면서 이런 시를 썼다.

> 지금껏 여러 차례 슬픈 이별을 했지만, 이토록
> 내 마음을 아프게 한 이별은 없었다. 아마도 이 쓰라린 마음,
> 신만이 완벽하게 이해하시리니
> 어떻게 한 자아가 저 있던 곳을 떠나는지 보라.
> 허나 이때 사랑은 그를 떠나보냄으로써 증명된다.[8]

나는 자녀가 없지만, 여러 부모들을 만나 그들의 가슴 아픈 사정을 들을 기회는 많았다. '우리는 할 만큼 했어요. 우리는 아이가 원하는 것은 무엇이든 다 해주고, 우리가 아는 모든 방법을 동원해 아이를 사랑해 줬어요. 그런데도 지금 이런 상태에 이르고 말았습니다. 그 아이는 자기가 태어나지 않았으면 좋았을 거라고 말합니다. 자기가 겪는 모든 문제의 책임을 우리에게 돌리고, 우리를 다시는 보고 싶지 않다는 말도 서슴없이 내뱉아요.'

부모들은 자녀들을 키우는 동안 '힘'의 효용과 한계를 동시에 깨닫게 된다. 자녀들에게 특정한 외적 행동을 강요할 수는 있지만, 내적인 태도까지 변화시킬 수는 없다. 자녀에게 복종을 강요할 수는 있지만, 사랑은 물론 선량함을 강요하지는 못한다. 그렇다면 우리는 어떻게 아이들의 인격을 형성시켜 줄 수 있을까? 어떻게 하면 아이들 속에 인내와 친절, 온유와 동정심 같은 성품들을 자라게 하며, 아이들의 불쾌한 행동을 처벌하지 않고 용서할 수 있을까?

실제로 육신의 부모들 역시 하나님과 우리 사이의 관계를 규정짓는 '힘과 자기 제한'이라는 까다로운 문제를 두고 고심한다. 때문에 우리는 하나님이 자

신을 배반할 자유를 인간에게 부여하심으로 겪으신 '문제'를, 부모들을 통해 어렴풋이 감지할 수 있다. 최근에 나는 예레미야서를 읽다가 그 안에 적힌 하나님의 말씀이, 부모들이 느끼는 고통을 그대로 반복하고 있다는 생각이 들었다. '나는 널 위해 이 모든 일을 다 했고, 네게 그토록 많은 사랑을 쏟아 부었는데, 어떻게 너는 나를 이런 식으로 대할 수가 있니? 왜 너에게 생명을 부여한 나에게 그렇게 등을 보이고 돌아서는 거지?'

꼭 아이를 낳아야지만 이 교훈을 깨달을 수 있는 것은 아니다. 지나가는 목회자들을 붙잡고 그들로 하여금 목회자의 길로 들어서게 했던 이상과 실제로 지금까지 해 온 목회 경험이 서로 얼마나 일치하는지 물어보라. 아니면 고린도 교인들에게 보낸 바울의 서신을 읽으면서, 철없는 영적 자녀들을 보면서 그가 느꼈던 좌절감에 귀 기울여 보기 바란다. 사랑이란 상대방을 통제하기를 포기하고, 상대방이 자기 뜻대로 행동하는 것을 허용하며, 그로 인한 결과를 견뎌내는 것이다.

"자기 목숨을 얻는 자는 잃을 것이요, 나를 위하여 자기 목숨을 잃는 자는 얻으리라"(마 10:39). 예수님은 복음서에서 여섯 번이나 이 말씀을 하셨다.* 예수님의 생애는 이 원리를 뒷받침해 주고 있다. 그분은 공생애를 시작하자마자 상실감을 느껴야 했다. 군중들은 날이 갈수록 많은 요구 사항을 가지고 와 쫓

---

* 교회가 자기 부인을 잘못 해석하는 경우가 많다는 사실은 여기서 꼭 한 번 지적하고 넘어가야 할 것 같다. 성경에서 말하는 자기 부인은 자신의 가치나 고귀함을 부정하는 것이 아니다. 예수님도 그런 식의 자기 부인은 하지 않으셨다. 이 자기 부인은 자기가 받은 은사나 능력을 무시하라는 의미도 아니다. 바울은 이 은사로 우리가 그리스도의 몸에 기여하게 된다고 분명하게 이야기했다. 그런데 모든 사람이 다 이 자기 부인의 메시지를 받아들일 준비가 되어 있는 것은 아니다. 우리는 내어 주기 전에 먼저 받아야 하며, 포기하기 전에 먼저 소유하고 있어야 하고, 떠나오기 전에 먼저 그 자리를 차지하고 있어야 한다. 호도된 신학으로 인해 기운을 잃은 많은 그리스도인들은 자기 희생에 대해 생각하기 이전에 자기 소유를 강조하여 치유를 받아야 한다. 상처 입은 자녀들 역시 유능한 부모가 되기 전에 먼저 치유를 받아야 한다.

아다니며 괴롭혔다. 하지만 그들이 바라는 것과는 정반대되는 상황이 펼쳐졌고, 예수님은 목숨을 잃었다.

클레르보의 베르나르(Bernard of Clairveaux)는 영적 성장 단계를 다음과 같이 네 단계로 정리했다. (1) 나를 위해 나를 사랑한다. (2) 하나님이 나를 사랑하셨으니, 나를 위해 하나님을 사랑한다. (3) 비이기적으로 하나님을 위해 하나님을 사랑한다. (4) 나를 향한 하나님의 위대한 사랑을 인식하며, 하나님을 위해 나를 사랑한다. 나는 여기에 하나를 더 추가하려 한다. 영적인 성숙 단계 중 부모 단계에 속한 이것은 '하나님을 위해 타인을 사랑'하는 것이다.

그리스도인이 세상에 영향을 끼치는 최선의 방법은 희생적인 사랑을 베푸는 것이다. 이 사랑이야말로 세상을 진정으로 변화시킬 수 있는 가장 효과적인 방법이다. 부모들은 아픈 자녀 곁에서 밤을 새우고, 학비를 대기 위해 두 가지 직업을 갖는 것도 마다하지 않고, 자녀들을 위해 자신이 하고 싶은 일들을 포기함으로써 사랑을 표현한다. 예수님을 따르는 자들도 이와 비슷한 행동 양식을 배우게 된다. 하나님 나라는 사랑 안에서 자신을 내버리는 것이기 때문이다. 이것은 바로 하나님이 우리를 위해 해주신 것이기도 하다.

자기 충족과 자아 실현을 강조하는 이 시대를 살면서 예수님을 따르기 위해서는 자아를 포기해야 한다는 공식을 받아들이기 힘든 사람이 많을 것이다. 글로리아 스타이넘(Gloria Steinem)은 「내부로부터의 혁명」(*Revolution from Within*, 본당)에서 "자기 권위가 가장 근본적인 개념이라는 사실이 핵심이다"라고 말했다.[9] 하지만 나는 그의 주장에 동의하지 않는다. 더 높은 권위를 받아들이고, 그 권위에 복종해 자기를 부인하는 것이 훨씬 더 근본적인 개념이다.

"네 이웃을 **네 자신과 같이** 사랑하라"(마 19:19)고 명령하신 것을 보면, 예수님도 자기애를 얕보지 않으셨다. 다만 그분은 나르시시즘이 아니라, 다른 사람을 섬길 때 최고의 성취감을 얻을 수 있다고 말씀하신다. 우리가 자신을 계발하고 자기를 '실현'하는 것은, 그 은사들을 나보다 불행한 사람들과 나누기 위해서다.

어떤 대학생들은 '자아를 발견하기 위해' 황야로 나가거나 깊은 묵상의 시간을 갖는다. 하지만 예수님은 우리가 자기 내면을 응시하는 것이 아니라 외부를 바라봄으로써, 자기 성찰만 할 것이 아니라 사랑의 행동을 통해 자아를 발견할 수 있다고 가르치신다. 자녀가 태어나기 전에는 아무리 책을 많이 읽어도 어떻게 하면 좋은 부모가 될 수 있는지 제대로 이해할 수 없다. 아이가 아플 때 의사를 부르고, 첫 등교일에 가져갈 것을 미리 준비해 주며, 뒤뜰에서 캐치볼 놀이를 함께 해주고, 상처를 감싸 주고, 화를 풀어 주는 등의 일상적인 행동을 수천 번 반복한 후에야 우리는 그 역할의 의미를 터득하게 된다. 영적인 부모도 마찬가지다. 그러나 최후의 순간에는 "나를 위하여 자기 목숨을 잃는 자는 얻으리라"(마 10:39)라고 한 예수님의 예측이 사실이었음이 밝혀질 것이다. 이미 자기를 내어놓고 낮아진 자가 하늘로 들리워지지 않았는가!

한때 자동차 점검 스티커 뒤에 이런 문구가 적혀 있었다. '안전 운전 – 당신이 지킨 생명은
당신의 생명입니다.' 인간의 지혜를 아주 간결하게 표현한 말이다. 하지만 하나님은
그와 상반된 말씀을 하신다. '생명을 지키고자 하면 잃을 것이다.'
곧 우리가 우리 생명을 꽉 부여잡고 잘 간직하며 보호하면, 그 생명은 결국
당신 자신을 비롯한 모든 사람들에게 별로 가치 없는 것이 될 것이지만,
사랑을 위해 생명을 기꺼이 내버린다면 그 생명은 가치 있는 것이 될 거라는 말이다.
이 사실을 분명하게 가르쳐 주기 위해 하나님은 자기 생명을
값없이 내어 주는 한 사람을 보여 주셨다. 얼마나 값없이 내어 주었던지 그는
은행 계좌에 땡전 한 푼 받아가지도 않고 제대로 된 친구 한 명 없이 전국적인 망신거리가 된 채
죽음을 맞았다. 인간의 지혜에 비추어 볼 때, 그는 완전히 바보다.
하지만 그와 똑같은 바보가 되지 않고 그를 따라갈 수 있다고 생각하는 사람은 십자가 아래가 아닌,
착각 아래서 쓸데없는 수고를 하고 있는 셈이다.[10]
_프레드릭 뷰크너

6부
회복: 관계의 종착지

20. 실낙원
21. 하나님의 역설
22. 중매 결혼
23. 성 금요일의 열매

20. 실낙원

> 갓난아이 때부터 무덤에 이를 때까지 모든 인간이
> 마음 가장 깊은 곳에서부터 결코 포기하지 않고 기대하는 한 가지가 있으니,
> 그것은 그 모든 범죄의 경험과 고통에도 불구하고,
> 결국 악이 아닌 선이 승리하는 것을 보게 될 것이라는 기대다.…
> 이 기대야말로 인간 안에 있는 것들 중 가장 신성한 요소다.
> _시몬느 베이유

클린턴이 첫 번째로 대통령에 당선되던 날, 나는 낙원으로 이사했다. 아내와 함께 부재자 투표를 마치고 나온 터라, 동그랗고 작은 종잇조각들이 좌석에 묻은(미국의 선거 방식 중 펀치 카드 투표 방식이 있는데 이때 지지하는 후보자 이름 옆에 구멍을 뚫고 남은 작은 종잇조각이 옷에 딸려 나온 듯하다-역주) 도요타 차에 트레일러를 달고 우리는 아이오와 주와 네브래스카 주를 거쳐 콜로라도의 새 집을 향해 달렸다. 그리고 우리는 그 다음날 황혼이 드리울 무렵 목적지에 도착해 끙끙대며 가파른 진입로를 올라 매트리스와 컴퓨터, 식기 두 세트, 몇 가지 가정 용품 등, 이삿짐 트럭이 도착하기 전까지 생활에 필요한 몇 가지 필수품을 차에서 내렸다. 다음날 아침 잠에서 깨어나 보니 새로 내린 눈으로 뒤덮인 폰데로사 소나무와 아침 햇살을 받아 옅은 분홍빛으로 은은히 빛나는 산이 눈에 들어왔다. 낙원이 따로 없었다.

그 후 몇 주간 나는 책과 사무실을 정리하고 시카고에서 쓰기 시작한 책을 계속 써내려 갔다. 그런데 창문 밖 풍경이 시카고와는 너무나 달랐다. 시카고에

서는 작은 창문이 달린 지하방에서 글 쓰는 작업을 했던 터라 지나다니는 사람들의 발만 겨우 볼 수 있었고, 접할 수 있는 야생 동물이라고는 비둘기와 다람쥐 그리고 항상 우리 집 앞에 배설물을 남기고 가 청소하느라 골머리를 썩게 했던 이웃집 강아지가 전부였다. 그런데 콜로라도에서는 거의 매일 뮬사슴과 붉은여우를 볼 수 있었고, 온갖 새들이 이국적인 풍경을 연출해 얼마 안 가 나는 조류 관찰자가 될 정도였다. 어느 날 아침 이상한 소리가 들려 벌떡 일어나 속옷 차림으로 급히 나가보니 거대한 엘크 한 마리가 소리를 내어 60여 마리의 암컷들을 모으고 있었고, 어느 날 밤에는 산을 배회하는 퓨마의 기괴한 울음소리도 들을 수 있었다.

계절이 바뀔 때마다 색다른 즐거움이 기다리고 있었다. 겨울에는 뒤뜰의 눈 위를 걸으며 동물 발자국을 찾아다녔고, 발자국이 보이면 그 행로를 추적해 바위나 나무 틈에 있는 그들의 집을 찾아내기도 했다. 봄과 여름에는 언덕 위에 온갖 들꽃이 화사하게 피어 실잔대와 좁은잎해란초, 참매발톱꽃, 인디언붓꽃, 희귀한 칼립소난초를 볼 수 있었고, 가을이 되면 작은 동물들은 겨울을 대비해 먹이를 모으느라 분주히 움직였고, 기울어 가는 태양 빛을 받은 사시나무는 황금색으로 빛났다.

그런데 우리는 얼마 지나지 않아 낙원의 이면을 발견하고야 말았다. 친구의 결혼식이 있어 와이오밍에 잠시 다녀오니, 집 벽에 열다섯 개의 구멍이 나 있는 것이 아닌가! 어떤 것은 주먹이 들어갈 정도로 컸다. 구멍들은 주로 목재나 절연체, 건식 벽체에 나 있어, 집 안에 서서 내다보면 하늘이 보일 정도였다. 이웃 사람들에게 물어보니 그들은 평소와 크게 다른 점은 없었으나, 다만 망치 소리가 들려와 우리가 마루를 만들고 있는 줄 알았다고 말해 주었다. 그리고 다음날 새벽 5시, 드디어 수수께끼가 풀렸다. 우리 집을 마구 두드리고 있는 딱따구리(좀더 정확하게 말하면 '쇠부리 딱따구리')가 범인이었다.

이사 후 처음 맞은 봄에 우리는 땅을 갈아엎어 비료를 뿌리고 정성스럽게 물을 주어 작은 사시나무 숲을 만들어 놓았는데, 얼마 지나지 않아 엘크 떼가 우리 집 차도에서 잠을 자고 일어나 한참 잘 자라고 있던 그 어린 사시나무 가지들을 아침식사 대용으로 뜯어 먹어 버린 사건도 있었다.

다람쥐는 굴뚝과 하수도관을 타고 내려왔고, 너구리는 지붕을 갈기갈기 찢어 놓았으며, 얼룩다람쥐는 우리가 심어 놓은 꽃들로 잔치를 벌였고, 두더지와 땅다람쥐는 그 아래 뿌리를 망가뜨리는 임무를 맡아 성실하게 수행했다. 낙원의 한구석에 나머지 세계와 똑같이 흠집 난 부분이 있었던 것이다. 나는 인부들이 숲 속에 우리 집을 짓기 시작할 때, 동물들이 모여 회의하는 장면을 상상해 보았다. '이봐, 인간들이 몰려오고 있어! 다람쥐랑 너구리, 너희는 지붕을 맡아. 딱따구리, 너는 그 집의 벽을 책임져. 자, 이제 그 집의 식물들이 남았으니 각자 담당 구역을 나눠 보자고…'

그러나 나는 이 콜로라도에서 우주적인 이야기를 발견했다. '세상은 좋은(선한) 곳이다. 세상은 타락했다. 세상은 구속될 수 있다.' 첫 번째 교훈은 이곳에 이사 오자마자 창밖을 내다본 순간에 깨달은 내용이었다. 그리고 낙원의 식구들이 인간의 주거지를 대항해 음모를 꾸미는 것을 보면서 서서히 두 번째 교훈을 깨달아 갔다. 하지만 그것을 깨달은 순간부터 나는 주변 환경을 구속하는 일을 시작했다. 딱따구리를 겁주기 위해 고무 뱀과 도자기로 만든 부엉이, 쓰레기 비닐 봉지를 매달아 놓고, 굴뚝을 막아 다람쥐의 출입을 봉쇄했으며, 두더지와 땅다람쥐를 잡으려고 덫을 놓고, 사슴이 싫어하는 냄새들을 꽃과 채소와 나무에 뿌려놓았다(하지만 이 냄새 전략은 별다른 효과를 거두지 못했다).

'선함, 타락, 구속'이라는 이 과정은 지구상의 모든 만물들에 적용된다. 가정과 교회, 경제, 정부, 기업 등 인간의 손길이 닿는 모든 영역은 본래의 선함에서 흘러나오는 좋은 향기와 타락에서 비롯된 악취를 함께 내뿜으면서, 오랜 시간

느리게 진행되는 구속의 역사를 바라고 있다. 그것이 바로 성경의 '줄거리'이며, 모든 역사의 줄거리다.

※

세상은 좋은(선한) 곳이다. 하나님보다 더 이 주장을 당당하게 말할 수 있는 권한을 가진 이는 없을 것이다. 창세기 1장은 창조 행위가 하나씩 끝날 때마다 "하나님의 보시기에 좋았더라"라는 희망적인 문구를 반복해서 덧붙이고 있다. 모든 창조 사역을 마치신 후의 상황에 대해서도 창세기 기자는 "하나님이 지으신 모든 것을 보시니 보시기에 심히 좋았[다]"(창 1:31)라는 말로 마무리 짓는다.

지금 이 순간 로키 산맥 자락에 위치한 통유리 방이라는 멋진 공간에 앉아 뒤뜰에서 부드럽게 연주되는 자연의 음악 소리를 듣고 있자니, 창조된 세상을 보시고 심히 좋다고 하신 그분의 말씀이 절로 이해된다. 한 시간 전만 해도 멋진 코트를 걸친 붉은여우가 나무 위에 앉아 화가 난 듯 깩깩거리는 검은 애버트 다람쥐를 슬쩍 쳐다보며 지나갔고, 상록수 위에 앉아 있는 새들은 잠시 새 모이통에 갔다가 다시 나뭇가지 위로 돌아와 그 씨앗을 쪼고 있다. 나는 시편을 펴고 이와 비슷한 자연의 아름다움을 묘사한 찬양들을 찾아, 그 기자들이 품었던 경탄의 마음을 반추해 보기도 한다.

지난주에는 시카고에 갔다가 모차르트와 안톤 브루크너의 작품을 연주한 오케스트라 음악회에 참석했다. 이탈리아인 소프라노와 독일인 메조소프라노 그리고 네덜란드인 테너와 아이슬란드인 바리톤의 협연이었다. 지휘는 아르헨티나계 유대인 다니엘 바렌보임이 맡아 독창자들로부터 멋진 화음을 이끌어 냈고, 시카고 심포니 오케스트라의 연주와 합창단의 목소리는 그 독창자들의 음성을 아름답게 뒷받침해 주었다. 그들은 라틴어로 높은 곳에 계신 하나님께 영광을 돌리는 노래를 했고, 하늘에서 내려와 세상 죄를 없애 주신 하나님의 어린양께도 찬양을 올려드렸다. 이 음악가들이 노래하고 연주할 때 나는 마치 하늘 문이 활짝 열리는 듯한 느낌을 받았다. 우아하게 장식된 연주회장에 앉아 수세기 동안 작곡가들과 연주자들에게 영감을 불어넣어 준 위대한 테마를 클래식 버전과 낭만파 버전으로 구현한 음악을 듣는 그 순간에도, 나는 이 세상이 '심히 좋았다'는 말을 아무 문제없이 받아들일 수 있었다.

하지만 연주회장을 나선 지 10초 만에 늘 내 안에 잠복해 있던 의심이 되살아났다. 걸인들이, 음악회에 다닐 정도로 부유한 사람들에게 돈을 얻으려고 길가에 줄지어 서 있었던 것이다. 지난밤에 내린 눈이 녹아 땅바닥은 회갈색 진창으로 변해 있었고, 택시 기사들은 경적을 울리고 성난 손짓을 휘두르며 서로 좋은 자리를 차지하려고 밀고 들어왔다. 현실로 돌아온 것이다. 만약 내가 그 자리에서 '거룩, 거룩, 거룩, 능력과 권능의 하나님'이라고 노래라도 했다면, 당장 시카고 경찰들이 와서 나를 체포해 취조했을 것이다.

이 세상이 본래 가지고 있던 선함을 망쳐 놓은 것은 다름 아닌 인간의 악행임을 우리는 기억해야 한다. 그 시카고 사람들이 노숙자가 된 것은 자원이 부족해서가 아니라 사람들의 동정심이 부족했기 때문이다. 마찬가지로 자연은 지구상의 모든 사람들이 충분히 먹고도 남을 양식을 만들어 내지만, 탐욕과 불의의 결과로 수없이 많은 사람들이 굶어 죽어가고 있다.

아우구스티누스 이후 기독교 신학은 우리가 악하다고 부르는 것들이, 실은 선한 것들이 왜곡된 결과로 나타난 것이라고 주장해 왔다. 거짓이 진실을 가리고, 성적인 음란함이 육체적 사랑의 아름다움을 훼손시키며, 폭식이 음식의 가치를 왜곡시킨다. 선에 들러붙어 살아가는 기생충 같은 악은 새로운 무언가를 만들어 낼 능력은 전혀 없다. C. S. 루이스의 작품 속 스크루테이프도 그 사실을 분명하게 인지하고 있었다. "기쁨은 그의 창조물이지 우리의 것은 아니야. 그가 기쁨을 만들었어. 우리도 연구를 많이 하긴 했지만 지금까지 단 하나의

기쁨도 만들어 내지 못했지."¹

물론 이 세상에 있는 모든 것들이 좋아 **보이지는** 않는다. 하지만 나는 겉으로 보이는 부정적인 것들 너머에 존재하는 근원적인 선을 바라보는 법을 배우고 있다. 그리고 그 배움의 과정은 인간의 신체를 올바로 이해하는 단계에서부터 시작되었다. 세 권의 책을 공동 집필한 폴 브랜드 박사를 통해 나는 일반적으로 우리 몸의 적으로 인식되는 현상들에 '친숙해지는' 법을 배웠다. 즉, 물집과 굳은살, 종기, 열, 재채기, 기침, 구토, 특히 통증 등 우리가 싫어하고 혐오하는 신체의 여러 현상들은 우리 몸이 스스로를 보호하고 있다는 표지였다. 이는 치료 과정에서 결정적으로 필요한 단계로서, 이런 경고의 징후가 나타나지 않으면 우리는 매우 큰 위험을 안고 살 수밖에 없다.

감정적인 고통의 이면에도 선한 요소들이 들어 있다. 두려움에는 어떤 선한 요소가 있을까? 무모하게 행동하려는 나를 자제시켜 주는 두려움이라는 안전장치 없이 산을 오르거나 스키를 타고 활강해 내려오는 것을 상상해 보라. 또 타락하기 전 아담도 느꼈던 고통인, 외로움 없는 세상도 생각해 보라. 이 외로움이라는 태생적 감정 없이 우정이나 사랑이 존재할 수 있었을까? 이 감정이 늘 우리를 자극하기에 우리 모두는 은둔자가 되지 않고 살아갈 수 있는 것이 아닐까? 우리가 다른 사람들에게 가까이 다가가는 순간들에는 늘 외로움의 힘이 작용한다.

부정적인 감정들도 제대로 사용하기만 하면 긍정적인 가치를 발휘한다. 정신과 의사, 제럴드 메이(Gerald May)는 이런 말을 했다. "현실 세계에서 우리의 부족함은 무엇보다 소중한 선물이다. 그것으로부터 우리의 열정과 창의력과 하나님을 찾고자 하는 의지가 나오기 때문이다. 가장 뛰어난 삶의 요소들은 **우리의 인간적인 갈망, 즉 우리의 불만족한 상태에서 비롯된다.**"² 우리에게 가장 고통스러운 순간은 누군가를 가장 사랑하는 순간이고, 우리가 죽음을 두려워하는 것은 계속해서 살고 싶기 때문이다.

    나는 악의 잔여물을 비롯한 이 세상 모든 것에 깃들어 있는 선을 인식하는 연습을 꾸준히 하고 있다. 아내와의 의견 충돌, 마음을 쓰라리게 하는 친구의 오해, 책임을 다하지 못한 일에 대한 뼈저린 죄책감 같은 나쁜 일을 만날 때마다 나는 육체의 고통이 변화가 필요한 문제에 주의를 기울이라는 경고 신호인 것처럼 이 마음의 고통도 그렇게 바라보려고 애쓴다. 고통 그 자체에 대해 감사한다기 보다는, 악하게만 보이는 것에서 선한 것을 찾으려고 노력하는 것으로 그 고통에 반응할 수 있게 해주신 것에 감사하려고 애쓰는 것이다.

✦

세상은 타락했다. 영화 "그랜드 캐니언"(Grand Canyon)에는 아우구스티누스의 글에서 따온 것 같은 대사로 이 세상의 타락상을 정확하게 표현하는 한 장면이 나온다. 대니 글로버(Danny Glover)가 배역을 맡은 견인차 운전수는 겁에 질린 자동차 운전자를 구해 주려다 악당 다섯 명의 위협을 받고는 이렇게 말한다. "이봐, 세상은 이렇게 돌아가라고 생긴 게 아니야. 자네들은 모르겠지만, 세상은 원래 이렇게 돌아가는 게 아니었단 말이지. 원래 나는 자네들에게 애걸하는 일 없이 내 일을 할 수 있어야 했어. 저 친구도 자네들의 습격을 받지 않고 그냥 차 안에 앉아 구조를 기다렸어야 했고 말이야. 모든 게 지금 여기서 일어난 것과는 달리 진행됐어야 하는 거였다고."

    인간의 손이 닿는 것은 무엇이든지 결국 잘못되고 만다. 지금보다 낙천적인 전망이 가능했던 시대를 산 그리스도인들은 타락한 세상을 납득하기 위해 노력해야 했다. 하지만 이제는 그럴 필요도 없어졌다. 인간의 본성에 대해 역사상 가장 낙천적인 견해를 갖고 꾸준한 진보를 통해 '새로운 사회주의적 인간'이 도래할 것이라 꿈꿨던 사람들은 완전히 나락으로 떨어졌고, 그들이 낙원으로 그려온 시베리아 툰드라 지대와 중국 평원에는 수억의 시체만이 남아 있다. 한때는 기진맥진한 유럽을 대치할 희망으로 떠올라 반짝거렸던 미국 역시 지금은 전 세계를 폭력과 사회적 무질서로 이끌고 있다.

"이봐, 세상은 이렇게 돌아가라고 생긴 게 아니야"라고 한 견인차 운전수의 말은 기독교의 타락 교리를 잘 요약하고 있다. 정말 선한 하나님이 선한 세상을 창조한 거라면, 뭔가가 잘못된 것이 틀림없다. 사실 성경에서 아담과 하와에게 일어난 일을 묘사할 때는 한 번도 등장하지 않았던 '타락'(Fall)이라는 단어가 오늘날 신학의 중심을 차지하고 있는 것은, 그 단어만큼 이 상황과 어울리는 것이 없기 때문이다. 인류 최초의 부부는 너무 높은 곳까지 올라갔다가 균형을 잃고 딱딱한 바닥으로 쿵 소리를 내며 떨어져버렸다.

그리스 신화에도 비슷한 이야기들이 있다. 프로메테우스라는 남자는 신들에게 속한 불을 훔쳤고, 이카루스라는 소년은 새의 날개를 달고 너무 높이 날아올랐다가 땅으로 떨어지고 말았으며, 판도라라는 여성은 신들의 비밀 상자를 열었다. 이 이야기들 속의 주인공들은 다른 사람들보다 앞서 가다가 훨씬 더 가파른 길로 떨어졌다. 아담과 하와는 그중에서도 최악의 추락을 경험한 인물들로, 그들은 선악을 구분하는 지식을 얻었으나 이로 인해 악을 세상으로 불러들임으로써 하나님이 원래 의도하신대로 살아갈 기회를 잃었다.

오늘날에는 과학 기술이 아담과 하와, 프로메테우스, 이카루스, 판도라 역할을 맡고 있다. 인간은 원자 개념을 통달했으나 이로써 자신들의 존재를 지워 버렸으며, 생명의 신비를 밝히고 있으나 이로 인해 발전하는 것은 태아와 노인의 생명을 빼앗는 기술뿐이다. 뿐만 아니라 유전자 코드를 해독하여 윤리라는 판도라 상자를 열었으며, 대초원 지대를 경작해 건조 지대로 만들고, 우림을 채취해 홍수를 자초했으며, 내부 연소를 동력원으로 활용해 만년설을 녹여 버렸다. 인터넷으로 전 세계와 통할 수 있게 해 놓았으나 이를 통해 가장 많이 다운로 드받는 것은 포르노 관련물이다. 진보가 있는 곳에는 예외 없이 타락이 따른다.

"오염되지 않은 행복을 즐기는 것은 인간에게 허락되지 않은 일이다."[3] 나치 수용소에서 살아 돌아온 프리모 레비(Primo Levi)의 말이다. 정말로 그렇다. 뿐만 아니라 우리는 오염되지 않은 사랑이나 선이 어떤 것인지도 알 수 없다. 아담의 타락으로 지구 전체가 오염되었기 때문이다. 어떤 선택을 하든 그 속에는 그릇된 요소가 들어 있으므로, 최소한의 손실을 입는 쪽을 택하는 것이 우리가 할 수 있는 최선이다.

"그럼에도 불구하고…"(and yet). 그러나 엘리 비젤은 가장 타락한 세상에도 이 두 단어가 적용되어 우리는 본래의 선함을 어렴풋하게나마 감지할 수 있다고 말한다. 화가 빈센트 반 고흐도 동생 테오에게 이런 편지를 썼다. "날이 갈수록 나는 우리가 이 세상을 기준으로 신을 판단하면 안 될 것 같다는 생각이 들어. 이 세상은 제대로 완성되지 못한 습작품 같아. 완성되지도 않은 습작품을 가지고 무얼 할 수 있겠니? 네가 어떤 화가를 좋아한다면, 그를 비난하고 싶은 생각은 별로 들지 않을 거야. 설사 비난거리가 있다 해도 잠자코 있겠지. 물론 더 나은 작품을 요구할 권리는 네게 있지만 말야."[4]

나중에 고흐는 이런 말을 덧붙였다. "이 습작품은 여러 면에서 엉망이 되고 말았어. 하지만 그런 식의 실수를 저지를 수 있는 것은 오로지 명인뿐이야. 그리고 이 사실이 여기서 우리가 얻을 수 있는 최선의 희망이야. 그렇다면 우리도 언젠가는 그 창조의 손이 모든 것을 다시 제대로 회복시키는 것을 볼 수 있을 테니 말이야." 반 고흐에게 있어서 이 세상과 자기 안에 있는 결점과 불완전함은 희망을 위한 자극제였다.

세상은 구속될 수 있다. "인간의 타락은 창조의 끝자락에 너무나 바싹 달라붙어 있어서 타락과 창조가 마치 하나의 사건처럼 보인다는 것은, 기독교계는 물론 모든 사람이 사실로 인정하고 있는 바다." 소설가 매릴린 로빈슨(Marilynne Robinson)은 계속해서 말한다. "성경이 반복적으로 주장하는 주제는 언제나 구원이다. 노아와 그의 가족, 이스라엘 백성과 그리스도로 인해 구원받은 사람들이 그 예다. 완전히 잃어버리기에는 너무나 소중한 남은 자들이 있기에 어떻게든 인류가 생존하게 될 거라는 개념이 언제나 너그럽고 경건한 우리의 소망이 되어 주었다."[5]

나는 조심스럽게 '구속'(redeem)이라는 단어를 선택했다. 이는 오랫동안 평가 절하되어 온 단어이기 때문이다. 노예 문화 속에서 영어 성경을 처음으로 번역했던 사람들이 모든 인간과 만물을 위해 하나님이 준비하신 그것을 가장 강력한 이미지로 표현하기 위해 '구속'이라는 단어를 제시한 것은 더할 나위 없이 적절한 선택이었다. 노예를 자유롭게 풀어 주기 위해 노예를 사는 주인보다 더 하나님의 은혜를 적절히 표현할 수 있는 이미지가 어디 있었겠는가? 하지만 현대에 들어와 우리가 구속해 주는 것은 노예가 아닌 담보 대출금이나 경품권 또는 담보 시계 같은 것들뿐이며('담보 대출금 상환' 등에 해당하는 영어 표현에 'redeem' 동사가 사용된다-역주), 알루미늄 캔과 빈 병을 가득 담은 자루를 들고 찾아가는 곳이 '구속 센터'(redemption center: 우리나라의 '재활용 센터'와 비슷한 의미-역주)다. 단어의 의미가 완전히 축소되어 버린 것이다.

그렇다 해도 이보다 더 적합한 단어를 찾기는 힘들었다. '복원시키다'(restore)와 '되찾다'(reclaim) 또는 '재창조하다'(recreate) 같은 단어들도 하나님이 회복시켜 주시겠다고 약속하신 태초의 선을 암시하고 있긴 했지만, 의미의 층이 다채롭지 못했다. 구속받은 노예는 사실 완전히 '회복'된 것이 아니다. 그의 몸에는 여전히 채찍에 맞은 흉터가 남아 있고, 고향과 가족, 대륙을 등지고 끌려와 쇠사슬에 묶여 인간 주인에게 팔리던 순간 받았던 상처도 그대로 안고 있다. 그러나 바로 그 상처들로 인해, 구속받은 노예들이 얻게 되는 자유는 그가 예전에 느꼈던 자유보다 훨씬 더 많은 의미를 가지게 된다. 즉, 무수한 고난에도 불구하고, 아니 어쩌면 그것 때문에 무언가가 조금씩 나아지고 진보하는 것이다. 성경이 언뜻 비춰 주는 영생의 삶에 대한 묘사를 보면, 지금 우리가 이 땅에서 견딘 것들과 그것에 우리가 어떻게 대응했는지가 새 하늘과 새 땅에서의 삶에도 그대로 반영되어 그 삶의 형태를 결정지으며, 이곳에서의 일들이 그곳에서도 여전히 기억될 것이라는 암시가 들어 있다. 부활하신 예수님도 십자가의 상처를 그대로 가지고 계셨다.

구속의 약속은 옛것을 완전히 가리고 완전히 새롭게 창조해 주겠다는 교체(replacement)의 약속이 아니라, 과거부터 있던 모든 것을 활용하여 변형(transformation)시켜 주겠다는 약속이다. 그때가 되면 우리는 화재 후 복구된 값비싼 유화나 폭격 후 재건된 대성당처럼, 하나님의 디자인 원형이 복원된 것을 보게 될 것이다. 진흙으로 금을 만드는 '현자의 돌'처럼, 구속은 일종의 연금술이다. 결국에는 악이 선을 드러내는 도구의 역할을 하는 것이다.

유대교인들과 그리스도인들은 대체적으로는 이 역사관을 공유하고 있지만, 그들 사이에는 중대한 차이점이 하나 있다. 유대교인들도 그리스도인들과 마찬가지로 세상의 선함과 타락을 받아들이고, 역사란 최초의 형태와 닮아가는 최후를 향해 내달리는 과정이라고 인식한다. 요한계시록에 그려진 구속된 세상의 모습은 히브리 선지자들이 말했던 장면들로 채워져 있으며, 그 끝은 동산과 나무와 강, **샬롬**과 여과되지 않은 하나님의 현존이라는 창세기의 풍경을 그대로 묘사하고 있다. 그러나 유대인들이 수천 년 역사 가운데 혹독한 고통을 당하면서 여전히 메시야의 구속의 약속을 갈망하고 있는 반면, 그리스도인들은 메시야가 이미 오셔서 그 구속의 사역을 (지상의 시간 개념 속에서는 아직 완성되지 않은 상태지만) 실질적으로 성취하고 가셨다고 믿는다.

미국 의회 도서관장이었던 다니엘 부어스틴(Daniel Boorstin)은 「창조자들」(The Creators, 민음사)에서 이런 유대교와 기독교의 세계관을 여타 세계관들과 비교했다. 그는 불교인들은 세상의 시작과 끝에는 거의 관심이 없고, 단지 이 세상의 문제로부터 해탈하기 위해 노력하는 한편, 힌두교도들과 이슬람교도들은 그 모든 것을 달게 받아들인다고 정리했다. 그러면서 부어스틴은 과학과 예술이 유대교와 기독교의 토양에서 자라났다고 주장한다. 자신들이 구속의 역할을 담당해야 한다고 믿은 이들에게서 일그러진 세상에 항거하고자 하는 본능이 생겨났다는 말이다. 시간은 중요하고, 역사도 중요하며, 각 개인도 중요하다. 우리는 어딘가를 향해 나아가고 있다. 구속을 향해 나아가고 있다.

심지어 기독교의 주장을 부정하는 운동들도 기독교의 요소들을 빌려 갔다. 계몽주의는 무지를 넘어서서 새로운 인식을 향해가는 '구속'적 운동을 스스로 약속했고, 낭만주의는 원초적인 순수함을 회복하고자 했으며, 공산주의는 구속의 필요성을 배제한 채 타락한 상태를 뒤바꾸려했다. 여성과 소수자, 장애자, 환경 운동가, 인권 운동가들을 이끄는 도덕적 동력 역시 억압받는 자들과 노예들에 대한 구속을 약속했던 기독교에서 비롯된다.

하지만 기독교의 이야기를 완성하려면 세 가지 요소가 모두 필요하다. 인위적인 연결고리는 모두 끊어 버리라. 오늘날 많은 사람들은 인간이 세상의 중심이라고 주장하면서, 선한 하나님이 이 세상을 창조하셨다는 사실을 부정한다. 그 결과 그들은 선과 악, 가치와 무의미를 구별하는 데 큰 어려움을 겪고 있다. (동물 보호 운동가들은 인간의 가치와 돼지의 가치가 똑같다고 주장한다. 건강한 침팬지가 다운증후군에 걸린 아이보다 더 많은 권리를 가져야 한다고 말한 프린스턴 대학의 유명한 윤리학자도 있다.) 하지만 역설적이게도 앞에서 말한 것처럼 인류의 타락을 부정하고 인간의 잠재력에 대해 장밋빛 그림을 그렸던 낙관주의자들은 역사상 최악의 비극을 초래하고 종말을 고했다. 구속에 대한 희망 없이 살아가는 자들 역시 다음과 같은 맥베스의 역사관을 품고 죽음을 맞을 것이다. "역사는 얼간이가 들려준 이야기일 뿐이야. 소음과 광포로 가득 차 있을 뿐, 별다른 의미는 없어."

그러나 기독교는, 역사가 휘청거리며 멀리 돌아오긴 하지만 결국에는 정답을 향해 나아가고 있다고 주장한다. 우리가 이처럼 기묘한 형태의 실존 속에서 경험하는 이 모든 아름다움과 가치, 의미의 흔적들은, 아직까지 남아 있는 태초의 선한 세계가 남겨 놓은 유물이라 할 수 있다. 그리고 고통과 불안, 잔혹함과 불법으로 인한 찌릿한 통증은 그 선한 세계를 벗어난 타락이 남긴 유물이다. 지금 우리가 사랑과 정의, 평화와 연민을 드러내는 것은 궁극적인 구속을 향한 움직임이 될 것이다. 그때가 되면 우리는 다음과 같은 바울의 말이 무슨 뜻인지 확실히 이해하게 될 것이다. "그 바라는 것은 피조물도 썩어짐의 종 노릇한 데서 해방되어 하나님의 자녀들의 영광의 자유에 이르는 것이니라"(롬 8:21).

작은 그릇에 불과한 인간의 마음속에는 용과 사자들이 우글거린다.
그 속에는 해로운 짐승들과 온갖 악이 들어차 있다. 하지만 거기에는 하나님과 천사들,
생명과 천국, 빛과 사도들, 천국의 도성들과 은혜의 보물들도 있다.
모든 것이 그 안에 들어 있다.6
_마카리우스

21. 하나님의 역설

> 밭의 땅은 삽으로 부수어야 하고, 철은 녹여야 하며,
> 과수원의 나무들은 가지를 쳐야 하고, 밀은 키질을 해야 하며,
> 물레방아를 돌리려면 위쪽에 물을 모아 두어야 한다.
> 인간의 삶도 그와 마찬가지다. 패배하는 순간 보다 적극적으로 노력하게 되며,
> 눈물을 통해 보다 높은 목표가 세워지고, 절망 속에서 희망이 생겨난다.
> 인간이 일어나기 위해 넘어지고, 살기 위해 죽는 것도 그 때문이 아니겠는가?[1]
> _조지 델

산을 오르다 보면 풍경이 계속 변한다. 산을 오르기 전에는 깎아지른 듯한 수백 미터 높이의 화강암 절벽이 앞을 가로막고 있어, 자연스럽게 이런 생각이 든다. '절대 못 올라가.' 하지만 좀더 가까이 다가가면 두 암벽 사이에 좁다란 길이 하나 보이고, 그 길을 따라가다 보면 절대로 오르지 못할 것 같았던 절벽을 쉽사리 올라가게 된다. 지그재그로 난 그 길을 따라 걷다 보면 아래 풍경들도 시시때때로 바뀐다. 처음에는 사시나무 숲을 통과하고, 좀더 올라가면 출발점에서는 보이지 않았던 호수를 사시나무들이 빙 둘러싸고 있다. 그 다음에는 풀이 무성한 계곡 안에 숲과 호수가 포근하게 누워 있고, 여기저기에 호수와 목초지, 여러 종류의 나무 숲도 보인다. 좀더 올라가다 보면, 그 골짜기가 산을 오르는 지름길이었다는 것을 알게 되고, 호수에서 흘러 나온 물이 수백 미터 아래로 흘러가 강물이 되고, 그 강은 또 협곡을 따라 30킬로미터 이상 떨어진 우리 집까지 흘러간다는 것도 알게 된다. 그리고 마침내 산 정상에 이르면 제각각으로 보이던 이 모든 풍경이 하나로 합쳐진다. 그때까

지 어떤 결론을 내리고 있었든, 정상에 도착하기 전에 내린 모든 결론은 잘못된 것이었음이 밝혀지는 것이다.

세상은 선하다. 세상은 타락했다. 세상은 구속될 수 있다. 이 순서가 우주의 이야기라면, 나는 이 렌즈를 통해 세상과 나 자신을 보는 법을 배워야 한다. 믿음이란 이 관점을 받아들이는 능력을 발전시키는 것을 의미한다. 하지만 지나올 때 본 풍경이 어떤 모습이었든지 간에 정상에 이르기 전까지는 전체 내용을 완전히 이해하는 것이 불가능하다. 나는 하나님이 이 지구상에서 행하시고 피조물과 관계 맺으시는 신비한 방식을 나도 앞으로 언젠가는 완전히 이해하는 때가 올 것임을 믿는 연습도 하고 있다.

철학자 니콜라스 레셔(Nicholas Rescher)는 하나님과의 교제를 구식 전화기로 통화하는 것에 비유한다. 갑자기 다른 사람의 통화 내용이 들려오고, 상대방의 소리가 들리지 않게 되고, 그러다가 아예 전화가 뚝 끊긴다. 그런데도 우리는 여전히 소리를 지르고 있다. '여보세요! 여보세요! 내 말 들려요?' 하지만 사도 바울은 하나님을 알아가는 과정에서 겪게 되는 이런 어려움은 일시적인 것일 뿐이라고 말한다. "우리가 지금은 거울로 보는 것같이 희미하나 그때에는 얼굴과 얼굴을 대하여 볼 것이요, 지금은 내가 부분적으로 아나 그때에는 주께서 나를 아신 것같이 내가 온전히 알리라"(고전 13:12). 마침내 하나님이 원래 의도하신 모습대로 만물을 회복시키실 때, 가시적 세계와 비가시적 세계 사이에 자리 잡고 있던 틈은 모두 사라질 것이다. 역사의 목표이자 하나님이 자기 이름을 걸고 약속하신 그 목표는, 그 두 세계를 하나로 합치고 화해시키는 것이다.

나는 창세기 첫 장부터 요한계시록 마지막 장까지 읽어 나가면서, 지구의 역사 속에 면면히 흐르는 두 개의 거대한 물줄기를 발견했다. 첫 번째 물줄기는, 악이 선을 사로잡아 그것을 훼손시킨다는 것이다. 타락 이후 인간은 도덕적으로 중립적인 상태가 아닌, 악한 세력 쪽으로 기울어진 세상에서 살아왔다. 이는 역사책이나 매일 보는 신문이 충분히 증언하고 있는 바다. 폭력과 불법은 전혀 놀라운 소식이 아니다. 우리는 언제나 악이 지배하는 시간을 살아왔기 때문이다.

하지만 하나님은 이에 대항하여 악이 훼손시킨 것을 구속하는 능력의 물줄기를 내려보내 주신다. 지금까지 하나님은 가장 나약해 보이는 보병, 즉 결점 많은 인간들을 택해 당신의 능력을 행사해 오셨다. 이 전략 때문에 하나님이 전투에서 패배하신 것처럼 보이는 때도 종종 있었으나 마지막 최후에는 하나님께서 능력과 영광 가운데 악의 통치를 영원히 종식시키고 승리를 거머쥐실 것이다.

이쪽의 권세가 반대쪽의 권세를 완전히 소멸시키는 날은 반드시 온다. 우리는 이미 예수님의 부활을 통해 그 승리의 날에 대한 명백한 약속을 받았다. 하지만 그날이 오기까지는 날마다 두 권세의 전투를 겪어내야 할 것이다. 그리고 이 두 권세는 매우 미묘하고 눈에 보이지 않게 작용하기에, 나는 늘 선을 훼손시키려 하는 권세와 파괴된 것들을 구속하려 하는 권세가 만든 거대한 역사의 두 물줄기 사이에 사로잡혀 있을 것이다.

하나님의 방식은 '역설적'이다. 아플 때 치료해 주시고, 억울하게 옥에 갇혔을 때 풀어 주시는 등, 보다 직접적인 방식을 쓰신다면 새로운 문제들이 닥쳐도 즉각적으로 해결이 될 것 같은데, 하나님이 이런 방식을 쓰시는 경우는 극히 드물다. 엄청나게 미묘한 기법을 쓰는 작가인 하나님은 위험한 방법으로 줄거리를 진행시키면서, 겉으로는 우회로처럼 보이는 길이 본향에 이르는 통로가 되도록 만들어 놓는다. 바울이 자신의 '육체에 가시'(고후 12:7)를 주신 것에 감사하며, 그것을 통해 하나님의 사역이 방해받는 대신 진보하게 됐다고 고백한 것도 이 때문이었다. 요셉도 자신의 참혹했던 생애를 회고하면서 잔인했던 형들에게 당당히 말했다. "당신들은 나를 해하려 하였으나 하나님은 그것을 선으로 바꾸사 오늘과 같이 많은 백성의 생명을 구원하게 하시려 하셨나니"(창 50:20). 요셉은 자신의 험난한 과거를 부인하지 않았고, 그로 인해 받은 충격과 상처도 지워 버리지 않았다. 다만 지나온 역경이 당시에는 상상조차 할 수 없었던 거대한 목적을 위한 의미 있는 일이었음을 깨달았다. 산 정상에 올라가야 주변의 모든 광경들을 제대로 보고 이해할 수 있는 것처럼 말이다.

주권자 되신 하나님이 선을 만들어 내기 위해 악한 것들을 원재료로 사용하신다는 것은 우리에게 새삼스러운 사실이 아니다. 우리가 금으로 만들어 목에 걸고 다니고, 돌로 조각해 교회당 위에 올려놓는 믿음의 상징인 십자가부터가 본래 로마의 사형 도구를 본떠 만든 것이 아니었던가! 하나님은 예수님을 그 십자가에서 구해 주지 않으셨지만, '역설적으로' 십자가 위에서 일어난 그 예수님의 죽음은 다른 많은 사람들을 구원했다. 악의 세력에서 선한 이들을 구속해 내는 하나님의 능력의 물줄기가 이 성육신 사건 속에 은밀히 흐르고 있다. 하나님은 선으로 악을, 사랑으로 미움을, 부활로 죽음을 극복해 내신다.

최고의 작가 중 한 명인 플래너리 오코너는 "작가들은 언제나 무엇이 이야기를 '작동'하게 만드는지를 궁리하고 있다"라고 말한다.

이야기들이 '작동'하게 만들기 위해 노력했던 그간의 경험을 통해, 나는 이를 위해서는 '전혀 예상치 못한 것이지만 동시에 전적으로 믿을 만한 행동'이 꼭 필요하다는 것을 알게 되었다. 그 행동은 언제나 '은혜'를 베푸는 것과 관련이 되어 있으며, 그 속에서 악마는 주로 의도치 않게 은혜의 도구가 되는 역할을 감당한다. 이것은 내가 의식적으로 이야기 속에 끼워 넣으려 했던 지식이 아니라, 그 이야기들을 통해 나중

에야 발견한 사실이다.²

신앙이 조금씩 자라는 동안, 나 개인의 인생이 보다 큰 이야기에 미약하나마 기여를 하고 있다는 확신도 점차 강해졌다. 나의 이야기 속에는 어린 시절의 고통과 질병과 상처, 빈곤의 시기, 잘못된 선택, 단절된 관계들, 놓쳐버린 기회, 실패에 대한 실망 등 내가 후회하고 억울하게 생각하는 요소들이 모두 다 들어 있다. 이런 실패의 이야기를 하나님이 '의도치 않게 은혜의 도구'로 사용해 전체 이야기를 구속의 방향으로 이끌어나가실 것을 내가 정말로 진심으로 믿을 수 있을까?

테야르 드 샤르댕(Teilhard de Chardin)은 오코너의 비유를 확장시켜 하나님을 예술가에 비유했다.

> 조각하던 돌이나 주조하던 청동에 생긴 흠이나 불순물을 사용해 오히려 더 절묘한 선과 아름다운 분위기를 만들어 내는 예술가처럼, 하나님도 우리가 우리 삶의 필수적인 요소인 부분적인 죽음과 최후의 죽음을 겪도록 방치하시고 이를 변형시켜 보다 나은 계획 안에 통합시키신다. **단, 이 일은 우리가 사랑의 마음으로 그분을 신뢰하는 경우에만 적용된다.** 우리가 회개하기만 한다면 불가피한 질병과 실패, 혹은 의도적인 잘못에 이르기까지 모든 것이 그 변화의 과정 안에 담길 수 있다. 하나님을 찾는 이들이 경험하는 모든 것은 당장 보기에는 선하다고 말할 수 없지만, 결국에는 모든 것이 선해질 수 있다.³

고교 시절 나는 내 체스 실력에 자부심을 갖고 있었다. 나는 학교 체스 동아리에 가입해 점심시간만 되면 다른 괴짜 친구들과 마주앉아 「클래식 킹 폰 오프닝스」(*Classic King Pawn Openings*: 체스 입문자를 위한 교본—역주) 같은 책을 탐독했다. 그런 책들을 읽으면서 여러 기술을 익힌 나는 당시 거의 모든 게임에서 승리했다. 그리고 그 후로는 20년 동안 체스를 두지 않다가 어느 날 시카고에서 고등학생일 때부터 오랫동안 체스 기술을 연마해 온 한 체스 선수를 만났다. 그리고 그와 몇 차례 체스 게임을 하는 동안, 나는 고수를 상대한다는 것이 어떤 것인지 알게 되었다. 내가 고전적인 기술로 공격해 들어가면 그도 고전적인 방법으로 방어했고, 내가 좀더 위험하고 비정통적인 기술로 방향을 바꿔 공격하면 그는 나의 과감한 공격을 역으로 이용해 승리를 거둬 갔다. 그는 심지어 뻔히 실수로 보였던 것까지도 자신에게 유리하게 이용했다. 혹, 무방비 상태로 보이는 말이 눈에 띄어 허겁지겁 공격해 들어가 해치웠다 해도, 나중에 알고 보면 그것은 보다 중요한 목적을 이루기 위해 그가 일부러 그 자리에 미끼로 심어 둔 말이었다. 나는 완전히 자유롭게 내가 원하는 곳으로 말을 옮길 수 있었으나, 결국에는 내 어떤 전략도 그에게는 먹히지 않는다는 사실을 인정하고 물러날 수밖에 없었다. 월등한 기술 앞에 나의 전략은 그의 승리에 일조하는 역할만 했던 것이다.

하나님도 당신의 피조물인 이 우주에 그와 비슷한 방법으로 관여하시는 듯하다. 그분은 창조의 원래 의도에 반역할 수 있는 자유를 우리에게 주셨다. 하지만 '역설적이게도' 우리의 반역 행위조차 그분이 세워 놓으신 회복이라는 최종 목표를 위해 사용된다. 만약 내가 하나님의 이 계획을 받아들인다면(이는 상당한 수준의 신앙이 필요한 일이다), 나는 세상에 일어나는 모든 좋고 나쁜 일들을 지금과는 다른 눈으로 바라보게 될 것이다. 즉, 건강과 재능, 물질 같은 좋은 것들을 하나님이 사용하시도록 바치는 것은 물론, 무능력과 가난, 역기능적인 가정, 실패와 같은 나쁜 요소들도 나를 직접적으로 하나님께로 이끄는 도구로 '구속'될 수 있다고 인식하게 되는 것이다.

"내가 궁핍하므로 말하는 것이 아니라 어떠한 형편에든지 나는 자족하기를 배웠노니"(빌 4:11). 바울이 감옥에서 쓴 편지 내용이다. 당연히 그도 괴로움보다는 평안함을, 약한 것보다는 건강한 것을 더 좋아했을 것이다(바울도 '육체의 가시'를 제거해 달라고 기도했다). 그러나 바울은 자신이 처한 좋은 상황과 나쁜 상황 모두를 하나님이 당신의 뜻을 이루기 위해 사용하실 수 있다고 확신했다.

이 같은 논의를 두고 회의론자들은, 내가 미리 결론을 내려놓은 후 그에 적합한 증거들을 거꾸로 찾아나가는 노골적인 합리화 방식을 취하고 있다고 비난할 것이다. 정확한 지적이다. 그리스도인은 선하신 하나님이 원래의 의도대로 피조물들을 회복시키실 것이라는 결론에서 모든 논의를 시작하며, 모든 역사가 그 결과를 향해 나아가고 있다고 본다. 체스 고수와 아마추어가 대결하는 경우, 경기 도중 판의 형세가 어떠했든지 승리는 언제나 고수의 것이다.

※

성경은 의도된 결과를 위해 나쁜 사건들을 이용하시는 하나님의 '역설적인' 방법이 끊임없이 변주되는 경연장과도 같다. 예를 들어, 성경의 4분의 3은 하나님과 이스라엘 사이의 언약이 말도 안 되게 어긋나는 순간들의 이야기를 담고 있다. 구약 성경은 모든 이방인들에게 빛이 비춰리라는 꿈을 제시했으나 바로 그 이방 군대가 이 빛이 담긴 선택된 그릇인 이스라엘을 전멸시키는 것으로 끝이 난다. 그 꿈은 완전히 사그라진 듯 보였다. 하지만 사도 바울이 자기 민족의 역사를 회고하며 서술한 것처럼, 실패로 보였던 바로 그 순간에 아주 중대한 진전이 이루어졌다. 이스라엘의 거부가 없었더라면, 기독교 교회는 메시야를 신봉하는 유대교 소수 분파에만 남아 있었겠지만, 그들의 거부로 인해 복음은 전 세계로 퍼져나갈 수 있었다.

바울은 그의 선교 사역을 진척시키기 위해서라면 좋은 것과 나쁜 것, 중립적인 것을 가리지 않고 모두 다 사용했다. 바울은 카이사르 황제가 식민지 백성들을 보다 쉽게 통치하려고 만들었던 로마의 길을 통해 로마 제국 전체에 하나님의 사랑에 대한 메시지를 전파했다. 또한 예수님을 비롯해 대부분의 제자들이 로마 법정에 의해 죽음을 당했고, 나중에 바울 자신도 결국은 그 손에 죽게 될 터인데도, 목숨이 위태로운 때에 그는 그 법정에 신변 보호를 요청했다. 하나님의 역설적인 방식이 또 한 번 힘을 발휘한 것이다. "너희 근심이 도리어 기쁨이 되리라"(요 16:20)라고 하셨던 약속 그대로 예수님은 죽음을 통해 세상을 구원했다. 초기 순교자들의 죽음으로 인해 교회의 성장은 가속화되었다. 테르툴리아누스는 이 사실을 "순교자들의 피가 기독교의 씨앗"이라는 말로 요약했다.[4] 그 이후로도 믿음을 제거하려는 온갖 시도들은 역설적인 방식으로 엄청난 믿음의 진보를 가져왔다.

하나님의 역설을 알면 기독교 신앙에 내재된 깊은 역설을 이해하는 데 도움이 된다. 팔복을 가르치실 때 예수님은 가난한 자들과 핍박받는 자들과 애통하는 자들에게 "복이 있다"라고 말씀하시며, 고통과 가난을 좋은 것으로 소개하셨다. 그런데 한편으로는 가난한 자들을 구제하고, 불의에 항거하며, 고통 받는 이들을 위로하라고 명령하셨다. 서로 모순되지 않는가? 가난한 자들과 핍박받는 자들이 복 받은 이들이라면, 교회는 오히려 가난과 고통을 **증가**시키기 위해 노력해야 하는 것 아닐까?

앞서 설명했던 '선, 타락, 구속'의 이야기를 이해할 때에만 우리는 이 역설을 설명할 수 있다. 태초에 우리에게 선한 세상을 주신 하나님은 우리가 이 세상에서 나오는 열매들을 다 누리기를 원하신다. '평강의 하나님'은 우리가 말 그대로 평강을 누리며 살기를 바라시는 것이다. 하지만 우리 인간은 죄악과 불법으로 가득 찬 타락한 세상에 살고 있기 때문에, 많은 사람들이 빈곤과 고통의 환경 속에 처한다. 그렇지만 하나님은 그처럼 의도치 않은 환경마저도 당신의 목적을 위해 사용하신다. 악한 것을 비틀어 좋은 것을 이끌어 내시는 것이다.

테레사 수녀도 주장했듯 가난한 나라가 영적으로 부유하고, 부유한 나라가 영적으로 가난한 경우가 많다. 그녀와 '사랑의선교회' 사람들은 다른 이들을 구제하기 위해 개인적인 고통을 자발적으로 받아들이는 구속의 길을 택했다.

은혜의 기적만 일어난다면, 개인의 실패와 잘못도 하나님이 쓰시는 도구가 될 수 있다. 많은 사람들이 중독을 포함한 끈질긴 유혹의 상처로 인해 오히려 절망 가운데서 하나님께로 돌아설 수 있었다고 고백하고 있다. 그 상처가 새로운 창조의 출발점이 된 것이다. 폴 투르니에는 그 과정을 다음과 같이 요약한다.

> 이 세상에서 가장 놀라운 일은 우리가 성취하는 선이 아니라, 그 선이 우리가 행하는 악에서 비롯될 수 있다는 사실이다. 예를 들어, 나는 수많은 사람들이 자신이 별로 좋아하지 않는 사람들의 영향을 받아 하나님께로 돌아왔다는 사실을 알고 놀란 적이 있다.…우리들의 소명은 악으로부터 선을 구축하는 것이다. 선으로부터 선을 이끌어 내려면, 원자재가 턱없이 부족할 테니 말이다.[5]

투르니에 역시 애초부터 악을 행하지 않은 사람을 선호한 듯 보이나, 이 타락한 세상에서 우리는 결코 그런 사람을 만나볼 수 없다. 그러니 이런 세계 속에서는 역설의 방법이 최선이다. 그 경우라면 원자재가 고갈되는 일은 결코 발생하지 않을 것이다.

'왜 선한 사람들에게 나쁜 일이 일어나는가?' 나는 이 오래된 질문의 언저리를 계속 맴돌고 있다. 왜냐하면 이 질문이 하나님과의 관계에 대해 다른 어떤 질문들보다 더 큰 혼란을 몰고 오며, 심지어 하나님을 배반하고 싶다는 생각마저 들게 하기 때문이다. 어떻게 그처럼 악한 일이 일어나도록 허용하시는 하나님을 사랑의 하나님으로 믿을 수 있을까? 이 땅 위에서 일어나는 그 수많은 비극들이 다 하나님의 뜻에 따라 일어난 것일까? 왜 하나님은 '역설적인' 방법을 사용하셔야만 했는가? 처음부터 비극이 일어나는 것을 막아 주었으면 될 것 아닌가?

영국의 레슬리 웨더헤드(Leslie Weatherhead) 주교는 주권자이신 하나님과 피조물 사이의 상호 관계에는 적어도 세 가지의 '뜻'이 포함되어 있다고 말하며, '하나님의 뜻'이라는 말에 담긴 여러 의미를 구분하는 유용한 방법을 알려 주었다.[6] 첫째, 하나님의 뜻이라는 말에는 '의도적인 뜻'이라는 의미가 담겨 있다. 완벽한 선의 세계를 기술한 창세기의 처음 두 장과 이와 비슷한 장면으로 끝나는 요한계시록의 마지막 부분을 통해 우리는 이 하나님의 '의도하신' 바가 무엇인지 알 수 있다. 즉, 하나님은 인간이 즐겁고 풍요로운 환경 속에서 건강하게 타인과 어울려 살기를 원하신다. 빈곤과 외로움, 증오, 고통, 질병, 폭력, 배고픔 등 그 밖의 요소들은 창조 시 하나님이 품으셨던 의도적인 뜻에 반하는 것들이다.

그런데 타락이 지구의 운행 법칙을 바꿔 놓았다. 악한 세력이 거둔 결정적인 승리에 뒤이어 무수히 많은 악한 일들이 지구상에 일어났다. 이때 하나님은 악해질 대로 악해진 이 땅의 상황에 적합한 '정황적인 뜻'을 품으셨다. 이 땅에 깃들어 있던 본래의 선함이 죄로 훼손되었기 때문에, 하나님은 그 대신 악에서 선을 끌어오기 시작하셨다. 수많은 것들이 하나님의 본래 계획에 저항하고 있으며, 이로 인해 하나님은 매우 슬퍼하고 계신다. 하나님이 요셉과 다니엘과 예레미야 그리고 바울과 그 외의 여러 사람들이 옥에 갇히는 것을 '뜻'하셨을까? 그것은 결코 하나님의 '의도적인 뜻'은 아니었다. 그들이 감옥에서 일정한 시간을 보낸 것은 질투심에 불타는 형들과 전제 군주, 위협적인 종교 지도자들 같은 악한 상황들이 야기한 결과였다.

그럼에도 불구하고 이들이 하나님에 대한 신뢰를 끝까지 저버리지 않자, 그 악한 상황 속에서도 하나님의 계획은 각기 다른 방식으로 진행될 수 있었다. 요셉은 결국 승리하여 권력자가 되었고, 다니엘은 초자연적인 구원을 경험했으며, 예레미야는 '눈물의 선지자'로서 영원한 증언들을 남겼고, 바울은 감옥 안에서 거의 모든 자신의 신학 체계를 수립했다. 웨더헤드는 이들 삶의 마지막이 공통적으로 보여 주는 모형을 하나님의 '궁극적인 뜻'이라 불렀다. 당신을 신뢰하는 자들에게 하나님은 어떤 상황이 닥치든 그것을 당신의 궁극적인 뜻을 이루는 데 사용하겠다고 약속하신다.

등반 사고로 아들 에릭을 잃은 기독교 철학자 니콜라스 월터스토프(Nicholas Wolterstorff)는 하나님의 뜻에 내포된 가닥들을 가지런히 모으는 작업을 진행했다. 그는 「나는 사랑하는 사람을 잃었습니다」(*Lament for a Son*, 좋은씨앗)에서 이렇게 질문한다. "하나님이라는 광채는 소중히 여기면서, 어떻게 그 광채가 초래하는 결과는 거부하려 할 수 있단 말인가? 하나님이 산을 흔드신 것이 **나**를 지금보다 더 나은 사람으로 만들기 위한 것이라는 생각은 터무니없는 것으로 치부하면서, 어떻게 나의 고통은 축복으로 받아들일 수 있다는 말인가?" 그 책 속에는 답보다는 질문이 더 많이 들어 있는데, 우리 역시 이 제한적인 관점만으로는 죽을 때까지 답할 수 없는 질문들을 안고 살아갈 것이다. 그럼에도 불구하고 월터스토프는 다음과 같은 사실을 인식함으로써 험난한 바위 산에서 신뢰의 좁은 길을 발견할 수 있었다. "우리가 고통을 받을 때 우리와 함께 신음하시는 하나님은 우리의 낙심과 무정함을 구속하려 하실 때 인위적인 강력한 펀치를 날리는 방법을 취하지 않으셨다. 대신 사랑하는 당신의 아들을 보내어 **우리처럼** 고통받게 하셨고, 그 아들의 고통 덕분에 우리는 고통과 죄악에서 구원을 받을 수 있었다. 하나님은 우리의 고통을 설명하는 대신, 함께 고통을 당해 주신 것이다."[7] 하나님은 당신의 독생자가 역설적인 구속의 방법을 통해 궁극적인 승리를 거둘 것을 처음부터 알고 계셨다.

이번 장 초두에서 예로 들었던 등산 이야기와 비슷하게, 레슬리 웨더헤드는 산에서 아래로 흘러가는 계곡을 상상해 보라고 말한다. 둑을 쌓으면 일시적으로는 그 계곡물이 아래로 흘러가는 것을 막을 수 있겠지만, 그것도 오래 버틸 수는 없다. 중력의 법칙에 따라 물은 높은 곳에서 낮은 곳으로 흘러내린다. 마찬가지로 하나님의 궁극적인 뜻 역시 결코 좌절되지 않는다. 인간의 역사가 진행되는 동안 악의 세력은 이 하나님의 뜻을 막아 보려고 온갖 방해물을 설치해 보지만, 결국에는 모두 무너지고 만다. 그날에 하나님은 자신의 가족들을 되찾고, 이 땅도 태초의 상태와 닮은 곳이 되도록 회복시키실 것이다.

하나님은 지금도 우리가 이 땅에서 위험한 길을 가도록 내버려 두고 계신다. 건물이 붕괴되고, 지각이 흔들리며, 바이러스가 증가하고, 악한 사람들이 폭력을 행사한다. 우리가 알고 있는 하나님의 성격에 따르면, 이러한 일들은 결코 그분의 '의도적인 뜻'이 아니다. 또한 하나님의 약속을 믿는 자라면, 이 일들이 하나님의 '궁극적인 뜻'에 따른 결과도 아니라는 것을 잘 알 것이다. 그런데도 우리가 이 땅에서 살아가는 동안에는 악한 일들이 필연적으로 계속해서 일어날 것이다.

창조 때에 하나님은 물질을 통해 역사하셨지만, 구속의 과정에서는 사람, 즉 우리를 통해 역사하신다. 비극적인 상황을 만났을 때 우리가 취할 수 있는 태도는 두 가지다. 하나님을 비난하면서 등을 돌릴 수도 있고, 하나님이 악한 것으로부터 선한 것을 이끌어 내심을 믿고 신뢰를 지킬 수도 있다. 첫 번째 것은 과거에 초점을 맞춘 채 미래를 바라보지 않는 태도이고, 두 번째 태도는 미래의 가능성들을 열어 놓고, 예술가이신 하나님이 우리에게 일어나는 모든 일들을 원자재로 사용해 새로운 이야기들을 만들어 주실 것을 기다리는 모습이다. 그리고 그 새로운 이야기는 비극이나 실패 없이는 나올 수 없는, 오히려 그런 요소가 있기에 보다 풍부해지는 구속의 이야기다.

이 짧은 인생살이 속에서 우리는 매순간 슬픔과 기쁨이 교차하는 것을 느낀다. 슬픔이 우리 생활의 모든 순간을 뒤덮을 때는 있지만, 기쁨을 그만큼 명확하게 느끼는 순간은 없는 것만 같다. 존재의 가장 행복한 순간에조차 우리는 슬픔의 기운을 느낀다. 만족스러운 순간에도 우리는 스스로의 한계를 감지하며, 엄청난 성공을 거두고도 질투의 두려움은 여전하다. 모든 미소 뒤에는 눈물이 있고, 누군가를 꼭 끌어안고 있는 순간에도 우리는 외로움을 느낀다. 모든 우정에는 일정한 거리가 있으며, 모든 형태의 빛 속에서도 우리는 그 주위를 둘러싼 어두움을 인식한다.…하지만 이처럼 모든 생의 순간에 죽음을 감지하는 익숙한 경험들로 인해 우리는 실존의 한계를 너머선 세계에 관심을 가지게 된다. 이로써 우리는 어느 누구도 빼앗아갈 수 없는 완전한 기쁨으로 마음이 충만하게 될 그날을 기대하는 것이다.[8]
_헨리 나우웬

22. 중매 결혼

> 가치 있는 모든 일, 심지어 모든 즐거움 속에는 반드시 극복하고 넘어가야 할 고통과 지루함의 순간들이 있다. 이를 극복해야만 우리는 다시금 그 즐거움을 누릴 수 있다. 먼저 죽음의 공포를 느낀 다음에야 전투의 기쁨을 누리게 되며, 지루함을 충분히 견뎌야지만 베르길리우스의 작품을 읽는 기쁨을 알게 된다. 또한 살을 에는 듯한 차가움을 느낀 후에야 해수욕의 묘미를 알 수 있고, 신혼 여행에서의 실패를 경험해야 성공적인 결혼 생활이 뒤따라온다.1
> _G. K. 체스터턴

대중 음악을 틀어 주는 라디오 방송을 듣거나 음악 전문 텔레비전 채널을 보면서 로맨틱한 사랑을 주제로 다루지 **않은** 노래가 한 곡이라도 있는지 한 번 찾아보기 바란다. 드라마 중에도 열정적인 로맨스가 빠진 것을 본 적이 있는가? 세계의 다른 지역에 가 보기 전까지만 해도 나는 '남자를 잡다' 혹은 '여자를 쫓아다니다'라는 표현이 인생과 사랑의 기본 법칙이라고 철석같이 믿고 있었다. 그러다가 다른 지역에 가서 보니 놀랍게도 전 세계 대부분의 남녀가 짜릿하고 로맨틱한 사랑의 느낌 없이 결혼 생활을 하고 있었다. 설령 그런 짜릿한 느낌을 받더라도 그 감정을 깨닫지 못하는 경우가 부지기수였다. 우리가 로맨틱한 사랑을 당연시하는 것처럼 아프리카와 아시아 지역의 많은 십대들은 부모들이 정해 준 사람과 중매 결혼 하는 것을 당연하게 생각하고 있었다.

인도에서 온 비제이와 마르다 부부는 내게 자기들이 어떤 식으로 중매 결혼을 하게 되었는지 설명해 주었다. 비제이의 부모님은 아들을 마르다와 결혼시키기로 결정하기 전에 마을에 있는 소녀들을 한 명도 빼놓지 않고 꼼꼼히 살펴보았다. 그 해는 비제이가 열다섯 살이 된 때였고, 마르다는 막 열세 살에 접어들고 있었다. 이렇게 이 두 사람은 단 한 번 만났고, 그때 양가 부모는 그 두 명을 결혼시키기로 동의하고, 8년 후 결혼식을 올리기로 정했다. 당사자들에게는 결혼 상대와 결혼 날짜만 일러 주었다. 그 후 8년 동안 비제이와 마르다는 부모의 허락 하에 한 달에 한 번씩 편지를 주고받았고, 보호자를 가까이 동반한 채 두 차례 만남을 가졌다. 이렇게 실제로는 거의 남남이었던 두 사람이지만 현재 이들은 그 어떤 부부보다도 더 서로를 사랑하며 매우 안정적인 결혼 생활을 꾸려나가고 있다.

실제로도 중매 결혼이 일반화된 사회가 청년의 열정적인 사랑을 강조하는 사회에 비해 이혼율이 훨씬 낮다. 물론 로맨틱한 사랑이 가정의 안정을 위한 기초로써 제 기능을 발휘하지 못한다는 연구 결과들이 아무리 많이 나오더라도, 서구 사회가 그런 사랑의 개념을 버리는 일은 결코 없을 것이다. 하지만 타 문화권에서 온 그리스도인들과 대화를 나누다 보니, 중매 결혼을 하나님과의 관계를 나타내는 아주 유용한 모델로 사용할 수도 있겠다는 생각이 들었다.

미국을 비롯한 서구 문화권의 사람들은 주로 시원한 웃음이나 재치, 애교 있는 몸짓, 운동 능력 등 상대방의 매력적인 요소들에 이끌려 결혼을 하게 되지만 시간이 지나 나이를 먹으면 이 같은 육체적인 특성들은 변하기 마련이다. 그리고 단정하지 못한 살림 습관, 발작적인 우울증, 전혀 다른 성적 취향 등 예상하지 못했던 요소들이 표면으로 떠오르면 기존의 로맨틱한 감정은 깨지고 만다. 반면, 중매로 결혼한 부부들은 애초부터 각자의 매력을 통해 관계를 형성한 것이 아니라, 그저 부모의 결정을 받아들여 거의 알지도 못하는 사람과 평생을 함께 살아간다. 가장 관심 있게 생각하는 질문의 내용도 각기 다르다. 서구인들이 '내가 누구와 결혼해야 할까?'라고 묻는다면, 아프리카와 아시아 문화권의 사람들은 '이 사람과 어떤 가정을 이뤄 나갈 수 있을까?'라고 묻는다.

하나님과의 관계에도 이와 유사한 패턴이 적용된다. 나는 하나님의 특성을 내 마음대로 어찌할 수가 없다. 무엇보다 그분은 내 눈에 보이지 않는다. 하나님은 자유로운 분으로, 내가 좋아하든 좋아하지 않든 이미 그분만의 '인격'과 특성을 갖고 계신다. 얼굴 생김새와 통제 불가능한 곱슬머리, 핸디캡과 여러 가지 한계들, 특이한 성격, 가정 배경 등, 내게도 내가 어찌지 못하는 요소들이 많다. 서구의 로맨틱한 관점으로 생각한다면, 나는 하나님이 가진 이런저런 특성들이 억울하게 느껴져 세상을 좀더 다른 방법으로 운행해 주시기를 바랄 것이다. 내 인생을 그분께 온전히 맡기기도 전에 먼저 나의 환경을 바꿔 달라고 요구할지도 모르겠다. 하지만 이것과는 전혀 다른 접근법을 택한다면 어떨까? 예수님을 통해 계시해 주신대로의 하나님의 모습을 겸손하게 받아들이고, 나 역시 비록 흠은 있을지라도 하나님의 택하신 백성임을 스스로 인정하는 것이다. 그 경우라면 하나님께 모든 것을 맡기겠다는 서약을 하기도 전에 먼저 해결해야 할 요구 목록을 들고 그분 앞에 나가는 일은 없을 것이다. 그 대신 중매 결혼을 약속한 사람들처럼 조건에 상관없이 미리 하나님께 헌신할 것이다.

믿음이란 '기쁠 때나 슬플 때나, 부유하거나 가난하거나, 아플 때나 건강할 때나' 하나님을 사랑하고 무슨 일이 있어도 그분에게서 떨어지지 않겠다고 서약하는 것을 의미한다. 물론 위험을 감수해야 하는 서약이다. 하나님이 요구하시는 것과 나의 이기적인 바람이 서로 맞아 떨어지지 않으면 어떻게 하겠는가? 다행히 중매 결혼의 기본 정신은 양자에 모두 적용된다. 즉, 하나님 역시 미리 내게 헌신하여 지금 내가 당하는 고통이 완전히 구속되는 미래와 영생을 약속해 주셔야 한다는 말이다. 하나님도 나의 행실이나 조건과는 무관하게 나를 받아 주신다. 내가 셀 수 없이 많은 잘못을 저질러도 하나님은 사랑과 용서를 베풀어 주신다는 말이다.

어떤 이들은 로맨틱한 사랑의 문화 속에서 배우자를 고르는 것처럼, 사리사욕을 위해 자신의 모든 문제가 해결될 것이라 기대하며 하나님을 선택한다. 하나님이 자신에게 늘 좋은 것만 가져다주실 거라 기대하는 것이다. 십일조를 바칠 때도 그 돈이 열 배가 되어 다시 되돌아올 것이라 믿으며 드리고, 하나님이 자신들을 번성하게 할 것이라는 소망 때문에 의롭게 살려는 노력을 기울인다. 실업과 정신 지체 자녀, 가정 파탄, 절단된 다리, 추한 얼굴 등 어떤 문제든 다 하나님이 자신을 대신해 이 일들에 개입하여 직업을 구해 주고, 부부 관계를 다시 이어 주며, 정신 지체 자녀와 절단된 다리와 추한 얼굴을 모두 다 고쳐 주시리라 기대한다. 하지만 우리 모두가 알고 있는 것처럼, 인생이란 그렇게 깔끔하게 풀려 나가지 않는다. 오히려 어떤 나라에서는 그리스도인이라는 이유만으로 직장을 잃고, 가정에서 쫓겨나고, 사회적으로 증오의 대상이 되며, 심지어 감옥에 갇히는 일이 일어난다.

결혼 생활을 하다 보면 부부 중 어느 한 명 혹은 두 명 모두가 그 관계를 포기하고 싶어 하는 위기의 순간이 반드시 찾아온다. 연륜 있는 부부라면, 그 같은 위기의 순간에는 그 관계와 관련하여 존재해 온 모든 것을 의심하게 된다는 사실을 인정할 것이다. 그런데도 지금 그들은 여전히 함께 살면서 유머를 섞어 가며 과거의 일을 회상하고 심지어 그리워하기까지 한다. 그 위기가 사랑과 신뢰를 다시 정립하는 계기가 되어 주었기 때문이다. 수십 년의 세월을 두고 예전의 모습을 생각하는 부부는, 과거 그 질풍노도의 시기에 서로에게 나타낸 신뢰가 자신들의 결혼 생활을 유지시키는 힘이 되었다는 것을 분명하게 알아볼 수 있을 것이다. 하나님과의 관계에서도 마찬가지다.

사도 바울은 현대의 사고방식으로 보면 병적일 정도로 중매 결혼의 사고방식을 극단적으로 고수한 사람이었다. 그는 빌립보 교인들에게 자신이 감옥에 갇혔으나 그렇게 갇히는 것이 복음의 진보를 가져오기 때문에 그것을 진정으로 기쁘게 생각한다고 말했다. 고린도 교회에 보낸 편지에서는 매 맞고, 돌팔매질 당한 것과 파선 당한 일, 그 외의 자연 재해를 입은 것과 배고픔과 목마름, 육체적인 불편함과 응답받지 못한 기도 등 자신의 실패와 그간 견뎌온 고난을 자랑하기까지 했다. "내가 부득불 자랑할진대 내가 약한 것을 자랑하리라"(고후 11:30). 그는 또 이렇게 선언했다. "그러므로 내가 그리스도를 위하여 약한 것들과 능욕과 궁핍과 박해와 곤고를 기뻐하노니 이는 내가 약한 그때에 강함이라"(고후 12:10).

이런 성경 구절들을 읽고 나서 동네 기독교 서점의 책들을 둘러보았더니, 거기에는 가정을 지키는 비결, 아이들을 경건하게 양육하는 비결, 하나님의 축복을 경험하는 비결, 유혹을 극복하는 비결, 행복을 발견하는 비결에 대한 책들이 한 코너를 차지하고 있었다. 해마다 '비결'에 관한 책들이 더 많이 쏟아져 나오고, 그런 책들에 대한 수요도 점점 많아지고 있다. 이 책들이 정말로 가정을 지켜 준다면 그것을 사서 읽은 그리스도인들 사이의 이혼율이 급격히 감소해야 할 것이지만, 아직까지 그런 일은 일어나지 않고 있다. 하나님과의 관계에서도 문제 해결식 접근법 이상의 무언가가 필요하다.

도로시 세이어즈는 하나님과 우리 사이의 인격적인 관계에 대하여 또 다른 관점을 제시하면서 "인생을 해결되어야 하는 문제로 바라보지 않고, 창조를 위한 도구로 인식"하는 예술가 비유를 끌어들였다.² 그녀는 하나님이 우리 각자에게 예술가가 가진 것과 같은 자유를 부여해 주셔서, 우리가 각기 다른 재료를 가지고 작품 활동을 하도록 허락해 주신 것 같다고 말한다. 진흙이나 금속을 재료로 쓰는 조각가는 색에는 그리 신경을 쓰지 않는 반면, 미술가는 평면이라는 2차원 세계에서 여러 다채로운 색으로 작품을 만들어 낸다. 창작에 쓰이는 원재료들에는 각기 내재적인 한계가 있지만, 숙련된 예술가는 그것들을 사용해 멋진 예술 작품을 만들어 낸다.

우리 인간들 역시 각기 다른 도구를 가지고 생을 시작한다. 우리 가운데는 못생긴 사람도 있고, 예쁜 사람도 있으며, 머리가 좋은 사람도 있고, 그렇지 못한 사람도 있다. 또 매력적인 사람이 있는가 하면, 지나치게 부끄러움을 타는 사람도 있다. 우리는 이 인생의 원재료, 즉 '재료'에 집착하는 길을 선택할 수도 있다. 예를 들어, 우리는 신체적인 결함이나 얼굴 생김새, 또는 길러준 가족이라는 재료를 두고 하나님을 원망하는 일로 일평생을 보내면서, 하나님께 우리 대신 나서서 이 문제들을 해결해 달라고 요구할 수도 있다. (그런데 정확히 어떻게 해결해 달라는 말일까? 유전자 코드를 바꾸거나 가족을 아예 다시 만들어 달라는 것일까?) 하지만 그들을 이렇게 분노하게 만드는 그 원재료는, 하나님이 당신에게 의미 있는 방식으로 우리를 빚어 가실 때 사용하는 바로 그 요소들이다.

이상한 말이지만 어떤 면에서 인간들에게 필요한 것은 문제 해결 방법이 아니라 문제 자체다. 문제가 있어야 우리는 더욱 긴장하고 부담을 느껴 하나님을 더욱 의존하게 된다. 성경이 반복해서 말하는 것처럼, 성공이 훨씬 더 위험할 수 있다. 삼손과 사울, 솔로몬을 포함한 무수한 인물들이 성공한 후 교만과 자기 만족에 빠졌던 것을 기억해 보라. 성공은 하나님을 더 이상 의존하지 않게 만드는 타락의 전주곡이다.

하나님은 모든 문제들을 해결해 주겠다고 약속하신 적이 없으시다. 적어도 우리가 원하는 방법대로는 말이다. (성경에도 아무 문제없이 살다간 사람은 한 명도 없다.) 오히려 하나님은 부유하고 성공적으로 살든, 혹은 (실제로 몇몇 그리스도인들이 그랬던 것처럼) 포로 수용소에서 살든, 어떤 경우라도 당신을 신뢰하고 순종하라고 요구하신다. 하나님이 가장 중요하게 여기시는 것은, 각자 받은 원재료들을 가지고 우리가 무엇을 만들어 내는가 하는 점이다.

도로시 세이어즈는 자신이 말한 원리를 그대로 실천하며 살았다. 그녀는 좋은 머리를 타고났으나 외모는 그리 뛰어나지 못했다. 그녀가 젊었을 때 짝사랑한 남자는 그녀의 마음을 전혀 받아 주지 않았다. 좌절에 빠진 옥스퍼드 장학생 세이어즈는 무식한 기계공과 어울리며 보트 타는 법과 술과 담배, 춤과 섹스를 배웠다. 그는 한동안 그녀와 함께 즐기기만 할 뿐, 세이어즈와는 달리 결혼 생각은 전혀 하지 않았다. 결국 그는 아들과 세이어즈를 남겨두고 떠났고, 세이어즈에게는 사생아를 낳았다는 오명과 책임감만이 부담스럽게 남았다. 시간이 흐른 뒤 나이 많은 이혼남을 만나 결혼하게 되었지만 그도 사랑하기 쉽지 않은 인물이었다.

세이어즈는 지나온 과거를 회고하면서 그 모든 실패와 굴욕의 경험들, 심지어 죄악과 실수들 때문에 자신이 하나님께로 나아갈 수 있었다고 고백했다. 피터 윔지 경이 나오는 탐정 소설이든, 묵직한 신학 서적이든 그녀의 책을 한 권이라도 읽어본 독자라면, 그녀가 그 힘겨웠던 인생살이를 원재료로 삼아 만들어 낸 작품을 통해 많은 것을 얻을 수 있었을 것이다. 그녀가 안고 있던 문제들은 그녀가 원하는 방식대로 해결되지는 않았으나, 그 문제들을 가지고 그녀는 영원히 남는 예술 작품들을 창조해 냈다.

이 힘든 작업을 하는 동안 우리는 이 땅에 오실 때 어떤 '원재료'이든 자기 마음대로 택하실 수 있었으면서도, 굳이 가난과 부끄러운 가족사, 고통, 사람들의 거절이라는 재료를 의도적으로 택하셨던 예수님의 삶의 방식을 기억해야 한다. 마치 그 모든 열악한 환경 속에서도 하늘 아버지와 건강한 관계를 맺는 데는 아무 문제가 없다는 것을 보여 주시려는 듯, 그분은 이 땅의 삶에서 부딪히는 모든 골치 아픈 일들을 면제받으려 하지 않으셨다. 어쩌면 '그리스도는 모든 문제의 해답'이라는 말보다는, '그리스도는 우리가 본받아야 할 모범'이라는 말이 더 올바른 표현일지 모르겠다. 왜냐하면 예수님의 인생은 대다수 사람들이 그토록 갈망하는 해답과는 거리가 멀었기 때문이다. 자신의 가정 문제를 해결하거나 위험으로부터 자신을 보호하기 위해 또는 안락함과 재산을 늘리기 위해 그분이 초자연적인 능력을 사용하신 일은 단 한 번도 없었다.

※

내가 아는 한 부부는 딸이 다니던 고등학교의 환경이 좋지 못한 것을 걱정하다가 이 문제를 위해 기도하고 다른 사람들의 의견을 들어본 후 결국 딸을 컬럼바인 고등학교로 전학시켰다. 그리고 그로부터 1년 후, 딸은 전학 간 학교에서 총에 맞아 중태에 빠졌다. 나와 나이가 비슷한 또 한 사람은 하나님이 자신에게 신학교 학장이라는 소명을 주셨다고 믿고 미래를 위해 멋진 계획을 세웠으나 결국 1년도 안 되어 뇌종양으로 목숨을 잃고 말았다. 내가 아는 한 여성은 복음서의 탕자 이야기에 나오는 아버지의 심정으로 살다가 마약과 매춘을 일삼던 딸이 돌아와 매우 기뻐했으나 얼마 지나지 않아 딸은 다시 집을 나가 버렸다. '먼 나라'에서의 삶으로 되돌아간 것이다.

일상에서 일어나는 이런 이야기들을 어떻게 이해해야 할까? 단순한 문제 해결 공식으로는 설명할 수 없는 문제들이다. 이는 바울과 베드로 또는 예수님께 일어난 일들을 설명하는 공식으로도 설명되지 않는 문제다. 인생은 해결되어야 할 문제가 아니라 만들어 가야 하는 작품이다. 그리고 그 작품은 우리가 별로 쓰고 싶어 하지 않는 원재료까지 활용해야 제대로 완성된다. '하나님이 선하시다'라는 말은, 우리가 아무런 상처를 입지 않는다거나 더 이상 이 죄악 된 세상에 거하지 않게 된다는 말이 아니다. 그분의 선하심은 우리의 즐거움이나 고통보다 더 깊은 차원의 것으로, 두 요소를 하나로 통합시키는 것이다.

바울은 "하나님을 사랑하는 자, 곧 그 뜻대로 부르심을 입은 자들에게는 모든 것이 협력하여 선을 이루느니라"(롬 8:28)라고 말하면서 같은 장 안에 자신의 인생 가운데 하나님이 사용하신 그 모든 '것'들을 몇 가지 언급했는데, 그것은 곧 환난과 곤고, 박해, 기근, 적신, 위험, 칼이었다. 위에서 예로 든 세 가정에서 나는 하나님의 구속 사역이 지속되는 것을 보았다. 원하지 않은 일들을 겪으면서도 그들은 자신에게 일어난 비극을 빌미로 하나님을 비난하지 않았다. 오히려 그들은 하나님이 그러한 슬픈 사건을 통해 자신들의 삶 속에서 선을 이루고 계신다고 믿고 있을 것이다.

낭창으로 고생하다가 39세의 나이로 세상을 떠난 플래너리 오코너는 한 친구에게 "나는 어디에도 못 가고 아프기만 했어"라는 내용이 담긴 편지를 써 보냈다. 그 편지에서 그녀는 인생 말년에 초대하지 않은 스승이 두 명 찾아왔다고 덧붙이며 그 스승들의 이름이 '질병'과 '성공'이라고 했다. "어떤 면에서 질병은 장기간의 유럽 여행보다 더 많은 교훈을 가져다주었어." 그러고는 그녀가 병으로 얼마나 고통을 당했는지 아는 사람들을 깜짝 놀라게 할 만한 문장 하나를 덧붙였다. "죽음을 앞두고 질병을 경험한다는 것은 아주 적절한 일이야. 질병에 걸리지 않은 사람들은 하나님의 자비하심 중 한 가지를 놓치고 있는 셈이지."[3] 반면, 그녀에게 있어 성공이란 완전히 부정적인 스승이었다. 그녀는 성공이 자신을 고립시키고, 허영심을 조장하며, 애초에 그 성공을 가능하게 했던 진짜 사역을 망가뜨린다고 생각했다.

플래너리 오코너에 비하면 나는 거의 고통을 경험하지 않은 것이나 다름없다. 어린 시절에 느꼈던 나의 고통은 몸보다는 영혼에 더 깊은 상처를 남기는 것들이었다. 소아마비와 가난 때문에 일찍 돌아가신 아버지의 부재로 인해 나는 고통을 받았고, 이런 고통에 대해 더 잘 알고 있어야 마땅하나 그렇지 못한 채 분노로만 가득 차 있던 교회 역시 내게 상처를 주었다. 또한 나의 청소년 시절은 수치심과 소외감, 열등감으로 장식되어 있었다. 지금도 수줍음이 많고, 사회적으로 적응하지 못하고, 신체적인 조건이 뒤떨어지고, 자아상이 낮아 감정을 제대로 표현하지 못하는 아이들을 보면 과거의 내 모습이 떠오른다. 그들이 사는 세상은 아름다움과 스포츠, 자신감을 미화시키는 세상이다. 만에 하나 그들이 기도를 하게 된다면, 자신들의 모습을 바꾸어 패션 잡지 "글래머"(Glamour)나 "스포츠 일러스트레이티드"(Sports Illustrated)의 표지 모델처럼 생기게 해 달라고 기도할 것이다. 하지만 아무리 간절히 기도해도 그들은 자기들이 원하는 식의 기도 응답은 받지 못할 것이다.

하나님이 이것과는 얼마나 다른 시각으로 이 세상을 바라보시는지를 알아보는 눈이 그들에게 있다면, 그리고 내게 있다면 얼마나 좋을까! 하지만 우리는 하나님의 아들 예수님이 세리, 창녀, 나병 환자, 불결한 자, 혼혈아, 어부들을 좋아하셨다는 사실에서 단서를 찾을 수 있다. 바울도 이를 인정했다. "형제들아, 너희를 부르심을 보라. 육체를 따라 지혜로운 자가 많지 아니하며, 능한 자가 많지 아니하며, 문벌 좋은 자가 많지 아니하도다. 그러나 하나님께서 세상의 미련한 것들을 택하사 지혜 있는 자들을 부끄럽게 하려 하시고 세상의 약한 것들을 택하사 강한 것들을 부끄럽게 하려 하시며 하나님께서 세상의 천한 것들과 멸시받는 것들과 없는 것들을 택하사 있는 것들을 폐하려 하시나니 이는 아무 육체도 하나님 앞에서 자랑하지 못하게 하려 하심이라"(고전 1:26-29). 하나님이 우리에게 주신 명령은 세상에 있는 나쁜 것들을 모조리 제거해 타락된 상태를 원래대로 돌려놓으라는 것이 아니라, 악한 것들을 선한 것으로 변화시킴으로써 그 악한 것을 구속하라는 것이다.

시인 캐슬린 노리스는 어린 시절의 고통, 특히 종교적인 유산으로 인해 받은 고통을 회고하면서 이렇게 말했다. "고통스러운 유산을 선한 것으로 바꾸려면, 우리 내부에서 우러나오는 분별력과 멘토들에게서 얻을 수 있는 분별력 등, 끌어 모을 수 있는 최대한의 분별력을 발휘해야 한다. 사람들이 퍼부은 저주인 생생한 욕설과 폭력은 쉽게 잊히거나 사라지지는 않지만, 그런 악한 요소들도 그가 새로이 얻게 된 삶 속에서는 선하게 사용될 수가 있다."[4] 현재 우리가 해결하고자 몸부림치는 문제들은 내일이나 모레에도 없어지지 않고 여전히 남아 있을 것이다. 사랑하는 사람을 잃고 난 후 새겨진 고통이나 이루지 못한 열망으로 생긴, 형태 없는 고통같이 결코 사라지지 않는 고통들이 있다. 상처는 결코 완치되지 않을 것이고, 문제도 완전한 해결점에 도달하지 못할 것이다. 하지만 우리는 조금은 덜 만족스러우나 실제적인 소망을 받았다. 곧 하나님이 우리의 깊은 상처마저 구속해 주실 거라는 소망이다.

하나님을 자기 실현의 수단으로 이용하려는 자들은 결국 실망만 안고 떠나게 될 것이다. 하나님은 그와 정반대되는 생각을 품고 계신다. 우리를 당신의 은혜의 질그릇으로 사용해 이 땅 위에 당신을 실현하는 것이 그분의 생각이다.

체코 출신 작가 밀란 쿤데라(Milan Kundera)는 언젠가 쓴 글에서, "인생은 예술 작품과 닮아야 한다"라고 했던 괴테의 견해에 자신이 늘 반대해 왔음을 밝혔다. 대신 그는 인생은 일정한 모양이 없고 예견할 수 없는 것이기에 예술이 생겨났고, 따라서 인생에 결핍된 구조와 설명을 제공하는 것이 바로 예술이라고 말했다.[5] 하지만 그는 자신의 친구이자 쿤데라처럼 작가로 출발해 나중에 체코 공화국의 대통령이 된 인물로 우리 시대의 도덕을 큰 소리로 대변하고 있는 바츨라프 하벨(Vaclav Havel)만은 예외로 인정했다. 쿤데라가 볼 때 하벨의 인생은 주제적 일관성을 유지하고 있었고, 목표를 향해 점진적이고 지속적으로 나아가고 있었다.

두 사람의 글을 번갈아 읽어본 결과, 나는 그들 사이에 근본적인 관점의 차이가 있다는 생각을 하게 되었다. 뛰어난 탈현대주의 사상가인 쿤데라의 관점에서 볼 때 인생에는 '메타 서사'가 없다. 즉 그는, 인생에는 어디서 왔고 어디로 가는지를 설명할 수 있는 의미 구조가 없다고 본 것이다. 반면, 하벨은 인생 속에 그 구조가 들어 있다고 생각했다. 그는 탄식하듯 말했다. "전 세계적으로 심각해지는 책임감의 위기는 근본적으로 우주와 자연과 실존과 우리의 삶이 명확한 의도에 의해 만들어진 창조 작품이라는 명제에 대한 확신과, 인생에는 명확한 의미가 담겨 있으므로 우리는 그 분명한 목적을 추구하며 나아가야 한다는 확신을 우리가 상실한 결과다."[6]

하벨은 스스로를 그리스도인이라고 표명한 적은 없지만, 어쨌든 그리스도인들은 전 지구적인 차원에서의 생명뿐 아니라 각 개인의 생명 모두가 잠재적인 예술 작품이라고 생각한다. 우리는 하나님과 함께 원재료를 가지고 영속적인 아름다움을 빚어나간다. 또한 각자의 인생으로 하나의 작은 이야기를 써내려 가고, 그것은 곧 보다 큰 이야기의 일부가 된다. 그리고 우리도 세세한 개요를 통해 그 큰 이야기의 줄거리를 이미 파악하고 있다. 큰 이야기든, 작은 이야기든, 이 모든 이야기들에는 같은 내용과 구조가 들어 있다. 시작과 끝이 있고, 목적과 그에 반하는 행위들이 있으며, 불가피한 결말도 있고, 우연한 사고와 예상치 못한 방해물도 있다. 각 서사들은 이 모든 세부 사항들을 줄거리 속에 담아 만족스럽고 충만한 상태에 이른다.

"일을 완성하는 것은 당신이 할 일이 아니지만, 그렇다고 그 일을 떠맡지 않을 자유는 당신에게 없다." 탈무드에 나오는 말이다. 그 일이란 하나님의 일, 곧 심하게 손상된 이 세상을 되찾고 구속하는 일이다. 유대인들과 그리스도인들에게 그 일은 우리의 손길이 닿는 모든 곳에 평화와 정의, 희망과 치유, 샬롬을 가져다주는 것을 뜻한다. 특히 그리스도인들은 우리 힘만으로는 절대 성취하지 못했을 구속을 가능하게 하신 예수님의 제자가 됨으로써 그 일을 감당할 수 있다.

영국에 있는 윈체스터 대성당에는 건축 당시 아주 독특한 것으로 여겨졌을 스테인드글라스가 높이 걸려 있다. 그것은 성경 이야기를 다룬 것도 아니고, 성인들을 기념한 것도 아니다. 마치 샤갈이 17세기로 시간을 거슬러 올라가 설치하기라도 한 듯 그 스테인드글라스의 만화경 같은 색은 아주 독특한 현대적 디자인을 갖추고 있다. 그 창문은 사실 폭력의 시대가 남긴 유물이다. 올리버 크롬웰(Oliver Cromwell)의 군대가 와서 쇠막대기로 성당의 창문들과 성상들을 모조리 깨부순 후 깨진 유리 조각을 성당 마당에 버려두고 떠났고, 마을 사람들은 깨진 유리 조각들을 모아놓고 광란의 시대가 지나가기만을 기다렸다. 그리고 몇 년이 지나 성당의 인부들이 자원하여 창문을 다시 설치하는 어려운 작업을 시작했다. 그들은 신도석 위에 발판을 만들어 그 위에 올라가 유리 조각을 조합해 추상적인 색의 스테인드글라스를 복원해 냈다. 이 창문은 당시 유럽의 것들과 전혀 닮지 않았고, 현대적인 시각으로 봐도 특이하다고 생각될 정도다. 하지만 깨진 유리 조각을 모아 재구성한 그 유리가 최고의 아름다움을 담은 뛰어난 예술 작품임을 부인할 수 있는 사람은 아마 없을 것이다. 태양과 구름을 통해 비치는 햇빛이 그 창을 통과하면 성당 안이 변화무쌍한 모자이크 색으로 밝아진다.

  이 회복과 구속의 이야기는 개인적인 차원에서도 내게 희망의 메시지가 된다. 내게 있는 무수한 상처들은 크롬웰의 군대를 일으키게 한 바로 그 종교적 열심으로 인해 생겨난 것이기 때문이다. 교회는 세상을 구속하려다가 오히려 세상을 훼손하는 경우가 많고, 그렇게 해서 생긴 새롭고 치명적인 타락은 또 한 번 더 구속을 필요로 한다. 이것이 바로 세상과 교회, 그리고 하나님의 이야기를 이 땅 위에 이루기 위해 헌신한 모든 사람의 영혼 속에서 반복되고 있는 과정이다.

시작을 주신 그 하나님이 끝도 주신다.…
그리고 도저히 고칠 수 없을 만큼 망가진 것들을 위한 안식도….7
_존 메이스필드

23. 성 금요일의 열매

> 현실의 비극이든 무대 위에서의 비극이든 고대의 모든 비극은
> 유사한 패턴을 가지고 있다. 알렉산더나 오이디푸스 같은 영웅들은
> 절정의 성공을 거두는 순간 쓰러지고 넘어진다.
> 예수의 드라마만이 그와 상반되는 패턴을 보여 준다.
> 이 영웅은 쓰러 넘어지는 순간 다시 살아났다.[1]
> _토머스 카힐

     책의 앞부분에서 나는 내게 이런 말을 한 한 사람을 소개했었다. "하나님이 선하다는 사실은 아무 어려움 없이 믿을 수 있어. 하지만 내 의문은 거기서 한 발 더 나가. 그분이 선하다는 게 무슨 뜻일까? 나도 하나님께 도와달라고 울부짖고 있는데, 그분이 어떤 식으로 응답하실지 전혀 감을 못 잡겠어. 도대체 우리는 하나님께 무엇을 기대해야 할까?" 사실 이 물음은 이 책의 모든 장의 배경이 된 물음이며, 내가 이 책을 저술하게 된 동기이기도 하다. 우리는 다른 사람과 인격적인 관계를 맺을 때마다 그로부터 무언가를 얻기를 기대하게 된다. 하나님과의 관계에서는 어떨까?

     나는 달라스 윌라드의 책, 「하나님의 모략」(*The Divine Conspiracy*, 복있는사람)에서 이 물음의 대한 답이 될 만한 힌트를 발견했는데, 한 종속절 안에 숨어 있던 그 문장은 다음과 같은 내용을 담고 있었다. "우리에게는 구속받지 못할 일이 결코 일어나지 않는다. 하나님의 충만한 세계에서 맞이할 운명을 향해 나아가는 여정에서도 마찬가지다."[2] 세상은 선하다, 세상은 타락했다, 세상은 구속

될 수 있다. 월라드는 이 줄거리가 전체로서의 우주에만 적용되는 것이 아니라, 하나님을 따르는 각 개인의 삶에도 적용된다고 말한다. 우리가 겪는 일 가운데 하나님의 구속의 능력 범위를 벗어나는 것은 하나도 없다.

하나님의 '역설적인' 방식 안에서는 우리에게 불리하게 보이는 일들이 오히려 우리에게 유익하다. 이는 예수님이 거의 모든 말씀 속에서, 그리고 사람들과의 만남 속에서 강조하신 진리다. 그분은 특권층 종교 지도자들이 아닌 선한 사마리아인을 높이시며, 그를 진정한 자비의 모범이라 칭하셨다. 또 그분은 공식적으로만 다섯 명의 남편을 둔 또 한 명의 사마리아 여성을 최초의 선교사로 택하셨다. 뿐만 아니라 예수님은 이방인 군인을 믿음의 모범이라 말씀하셨으며, 삭개오라는 욕심 많은 세리를 관용의 모범이 되게 하셨다. 이 세상을 떠나실 때도 베드로라는 배신자가 이끄는 무식한 무리들에게 자신의 사역을 위임하셨다. 예수님의 이 모든 선택 하나하나가 구속의 아이러니를 표명하고 있다.

AA의 공동 설립자 빌 윌슨(Bill Wilson)은 수많은 실패를 거듭한 뒤에, 마침내 이 역설을 이해하게 되었다. 그는 알코올 중독자가 그 상태를 벗어나려면 반드시 '바닥을 쳐야 한다'라고 굳게 확신하게 되었다. 이 단계는 현재 알코올 중독 치료 12단계 중 하나로 인정받고 있다. 윌슨은 알코올 중독에서 벗어나려고 애쓰는 사람들에게 이런 글을 써 보냈다. "진정한 힘은 나약함으로부터 나오고, 부활이 있기 전에 먼저 치욕스러운 고통이 있었다는 하나님의 역설을 우리가 이렇게 잘 이해할 수 있으니, 이 얼마나 큰 특권입니까! 고통은 과거 잘못된 행동에 대한 대가일 뿐 아니라 영적인 재탄생을 알리는 시금석입니다."[3]

이러한 역설은 회복 과정에서도 계속해서 반복된다. 알코올 중독을 포함한 중독자가 자신의 상태를 호전시켜 달라고 아무리 필사적으로 기도한다 해도, 갑자기 기적적으로 완쾌되는 경우는 거의 없다. 대부분의 중독자들은 매일의 삶 속에서 유혹과 싸운다. 그들이 경험하는 은혜는, 마법의 약이 아니라 연고와 비슷하다. 그리고 이 연고는 의식적으로 하나님께 의존할 때 매일 조금씩 효과를 보인다.

※

이 세상 사람은 저마다 각기 다른 역경의 대본에 따라 살아간다. 미혼자들은 결혼만을 목표로 삼고 살아가고, 그 밖의 사람들도 각기 신체 장애와 가난, 어린 시절에 받은 학대, 인종 차별, 만성 질환, 역기능 가정, 중독, 이혼 등의 어려움을 안고 살아간다. 만일 하나님이 제우스같이 이 가련한 인간들을 향해 벼락을 내리는 신이었다면, 나는 당연히 온갖 어려움의 직접적인 원인으로 하나님을 지목하고 그분을 향해 분노와 불쾌감을 쏟아 냈을 것이다. 하지만 반대로 하나님이 겉으로 드러나지 않는 이면에서 역사하시며, 오히려 각자가 가진 나약함과 한계를 통해 우리를 부르는 분이라고 생각한다면, 나는 내 인생에서 가장 원망스러운 일을 겪는 중에도 구속의 가능성을 믿고 희망을 가질 수 있을 것이다.

폴 투르니에는 말한다. "도덕적인 관점에서 볼 때, 선과 악은 사물 안에 존재하는 것이 아니라 언제나 각 사람 안에 자리 잡고 있다. 사물이나 사건은 긍정적인 것이든 부정적인 것이든 그저 존재하는 것일 뿐, 도덕적으로는 중립적이다. 문제는 우리가 그것들에 대해 어떻게 반응하느냐이다. 그 사건 자체는 내가 어찌할 수 없지만, 적어도 그에 대하여 나타낸 내 반응에 대해서는 (나를 도와주는 이들과 함께) 내가 책임져야 한다.⋯각 사건이 우리에게 고통이나 즐거움과 같은 감정을 주는 건 사실이지만, 우리의 성장을 좌우하는 것은 고통과 즐거움이라는 그 두 가지 요소에 대해 보인 우리의 인격적인 반응과 내적 태도다."[4] 투르니에는 '의사'로서 일할 때는 환자들의 고통을 적대시하면서 이를 완화시키기 위해 최선을 다했으나, '상담자'로 환자들을 대할 때는 그들이 오히려 자신들의 고통을 이용해 성장의 기회로 삼는 반응을 하도록 유도했다.

그는 가장 성공한 인물들 가운데 힘들고 불행한 가정에서 성장한 사람들이 많다는 사실에 대해 늘 궁금증을 느끼다가「상실과 고통 너머」(*Creative Suffering*, 다산글방)라는 책을 써서 이 현상을 본격적으로 연구했다. 그의 한 동료는 알렉산더 대제와 율리우스 카이사르, 루이 14세, 조지 워싱턴, 나폴레옹, 빅토리아 여왕 등 세계사에 가장 큰 영향을 끼친 인물 3백 명을 조사한 후에 그 인물들이 모두 고아였다는 한 가지 공통점을 찾아냈다. 언제나 건강한 가정 환경을 만들기 위해서는 부모가 협력하는 것이 중요하다고 설파해 왔던 투르니에에게 이 모든 지도자들이 감정적으로 결핍된 상태에서 역사의 전면에 등장했다는 것은 당황스러운 사실이 아닐 수 없었다.[4] 그 자신도 고아였던 투르니에는 그제서야 고통이라는 것을 단순히 없애버려야 할 것으로 생각하는 대신, 구속적인 선을 이루기 위해 활용해야 할 대상으로 바라보기 시작했다.

「위대한 영혼들」(*Great Souls*)이라는 책에서 저널리스트 데이비드 아이크만(David Aikman)은 뛰어난 영적 힘과 도덕적 힘을 가졌던 20세기의 인물들을 조사했는데, 그 목록에는 극한의 인간적 고통이 자리한 곳에서 봉사했던 테레사 수녀와 구소련 시절 강제 노동 수용소의 가혹한 현실을 기록한 알렉산드르 솔제니친, 홀로코스트에서 살아남은 엘리 비젤, 27년 동안 수감 생활을 한 넬슨 만델라, 나치와 공산주의 정권 아래서 성장한 교황 요한 바오로 2세, 전도자 빌리 그레이엄 등 여섯 명의 인물들이 포함되어 있다. 이 여섯 명 가운데 '정상적인' 중산층에 가까운 사람은 빌리 그레이엄이 유일하나, 그럼에도 이들은 모두 20세기의 영적 지도자로 우뚝 서 있다.

다른 모든 사람을 향해 이 구속적인 고통의 공식을 아무렇지 않게 적용할 권한은 우리에게 없다. 하지만 그렇다고 해서 이 진리를 주장하는 사람들의 증언을 무시해서도 안 된다. 나도 기자로 활동하면서 고통에 내재된 이 구속적인 잠재력을 자세히 볼 기회가 있었다. 내가 조니 에릭슨을 처음 만난 것은 그녀가 십대였을 때였는데, 사고를 당한 지 몇 개월 지나지 않은 상태였다. 당시의 그녀는 자신의 미래가 절망과 혼동의 안개에 싸여 있다고 생각했다. 휠체어에 앉아 밥도 혼자 먹지 못하고, 옷도 스스로 입지 못하며, 늘 가까이에서 사람들이 도와주지 않고는 하루도 지낼 수 없는 상태에서 어떻게 하나님을 위해 봉사할 수 있단 말인가? "기자님은 수치심과 굴욕이 뭔지 절대 모르실 거예요." 그녀가 내게 말했다. 그런 비극에서 선한 결과가 나올 가능성이 얼마나 될까? 하지만 그로부터 30년이 지난 지금, 조니는 체사피크 만에서 다이빙을 하다가 목이 부러졌던 날을 회상하며 그날이야말로 자신의 생애 최고의 날이었다고 말한다. 그녀는 하나님이 자신의 비극을 구속하여 악에서 선을 이끌어 내실 수 있도록 자기를 드렸다.

인도에서 폴 브랜드 박사가 치료했던 한센병 환자, 사단을 찾아갔던 기억도 난다. 깡마른 체구에 대머리로, 책상다리를 한 채로 침대 가장자리에 앉아 있던 그는 마치 간디의 축소판 같았다. 그는 노래하는 것 같은 고음의 목소리로 과거에 사람들에게 고통받았던 이야기를 들려주었다. 반 친구들은 학교에서 그를 괴롭혔고, 버스 운전 기사는 그를 발로 걷어차 바깥으로 굴러 떨어지게 했다. 재능이 있고 필수적인 훈련도 받았는데도 회사들은 그를 고용해 주지 않았으며, 병원은 근거 없는 두려움을 갖고 치료하기를 거부했다. 이 이야기 다음에는, 브랜드 박사와 안과 의사인 그의 부인을 만나 근육 이식, 신경 제거, 발가락 절단, 백내장 제거 등을 위해 받았던 수술 과정을 또 자세히 들려주었다. 그는 이렇게 약 30분 동안 쉬지도 않고 인간이 당할 수 있는 모든 고통의 목록을 열거했다. 하지만 우리가 차를 다 마시고 그의 집에서 일어나 나오려는 순간, 갑자기 그가 아주 놀라운 말을 했다. "잠깐만요, 이 병에 걸려서 저는 너무 행복하다는 말씀도 꼭 드리고 싶어요."

"행복하다고요?" 미심쩍다는 듯 내가 물었다.

"네. 한센병에 걸리지 않았다면 저는 평범한 가정을 꾸려 평범하게 살면서 사회에서 부와 더 높은 지위를 차지하려고 발버둥쳤겠지요. 하지만 폴 박사님과 마가렛 박사님같이 훌륭한 분들은 절대 만날 수 없었을 것이고, 또한 그분들 안에 살아 계신 하나님도 만나지 못했을 겁니다."

마지막으로 소개할 사람이 한 명 더 있다. 1984년, 나는 당시 남부 지역의 뛰어난 소설가이자 문학 비평가며 깊은 영성을 소유한 인물이었던 레이놀즈 프라이스(Reynolds Price)가 척수암에 걸렸다는 소식을 듣고, 그와 같은 직종에 있는 다른 모든 사람들처럼 슬픔에 빠졌었다. 하지만 그로부터 10년이 지난 후, 나는 그가 질병과 마비 상태에서 기록한 회고록에서 다음과 같은 내용을 발견했다.

> 그 4년이라는 긴 시간 동안 나의 삶은 정말 그야말로 **재앙**과도 같았다. 분명 그것은 **대참사**였다. 말 그대로 삶이 완전히 뒤집혀 내 삶의 안팎에 있던 그 모든 것이 뿔뿔이 흩어졌고 그중 가장 중요한 것들은 영원히 온데간데없이 사라져버렸다. 하지만 1933년부터 1984년까지 살아온 과거와 현재의 내 삶의 가치를 솔직하게 평가한다면, 물론 지난 50년도 즐거운 시간이었으나 그 완벽한 대참사를 겪은 이후에 보낸 지난 몇 년이 훨씬 더 좋았다고 말해야 할 것이다. 그 몇 년 동안 나는 더 많은 것을 받아들이고 더 많은 것들을 내보냈다. 즉, 나는 더 많은 사랑과 관심을 받았고, 더 많은 지식과 인내를 쌓았으며, 이 짧은 시간 안에 더 많은 일을 했다.[5]

프라이스는 '너무나 끔찍하나 동시에 너무나 경이로운 하나님의 은혜'를 믿는다. 하나님과 관계를 맺는다고 해도 고난을 당할 때 초자연적인 방법으로 구원받는 일은 드물다. 다만 초자연적인 방법으로 그 고난을 사용할 수는 있다.

우리는 한 사람의 노력에 대해 그가 기울인 노력보다는 그로 인해 도출된 결과만 보고 그들이 지나온 '길'의 가치를 평가해 버린다. 30년 동안 연구에 몰두했지만 결국 유전자를 발견하지 못한 연구원은 자신이 시간을 낭비했다고 느낄 것이다. 화학자가 수고하여 합성 물질을 만들어 냈다 하더라도 그는 다른 누군가가 그 물질을 사용해 주기까지는 자신이 진정으로 성공했다고 생각하지 않는다. 소설가는 다른 무엇보다 자신의 작품이 출판되기를 원하고, 탐광자들은 '금맥의 발견'이라는 한 가지 목표만 가지고 땅을 파 내려간다.

하지만 관계란 이와 다른 식으로 진척된다. 나와 가장 친한 친구들을 떠올려 보면, 계산적인 생각으로 친해진 경우는 한 번도 없었다. '나는 팀, 스코트, 라이너와 친구가 될 수 있을 것 같아. 이 목표를 달성하려면 계획을 세워야겠군.' 이런 생각은 꿈에도 해 보지 않았다. 나는 내 주변에 있는 이들과 나도 모르는 사이 친구가 되었다. 팀과 스코트는 같은 직종의 동료였고, 라이너는 대학 때 한 방을 썼던 동기다. 관계 속에서는 그 '길' 자체가 목표가 된다. 의미를 나누고 경험을 공유할 때 친밀감이 생긴다. 그리고 가끔씩 찾아오는 위기의 순간에는 그 관계가 더욱 단단해진다.

예수님은 "내가 곧 길이요 진리요 생명"(요 14:6)이라고 말씀하셨다. 진리와 생명만 있어도 예수님을 따르기 위한 동기는 충분히 갖춰진 셈이다. 하지만 다른 모든 관계들과 마찬가지로 하나님과의 관계 역시 결국에는 그분을 매일 내 존재의 세밀한 부분에까지 초청하는 과정인 '길'로 요약된다. 키르케고르는 그리스도인들 중에 수학책 뒷부분에서 문제의 답을 찾으려는 학생 같은 사람이 있다고 말한다. 하지만 수학 실력을 늘리려면 차근차근 직접 문제를 풀어 보는 수밖에 없다. 존 번연의 비유를 인용해 보자면, 순례의 길을 계속 걸어 나가면서 그 길에서 만나는 기쁨과 고난, 우회로를 모두 통과해 나감으로써 그 순례자는 마침내 목적지에 도달하게 되는 것이다.

미혼인 한 친구는 성적인 욕구를 줄여 달라고, 심지어 제거해 달라고 하나님께 간절히 기도한다. 하지만 그런 노력을 기울여도 유혹은 사라지지 않는다고 한다. 포르노가 그의 마음을 흐트러 놓고 실패의 악순환에 빠지게 하여 경건 생활을 망가뜨리고 있다. 나는 최대한 부드럽게 하나님은 그가 원하는 대로 테스토스테론 분비량을 조절하는 식으로는 응답을 해주시지 않을 거라고 그에게 알려 준다. 그보다는 다른 사람들처럼 훈련과 공동체에 의지하거나 하나님께 지속적으로 의존하게 해 달라고 간구함으로써 정결한 삶을 배우는 것이 보다 효과적인 방법일 것이다.

어떤 이유 때문인지는 몰라도, 하나님은 이 망가진 세상을 매우 오랜 시간 타락한 상태 그대로 내버려 두시며 인내하고 계신다. 이 망가진 세상을 사는 우리가 볼 때, 하나님은 우리의 편안함보다는 인격을 중시하시는 것처럼 보인다. 우리를 가장 불편하게 만드는 것들을 이용해 내 인격을 형성하는 도구로 쓰시는 일이 잦기 때문이다. 한 이야기가 써지고 있다. 우리는 그 이야기가 어떻게 끝날지 희미하게만 알고 있다. 저자를 신뢰할 것이냐, 홀로 그 이야기에서 떨어져 나올 것이냐, 우리에게는 두 가지 선택지가 있다. 이 두 선택지는 매순간 우리 앞에 놓여 있다.

개인적으로는 신앙 생활을 하면서 예상했던 대로 일이 풀리지 않는 경우에라도, 하나님을 비난하는 대신 새로운 현실에 대하여 마음을 열고 그분이 그 실패를 통해 갱생과 부활의 길로 나를 인도해 주실 것을 믿으려 애쓰고 있다. 또한 이 세상이 돌아가는 모양새에 관해서는 '하나님이 가장 잘 알고 계신다'라는 말을 믿으려 노력하고 있다. 구약 시대를 돌아보면, 아무리 하나님께 억지를 부려 내가 원하는 식으로 일이 진행된다 하더라도 그것이 꼭 내가 기대한 결과를 낳지는 않는다는 것을 알 수 있다. 그리고 하나님이 죄 없고, 강압적이지 않으시며, 은혜와 치유와 충만하신 자기의 아들을 보내셨을 때, 우리는 그를 죽이고 말았다. 하나님은 스스로 원치 않으시는 일이 일어나는 것을 그대로 내버려 두셨다. 보다 위대한 목적을 이루기 위해서였다.

✤

「실락원」에서 존 밀턴은 아담이 앞으로 펼쳐질 모든 역사를 미리 보는 장면을 상상하며 글로 표현했다. 그 모든 것을 다 본 아담은 죄책감과 절망감으로 숙였던 고개를 들고 이렇게 노래한다.

> 오 이 모든 악의 선이 이뤄 낼
> 무한한 선, 거대한 선이시여,
> 악이 선이 되니, 그 모습
> 태초의 그것보다 더욱 아름다워라.
> 어둠에서 빛이 나오나니!
> 나 여기 의심의 토양 위에 섰나니,
> 나 이제 내 죄를 회개해야 할런지요
> 내가 저지른, 내가 야기한, 내가 기뻐한 그 죄.
> 그러나 그로부터 더 큰 선이 솟아오르나니.

오 펠릭스 쿨파(*O felix culpa*), 즉 "오, 운 좋은 타락이여." 이 말은 중세 신학의 주요 테마였고, 지금까지도 성토요일 예배에서 읽히고 있다. 이 말을 간단히 설명하자면, 신비롭게도 지금의 우리가 아담의 '운 좋은 타락' 이전에 비해 더 나은 상태에 있음을 의미한다. 인류 역사의 마지막 장이 될 '구속'이 첫 장인 '창조보다 우월한 상태라는 말이다. 아우구스티누스는 이를 이렇게 설명했다. "하나님은 악으로 인한 고통이 전혀 없는 것보다, 악에서 선을 이끌어 낸 것을 더 좋게 평가하신다."⁶ 최종적으로 얻을 결과를 보면, 우리가 지금 이만한 대가를 치르는 것이 충분히 가치 있는 일이었음이 증명될 것이다.

최소한 한 가지 면에 있어서 우리는 타락 전의 아담보다 확실히 나은 상태에 있다. 즉, 우리에게는 예수님이 있다. 자신의 삶과 죽음을 통해 우리 각 개인에게 약속하셨던 구속을 전 우주적으로 성취해 주신 예수님 말이다. 나는 인간의 관점으로만 하나님과의 관계를 살펴보았다. 내겐 그 관점밖에 없기 때문이다. 하지만 보이지 않고 우리 인간과는 완전히 다른 '하나님을 인격적으로 알기 위해' 우리가 적응 과정을 거쳐야 했던 것처럼, 하나님 역시 우리를 알기 위해 적응 과정을 거치셔야 했다. 실제로 하나님은 자기를 낮추어 인간들이 만들고 있는 이야기 속으로 들어오셨다. 초기 기독교 저술가들은 예수님을 인간 드라마의 '요약본'이라고 부르기도 했다.

세상은 선하다. 하나님은 세상을 창조하시면서 매일같이 이 말씀을 하셨다. 세상이 타락한 후에도 하나님은 여전히 이 세상(그리고 우리)을 위해 구속의 노력을 기울일 가치가 있다고 판단하셨다. 그리하여 그분은 자신을 낮추어 시간과 공간 속에 스스로 얽매이기로 하셨고, 결국 죽기까지 하셨다.

세상은 타락했다. 하나님은 고통과 빈곤과 죄악과 죽음을 없애 주겠다고 약속하셨다. 하지만 그 약속을 지키기 위해 하나님은 보다 강한 용량의 고통과 빈곤과 죄악과 죽음을 사용해 이 요소들을 용해시키신다. 그분은 이 자유롭고 위험한 세상에서 우리가 겪게 될 고난을 미리 제거해 주시지는 않으셨지만, 그 자신만 이 고난을 면제받으려 하시지도 않으셨다. 그리하여 하나님의 아들이신 예수님은 의도적으로 이 타락한 세상에 오셔서 그 최악의 고난을 달게 받으셨다.

마지막으로, **세상은 구속될 수 있다.** 이것이 예수님이 이 땅에 오신 가장 중요한 이유다. 하나님은 아이러니의 정점에서 궁극적인 악을 궁극적인 선으로 변화시키신다. 즉, 인간의 폭력과 증오를 통해 우리의 구원을 성취하신 것이다. 바울도 이 사실을 다음과 같이 정확하게 설명했다. "통치자들과 권세들을 무력화하여 드러내어 구경거리로 삼으시고 **십자가로** 그들을 이기셨느니라"(골 2:15).

예수님이 이 땅에서 오신 결과, 역사는 영원히 변화했다. 우주를 향한 하나님의 계획은 결국 승리하게 될 것이다. 그 과정을 세세하게 기록한 것이 바로 역사다. 바울은 또다시 말한다. "만일 하나님이 우리를 위하시면 누가 우리를 대적하리요. 자기 아들을 아끼지 아니하시고 우리 모든 사람을 위하여 내주신 이가 어찌 그 아들과 함께 모든 것을 우리에게 주지 아니하시겠느냐.····누가 우리를 그리스도의 사랑에서 끊으리요"(롬 8:31-35).

오늘날 우리는 예수님이 죽임 당하신 날을 성 금요일(Good Friday)이라 부른다. '어두운 금요일'이나 '비극적인 금요일'이라 부르지 않는다. 그가 채찍에 맞음으로 우리는 나음을 입었다.

> 눈물 뒤에 침묵이 찾아왔다
> 너무 느린 밤, 슬픔의 시간,
> 다 씻겨 나가고, 비워지고, 문질러 닦여 소금으로 친 듯 따끔거리며
> 기진하여 아무 희망 없이 그저 기다린다.
> 이 밤이 지나면 어린양이 오리니
> 새벽별처럼 밝게 빛나는 그분, 내게 거저 생수를 주시네.
> 성 금요일의 힘겨운 수고가 나려준 신선한 열매.[7]
> _톰 라이트(N. T. Wright)

아내가 양로원에서 신우회를 만들어 매주 모임을 인도한 적이 있었다. 그 모임에는 베시라는 치매 환자가 성실하게 출석했는데, 그녀는 직원의 도움을 받아 모임 장소로 와서 내내 앉아만 있었다. 여윈 체구에 백발과 파란 눈을 가진 그녀는 항상 웃음 띤 얼굴을 하고 있었다. 자넷은 모임에 갈 때마다 자신을 그녀에게 소개했고, 그때마다 베시는 자넷을 처음 보는 것처럼 반응했다. 모임에 참석한 사람들이 대화를 나누다가 별 것 아닌 농담에 웃음을 터뜨릴 때에도 베시는 여전히 멀찍감치 앉아 상대방을 무장 해제시키는 미소만 머금고 있었다. 대개 그녀는 텅 빈 눈빛으로 조용하게 앉아, 항상 보는 자기 방이 아닌 색다른 광경을 보면서 즐기고는 있었지만, 주변에서 이뤄지는 대화는 전혀 이해하지 못했다.

몇 주 후, 자넷은 베시에게 읽기 능력이 남아 있다는 사실을 알게 되었다. 가끔씩 베시는 자기 딸이 몇 달 전에 보내 온 우편 엽서를 가지고 와서 보여 주었는데, 그녀는 그 엽서가 어제 도착하기라도 한 것처럼 자세히 들여다 보았다. 그녀는 읽고 있는 엽서의 내용을 전혀 이해하지 못했고, 누군가가 다음 줄로 넘어가라고 알려 주지 않는 한 고장 난 레코드처럼 같은 줄만 읽고 또 읽었다. 그러던 상태가 좋았던 어느 날, 베시는 명료하고 힘 있는 목소리로 글 하나를 쭉 읽어 내려갔다. 그 후부터 자넷은 그녀에게 매주 찬송가를 읽어 달라고 부탁했다.

그러던 어느 금요일, 어릴 적부터 알아온 오래된 찬양을 좋아하는 다른 노인들이 "갈보리 산 위에"라는 노래를 골라 베시에게 읽어 달라고 요청했다. "갈보리 산 위에 십자가 섰으니 주가 고난을 당한 표라." 그녀는 이 부분에서 곧바로 읽기를 멈췄다. 갑자기 안절부절못하는 상태가 된 것이다. "못 읽겠어요! 너무 슬퍼요! 너무 슬퍼요!" 그 자리에 있던 노인들이 헉 하는 소리를 내뱉었고, 몇몇 사람은 너무 놀라 말문이 막힌 듯 베시를 쳐다보기만 했다. 양로원에서 함께 지낸 몇 년 동안 베시가 단어들의 의미를 종합해 이해한 것은 그때가 처음이기 때문이었다. 그 순간 그녀는 분명히 그 가사의 의미를 이해하고 있었다.

자넷이 그녀를 진정시키며 말했다. "괜찮아요, 베시. 읽고 싶지 않으면 안 읽어도 돼요."

하지만 잠시 후 베시는 다시 그 찬양을 읽기 시작했다. 그러다가 똑같은 부분에 이르러 또 한 번 더 멈췄다. 눈물이 두 뺨에 흘러내렸다. "못 읽겠어요! 너무 슬퍼요!" 본인이 바로 2분 전에 했던 말인지도 모른 채 그녀는 이 말을 똑같이 반복했다. 그녀는 계속해서 읽기를 시도하고 또 똑같은 갑작스런 충격을 받은 듯 반응하고 슬퍼한 후 같은 말을 내뱉었다.

이윽고 모임이 끝날 시간이 되어 하나 둘 식당이나 자기 방을 향해 돌아가던 노인들은 마치 그곳이 예배당 안이라도 된 듯 조용하게 움직이며 경이롭다는 눈빛으로 어깨 너머로 베시를 쳐다보았다. 의자를 정리하러 온 직원들도 걸음을 멈추고 그 광경을 바라보았다. 베시가 그처럼 맑은 정신으로 있는 것은 처음이기 때문이었다.

마침내 베시가 진정된 것으로 보이자 자넷은 그녀를 방으로 데려다 주기 위해 엘리베이터 쪽으로 갔다. 하지만 그 순간 놀랍게도 베시가 기억을 더듬어 찬송을 부르기 시작했다. 숨을 거칠게 쉬어 가사가 띄엄띄엄 이어지고 음도 거의 맞지 않았지만, 무슨 찬송을 부르고 있는지는 쉽게 알 수 있었다.

갈보리 산 위에 십자가 섰으니
주가 고난을 당한 표라.

또다시 눈물이 흘러내렸다. 하지만 베시는 이번에는 멈추지 않고 기억을 되살리며 계속 노래했다. 노래를 부를수록 힘이 솟아나는 것처럼 보였다.

> 험한 십자가를 내가 사랑함은
> 주가 보혈을 흘림일세.
> 최후 승리를 얻기까지
> 주의 십자가 사랑하리.
> 빛난 면류관 받기까지
> 주의 십자가 붙들겠네.

그토록 노쇠한 정신 어딘가에서 손상된 신경 세포가 과거의 기억과 관련된 신경망과 연결되어 의미의 패턴을 되살려 주고 있었다. 그 혼란스러운 상태에서도 고통과 수치심이라는 두 가지 감정만은 베시 안에 살아 남아 있었다. 이 두 단어는 모든 인간이 처한 조건을 요약한 말이다. 이 조건 하에서 베시 역시 그 슬픈 인생을 살고 있었다. 고통과 수치에 대해 베시보다 더 잘 알고 있는 사람이 있을까? 그녀는 그 찬양 속에서 답을 찾았다. 바로 예수님이었다.

이 찬송가는 다른 모든 기독교의 이야기와 똑같은 결론으로 끝이 난다. 즉, 언젠가는 구속의 날이 완성될 것이며, 그 날에 하나님이 놀라운 재창조의 능력으로 자신의 오명을 벗으실 것이고, 우리는 이 땅에서 맺은 가장 절친한 관계를 통해 타인을 알게 되는 것처럼 생생하게 하나님에 대한 인격적 지식을 얻게 될 것이라는 약속이다. "우리가 지금은 거울로 보는 것같이 희미하나 그때에는 얼굴과 얼굴을 대하여 볼 것이요, 이제는 내가 부분적으로 아나 그때에는 주께서 나를 아신 것같이 내가 온전히 알리라"(고전 13:12).

기독교 이야기의 결론에는 베시가 언젠가는 새로운 정신을 가지게 될 것이라는 약속도 포함되어 있다. 혹 그때도 여전히 고통과 수치심이라는 감정이 남아 있다 하더라도, 그것은 단지 과거의 희미한 기억에 지나지 않을 것이다. 시인 패트릭 카바나(Patrick Kavanagh)는 예수님의 부활의 순간 실현될 그 약속을 "영원토록 마음껏 웃을 웃음"으로 묘사했다.[8]

베시를 비롯한 많은 사람들에게 토요일 하루의 여정은 너무 길게 느껴지고, 짊어진 인생의 무게 또한 너무 무겁게 느껴질 것이다. 성 금요일의 사건이 있어 예수님이 우리와 함께 동행하신다는 위안이 있음에도 불구하고, 고통과 수치심이라는 덫에 빠져 다른 것을 보는 눈을 잃은 사람에게는 주일이 다가온다는 약속이 너무 막연하고 절망적일 정도로 비현실적으로 느껴질 것이다. 그럼에도 불구하고 그 약속은 명백한 사실이다.

기독교에서 그토록 강조하는 성 금요일은 '십자가의 날'이다.
비기독교인들과 무신론자들도 그 사실을 알고 있다. 곧 그리스도는 자신이
불의와 끝없는 고통 그리고 버림받음과 수수께끼 같은 잔혹한 죽음을 겪을 것을
처음부터 알고 계셨다. 이것은 인간 세계의 역사적 차원에뿐 아니라
각 개인의 일상에도 직접적인 영향을 끼치고 있는 요소들이다.
우리는 필연적으로 그 고통과 사랑의 실패와 고독을 알게 된다. 그것이 우리의 역사이며
개인적인 운명이다. 하지만 우리는 승리의 주일에 대해서도 알고 있다.
그리스도인들에게 그날은 확실하게 보장된 것 동시에 위태로운 사실이며, 명확하나
인간의 이해를 넘어서는 개념이다. 또한 그 날은 죽음을 정복한 사랑과 부활과
정의를 의미하기도 한다.…그 주일의 외형에는 '희망'이라는 이름이
새겨져 있다(이보다 더 해체 불가능한 단어는 없다).
하지만 지금 우리는 토요일의 긴 여정을 걷고 있는 중이다.[9]
_조지 스타이너

주

1. 어중간한 틈새

1. John Updike, *A Month of Sundays* (New York: Fawcett Crest, 1975), p. 203.
2. Frederick Buechner, *Wishful Thinking* (New York: Harper & Row, 1973), p. 14.
3. Saint Augustine, *The Confessions of St. Augustine* (Garden City, N. Y.: Image Books, 1960), p. 138. 「참회록」.
4. Eugene Peterson, *The Wisdom of Each Other* (Grand Rapids: Zondervan, 1998), p. 29.
5. C. S. Lewis, *The World's Last Night* (New York: Harcourt Brace Jovanovich, 1959), p. 77.
6. Jürgen Moltmann, *History and the Triune God* (New York: Crossroad, 1992), p. 89에서 인용. 「삼위일체와 하나님의 역사」(대한기독교서회).

2. 샘물가에 앉아 갈증을 느끼다

1. Eugene Ionesco, *Diaries*. Helmut Thielicke, *How to Believe Again* (Philadelphia: Fortress, 1972), p. 119에서 인용.
2. Thomas Aquinas. Frederick Buechner, 앞의 책, p. 65에서 인용.
3. C. S. Lewis, *Miracles* (New York: MacMillan, 1947), p. 96. 「기적」(홍성사).
4. Martin Marty, *A Cry of Absence* (Grand Rapids: William B. Eerdmans, 1997), p. 25.

5. Frederick Buechner, *The Alphabet of Grace*(New York: Seabury Press, 1970), p. 6.
6. "In the Secret" 중 후렴 "I want to know", Andy Park(Mercy Vineyard), 1995.
7. Richard Wilbur. Dan Wakefield, *Returning*(New York: Penguin, 1988), p. 152에서 인용.

3. 의심을 위한 공간
1. Otis Lord에게 보낸 편지에서 인용, 1882년 4월 30일: Thomas H. Johnson, ed., *The Letters of Emily Dickinson*(Cambridge: Belknap, 1958), p. 728.
2. Peter De Vries, *The Blood of the Lamb*(New York: Penguin, 1961), p. 237.
3. Flannery O'Connor. Sally Fitzgerald에 있는 친구에게 보낸 편지에서 인용, ed., *Letters of Flannery O'Connor: The Habit of Being*(New York, Vintage, 1979), p. 476.
4. Martin Luther. Thomas G. Long & Cornelius Plantinga, eds., *A Chorus of Witnesses* (Grand Rapids: William B. Eerdmans, 1994), p. 114에서 인용.
5. 같은 책, p. 114.
6. Evelyn Underhill. Hugh T. Kerr & John M. Mulder, eds., *Conversions*(Grand Rapids: William B. Eerdmans, 1983), p. 187에서 인용.
7. Frederick Buechner, 앞의 책, p. 47.
8. William Carey. Mark Galli, *Christian History* 중 "The Man Who Wouldn't Give Up." Issue 36 (Vol. XI, No. 4), p. 11.
9. John Milton, *Paradise Lost*(New York: Mentor Books / New American Libary, 1961), p. 44.「실낙원」.
10. Blaise Pascal. Kelly James Clark, *When Faith Is Not Enough*(Grand Rapids: William B. Eerdmans, 1997), p. 38에서 인용.
11. John Donne, "Hymn to Christ at the Author's Last Going into Germany," *Donn: The Complete English Poems* (London: Penguin, 1987), p. 346.
12. Nathaniel Hawthorne. Lockerbie, *Dismissing God*(Grand Rapids: Baker, 1998), 89.
13. Flannery O'Connor, 앞의 책, p. 94에서 인용.

4. 연단받는 믿음
1. Leslie Newbigin, *The Household of God*(New York: Friendship, 1954), p. 29.「교회란 무엇인가?」(IVP).

2. George Everett Ross. Leonard I. Sweet, *Strong in the Broken Places*(Akron: University of Akron, 1995), p. 109에서 인용.
3. Søren Kierkegaard, *Fear and Trembling/Repetition*(Princeton, N. J.: Princeton University, 1983), p. 18.
4. Doris Betts. W. Dale Brown과의 인터뷰에서 인용, *Of Fiction and Faith*(Grand Rapids: William B. Eerdmans, 1997), p. 21.
5. Jacques Ellul, *What I Believe*, trans. Geoffrey Bromiley(Grand Rapids: Eerdmans, 1986), p. 156.
6. Robert Farrar Capon, *The parables of Judgment*(Grand Rapids: William B. Eerdmans, 1989), p. 92.
7. George Herbert, C. A. Patrides, ed., *The English Poems of George Herbert*(Totowa, N. J.: Rowman & Littlefield, 1974), p. 159.
8. Madame Jeanne Guyon, *Spiritual Torrents*(Augustra, Maine: Christian Books, 1984).「영혼의 폭포수」(CLC).

5. 양손잡이 믿음
1. Dag Hammarskjöld, *Markings*. Brenan Manning, *Lion and Lamb*(Old Tappan, N. J.: Revell & Co., 1984), p. 123에서 인용.
2. William Safire, *The First Dissident*(New York: Random House, 1992), xxii.
3. C. S. Lewis, 앞의 책, p. 23.
4. C. S. Lewis. C. S. Lewis and Don Giovanni Calabria, *Letters*(Ann Arbor, Mich.: Servant, 1988), p. 53.
5. Jean-Pierre de Caussade, *The Sacrament of the Present Moment*(San Francisco: HarperSanFrancisco, 1989), p. 72.
6. 같은 책, p. 77.
7. John Donne, *Devotions* 중 "Meditation XVII"(Ann Arbor, Mich.: University of Michigan, 1959), p. 109.
8. 같은 책, p. 15.
9. John Donne, 앞의 책, p. 41.
10. Leo Tolstoy, "A Confession", John Bayley, ed., *The Portable Tolstoy*(New York: Penguin, 1978), p. 704.

6. 믿음 안에 살기

1. Walker Percy, *Lancelot*(New York: Farrar, Straus & Giroux, 1977), p. 235.
2. Richard E. Byrd, *Alone*(New York: Putnam, 1938), p. 104, 280.
3. Jürgen Moltmann, *Experiences of God*(Philadelphia: Fortress, 1980), pp. 7-8. 「하나님 체험」(대한기독교서회).
4. George Herbert, 앞의 책, p. 155.
5. Nelson Mandela, *Long Walk to Freedom*(New York: Little, Brown), pp. 495-496. 「자유를 향한 머나먼 길」(두레).
6. Leo Tolstoy, *Fables & Fairy Tales*(New York: Signet Classics, 1962), p. 87. 「세 가지 질문」(달리).
7. Ernest Kurtz, *Not-God: A History of Alcoholics Anonymous*(Center City, Mo.: The Hazelden Foundation, 1991), vii에서 인용.
8. Thomas Merton, *The Seven Story Mountain*(New York: Harcourt, Brace & Co., 1948), p. 370. 「칠층산」(바오로딸).
9. David Aikman, *Great Souls*(Nashville: Word, 1998), p. 233에서 인용.
10. Alan Paton, *Instrument of Thy Peace*(New York: Seabury, 1968), p. 41에서 인용.
11. Blaise Pascal, *Pascal's Pensees*, Pensee #507 (New York: Dutton, 1958), p. 139. 「팡세」.
12. John Donne, *Poems*, "Holy Sonnet XIV"(New York: Dutton, 1931), p. 254.
13. William Blake, "Milton." David F. Ford, *The Shape of Living*(Grand Rapids: Baker, 1997), p. 157에서 인용.

7. 일상에서의 믿음 연습

1. T. S. Eliot, *The Complete Poems & Plays* 중 "Four Quartets"(New York: Harcourt, Brace & co., 1952), p. 127.
2. M. Scott Peck, *Further Along the Road Less Traveled*(New York: Simon & Schuster, 1993), p. 138에서 인용.
3. Anne Lamott, *Traveling Mercies*(New York: Pantheon, 1999), p. 82. 「마음 가는 대로 산다는 것」(청림).
4. Mark Van Doren. Dan Wakefield와의 인터뷰에서 인용, *Mars Hill Review*(Winter / Spring, 1996), 인터뷰에서 인용, p. 11.
5. Sheldon Vanauken, *A Severe Mercy*(New York: Harper & Row, 1977), p. 99.

6. Thomas Merton, *No Man is an Island*(New York: Harcourt, Brace & Co., 1955), p. 241.
7. Saint Ignatius Loyola. Gerard Manley Hopkins, *The Sermons and Devotional Writings of Gerard Manley Hopkins*(London: Oxford University, 1959), pp. 203-204에서 인용.
8. Andrew Greeley. *The New York Times Book Review* 중, n.d.
9. C. K. Chesterton, *Orthodoxy*(New York: Image, 1959), p. 95. 「정통」(상상북스).
10. Rabbi Bunam. Clark, 앞의 책, p. 158.
11. M. Scott Peck, *The Road Less Traveled*(New York: Simon & Schuster, 1978), p. 15. 「아직도 가야할 길」(열음사).
12. Elton Trueblood, *The Yoke of Christ*(Waco, Tex.: Word, 1958), p. 17.
13. Dennis Covington, *Salvation on Sand Mountain*(New York: Penguin, 1995), p. 204.
14. John Bunyan, *Pilgrim's Progress*(New York: Washington Square, 1957), p. 210. 「천로역정」.
15. Reinhold Niebuhr. Thomas Cahill, *The Gifts of the Jews*(New York: Doubleday, 1998), p. 169에서 인용.

8. 하나님을 아는 것

1. Blaise Pascal, 앞의 책, pp. 64-65.
2. George Berkeley. Alvin Plantinga, *God and Other Minds: A Study of the Rational Justification of Belief in God*(Ithica: Cornell University, 1967), viii에서 인용.
3. Alfred Lord Tennyson, "The Higher Pantheism," *The Poetic and Drammatic Works of Alfred Lord Tennyson*(Boston: Houghton, Mifflin., 1898), p. 273.
4. Evelyn Underhill. Richard Foster, *Streams of Living Water*(San Francisco: HarperSanFrancisco, 1998), p. 235에서 인용. 「생수의 강」(두란노).
5. Saint Augustine, 앞의 책, p. 335.
6. Baron Von Hugel. Alister Hardy, *The Biology of God*(New York: Taplinger, 1976), p. 155에서 인용.
7. Alfred Kazin, *God and American Writer*(New York: Vintage, 1997), p. 5에서 인용.
8. Evagrius of Pontus. *Christian History*, Issue 54(Vol. XVI, No. 2), p. 36에서 인용.
9. Victor Frankl, *Man's Search for Meaning*(New York: Simon & Schuster, 1984), p. 48. 「삶의 의미를 찾아서」(청아).

10. Thomas Green, S. J., *Drinking From a Dry Well*(Notre Dame: Ave Maria, 1991), p. 18.
11. Kathleen Norris, *Amazing Grace*(New York: Penguin, 1998), p. 214.

9. 하나님의 성격

1. Ron Hansen, *Mariette in Ecstasy*(New York: HarperPerennial, 1991), p. 174.
2. John Updike, *Self-Consciousness*(New York: Knopf, 1989), p. 229.
3. Martin Buber. Clark, 앞의 책, p. 4에서 인용.
4. Belden C. Lane, *The Christian Century* 중 "A Hidden and Playful God" (September 30, 1987), p. 812.
5. Meister Eckhart, 앞의 책.
6. Belden C. Lane, 앞의 책.
7. John V. Taylor, *The Go-Between God*(London: SCM, 1972), p. 33.
8. Julian of Norwich, *Revelations of Divine Love*(London: Methuen, 1901), pp. 34-35.
9. C. S. Lewis, *Christian Reflections*(Grand Rapids: Eerdmans, 1967), pp. 168-169.
10. Jonathan Edwards, *The Works of Jonathan Edwards*(Edinburgh: Banner of Truth Trust, 1992), vol. 1, p. 368.

10. 아버지의 이름으로

1. Fyodor Dostoevsky. Luigi Giussani, *Communio: International Catholic Review* 중 "Religious Awareness in Modern Man" 25(Spring 1998), p. 121에서 인용.
2. Tim Stafford, *Knowing the Face of God*(Colorado Springs: NavPress, 1996), p. 20.
3. George Herbert, 앞의 책, p. 113.
4. Gordon MacDonald, *Forging a Real World Faith*(Nashville: Nelson, 1989), p. 58.
5. Gershom Scholem. Eleanor Munro, *On Glory Roads*(New York: Thames and Hudson, 1987), p. 112에서 인용.
6. John Milton, 앞의 책, p. 332.
7. Doris Lessing. Eugene Peterson, *Reversed Thunder*(San Francisco: HrperSanFrancisco, 1988), p. 162에서 인용.
8. Abraham Heschel, *The Prophets*, Vol. 1(New York: Harper & Row, 1962), pp. 110-112. 「예언자들」(삼인).

11. 로제타 스톤

1. Reynolds Price, *A Palpable God*(New York: Atheneum, 1978), p. 14.
2. Saint Augustine. Garry Wills, *Saint Augustine*(New York: Penguin Putnam, 1999), pp. 139-140에서 인용.
3. John Milton, 앞의 책, p. 335.
4. Paul Tournier, *Creative Suffering*(San Francisco: Harper & Row, 1981), pp. 89-90.
5. H. Richard Niebuhr, *The Meaning of Revelation*(New York: MacMillan, 1941), p. 154.
6. Bishop Ambrose. Fenelon, *The Seeking Heart*(Beaumont, Tex.: Seedsowers, 1992)에서 인용.
7. Henry Drummond, *Natural Law in the Spiritual World*(London: Hodder and Stoughton, 1885), p. 365.
8. Gil Bailie, *Violence Unveiled*(New York: Crossroad, 1995), p. 21.
9. Flannery O'connor, "A Good Man is Hard to Find," *Flannery O'Connor: The Complete Stories*(New York: Farra, Straus and Giroux, 1973), p. 131.
10. Roberta Bondi, *Memories of God*(Nashville: Abingdon, 1950, p. 43.
11. Simone Weil, *Gravity and Grace*. London: Routledge, 1995, p. 80. 「중력과 은총」(EJB).

12. 중재자

1. Henry David Thoreau. Loren Eiseley, *The Star Thrower*(New York: Harcourt Brace Jovanovich, 1978), p. 246에서 인용한 소로우의 *Journal*에서 발췌.
2. Umberto Eco, *Travels in Hyper Reality*(New York: Harcourt Brace Jovanovich, 1983), p. 53. 「포스트모던인가 새로운 중세인가」(새물결) 중 2장.
3. John V. Taylor, 앞의 책, p. 43.
4. Adolf Holl, *The Left Hand of God*(New York: Doubleday, 1997), p. 7에서 인용.
5. Henri Nouwen, *Sabbatical Journey*(New York: Crossroad, 1998), p. 161. 「안식의 여정」(복있는사람).
6. Thomas Merton, *Ascent to Truth*(New York: Harcourt Brace Jovanovich, 1951), p. 281.
7. Jürgen Moltmann, *The Spirit of Life*(Minneapolis: Fortress, 1971), p. 180. 「생명의 영」(대한기독교서회).

8. David Smith, *The Friendless American Male*(Ventura, Calif.: Regal, 1983), p. 72에서 인용.
9. J. I. Packer, *Knowing God*(Downers Grove, Ill.: InterVarsity, 1973), p. 107. 「하나님을 아는 지식」(IVP).
10. Eugene Peterson, *Reversed Thunder*, p. 54. 「묵시: 현실을 새롭게 하는 영성」(IVP).
11. John V. Taylor, *The Christlike God*(London: SCM, 1992), p. 205.
12. Etty Hillesum, *An Interrupted Life: The Diaries of Etty Hillesum, 1941-1943*(New York: Random House, 1983), p. 151.
13. Gerard Manley Hopkins, 앞의 책, p. 100.

13. 전면적인 변화

1. Søren Kierkegaard, *The Prayers of Kierkegaard*, Perry LeFebre, ed.(Chicago: University of Chicago, 1956), p. 147.
2. J. Heinrich Arnold, *Discipleship*(Farmington, Pa.: Plough, 1994), p. 28.
3. Mark van Doren, Eugene Perterson, *Leap Over a Wall*(San Francisco: HarperSanFrancisco, 1997), p. 236에서 인용.
4. Kathleen Norris, *Cloister Walk*(New York: Putnam/Riverhead, 1996), p. 63. 「수도원 산책」(생활성서사).
5. J. B. Phillips, *Ring of Truth*(Wheaton, Ill.: Shaw, 1967), p. 74.
6. Henri Nouwen, *Life of the Beloved*(New York: Crossroad, 1992), p. 62. 「이는 내 사랑하는 자요」(IVP).
7. Kathleen Norris, 앞의 책, p. 151.
8. John V. Taylor, 앞의 책, p. 276.
9. John V. Taylor, 앞의 책, p. 18.
10. Dietrich Bonhoeffer, *Meditating on the Word*, David McI. Gracie, ed.(Cambridge, Mass.: Gowley, 1986), p. 32.
11. Roberta Bondi, 앞의 책, p. 201.
12. Dag Hammarskjöld, 앞의 책, p. 103.
13. T. S. Eliot, 앞의 책, p. 33.

14. 통제 불능

1. Bernard Lonergan. Robert J. Wicks, *Touching the Holy*(Notre Dame: Ave Maria, 1992), p. 14에서 인용.
2. Martin Luther King, Jr. James Wm. McClendon, Jr., *Biography as Theology* (Philadelphia: Trinity Press, 1990), p. 83에서 인용.
3. Robert Jay Lifton, *Thought Reform and the Psychology of Totalism*(Chapel Hill, N. C.: University of North Carolina, 1961), pp. 6-7.
4. Larry Crabb, *Connecting*(Nashville: Word, 1997), p. 39.「끊어진 관계 다시 잇기」(요단).
5. 영화 "불의 전차" 중에서
6. Richard Mouw, *The Reformed Journal*(October 1990), p. 13.
7. C. S. Lewis, *God in the Dock*(Grand Rapids: Eerdmans, 1970), p. 50.
8. Miguel de Unamuno. James Houston, *In Pursuit of Happiness*(Colorado Springs: NavPress, 1996), p. 264.

15. 열정 그리고 사막

1. Jean Sulivan, *Morning Light*(New York: Paulist, 1976), p. 19.
2. C. S. Lewis, *Screwtape Letters*(New York: Time, 1961), p. 5.「스크루테이프의 편지」(홍성사).
3. Henri Nouwen, 앞의 책, pp. 5-6.
4. Henri Nouwen, *The Inner Voice of Love*(New York: Doubleday, 1996), xiv.
5. Thomas á Kempis, *The Imitation of Christ*(Nashville: Nelson, 1979), p. 188.「그리스도를 본받아」.
6. Thérèse of Liseux. Ernest Kurtz and Katherine Ketcham, *The Spirituality of Imperfection*(New York: Bantam, 1992), p. 220에서 인용.
7. Saint Jerome, *Select Letters of Saint Jerome*(Cambridge, Mass.: Harvard University, 1933), p. 397.
8. Jürgen Moltmann, *Currents in Theology and Mission* 중 "The Passion of Life," vol. 4, No. 1.
9. Frederick Buechner, *Peculiar Treasures*(San Francisco: Harper & Row, 1979), p. 24.
10. Francis de Sales, *The Art of Loving God*(Manchester, N. H.: Sophia Institute, 1998), p. 36.
11. Henri Nouwen, *Gracias*(Maryknoll, N. Y.: Orbis, 1993), p. 69.

12. Thomas Merton, *Thoughts in Solitude*(Garden City, N. Y.: Image / Doubleday, 1968), p. 81.

16. 영적 기억상실증
1. Leonard I. Sweet, 앞의 책, p. 181에서 인용.
2. W. H. Auden, *Collected Poetry of W. H. Auden* 중 "Pascal"(New York: Random House, 1945), p. 88.
3. George Müller. John Piper, *Desiring God*(Potland: Multnomah, 1986), p. 116. 「하나님을 기뻐하라」(생명의말씀사).
4. John Claypool, *Tracks of a Fellow Traveler*(Waco, Tex.: Word, 1974), p. 55.
5. John Donne. Gene Edwards, *The Secret to the Christian Life*(Beaumont, Tex.: Seedsowers, 1991)의 책 앞장 면지에서 인용.
6. Romano Guardini, *The Lord*(Chicago: Regnery Gateway, 1954), p. 38, 211.
7. C. S. Lewis, *Letters to Malcolm: Chiefly on Prayer*(New York: Harcourt Brace & World, 1963), p. 114.
8. Thomas Merton, 앞의 책, p. 230.
9. Brother Lawrence, *Practice of the Presence of God*(Nashville: Nelson, 1981), p. 51, 41-42, 88. 「하나님의 임재 연습」(좋은씨앗).
10. Frank C. Laubach, *Man of Prayer*(Syracuse, New York: Laubach Literacy, 1990), 여러 곳에서 인용.

17. 어린아이
1. W. H. Auden. Alan W. Jones, *Soul Making*(San Francisco: Harper & Row, 1985), p. 122에서 인용.
2. Artur Weiser, *The Psalms*(Philadelphia: Westminster, 1962), p. 777.
3. J. I. Packer, 앞의 책, p. 223.
4. Frederick Buechner, *The Magnificent Defeat* 중 "The Breaking of Silence"(New York: Seabury, 1966), p. 124.
5. Kathleen Norris, 앞의 책, p. 63.
6. 같은 책, p. 66.
7. Walter Ciszek. *He Leadeth Me*(San Francisco: Ignatius, 1973), p. 38, 57, 79, 142, 175, 182.

8. Frederick Buechner, 앞의 책, p. 134.

18. 어른

1. Diogenes Allen, *The Traces of God*(n. pl.: Cowley, 1981), p. 31에서 인용.
2. C. S. Lewis, 앞의 책, p. 148.
3. Edward Langerak, *The Reformed Journal* 중 "The Possibility of Love"(February 1976), pp. 26-27.
4. Henri Nouwen, 앞의 책, 70.
5. Saint Augustine, *Day by Day*(New York: Catholic, 1986), p. 17.
6. Saint Benedict. Kathleen Norris, 앞의 책, p. 7에서 인용.
7. Joan Chittister, *Wisdom Distilled from the Daily*(San Francisco: HarperSanFrancisco, 1990), p. 7.
8. Jonathan Edwards. James M. Gordon, *Evangelical Spirituality*(London: SPCK, 1991), p. 43에서 인용.
9. C. S. Lewis, *Mere Christianity*(New York: MacMillan, 1952), p. 130. 「순전한 기독교」(홍성사).

19. 부모

1. Bishop King. H. Wheeler Robinson, *Suffering, Human and Divine*(New York: MacMillan., 1939), p. 200에서 인용.
2. Jean Vanier, *Man and Woman He Made Them*(New York: Paulist Press, 1984), p. 84.
3. Robert Browning, *Dramatis Personae* "A Death in the Desert," F. E. L. Priestly & I. Lancashire, eEds.(Toronto: University of Toronto, 1997), n. p.
4. Ronald Rolheiser, *Holy Longing*(New York: Doubleday, 1999), p. 192.
5. C. S. Lewis, 앞의 책, p. 25.
6. Henri Nouwen, *The Living Reminder*(New York: Seabury Press, 1977), p. 45.
7. Gerard Manley Hopkins. Robert Bridges and W. H. Gardner, eds., *Poems of Gerard Manley Hopkins*(New York: Oxford, 1948), p. 43.
8. C. Day Lewis, *The complete Poems of C. Day Lewis* 중 "Walking Away"(London: Sinclair-Stevenson, 1992), p. 546.
9. Gloria Steinem, *Revolution from Within*(Boston: Little, Brown, 1993).

10. Frederick Buechner, 앞의 책, p. 28.

20. 실낙원
1. C. S. Lewis, 앞의 책, p. 27.
2. Gerald May. *The Wittenberg Door*(Sept./Oct. 1992), pp. 7-10 인터뷰에서 발췌.
3. Primo Levi, *The Reawakening*(New York: Macmillan, 1965), p. 163.
4. Vincent Van Gogh. Cliff Edwards, *Van Gogh and God*(Chicago: Loyola University, 1989), p. 70에서 인용.
5. Marilynne Robinson, Alfred Corn, ed., *Incarnation*(London: Viking Penguin, 1990), pp. 310-311.
6. Kathleen Norris, 앞의 책, p. 125에서 인용.

21. 하나님의 역설
1. George Dell, *The Earth Abideth*(Columbus, Ohio: Ohio State University, 1986).
2. Flannery O'Connor, *Mystery and Manners*(New York: Farrar, Straus & Giroux, 1961), p. 118.
3. Teilhard de Chardin, *The Divine Milieu*(New York: Harper & Row, 1960), p. 86.
4. Dallas Willard, *The Spirit of The Disciplines*(San Francisco: Harper & Row, 1988), p. 35에서 인용.
5. Paul Tournier, *The Person Reborn*(New York: Harper & Row, 1966), pp. 80-81.
6. Leslie D. Weatherhead, *The Will of God*(Nashville: Abingdon, 1972).
7. Nicholas Wolterstorff, *Lament for a Son*(Grand Rapids: Eerdmans, 1987), pp. 96-97, 81. 「나는 사랑하는 사람을 잃었습니다」(좋은씨앗).
8. Henri Nouwen, *Making All Things New: An Invitation to the Spiritual Life*(San Francisco: Harper & Row, 1981), pp. 51-53. 「모든 것을 새롭게」(두란노).

22. 중매 결혼
1. G. K. Chesterton, *Collected Works*, Vol. IV (San Francisco: Ignatius), p. 69.
2. Dorothy Sayers, *The Mind of the Maker*(London: Methuen, 1959), p. 152. 「창조의 정신」(IVP).
3. Flannery O'Connor, 앞의 책, p. 163.

4. Kathleen Norris, 앞의 책, p. 29.
5. Milan Kundera, *The New Republic* 중 "A Life Like a Work of Art"(January 29, 1990), p. 16.
6. Vaclav Havel, *Civilization* 중 "Faith in the World"(April/May 1998), p. 53.
7. John Masefield, The Everlasting Mercy and *The Widow in the Bye Street*(New York: Macmillan, 1916), p. 221.

23. 성 금요일의 열매
1. Thomas Cahill, *Desire of the Everlasting Hills*(New York: Doubleday, 1999), p. 130.
2. Dallas Willard, *The Divine Conspiracy*(San Francisco: HarperSanFrancisco, 1998), p. 337.「하나님의 모략」(복있는사람).
3. Bill Wilson in Kurtz, *Not-God*, 앞의 책, p. 61.
4. Paul Tournier, *Creative Suffering*, 앞의 책, p. 29.
5. Reynolds Price, *A Whole New Life*(New York: Atheneum, 1994), p. 179.
6. Saint Augustine, Enchiridon, 27, John Chapin, ed., *The Book of Catholic Quotations* (New York: Farrar, Straus & Cudahy, 1956), p. 313에서 인용.
7. N. T. Wright, *Following Jesus*(Grand Rapids: Eerdmans, 1994), p. 58.「나를 따르라」(살림).
8. Patrick Kavanaugh. Ford, 앞의 책, p. 185.
9. George Steiner, *Real Presences*(Chicago: University of Chicago, 1989), pp. 231-232.

옮긴이 차성구는 총신대학교 영어교육과를 졸업하고 총신신학대학원에서 M.Div과정을 마친 후 미국 리버티 신학교와 칼빈칼리지에서 수학했다. 현재 미국 캘리포니아 주의 오렌지 카운티에서 기쁨의교회를 개척하여 담임목사로 섬기고 있다. 역서로 「No라고 말할 줄 아는 그리스도인」, 「균형 있는 목회자」, 「묵상하는 목회자」, 「성공주의 목회자」, 「다시 일어서는 목회」, 「하나님의 신비에 눈뜨는 영성」, 「껍데기 목회자는 가라」, 「장래의 은혜」, 「존 파이퍼의 묵상」(이상 좋은 씨앗), 「존재의 용기」, 「감각의 문화」(이상 예영커뮤니케이션)등 다수가 있다.

아, 내 안에 하나님이 없다

초판 발행_ 2011년 8월 16일
초판 11쇄_ 2024년 8월 5일

지은이_ 필립 얀시
옮긴이_ 차성구
펴낸이_ 정모세

펴낸곳_ 한국기독학생회출판부
등록번호_ 제2001-000198호(1978.6.1)
주소_ 04031 서울시 마포구 동교로 156-10
대표 전화_ (02)337-2257 팩스_ (02)337-2258
영업 전화_ (02)338-2282 팩스_ 080-915-1515
홈페이지_ http://www.ivp.co.kr 이메일_ ivp@ivp.co.kr
ISBN 978-89-328-1246-5

ⓒ 한국기독학생회출판부 2011

책값은 뒤표지에 있습니다.
무단 전재와 복제를 금합니다.